KB202108

픽사 이야기

픽사 이야기

PIXAR touch

시대를 뒤흔든 창조산업의 산실, 픽사의 끝없는 도전과 성공

데이비드 A. 프라이스 지음 | 이경식 옮김

흐름출판

추천의 글

창조산업이야말로 21세기 마지막 산업

지구가 멸망한 뒤 한 로봇이 사랑에 빠진다. 프랑스의 쥐 한 마리는 요리사가 되려고 일을 꾸민다. 아무도 생각하지 못했던 이런 기발한 아이디어들을 픽사 애니메이션 스튜디오는 블록버스터 영화로 바꿔놓았다. 이처럼 픽사는 1995년 이래 2009년까지 총 10편의 영화를 만들었고, 모두 큰 히트를 쳤다. 어떻게 가능했을까?《픽사 이야기》의 저자 데이비드 A. 프라이스는 픽사의 주역들과 수많은 조역들의 이야기를 통해 그 해답을 우리에게 속삭여주고 있다.

픽사는 어떻게 지속가능한 창조적 조직을 구축(how to build a sustainable creative organization)하였는가? 예술과 기술, 그리고 사업 차원의 불확실성과 우연성을 뛰어넘기 위해 사회적 · 경제적으로 저명한 사람들이 어떻게 서로 인적 네트워크를 구성하였는가? 픽사와 같이 작은 조직은 어떻게 자신의 역량을 효율적으로 배치해야 하는가? 이러한 의문들에 대해《픽사 이야기》는 살아 있는 이야기를 우리에게 들려준다.

스토리텔링의 새로운 세계를 창조해보겠다는 열망을 가진 사람들은 어떤 사람들이었을까? 존 래스터, 에드 캣멀, 앨비 레이 스미스를 포함해 하루아침에 실리콘 밸리에서 조롱의 대상이 되어버린 스티브 잡스 등 그들은 과연 어떤 사람들인가?《픽사 이야기》는 불확실성과 맞서 싸웠던 사람들, 그리고 그 집단에 대한 한 편의 대하드라마를 우리 앞에 펼쳐주고 있다.

우리는 지금 창의(창조)산업, 문화산업, 엔터테인먼트 산업, 혹은 콘텐츠 산업으로 일컬어지는 '창조력'과 '상상력'을 토대로 하는 21세기 꿈의 산업시대에 살고 있다. 재미와 감동, 그리고 꿈을 만들고 이를 소비하는 시대에 살고 있다. 미래학자 롤프 옌센Rolf Jensen은 이렇게 말했다. "21세기는 창의산업시대다. 그 이후 시대의 산업은 무엇일까? 한마디로 없다! 콘텐츠 산업이 우리 인류의 마지막 산업이다"라고.

그 어떠한 산업도 이제는 콘텐츠 산업과 함께 구조화되지 않고는 새로운 소비를 창출하기 어려운 시대에 우리는 살고 있다. 뿐만 아니라 이제는 '스토리 경영Story Economy' 시대다. 전략과 기획이 아닌 스토리를 통한 더 큰 상상력과 창의력이 경영의 바탕이 되어야 하는 시대다. 그래서 성공을 꿈꾸는 이들이라면 꼭 이《픽사 이야기》를 경청했으면 한다.

한국콘텐츠진흥원장 이재웅

프롤로그

픽사는 어떻게 창의와 혁신의 아이콘이 되었을까?

개인적으로 영화를 좋아하는 편이긴 하지만, 애니메이션 영화에는 그다지 매력을 느끼지 못했었다. 그러다가 10여 년 전, 당시 화제가 되었던 픽사의 애니메이션 〈토이 스토리〉를 만나면서 애니메이션이 갖는 장점에 새삼 눈뜨게 되었다.

픽사는 상상력을 자극하는 스토리와 섬세한 표현 등 컴퓨터그래픽CG 애니메이션만이 가질 수 있는 특성을 무기로, 내가 당시까지 경험하지 못했던, 실사 영화와는 차별화되는 볼거리를 제공했다. 픽사가 최근까지도 기발한 스토리의 애니메이션 영화들을 연이어 성공적으로 내놓는 것을 보면서 '도대체 저 회사가 가진 창조의 원동력은 뭘까?' 하는 궁금증이 생겼다.

본래 창의성이 중요시되는 영화업계 내에서도 대표적인 창조기업으로 자리매김한 픽사는 이제 기업의 창조역량에 대해 논의할 때 빼놓을 수 없는 핵심 사례기업 중 하나가 되었다. 때문에 개인적으로는 창조기업에 관한 연구를 진행하면서 이 회사의 창조DNA에 대해 다소 깊이 있게 들여다볼 기회가 있었다.

프랑스의 사회학자 에바 일루즈Eva Illouz가 "현대 자본주의에서 거래되는 것은 단순한 상품이 아니라 상품에 숨겨진 감정"이라고 말했듯이, 최근 기업 경영도 전혀 다른 방식으로 발전하기 시작했다. 기업들은 생산효율을 기반으로 한 원가경쟁의 한계를 절감하고, 기존의 경쟁방식을 뛰어넘는 창조적 경쟁의 대안을 찾고 있다. 즉 고객에게 상품을 파는 것이 아니라 상품의 이미지나 디자인 등 정서적 특징을 강조하기 시작한 것이다. 그러다보니 기업들이 주목하게 된 분야가 바로 '창조산업'이다.

창조산업은 기존의 고정관념에 얽매이지 않고 창의적인 아이디어와 발상을 통해 새로운 사업을 창출하는 비즈니스로, 공연, 음악, 영화, 게임뿐 아니라 출판, 애니메이션, 방송, 디자인, 소프트웨어, 광고, 패션 등 다양하다. 기존의 정보화 사회가 기술과 제품에만 의존했다면, 창조산업시대에서는 개인의 창의성과 상상력을 새로운 산업자원으로 활용해야 한다.

최근 우리나라도 이러한 변화에 발맞춰 기업에서 '창의'와 '혁신'을 강조하고 있다. 하지만 아직까지 상당수 기업들은 창의성을 특정한 개인이나 조직에만 주어지는 천부적 재능으로 간주하고, '요행에 의한 창조'를 바라는 천수답天水畓 경영에서 벗어나지 못하고 있는 것이 현실이다. 픽사의 회사운영 및 영화제작 방식을 보면, 이러한 기업들의 태도는 기업경영에서 요구되는 창조에 대한 오해에서 비롯되었음이 분명해진다. 창조경영에 대한 사람들의 오해는 크게 4가지 정도가 있다.

첫 번째는 기업의 창조가 '한 명의 천재'에서 비롯된다는 오해이다. 가령 회사 내에 천재가 있다고 해보자. 그는 어떤 형태로든 그 회사의 창조역량에 많은 영향을 미칠 것임이 분명하다. 하지만 창조기업들은 일반적으로 한 명의 천재에 전적으로 의지하지 않는다. 오히려 그들은 협업collaboration의 중요성을 강조하는 공통점을 갖고 있다.

데카르트가 "나는 생각한다, 고로 존재한다"는 말로 근대를 열었다면 "우리는 공유한다, 고로 창조한다"라는 집단지성collective intelligence이 미래를 연다고 할 수 있다. 세계적인 디자인 컨설팅 기업 IDEO의 CEO인 팀 브라운Tim Brown 역시 "제품, 서비스가 점점 더 복잡해지면서 '고독한 천재'의 자리를 '열정적이고 학제적인 협력자'가 차지했다"면서 팀원 간의 협업을 강조하고 있다.

특히 창조기업들은 구성원들의 협력과 의사소통을 활발히 하기 위해 다양한 제도와 규칙을 활용하고 있다. 픽사의 경우 '브레인 트러스트brain trust'가 협업을 위한 창조의 주요 도구라 할 수 있다. 브레인 트러스트는 픽사의 최고창조책임자Chief Creative Officer인 존 래스터와 8명의 베테랑 감독들(앤드류 스탠튼, 브래드 버드, 피트 닥터, 밥 피터슨, 브렌다 채프먼, 리 언크리치, 개리 리드스트롬, 브래드 르위스)로 구성된 조직으로, 감독이나 제작자가 도움이 필요할 경우 이 트러스트를 소집해 지금까지 작업한 버전을 보여준 다음 생생한 토론을 하게 된다.

트러스트의 조언에 강제성은 없으며, 최종 결정권은 실제 작품을 진행하는 감독이 갖는다. 따라서 일을 진행하는 도중에 문제가 생기면 누구나 쉽게 도움을 구하고 조언할 수 있다. 무엇보다 브레인 트러스트 구성원들이 문제를 해결하기 위해 각자 의견을 내고 토론하는 것을 지켜보는 것만으로도 충분히 영감을 얻을 수 있다.

기업의 창조에 대한 두 번째 오해는 '직원의 자율에 맡기면 된다'는 생각이다. 분명 창의적인 인재들이 모여 자유롭게 일할 수 있는 여건을 마련해주는 것이 중요하다. 하지만 이것이 필요충분조건이 될 수는 없다. 그보다는 창조와 혁신에 대한 CEO의 커미트먼트commitment와 리더십이 필수적인 요소다.

최고경영층이 직접 프로젝트를 진행하지는 않더라도 조직에서 진행되는 혁신을 관찰하고, 직원들이 실패에 대한 두려움을 갖지 않도록 해주어야만 창조를 활성화시킬 수 있다는 것이다. 픽사의 CEO 에드 캣멀은 "경영진의 역할은 위험을 예방하는 것이 아니라, 실패가 발생해도 곧바로 회복할 수 있는 역량을 기르는 것"이라며 실패에 대한 CEO의 긍정적인 태도가 창조기업 CEO들의 공통된 덕목임을 강조하기도 했다.

세 번째 오해는 창조가 '섬광처럼' 어느 순간에 번쩍하고 이루어진다는 것이다. 하지만 기업에서의 창조나 혁신은 어느 한 순간에 나타난다기보다는 아이디어 교환이나 피드백 과정에서 '서서히 부상浮上'하는 것이 일반적이다. 어떤 문제를 해결하기 위해 항상 그 문제를 생각하는 몰입flow 상태에서 아이디어나 문제해결방법이 떠오른다는 것이다.

픽사의 조직 문화를 살펴보면, 서로가 서로를 이끌어주고 격려하여 전체가 단순히 개개인을 더한 합보다 훨씬 더 대단하게 되도록 하는 것이 핵심이다. 이러한 특징은 브레인 트러스트에서도 짐작했겠지만, '일별 리뷰회의dailies'에서도 나타난다. 일별 리뷰회의는 제작 담당 스태프들이 미완성 작품을 매일 동료에게 보여주고 서로 피드백을 주고받는 것이다. 완벽하게 완성되기 전까지는 프로젝트를 공개하지 않는 다른 조직과 달리 픽사에서는 매일 조금씩 개선된 미완성 작품을 보여주는 과정에서 서로 완벽함을 기대하지 않기 때문에 업무에 있어서 위험을 감수하고 새로운 시도를 하는 것이 가능하다고 한다.

여기에는 몇 가지 장점이 있다. 첫째, 아직 진행 중인 작업을 사람들에게 보여주는 것을 부끄러워하지 않게 되면 스스로 더 창의적인 인재가 된다. 둘째, 감독이나 리뷰 프로세스를 진행하는 창의적 리더는 전체 직원을 상대로 한번에 포인트를 짚어줄 수 있다. 셋째, 사람들은 서로에게서 배우고 영감을 얻는다. 끝으로, 일이 끝났을 때 놀랄 일이 없다. 나중에 영화가 완성되고 나서 원래 감독이 원하는 모습과 다를 수 있는데, 그런 일이 발생하지 않도록 사전에 막아준다는 것이다.

마지막 네 번째 오해는 창조경영 성공의 핵심이 '아이디어'라는 것이다. 하지만 창조기업들은 대부분 아이디어 자체보다도 '인재'의 중요성을 더욱 강조한다. 에드 캣멀은 "평범한 사람들로 구성된 팀에 훌륭한 아이디어를 주면 아이디어를 망칠 수도 있다. 그러나 평범한 아이디어라도 뛰어난 팀에 맡기면 아이디어를 고쳐 나가거나, 폐기하거나,

새로운 요소를 추가한다"라며 아이디어보다는 창의적 인재의 확보가 창조적인 결과를 도출하는 데 훨씬 중요하다는 것을 강조한다. 창의성 연구의 대가인 하버드대학교의 테레사 아마빌Teresa Amabile 교수 역시 "최적의 인재를 모으는 것이 창의적 과업의 성공을 위한 최우선 과제"임을 역설한 바 있다.

기업경영에서 필요로 하는 창의성은 창조의 주체, 목적, 과정과 방법 등 다양한 측면에서 예술이나 과학에서 요구되는 창의성과는 다르다. 따라서 이를 애초부터 선천적으로 주어진 불변의 재능으로 보아서는 안 되며, 얼마든지 체계적인 노력으로 향상 가능하다.

픽사의 사례가 이를 증명한다. 픽사는 집단 및 조직의 창의성이 리더십 스타일이나 조직의 운영 시스템, 원칙 등에 따라 달라질 수 있음을 분명히 보여주고 있다. 픽사의 창조역량은 애초에 주어진 것이었다기보다는 끈질긴 노력과 불확실성에 대한 투쟁으로 얻어진 것이었다.

이 책의 표현을 빌면, "픽사의 이야기는 운명적으로 이미 결정된 것은 결코 아니었다. 이 이야기는 예술art과 기술technology과 사업business이라는 세 가지 측면의 투쟁이 한데 얽혀 있는 이야기이며, 예술과 기술과 사업 차원에서 거둔 성공이 담고 있는 불확실성과 우연성에 대한 탐구이다".

삼성경제연구소 경영전략실 수석연구원 강한수

차례

일러두기

1. 저자의 주는 본문에서 1, 2, 3…으로 정리하였고, 상세 설명은 책의 뒷부분에 있습니다.
2. 본문 중 *는 내용의 이해를 돕기 위한 옮긴이의 주입니다.
3. 가독성을 위해 영화 제목에는 원제를 병기하지 않았습니다. 영화의 원제는 부록 4를 참고하면 됩니다.
4. 이 책은 2008년에 출간된 것으로, 2008년 이후 픽사의 영화 정보에 대해서는 편집 과정에서 추가하였습니다.

디자인 의도

본문디자인을 하면서 중요하게 생각한 것은 '잘 읽히는 책'입니다.
글자 간격을 좁힌 것은 책 읽는 속도감을 고려한 것입니다. 그러나 글자끼리 붙지 않도록 했습니다.
예를 들어 '가는'의 글자 간격이 너무 좁아져서 '기는'과 헷갈려서는 안 됩니다.
단어 간격은 글자의 3분의 1을 띄워서 글줄이 돋보이도록 했습니다.
단락의 오른쪽 끝은 단어별로 잘라서 줄을 바꿨습니다.
이렇게 하면 단어가 한 덩어리로 읽히기 때문에 읽는 데 편리합니다.
글줄 길이가 9센티미터이기 때문에 한 줄을 읽는 호흡이 조금 빠른 편입니다.
한 쪽에 26행을 배치한 것은 쪽수가 지나치게 늘어나는 점도 고려해서 조정한 것입니다.
결과적으로 책 본문의 느낌은 '위에서 아래로'가 아닌 '왼쪽에서 오른쪽'으로 진행되는 느낌을 받게 됩니다.
기업의 역사 이야기가 다음 장으로 또 다음 장으로 넘어가듯이 시간의 흐름과 책의 흐름이 어울리도록 한 것입니다.
본문에 사용한 별색 그라데이션 방법도 이를 표현하기 위한 것입니다.
이 책은 '이지바인딩'을 이용한 제본입니다. 이지바인딩은 펼침이 자유로워 책장의 넘김이 부드럽고,
읽기 편하게 만든 것이 특징입니다.
본문디자인에 대한 독자 여러분의 의견을 편집부로 보내주시면 더 좋은 책을 만드는 데 참고하겠습니다.
book@hbooks.co.kr

(왼쪽부터) 존 래스터, 스티브 잡스, 에드 캣멀, 피트 닥터, 밥 피터슨 그리고 마이클 지아치노. 제82회 아카데미 시상식에서(2010년 3월).
픽사에는 3명의 핵심 인물이 있다. 바로 애니메이터 출신으로 현재 월트디즈니 최고창작책임자인 존 래스터와 애플에서 쫓겨난 후 픽사 CEO로 부활의 날개를 달았던 현 애플의 CEO 스티브 잡스, 그리고 3차원 컴퓨터 그래픽스를 이용한 최초의 영화를 제작한 픽사의 현 CEO 에드 캣멀이 그들이다. 이번 아카데미 시상식에서 애니메이션 〈업UP〉은 장편 애니메이션 상을 받았다. 사진에 함께 실린 피트 닥터는 이 영화의 감독이었으며, 밥 피터슨은 각본을, 마이클 지아치노는 음악을 담당했다.

예술은 기술을 변모시키고,
기술은 예술에 영감을 준다.
Technology inspires art, and art challenges the technology.

존 래스터

01 그들은 한결같이 패배자였다

캘리포니아 남부의 많은 지역이 그랬듯이, 존 래스터John Lasseter가 서 있는 곳 역시 50년 전만 하더라도 오렌지 나무가 줄지어 서 있던 과수원이었다.

2006년 3월 10일 아침, 애너하임의 애로헤드 폰드에서 열린 월트 디즈니 컴퍼니의 주주총회장. 래스터가 단상에 서 있었고 4천 명이 넘는 주주들이 총회장을 가득 메웠다. 은퇴한 노인에서부터 어린아이의 손을 잡고 온 젊은 부부에 이르기까지 주주들의 연령층은 다양했다.

총회장에서 3킬로미터쯤 떨어진 곳에 디즈니랜드가 있었다. 그곳 역시 예전에는 오렌지 과수원이었다. 래스터는 대학 시절에 여름방학이면 디즈니랜드에서 아르바이트를 했다. 처음에는 '투모로랜드'에서 사탕을 쌌던 포장지나 팝콘을 빗자루로 쓸어서 휴지통에 버리는 청소부 일을 하다가 나중에는 '정글 크루즈'를 타고 안내원 노릇을 했다. 애로헤드 폰드에서 북쪽으로 약 30킬로미터 떨어진 곳에는 래스터가 어린 시절을 보낸 고향인 휘티어가 있었다. 바로 여기에서 래스터는 다섯 살 때 그림을 평생 직업으로 삼고 살아갈 운명의 길에 첫발을 내디뎠다. 지역 미술대회에 참가해 15달러의 상금을 받은 것이다.

애너하임에서 조금 더 멀리, 5번 주간고속도로를 타고 약 45분쯤 달리면 버뱅크가 나온다. 디즈니의 애니메이션 사업부가 둥지를 틀었던 곳이다. 22년 전 래스터는 여기에서 견습 애니메이터로 일을 했다.

이날 래스터는 평소와 다름없는 평범한 차림이었다. 하와이안 스타일의 남방과 청바지 차림에 테니스화를 신었다. 남방의 깃 아래에는 무선 마이크가 삐죽하게 나와 있었다. 차림새나 동글동글하니 귀여운 얼굴을 보면 이 사람이 49세나 되었고, 얼마 전에 74억 달러에 팔린 회사*의 고위 간부라는 사실을 도저히 상상하기 어렵다.

* 이 거래는 픽사 주식 1주에 디즈니 주식 2.3주의 비율로 디즈니가 자사의 주식으로 인수 대금을 지불했으며, 거래 발표는 1월에 있었지만 최종 거래 완료는 5월에 이루어졌다.

마이클 D. 아이스너Michael D. Eisner가 최고경영자CEO로 있던 지난 6년 동안 디즈니의 주주총회는 연달아 추운 계절에 추운 도시에서 열렸다(2005년 총회는 2월에 미니애폴리스에서 열렸다). 총회 날짜와 장소를 그렇게 정한 것을 두고 말이 많았다. 점점 더 불안해하는 주주들의 총회 참석을 막기 위한 책략이 아니냐는 것이었다. 하지만 그해에는 계략 따위를 쓸 필요가 없었다. 2005년 10월에 최고운영책임자COO 로버트 아이거Robert Iger가 불화의 근원이던 아이스너 대신 최고경영자에 올랐던 것이다. 아이거는 최고경영자가 되자마자 곧바로 개혁 작업에 돌입하여 픽사 애니메이션 스튜디오와 인수합병 협상을 시작했다. 인수 가격이 높긴 했으나 이 거래는 디즈니에게 큰 이익을 안겨준 것으로 판명났다.

이 거래는 한 기업의 운명을 바꾸어놓았다. 픽사는

처음 픽사주식회사Pixar, Inc.라는 이름으로 출발한 컴퓨터 하드웨어 회사였고, 샌프란시스코의 베이 에어리어에는 그런 회사가 널렸다. 래스터와 몇몇 기술 인력들로 구성된 작은 애니메이션 집단은 홍보용 단편영화를 몇 편 제작했지만, 수익은 내지 못했다. 결국 이 집단은 간판을 내리고 뿔뿔이 흩어져야 하는 순간을 맞았다. 픽사 이미지 컴퓨터Pixar Image Computer**가 수익성이 없다고 판단한 경영진은 이 집단이 애니메이션 소프트웨어를 파는 한편, 방송용 애니메이션 광고물이라도 제작해 수익을 내기를 바랐다. 그래서 픽사는 한때 광고를 만들기도 했다. 하지만 해가 바뀌어도 적자를 면치 못했다.

** 고성능 그래픽 디자인용 컴퓨터의 한 브랜드.

1991년에 디즈니가 픽사의 극장용 장편 애니메이션 제작에 자금을 대기로 합의했다. 계약 내용은 전적으로 디즈니에게 유리했다. 1993년 말에 디즈니는 픽사에 래스터가 연출하는 영화 〈토이 스토리〉의 제작을 중단하라고 지시했다. 대본에 문제가 있다는 것이었다. 픽사의 임직원들은 크게 실망했고, 픽사가 과연 장차 장편영화를 만들 수나 있을지 의심했다. 할리우드에 몸담고 있던 많은 사람들이 컴퓨터 애니메이션이라는 새로운 장르의 영화, 그것도 장편영화를 극장에서 끝까지 자리를 지키고 앉아서 볼 관객은 없을 것이라고 예상하던 시절이었다. 컴퓨터 애니메이션이라는 것이 비록 신기하긴 하지만 금방 싫증을 낼 것이라고 생각했던 것이다. 그러니 수익이 창출될 가능성도 그만큼 희박하다고 보았다.

하지만 오래지 않아서 픽사는 영화 제작에 필요한 자금과 배급 문제로 애걸복걸해야 하는 처지에서 완전히 벗어났다. 1995년에 개봉된 〈토이 스토리〉를 필두로 해서 〈벅스 라이프〉, 〈토이 스토리 2〉, 〈몬스터 주식회사〉, 〈니모를 찾아서〉, 〈인크레더블〉이 연달아 흥행에 성공하면서 픽사는 세계 최고의 애니메이션 제작사로 우뚝 섰다. 디즈니는 이 영화들을 배급하여 막대한 수익을 올렸다. 그런데 픽사와 디즈니가 맺은 배급권 계약의 만료일이 다가오자 픽사의 대주주이자 최고경영자였던 스티브 잡스Steve Jobs는 2004년 초에 디즈니와의 계약 연장 협상을 중단하겠다고 발표했다. 그러자 언론들은 디즈니가 이 문제를 어떻게 극복할 것인지에 비상한 관심을 가졌다.

그 무렵 두 회사의 입장은 역전되어 디즈니로서는 픽사가 절실하게 필요했다. 디즈니는 자체 영화를 제작하는 데 들어가는 운영비의 약 45퍼센트를 픽사가 제작한 영화를 배급해서 나오는 수익금으로 충당하고 있었다. 게다가 디즈니가 정신이 번쩍 들게 하는 일이 있었다. 시장 조사를 해본 결과, 어린 자녀를 둔 어머니들은 '디즈니'라는 브랜드보다 '픽사'라는 브랜드를 더 신뢰하는 것으로 나타났다.[1]

디즈니가 픽사를 인수한 뒤에 래스터는 디즈니와 픽사의 애니메이션 사업부의 최고창작책임자chief creative officer가 되었으며, 아울러 디즈니의 전 세계 테마파크와 리조트 사업부의 최고창작자문자principal creative advisor가 되었다. 이 직책은 래스터를 위해서 특별히 새로 마련된 자리였다. 픽사가 제작한 영화들이 성공을 거두면서 래스터는 할리우드에서 성공한 사람들이 보장받는 것과는 다른 특이한 선물을 받았다. 뒷마당에 수영장이 있는 저택이나 벽난로 위에 올려놓는 오스카 조각상이 아니었다. 시골의 별장도 아니었고, 재규어 로드스터도 아니었다(물론 래스터는 이 모든 것을 가지고 있었다).

그는 와인 생산지로 유명한 소노마밸리에 1,800제곱미터 넓이의 저택을 소유하고 있었고, 거기에 철로를 깔고 실물 크기의 1901년식 증기기관차를 사들여(심지어 월트 디즈니의 뒷마당에 있던 기차도 18분의 1 축소 모형이었다) 기차 취미에 마음껏 탐닉할 수 있었다. 하지만 래스터가 이룩한 성취 가운데서 진정으로 값진 것은 따로 있었다. 그가 성공을 통해서 얻게 된 자유야말로 가장 의미 있는 보상이었다. 픽사에서 동료들과 함께 새로운 영화 장르를 개척함으로써 래스터는 자신이 원하는 영화를 자유롭게 만들 수 있게 되었으며, 그가 바라는 조건으로 디즈니로 돌아올 수 있었던 것이다.

래스터는 애너하임에서의 그날 아침, 디즈니의 픽사 인수 및 픽사가 차기작으로 준비하고 있던 〈카〉와 〈라따뚜이〉를 생각하며 가슴이 부풀어 있었다. 이날 아이거는 주주들에게 약간의 장난을 쳤다. 래스터를 주주들에게 소개할 듯하다가 화제를 다른 데로 돌리면서 래스터는 오지 않은 것처럼 해서 사람들 속을 태웠다. 그러다가 마침내 아이거가 래스터를 무대 위로 불러내자 사람들은 일제히 박수를 치며 환호성을 질렀다. 래스터가 무대에 나올 때는 〈토이 스토리〉와 〈토이 스토리 2〉의 주제곡인 '나는 이제 너의 친구야You've Got a Friend in Me'의 일부가 식장에 흘렀다.

래스터가 연설을 시작했다. 그는 열정적인 말과 몸짓으로 단번에 주주들을 사로잡았다. 그의 목소리는 비음이 조금 섞여 있긴 하지만 따뜻하고 매력적이었다. 래스터는 먼저 농담을 했다.

“디즈니의 주주총회에 나간다고 하니까 아내가 잘 빼입고 가라더군요. 그래서 특별히 검은색 테니스화를 신었습니다.”

사람들은 배꼽을 잡으며 웃었고, 또 한차례 우레와 같은 박수가 터져 나왔다.

래스터는 고등학생 때 11번 채널에서 방송하던 〈벅스 버니〉 만화를 보려고 수업이 끝나자마자 집까지 죽어라 뛰었던 일을 회상했다. 그리고 밥 토머스가 쓴 책 《애니메이션*The Art of Animation*》을 찾아내 읽었던 일이며, 만화를 제작하는 일로 생계를 꾸려가는 사람들도 있다는 사실을 처음 깨달았던 일을 이야기했다.

“그게 바로 내가 원하던 것이었습니다.”

래스터는 또한 디즈니랜드에서 정글 크루즈를 타고 일하던 때를 회상했다. 안내 직원들은 쇼의 효과를 극대화해서 고객들을 더 즐겁게 해주려고 온갖 이야기로 손님들을 뒤흔들곤 했다. 다른 자리에서 래스터는 디즈니랜드에서 아르바이트를 했던 경험 덕분에 소심한 성격에서 벗어날 수 있었으며, 사람들 앞에 나설 때도 자신감을 갖게 되었다고 했다. 디즈니랜드에서의 아르바이트 경험이 확실히 효과가 있었던 듯하다.

래스터는 또 캘리포니아 예술학교(칼아츠, CalArts)를 졸업한 후 디즈니의 애니메이션 부서에 취직해서 3D 컴퓨터 애니메이션 작업을 목격했던 일을 회상했다.

“월트 디즈니도 그걸 좋아하지 않고는 배길 수 없을 거라고 생각했습니다.”

래스터는 청년 시절에 새로운 기술을 시도했다가 실패했던 일은 일부러 말하지 않았다. 다만 분위기를 계속 띄우면서 이렇게 말했을 뿐이다.

"그래서 내 인생에서 만난 사람들 가운데 가장 놀라운 사람과 함께 일을 하며 꿈을 좇았습니다. 그 사람은 바로 에드* 캣멀Edwin Catmull이었습니다."

* 에드윈의 애칭.

에드윈 캣멀은 컴퓨터 그래픽스 연구소 직원에서 어찌어찌 하다가 픽사의 사장이 되었다. 그는 희끗희끗한 수염과 둥근 금테 안경 때문에 학자처럼 보였다. 휴가 때마다 과학 서적과 논문을 꼭 챙기는 괴짜 중의 괴짜였다. 캣멀을 아는 사람은 누구나 그가 비상한 머리를 가졌다고 말했다. 하지만 그는 자신을 내세우지 않았고, 말을 많이 하기보다는 주로 다른 사람의 말을 듣는 편이었다. 그의 말투는 온화하고 정중했다.

캣멀은 다른 사람들이 하는 일을 이어받아 그것을 바탕으로 새로운 성과를 올렸지만, 3D 애니메이션에서의 혁명은 순전히 그가 이룩했다고 해도 과언이 아니다. 그는 청년기에 이미 컴퓨터 애니메이션으로만 된 영화를 만들겠다는 꿈을 키웠다. 뉴욕 공과대학NYIT 컴퓨터 그래픽스 연구소와 조지 루카스의 루카스필름 등에서 장차 픽사 애니메이션 스튜디오를 이끌 창조적인 기술 인력을 규합한 사람이 바로 캣멀이었다.

"1986년에 스티브 잡스가 루카스필름에서 우리를 데리고 나왔습니다. 그리고 우리는 픽사의 일원이 되었지요. 처음 10년 동안 우리는 스티브의 돈을 많이 까먹었습니다. 아주 많이 까먹었지요."

스티브 잡스는 머지않아 디즈니의 픽사 인수가 완료되면 디즈니의 최대 개인 주주가 되는 동시에 디즈니 이사회의 일원이 될 터였지만, 그날 그 자리에는 참석하지 않았다. 돈에 관해서 래스터가 한 말은 틀린 게 아니었다. 잡스는 끈질긴 협상 끝에 루카스필름의 컴퓨터 사업부를 500만 달러에 인수했다(인수 금액이 1,000만 달러라는 말도 있지만, 이건 사실이 아니다). 하지만 잡스는 그 뒤 10년 동안 이 회사에 500만 달러의 열 배나 되는 돈을 쏟아 부어야 했다. 잡스만큼 배짱 좋고 끈기 있는 투자자는 많지 않을 것이다.

래스터는 계속해서 디즈니에 대해 자신이 품고 있는 애정과, 〈카〉와 〈라따뚜이〉에 나올 장면들을 자랑스레 이야기했다. 그리고 마지막으로 다시 고향인 디즈니로 돌아와서 더할 나위 없이 기쁘다는 말로 연설을 마쳤다.

래스터의 연설은 전체적으로 픽사 영화의 구성과 박자와도 잘 맞아떨어진다. 우선 온갖 모험담이 전개된다. 진지한 순간에 돌발적으로 코미디가 나타나고, 결국 이 모든 것들 뒤에는 행복한 결말이 기다리고 있다는 구성이 그의 연설에도 그대로 적용되었던 것이다. 이런 맥락에서 보면 픽사의 이야기도 결국 행복한 결말을 맞을 것임을 예상할 수 있다. 픽사가 독립 회사로 있는 동안 만든 영화는 여섯 차례나 연달아 대박을 터뜨렸다. 그리고 앞으로도 디즈니의 날개 아래에서 성공 행진을 이어나갈 터였다.

그런데 픽사의 이야기는 운명적으로 이미 결정된 것은 결코 아니었다. 이 이야기는 예술art과 기술technology과 사업business이라는 세 가지 측면의 투쟁이 한데 얽혀 있으며, 예술과 기술과 사업 차원에서 거둔 성공에 내재된 불확실성과 우연성에 대한 탐구다. 이 이야기는 또 사회적, 경제적으로 저명한 인사들이 어떻게 서로 엮이는지, 그리고 아무리 작은 조직이라 하더라도 역량을 효율적으로 배치함으로써 자기 힘을 얼마나 극대화할 수 있는지 들려준다. 작은 조직도 얼마든지 큰 조직을 이끌 수 있음을 보여준다. 또한 이 이야기는 수학적인 정밀한 구성의 가상세계에서 스토리텔링의 새로운 길을 창조하겠다는 열망으로 똘똘 뭉쳐 함께 여행을 시작한 사람들, 길고 구불구불한 길을 걸어 마침내 꿈이 실현되는 날을 맞은 어떤 작은 집단에 관한 이야기이기도 하다.

픽사의 성공이 운명적으로 결정되어 있지 않았던 것과 마찬가지로 픽사를 이끈 인물들의 성공 역시 운명적으로 결정되어 있지 않았다. 픽사의 성공 스토리에서 가장 흥미로운 요소 가운데 하나는, 픽사를 이끈 사람들이 처음 등장하는 장면에서 (전통적인 기준으로 볼 때) 한결같이 패배자였다는 점이다. 래스터는 대학을 졸업하고 오랜 꿈을 이루기 위해 디즈니에 입사했지만 해고당했다. 캣멀은 컴퓨터 그래픽을 전공한 대학원생으로서 썩 괜찮은 일을 하고 있었지만 누군가를 가르치는 일을 맡게 되었고, 결국에는 스스로 막다른 길이라고 생각했던 소프트웨어 개발 업무를 하게 되었다. 픽사의 공동 창업자인 앨비 레이 스미스Alvy Ray Smith는 강단에 있다가 제록스의 저 유명한 팰러앨토 연구센터에 들어간 뒤에 어느 날 갑자기 길거리로 나앉는 신세가 되었다. 잡스는 공동 창업자 자격으로 함께했던 애플컴퓨터에서 밀려나면서 굴욕과 고통의 쓴맛을 겪어야 했다. 그야말로 하룻밤 사이에 실리콘밸리의 선망의 대상에서 한물 간 조롱거리가 되고 말았던 것이다. 이 각각의 인물을 놓고 보자면, 실패라는 쓰라린 경험은 더욱 새롭고 장엄한 출구라는 보상이 되었음을 알 수 있다.

이 인물들 그리고 이들을 모두 합친 존재라고 할 수 있는 픽사가 겪는 모험 여행을 따라가다 보면, 성공적인 혁신은 "지성의 결실이 아니라 의지의 결실"[2]이라고 했던 조셉 슘페터Joseph Schumpeter의 경구가 결코 헛말이 아님을 상기하게 된다. 심리학이라는 학문이 아직 사람들의 관심을 끌지 못했던 20세기 초에 기업가들의 심리에 대한 글을 쓰면서 슘페터는 "전례가 없는 어떤 일을 할 때 흔히 있을 수 있는 저항과 불확실성"에 대한 준비를 하는 사람은 거의 없다고 믿었다. 실패의 가능성을 용감하게 가슴에 안고 나서는 사람들은 경제적인 동기들뿐만 아니라 전혀 경제적이지 않은 동기들도 함께 가지고 있었다. 예를 들면 "창작의 기쁨, 성취의 기쁨, 혹은 단순하게 자신이 가진 에너지와 재주를 발산하는 기쁨"[3]이 바로 이런 동기가 된다. 픽사의 경우 저항과 불확실성이 넘쳐흘렀다. 의지도 그만큼 많이 넘쳤다.

이 이야기는 예의범절에 매우 엄격하면서도 부드러운 말씨를 가진 에드 캣멀이라는 전직 전도사가 1970년에 유타 대학교 대학원에 진학하는 데서 시작한다. 그때 3D 애니메이션이라는 개념은 아예 존재하지도 않았고, 세상은 여전히 오렌지 과수원으로 덮여 있었다.

02 차 고 에 서　시 작 하 다

지나간 역사를 보면, 시간과 장소가 절묘하게 맞아떨어진 가운데 재능 있는 사람들이 한자리에 모여 아무도 상상하지 못했던 일을 해내며 기존의 가능성을 완전히 바꿔버리는 때가 종종 있다. 엘리자베스 시대의 런던에서 펼쳐졌던 드라마가 그랬고, 기원전 3세기의 아테네에서 넘쳐났던 철학이 그랬으며, 15세기 말과 16세기 초 피렌체에서 꽃을 피웠던 회화가 그랬다.

1960년대와 1970년대 초 솔트레이크시티, 더 정확하게 말하면 유타 대학교 컴퓨터공학과에서 시작된 컴퓨터 그래픽에 관한 이야기는 비교적 덜 알려져 있다. 당시 에드 캣멀은 유타 대학교에서 교편을 잡고 있었다. 그의 이런 경력은 그 뒤 수십 년 동안 유타 대학교의 영향력이 그의 열정과 리더십에 미치게 될 필요조건이 된다.

유타 대학교는 버클리 대학교의 컴퓨터학과 교수이자 모르몬교도이던 데이브 에번스Dave Evans를 초빙하여 1965년에 컴퓨터공학과를 개설했다. 이어서 에번스는 이 분야의 최고 연구자들을 교수진으로 불러들였다. 이들 중 하버드

대학교에서 종신 재직권을 가지고 있던 30세의 아이번 서덜랜드Ivan Sutherland는 단연 최고 유명인사였다. 서덜랜드는 매사추세츠 공과대학MIT 박사 논문에서 당시로서는 획기적인 개념인 스케치패드Sketchpad라는 시스템, 즉 불빛이 내는 펜과 컴퓨터 화면을 이용해서 흑백의 기계 제도engineering drawing 시스템[1]을 개발했다. 하지만 사용자가 컴퓨터를 이용해서 그림을 그릴 수 있게 되기까지는 아직 더 기다려야 했다. 그것은 그야말로 그림의 떡일 뿐이었다. 당시는 카드 리더기에 펀치 카드 프로그램을 넣으려고 사람들이 줄지어 서서 기다리던 시절이었다. 컴퓨터 속도는 터무니없이 느렸다. 이런 시기에 스케치패드는, 한 사람이 방 하나 크기의 컴퓨터를 하루 종일 독점한다는 '미친 발상'을 전제로 했던 것이다.

컴퓨터 그래픽을 가능하게 해주는 장비는 1960년대 후반까지는 등장하지도 않았다. 그랬기 때문에 에번스와 서덜랜드는 이런 장비를 마련하고 판매하는 회사를 세웠다. 그 결과 유타 대학교 컴퓨터공학과의 연구자들은 늘 최신 그래픽 하드웨어를 사용할 수 있었다. 고등연구계획국ARPA: Advanced Research Projects Agency으로부터 지원금이 쏟아져 들어왔다.[2] 고등연구계획국은 국방부가 소련의 인공위성 스푸트니크호에 맞서 차세대 기술을 개발하는 연구 사업에 자금을 대던 기구였다.

컴퓨터 그래픽은 아직 영역이 좁은 분야였다. 하지만 유타 대학교가 앞으로 잘나갈 것이라는 말이 퍼져나갔다. 대학원 교육 과정의 위계질서와 형식주의에 흥미가 없었던 에번스는 학생들이 되도록 빨리 독자적인 연구

과제를 맡아서 진행하길 바랐다. 과제 내용은 과감할수록 좋았다. 에번스와 그의 동료 교수들은 대학원생들에게 자율성을 보장했으며, 아직 박사학위를 받지 않았지만 이들을 전문가이자 동료로 존중했고, 최고 수준의 연구자로 대우했다.

그러한 자유로운 환경 속에서 유타 대학교의 컴퓨터공학과 학생들은 중요한 성과들을 낼 수 있었다. 하지만 그런 건 특별한 일도 아니라는 듯 여기는 분위기였다. 프랑스 유학생 앙리 구로Henri Gourand는 3차원 곡면 물체의 그림자를 계산하는 방법을 알아내는 놀라운 성과를 거두었다. 베트남 출신의 부이 투옹 퐁Bui Tuong Phong은 실제 사물처럼 보이는 물체를 컴퓨터로 만들어내는 방법을 최초로 고안했다(이른바 '구로 새이딩Gouraud Shading'과 '퐁 라이팅phong Lighting'은 오늘날에도 그래픽 소프트웨어에서 활용되고 있다).

다른 박사과정 학생들도 컴퓨터 그래픽 개발 작업과 현대적인 개인용 컴퓨터의 개발 작업에 초석을 놓는 핵심적인 역할을 했다. 이들을 열거하면 다음과 같다.

우선 1969년에 박사학위를 취득한 앨런 케이Alan Kay가 있다. 케이는 특히 객체 지향 프로그래밍OOP: object oriented programming*과 포인트 앤드 클릭**의 그래픽 유저 인터페이스를 고안했는데, 이 두 가지 기술은 현재 도처에서 활용된다. 케이는 1970년대 초에 당시로서는 상상도 할 수 없는 노트 크기의 휴대 가능한 컴퓨터라는 발상을 했다.

존 워녹John Warnock, 1969년 박사학위 취득. 워녹은 디지털 활자와 데스크톱 출판에 개척자적인 작업을 했으며, 나중에 어도비시스템스의 공동 창업자가 된다.

* 처리 절차와 데이터를 분리하지 않고 양자를 기능상의 단위로 묶어서 소프트웨어 시스템을 구축하는 방식.

** 마우스를 움직여 대상을 가리킨 다음 클릭하는 방식.

짐 클라크Jim Clark, 1974년에 박사학위 취득. 클라크는 가상현실 디스플레이에 관한 논문을 썼으며, 고속 3D 그래픽 구현을 할 수 있는 컴퓨터를 만들겠다는 목적으로 실리콘그래픽스를 창립했고, 월드와이드웹www의 시대가 열리던 새벽에 넷스케이프를 공동으로 창립했다.

놀란 부쉬넬Nolan Bushnell, 당시 학부생이었으며 1969년에 박사학위 취득. 부쉬넬은 장차 세계 최초의 비디오게임 회사 아타리Atari를 창업하게 되며, 비디오게임을 활성화시킨다.

그리고 데이브 에번스가 교수진으로 확보한 또 다른 인물인 톰 스톡험Tom Stockham은 장차 디지털 음성 녹음 및 디지털 사진 영상의 품질 향상 분야를 개척하게 된다.

캣멀은 우연히 이 아테네에 발을 들여놓았다. 그는 그 지역 출신으로 그래닛 고등학교를 졸업했다. 1945년 3월 31일 웨스트버지니아의 파커스버그에서 태어났으며, 솔트레이크시티에서 모르몬교도 부모 슬하에서 5남매의 장남으로 성장했다. 그는 1963년에 유타 대학교에 입학했으며, 청년 모르몬교도라면 관습적으로 수행해야 하는 전도사 일을 하기 위해 2년 동안 대학 생활을 중단했다. 그는 뉴욕의 코니아일랜드와 스카스데일로 파견됐다.[3]

캣멀에게 휴학은 결과적으로 행운이 되었다. 그가 다시 복학했을 때 컴퓨터공학 관련 프로그램들이 막 시작되었던 것이다. 당시 대학원생이던 앨런 케이는 캣멀의 첫 번째 프로그래밍 강좌를 강의했다. 케이는 캣멀이 과제에서 지시한 것보다 언제나 더 많은 내용을 채워서 제출했다며 당시를 기억했다.

"그는 프로그래밍 작업 자체를 좋아했어요. 과제를

내주면, 그 과제에 관련이 있다고 생각하는 부분을 늘 덧붙였습니다. 싹이 보였던 셈이죠."[4]

1969년에 컴퓨터공학 및 물리학 학위를 받고 졸업을 한 뒤에 캣멀은 보잉 사에 취직했다. 하지만 곧 정리해고를 당하면서 다른 수천 명의 직원들과 함께 일자리를 잃었다.[5] 그는 박사과정을 밟기 위해 다시 학교로 돌아갔다. 이때 캣멀은 급진적인 생각을 가지고 있었다. 사실 그는 어릴 때부터 디즈니의 애니메이터가 되는 게 꿈이었다. 월트 디즈니를 우러러보았으며, 만화에서 직업을 구하려면 당연히 준비해야 한다는 생각으로 플립북flip book* 도 여러 권 만들었다. 하지만 고등학교 때 자신은 그림 그리는 재능이 부족하다는 사실을 인정하고 꿈을 포기했다. 그런데 어떤 생각 하나가 그를 강하게 사로잡았다. 그는 어쩌면 컴퓨터를 이용해 애니메이션을 만들 수 있지 않을까 하고 기대했다. 컴퓨터 그래픽 기술만 있다면 개별적인 이미지뿐만 아니라 장편 애니메이션 영화도 만들 수 있을 것 같았다.

* 책에 연속적인 그림을 그려서 책장을 빠르게 넘기면 그림이 움직이는 것처럼 보이도록 만든 책.

박사과정에서 캣멀과 함께 공부를 했으며 역시 애니메이션 관련 작업을 했던 프레드 파크Fred Parke는 당시를 회상하면서 다음과 같이 말했다.

"그 시절만 해도 컴퓨터 애니메이션이라는 것은 완전히 미친 소리였습니다. 힘들게 도달한 수준이라는 게 기껏해야 스틸 이미지를 출력하는 수준이었으니까요."

컴퓨터의 하드웨어 기술이 캣멀의 야망을 뒷받침할 만한 수준이 되려면 여러 해가 걸릴 것이 분명했다. 수학적인 측면이나 프로그래밍의 측면에서도 해결해야 할 과제가 산더미였고 또 끊임없이 나타났다. 그럼에도 불구하고 캣멀은 작업을 본격적으로 시작해야 할 때라고 판단했다.

1972년에 캣멀은 대학원 과정의 프로젝트로 단편 애니메이션 클립을 제작할 기회를 얻었다. 캣멀은 자신이 가장 쉽게 확보할 수 있는 대상을 디지털화해서 애니메이션으로 만들기로 마음먹었다. 그 대상은 바로 자기 왼손이었다. 이 작업에서 쉽거나 단순한 것은 아무것도 없었다. 우선 왼손의 석고를 떴다. 굳은 석고를 떼어낼 때 털이 뽑혀 무척 아팠다. 이렇게 만든 틀 위에 작은 삼각형 및 다각형 350개를 잉크로 그렸다.[6]

이 작업을 마치자 다각형 그림들이 마치 그물처럼 석고 모형을 촘촘하게 덮고 있는 모양이 되었다. 짧은 직선을 여러 개 모으면 곡선 형태와 비슷하게 그릴 수 있는 것과 마찬가지로, 다각형 여러 개를 가지고 곡면체와 비슷한 형태를 만들 수 있었다. 이 곡면체들을 디지털화하면 왼손의 표면이 컴퓨터 화면에 구현될 것이라 캣멀은 믿었다. 캣멀은 다각형들의 각 꼭짓점 좌표를 끈질기게 측정하고 텔레타이프 키보드를 이용해서 컴퓨터에 입력했다. 그는 자신이 만든 3D 애니메이션 프로그램을 가지고 자신의 손을 컴퓨터 화면에 구현하고 이 손이 움직이도록 만들 수 있었다.

그가 이렇게 공들여 만든 이미지를 그저 한 번 보는 것만으로도 그때는 굉장한 일이었다. 당시의 디스플레이 하드웨어로는 그가 만든 이미지를 전체적으로 한꺼번에 볼 수 없었다. 그 이미지를 온전하게 다 보려면 30초가 걸렸다. 그랬기 때문에 캣멀은 폴라로이드 카메라로 노출 시간을 길게 해서 모니터 화면을 촬영하는 방식으로 자신이 한 작업의 한 프레임을 볼 수 있었다. 이런 식으로 자신이 만든 결과물을 확인한 뒤에 캣멀은, 컴퓨터공학과가 특별히 구입한 35밀리 영화 카메라를 동원해서 음극선관CRT 스크린의 이미지를 촬영했다.

이렇게 해서 1분짜리 영상물이 완성되었고, 당시로서는 입이 딱 벌어질 만큼 놀라웠다. 손이 회전을 했고, 주먹을 쥐었고, 손바닥을 보이며 펼쳤다. 정말 놀라운 일은, 손을 바라보는 시선이 손 위로 올라갔다가 나중에는 손 안으로 들어가서 사방을 둘러보았던 것이다. 파크는 비슷한 시기에 자기 아내의 얼굴을 컴퓨터 애니메이션으로 만들어냈다. 이 두 편의 영화는 장차 컴퓨터 애니메이션이 기술적으로 얼마나 놀라운 발전을 이루어낼지를 상징적으로 보여주었다(두 작품에 들어 있던 일부 장면들은, 지금은 사람들의 기억에서 거의 가물가물해진 1976년의 영화 〈퓨처월드〉에 수록되었다).

서덜랜드 교수는 월트 디즈니 컴퍼니가 전통적인 기법의 애니메이션 작품을 제작하는 과정에 컴퓨터 그래픽 기술을 도입하도록 설득할 수 있을지 확인해보려고 디즈니와 접촉했다.[7] 캣멀이 애니메이션에 대단한 열정을 갖고 있다는 것을 알고 있던 서덜랜드는 캣멀을 데리고 가서 디즈니의 경영진을 만났다. 실망스럽게도 디즈니의 경영진은 컴퓨터 그래픽에 관심이 없었다. 하지만 이들은 캣멀에게 한 가지 제안을 했다. 디즈니의 이미지 작업팀이 컴퓨터를 이용해서 새로운 탈것, 특히 플로리다의 올랜도에서 막 개장한 '월트 디즈니 월드'에 설치할 롤러코스터인 '스페이스 마운틴'을 디자인하는 작업을 도와달라는 것이었다. 캣멀은 제안을 거부했고, 두 사람은 별 성과 없이 솔트레이크시티로 돌아왔다.

캣멀은 박사 논문을 쓰면서 다시 3차원 곡면에 매달렸다. 그가 관심을 가진 것은 모서리가 있는 다각형 그물보다 한결 부드러운 곡면을 구현하기 위한 수학적인 방법인 바이큐빅 패치bicubic patch였다. 그는 바이큐빅 패치에서 생성된 한 물체의 어떤 부분이 관찰자의 눈에 보여야 하며, 또 어떤 부분이 (다른 것에 가려) 보이지 않아야 할지를 컴퓨터가 결정하는 방식을 파악했다. 이것은 이론적으로는 쉬워 보이지만 실제로는 풀기 어려운 난제 중 하나였다. 가려서 보이지 않는 표면에 대한 해결책으로 캣멀은 '제트-버퍼Z-buffer'라는 개념을 만들어냈다. 이것은 관찰자와 어떤 장면의 각 지점에서 표면 사이의 가장 가까운 거리를 놓치지 않고 따라가는 메모리 영역을 일컫는다.

바이큐빅 패치와 제트-버퍼에 대한 캣멀의 작업은 그 자체로 획기적이었다. 그의 논문은 데이터 기억 분야에서 또 하나의 중요한 발견을 이루어냈다. 곡면 물체의 수학을 파고든 노력의 부산물로, 어떤 이미지든 간에 그것을 물체의 표면에 투사할 수 있는 방법을 발견한 것이다. 텍스처 매핑texture mapping* 으로 알려진 이 기술 덕분에 컴퓨터 그래픽으로 그린 물체에 대리석 질감을 입힐 수도 있고 목재 질감을 입힐 수도 있게 되었다. 캣멀이 최초로 시도한 텍스처 매핑 작업은 미키마우스를 물결무늬 표면에 투사하는 것이었다.[8] 박사 논문에서 캣멀은 이 개념을 〈곰돌이 푸〉를 예를 들어 도해했다.[9]

* 가상의 3차원 물체의 표면에 세부적인 질감을 묘사하거나 색을 칠하는 기법.

캣멀이 박사 논문에서 정리한 세 가지 개념, 즉 바이큐빅 패치, 제트-버퍼 그리고 텍스처 매핑만으로도 그는 엄청난 성과를 거둔 셈이었다. 그 뒤로 아무것도 하지 않는다 하더라도 그의 이름은 컴퓨터 그래픽 분야에서 영원히 남을 터였다. 하지만 캣멀에게 이것들은 그의 진짜 목표인 장편 컴퓨터 애니메이션 영화 제작에 필요한 발판일 뿐이었다.[10]

그러나 컴퓨터 그래픽 분야의 전문가들이 박사학위를 받고 사회에 발을 디뎠을 때, 이들 앞에 놓인 길은 평탄하지 않았다. 엔터테인먼트 산업entertainment industry 부문은 말할 것도 없고 캣멀이 가지고 있는 것과 같은 전문성을 가진 사람들을 고용하는 대학이나 기업이 없었다. 캣멀은 변변찮은 컴퓨터 애니메이션 사업을 추진하던 오하이오 주립대학교에서 교수 자리를 제안받았지만 거절했다.[11] 대신 서덜랜드 교수가 막 시작한 새로운 사업에 희망을 걸었다. 서덜랜드는 얼마 전에 할리우드에서 두 번째 회사를 차렸다. 픽처/디자인 그룹이라는 컴퓨터 애니메이션 제작회사였다.[12] 이 회사의 목표는 상업 광고나 텔레비전 프로그램, 영화 등에 들어갈 컴퓨터 애니메이션을 만드는 것이었다. 캣멀은 유타 대학교에 있으면서 서덜랜드와 그의 동업자들이 투자자들을 확보하길 기다렸다.

당시 캣멀은 한 가정의 가장으로서 아내 라레인과 두 살배기 아들을 부양해야 했다. 서덜랜드의 회사에서 일할 수 있기를 손꼽아 기다렸지만 몇 달이 훌쩍 지나가버렸다. 그러다 픽처/디자인 그룹은 문을 닫고 말았다. 그는 생계를 꾸려가기 위해서 돈을 벌어야 했고, 얼마 후 보스턴에 있는 어플라이콘이라는 회사에 취직했다. 설계 작업 소프트웨어를 만드는 회사였는데, 캣멀이 관심을 가지고 있던 분야와는 전혀 달랐다. 이 회사의 그래픽 작업은 기본적으로 선을 그리는 것이어서, 캣멀의 관심사였던 3차원이니 명암이니 하는 것과는 전혀 상관이 없었다. 회사가 추구하는 방향이 캐릭터 애니메이션이 아님은 말할 필요도 없었다. 당시 29세였던 캣멀은 제자리걸음만 하고 있는 느낌이었다. 재미없는 일상 속에서 판에 박힌 일만 하면서 하루를 보내고 있었다. 실망스러웠고 고통스러웠다. 고뇌에 찬 나날들이었다. 어느 방향으로 어떻게 나아가야 할지 도무지 알 수 없었다. 이런 나날이 여러 달 동안 이어졌다.

어느 날 캣멀은 이상한 전화 한 통을 받았다. 전화를 건 여자는 자신을 어떤 사람의 비서라고 소개했다. 하지만 그 비서가 모시고 있다는 사람의 이름은 들어본 적이 없었다. 여자는 캣멀이 뉴욕으로 올 수 있도록 비행기 표를 끊어뒀다고 했다. 캣멀은 그 일을 다음과 같이 회상했다.

"나는 그 여자가 누구인지, 왜 나한테 뉴욕으로 오라고 하는지 전혀 알지 못했습니다."[13]

캣멀이 알지 못했던 그 괴짜 백만장자는 예전에 솔트레이크시티에 나타난 적이 있는 알렉산더 슈어Alexander Schure라는 성공한 기업가였다. 그는 1955년에 뉴욕 공과대학을 설립했으며, 이 대학의 총장이었다. 최근에 그는 영화 제작에 매료되어 롱아일랜드에 있던 여러 캠퍼스 가운데 하나를 애니메이션 스튜디오로 열어둔 상태였다. 그런데 슈어는 애니메이터들이 일하는 모습을 보고는 엄청나게 비싼 수공 인력이 투입되는 것을 알았고, 언젠가 컴퓨터가 그 많은 애니메이터들을 대체할 것이라고 믿었다.

캣멀이 제작했던 두 개의 애니메이션 작품인 왼손과 프레드 파크의 아내 얼굴은 데이브 에번스와 아이번 서덜랜드의 하드웨어 회사인 에번스&서덜랜드의 시제품 가운데 하나였다.[14] 에번스&서덜랜드 사의 열성적인 영업사원 하나가 동부에 있는 대학교들에 무작위로 전화를 돌렸는데, 그가 캣멀의 애니메이션 작품을 슈어에게 소개하는 순간 바로 금맥이 뚫렸다.[15] 슈어는 유타에서 에번스 교수와 서덜랜드 교수를 만났고, 이어서 필요한 장비를 구입했다.

엄청난 규모의 장비를 구입하는 자리에서 에번스는 슈어에게 컴퓨터 그래픽 사업을 누구에게 맡길 생각이냐고 물었다. 그러자 슈어가 반문했다.

"누구에게 맡기면 좋겠소?"[16]

"적임자가 있는데, 이 사람을 모르고 있었군요. 에드 캣멀이 얼마 전에 다른 일자리를 찾아서 여기를 떠났습니다. 하고 싶은 일을 하지 못한다는 절망에 몸부림을 치면서 말입니다."

이것이 슈어의 비서가 캣멀에게 전화를 걸게 된 경위다. 캣멀은 비서의 이야기를 듣고 호기심에 사로잡혔다. 곧바로 뉴욕으로 날아갔고, 슈어가 제안하는 내용이 그동안 자신이 줄곧 기다려왔던 것임을 깨달았다. 독자적인 연구소를 가지고 컴퓨터 애니메이션에 모든 노력을 쏟아 부을 수 있게 된 것이다. 캣멀은 슈어에게 에번스&서덜랜드에서 무엇을 구입했는지 물었다. 슈어는 모른다고 했다. 그가 아는 유일한 내용은 그 사업의 핵심 가운데 핵심을 자신이 확보했다는 사실이었다.

1974년 11월, 캣멀은 뉴욕 공과대학 컴퓨터 그래픽스NYIT 연구소의 소장이 되었다. 캣멀은 어플라이콘에서 함께 일했던 맬컴 블랜차드Macolm Blanchard를 불러들였고, 블랜차드는 1월부터 출근했다.

이 대학교는 아이비리그의 학문적인 열정과는 거리가 멀었다. 마구잡이로 학위를 발행하는 학교와 삼류 대학 사이 어디쯤에 위치하던 이 학교는 다른 대학교에서는 입학 허가서를 받을 수 없었던 제대 군인들과 베트남전 징집을 피하고자 대학생 신분을 원했던 청년들을 받아주면서 번창해가고 있었다.

캣멀의 컴퓨터 그래픽스 연구소는 그 대학교의 다른 부서나 대학들과는 아무런 연관도 없었다.[17] 이 연구소가 자리 잡은 롱아일랜드의 노스쇼어는 더할 나위 없이 평화로웠다. 사진 촬영지로도 유명했다. 그곳은 F. 스콧 피츠제럴드의 고향이기도 했다. 슈어는 그곳의 저택과 별장들을 사들여 대학교 건물로 사용했다. 캣멀의 연구소는 커다란 저택의 그림자가 드리우는, 자동차 4대가 들어가는 (대단한 위엄과 품위를 갖춘) 차고를 개조한 공간이었다. 캣멀은 운전기사들이 숙소로 썼던 차고 위층을 개조해서 작업실을 만들었고, 1층은 컴퓨터실로 사용했다.

그가 다음으로 할 일은 3D 그래픽의 한계를 극복할 팀을 구축하는 작업이었다. 그가 뉴욕 공과대학에 불러 모은 집단은 장차 픽사 애니메이션 스튜디오의 구성원들이 된다. 그러고 보면 이 회사는 문자 그대로 차고 회사로 출발한 셈이다.

같은 시기에 또 한 명의 야심찬 컴퓨터 예술가가 4,000킬로미터쯤 떨어진 곳에서 독자적으로 모험 여행을 하고 있었다. 앨비 레이 스미스Alvy Ray Smith였다.[18] 그는 텍사스에서 태어나 뉴멕시코에서 성장했으며, 그림 그리기를 평생의 즐거움으로 삼고 살았다. 뉴멕시코 주립대학교에 다닐 때는 인근의 화이트샌드 미사일 시험장에서 온 사람들이 강의를 하는 컴퓨터 프로그래밍 과목을 수강하기도 했다.

캣멀과 마찬가지로 그는 그림으로는 생계를 꾸리기 어렵다고 생각하고, 스탠퍼드 대학교에 장학생으로 들어가 전기공학을 전공했다. 틈틈이 그림을 그렸고, 대학교 구내의 커피숍에서 전시회를 연 적도 있다. 1968년에 박사학위를 땄고, 반전운동에 뛰어들기도 했다. 그 뒤에 뉴욕 대학교에서 세포자동자 細胞自動子, cellular automata라 불리는 컴퓨터공학의 한 분야를 가르쳤다. 이 분야에서 그는 자기복제 기계의 수학이라는 주제로 학위 논문을 썼다.

만일 스키장에서 사고를 당하지만 않았어도 그는 이 분야에서 학문적인 성과를 쌓으며 살아갔을 것이다. 그러나 운명은 그에게 그 길을 가도록 허락하지 않았다. 1973년 겨울에 뉴햄프셔의 한 스키장에서 슬로프를 타고 내려오던 중에 스키 모자가 갑자기 내려와 시야를 가렸고, 그 순간 다른 사람이 무서운 속도로 그를 향해 미끄러져 내려왔다. 그 사람은 완전히 통제력을 잃은 상태였고, 결국 두 사람은 충돌했다. 이 사고로 스미스는 3개월 동안 가슴에서 발가락까지 깁스를 해야 했다. 스미스는 당시를 이렇게 회상했다.

"그 순간이 내 인생에서 가장 멋진 순간들 가운데 하나가 될 줄은 몰랐죠."

사고를 당한 뒤에 그는 자신의 삶을 전면적으로 돌아보게 되었다. 자기가 가고 있는 길이 비록 안정적이고 나름대로 혜택도 누리고 있긴 하지만, 결코 자신이 가야 할 길이 아님을 깨달았다.

"내가 가지고 있는 예술적인 재능을 활용하는 것도 아니고, 또 전 세계에서 세포자동자에 대해 이야기를 나눌 수 있는 사람이 기껏해야 열두어 명밖에 안 된다는 사실을 생각하면 흥이 나지 않는 일이죠."

마음에 걸리는 게 또 있었다.

"컴퓨터공학을 가르친다는 것 자체가 나로서는 도저히 인정할 수 없는 전쟁을 지지하고 돕는 꼴이었어요. 내가 가르친 학생들이 졸업을 해서 무기 개발에 참여했으니까요."

그는 캘리포니아로 돌아가기로 했다. 새로 직장을 구한 것도 아니었고 계획도 없었다. 자기가 원하는 일을 할 수 있을 때까지는 모아놓은 돈을 까먹으면서 살아볼 작정이었다.

"이상하게도 캘리포니아로 돌아가면 뭔가 좋은 일이 생길 것만 같은 예감이 들었어요."

스미스는 그렇게 몇 달을 보낸 뒤, 글 쓰는 일거리를 얻었다. 집에서 60킬로미터 넘게 떨어진 스탠퍼드 대학교의 도서관에 가서 자료도 찾고 글을 쓰면서 시간을 보내는 일이 많았다. 어느 날 그는 팰러앨토에 살던 딕 샤우프Dick Shoup라는 친구의 집에서 하룻밤 신세를 졌다. 다음 날 점심을 함께 먹는 자리에서 샤우프는 스미스더러 자신이 그림 그리기용으로 만든 소프트웨어를 만들었는데 한 번 봐달라고 했다.

샤우프는 제록스의 팰러앨토 연구센터PARC에서 일하고 있었다. 제록스는 이 연구소에 박사급 연구원들을 모아놓고 미래의 획기적인 사무용 기기 사업을 자유롭게 연구하도록 지원하고 있었다. 앨런 케이의 지휘 아래 먼 미래를 내다보면서 진행되던 개인용 컴퓨터와 그래픽 인터페이스에 대한 연구 작업의 성과 덕분에, PARC는 기업 연구소로는 처음으로 〈롤링스톤〉이라는 잡지(1972년 12월 7일자)에 소개되기도 했다.[19] PARC의 다른 연구팀들은 사무용 컴퓨터 네트워크 관련 작업을 하고 있었으며, 최초의 레이저 프린터를 개발하고 있었다.

샤우프는 지난 몇 년 동안 스미스를 그림 그리기 소프트웨어 프로젝트에 끌어들이려고 애썼다. 하지만 스미스는 컴퓨터를 가지고 그림을 그린다는 발상이 말도 안 되는 소리라고 치부했다. 무슨 그따위 헛소리가 다 있느냐는 식이었다. 샤우프가 아무리 설명해도 한 귀로 듣고 한 귀로 흘렸다. 그런데 이날은 샤우프에게 하룻밤 신세진 것도 갚을 겸 해서 그를 따라 나섰다. 이렇게 해서 스미스는 최초의 컬러페인팅 프로그램을 구경하게 되었다. 샤우프가 '슈퍼페인트SuperPaint'라고 이름 붙인 이 프로그램은 태블릿Tablet*과 스타일러스Stylus**를 사용했다. 샤우프가 슈퍼페인트를 시연해 보였다. 아직 개발 초기 단계였음에도 불구하고 슈퍼페인트는 현대적인 그림 그리기 소프트웨어의 다양한 기법들을 제공했다. 스미스는 입을 다물지 못했다. 그는 그 일을 다음과 같이 회상했다.

"썩 내키지 않는 걸음이었다. ……하지만 그가 너무도 고맙게 대해줬기에 그 친절에 보답해야겠다는 마음으로 따라 나섰다. 그날 내가 본 것은 엄청났고, 정말 즐거운 충격이었다! 그런 프로그램이 있을 수 있다니……

* 평면판 위의 임의의 위치를 펜으로 접촉해 컴퓨터에 입력할 수 있도록 한 장치.

** 태블릿 위에서 사용하는 필기구.

컬러텔레비전의 붓이 컴퓨터에 달려 있다니! 눈이 핑핑 돌 지경이었다."[20]

스미스는 그곳을 나서면서 자신이 그토록 기다리던 '뭔가 좋은 일'을 찾았다고 생각했다. 며칠 뒤에 다시 찾아가 무려 열두 시간이나 꼼짝도 하지 않고 앉아서 슈퍼페인트를 만지작거렸다. 스미스는 샤우프에게 제발 자신도 PARC의 연구원 자격으로 컴퓨터 페인팅 작업을 연구할 수 있게 해달라고 졸랐다. 하지만 샤우프는 스미스를 채용해도 좋다는 허락을 받지 못했다. 그래도 길은 있었고, 편법이 동원됐다. 가짜 호치키스 구매 주문을 내어 스미스에게 돈을 지급했던 것이다. 말하자면 스미스는 호치키스 상자가 되어 입장할 수 있었다.

스미스는 1974년 8월부터 연구소에서 일을 시작했다. 그가 맡은 일은 그 시스템이 가지고 있는 잠재적 가능성을 고객에게 소개하는 애니메이션 비디오를 제작하는 작업이었다. 그는 추상적인 시퀀스들을 애니메이션 입문서에서 뽑은 고전적인 걸음걸이 애니메이션walk animation과 한데 섞어서 비디오를 만들었다. 또 한 명의 젊은 예술가 데이비드 디프란시스코David DiFrancesco가 PARC에 합류했다. 두 사람은 번갈아가면서 슈퍼페인트에 매달렸다.[21]

하지만 제록스는 1975년 1월에 이들에게서 즐거운 장난감을 빼앗아버렸다. 컬러가 아닌 흑백에만 집중하겠다는 전략에 따른 결정이었다. 스미스는 제록스 직원들을 만날 때마다 호소했다.

"이거 보시오, 컬러가 미래라니까요? 제록스는 벌써 이 미래를 붙잡았단 말입니다!"

하지만 회사의 결정은 돌이킬 수 없었다. 제록스의 미래 사무실에는 컬러가 들어설 자리가 없었다. 스미스를 위한 호치키스 구매 주문도 중단되었다.[22]

스미스가 잃어버린 건 많았지만 봉급은 중요한 게 아니었다. 그림 그리기 프로그램도 중요하지 않았다(작정하고 만들려고만 한다면 스미스도 그걸 얼마든지 만들 수 있었다). 창고에 처박힌 그래픽 장비가 너무나 아까웠다. 바로 프레임 버퍼frame buffer라는 장치였는데, 모니터 화면에 영상을 나타내는 데 사용하는 컴퓨터 메모리의 한 영역이었다. 이 프레임 버퍼는 샤우프의 슈퍼페인트의 캔버스였다. 컴퓨터 비디오 화면의 각 점, 즉 픽셀은 프레임 버퍼에 있는 메모리 로케이션과 조응한다. 그래서 한 프로그램이 프레임 버퍼의 어떤 메모리 로케이션에 입력된 숫자를 바꾸면, 거기에 따라서 모니터의 해당 부분 색깔이나 음영이 바뀐다.

슈퍼페인트와 같은 그림 그리기 프로그램은 기본적으로 화가가 스타일러스로 하는 작업 내용에 조응해서 프레임 버퍼의 기억 내용을 바꾸었다. 오로지 선線밖에 그릴 수 없었던 예전의 그래픽 하드웨어와 달리 프레임 버퍼는 프로그래머가 스크린 위에 뭐든지 구현할 수 있는 무제한의 자유를 누릴 수 있게 해주었던 것이다.

스미스와 디프란시스코가 컴퓨터 페인팅 작업을 계속하려면 프레임 버퍼를 새로 구해야만 했다. 지금은 어디에서나 쉽게 볼 수 있는 장비지만 1975년에는 매우 귀한 물건이었다. 제록스의 PARC도 독자적으로 프레임 버퍼를 설계하고 제작해야 했다. 그런데 유타 대학교에 이 장비가 있다는 소문이 들렸다. 스미스는 디프란시스코와 함께 흰색 포드 토리노를 타고 솔트레이크시티로 달려갔다.

유타 대학교의 컴퓨터공학과에 도착한 두 사람은 그림 또는 예술이라는 뜻의 '아트art'라는 용어를 의식적으로 피했다. 컴퓨터공학과나 국방부가 자금을 지원하는 사업들은 화가나 예술가를 필요로 하지 않을 것이라고 생각했기 때문이다. 그들의 생각은 틀리지 않았다. 하지만 그곳 사람들은 두 사람이 무엇을 추구하는지 금세 알아차렸다. 유타 대학교가 두 사람에게 도움을 줄 수 있는 건 없었다. 하지만 대학원생 한 명이 작은 희망을 주었다. 두 사람이 또 다른 시도를 해볼 수 있는 길을 알려주었던 것이다. 바로 롱아일랜드의 괴짜 백만장자였다. 이 사람은 눈에 보이는 것은 죄다 사들였는데, 그 가운데는 8만 달러짜리 프레임 버퍼도 포함되어 있었다.

스미스와 디프란시스코의 차림새는 영락없는 노던캘리포니아의 히피들이었는데, 스미스가 방금 들은 말에 큰 관심을 보이며 흥분하자 그 대학원생은 친절하게도 또 다른 조언을 해주었다. 롱아일랜드의 이 괴짜 백만장자가 에드 캣멀이라는 박사를 고용해서 연구소를 맡겼는데, 그 사람은 선량하긴 하나 독실한 모르몬교 신자이고 외골수이니 히피 차림은 좀 곤란하지 않겠느냐는 경고였다.

스미스와 디프란시스코는 남은 돈을 마저 털어서 뉴욕으로 가는 비행기를 탔다. 그리고 거기에서 디프란시스코의 아버지에게 낡은 포르쉐 한 대를 빌린 뒤, 눈보라를 헤치고 캣멀의 작은 연구소가 있는 개조된 차고로 달려갔다.

캣멀은 두 사람을 반갑게 맞았다. 그의 설명에 따르면

컴퓨터로 애니메이션 영화를 만드는 데 필요한 일은 뭐든지 다 한다고 했다. 한편 슈어는 뉴욕 공과대학 캠퍼스의 다른 곳에서 100명이 넘는 애니메이션 인력을 고용하고 있었다. 할리우드와 뉴욕 출신의 이들 애니메이터와 배경화가들은 손으로 그림을 그리는 전통적인 방식으로 애니메이션 영화 작업을 하고 있었다. 캣멀의 팀은 이들에게서 애니메이션에 대해 배워야 했다.

외관상으로 보면 캣멀과 스미스는 뚜렷하게 대비되었다. 캣멀은 호리호리하고 말을 신중하게 하는 반면에 스미스는 스모키 베어Smokey Bear*를 연상시키는 큰 덩치에 무슨 말이든 거리낌 없이 했다.[23] 그럼에도 불구하고 두 사람은 금방 친해졌고, 컴퓨터 그래픽의 무한한 가능성에 대해 들뜬 마음으로 이야기를 나누었다. 나중에야 알게 된 사실이지만 캣멀은 스미스의 보헤미안 기질을 전혀 꺼려하지 않았다. 유타 대학교의 대학원생이 했던 경고가 무색했던 셈이다. 스미스는 다음과 같이 회상한다.

*산불 방지 캠페인의 마스코트.

"캣멀은 남을 함부로 비난하거나 기를 죽이는 그런 사람이 아니었습니다."

캣멀은 힘에 부친다고 생각하던 참에 두 사람이 도와주겠다고 하자 기꺼이 그들의 제안을 받아들였다. 3D 작업을 하던 캣멀과 어플라이콘에서 그와 함께 일했던 맬컴 블랜차드 그리고 2D 작업을 하던 스미스와 디프란시스코, 이렇게 네 사람은 얼마 뒤에 리무진을 타고 롱아일랜드의 한 저택으로 갔다. 네 사람은 커다란 홀을 지나 거실로 안내되었다. 유니폼을 입은 웨이터들이 부산하게 움직이고 있었다. 그때 거실 저 끝에 있던 탁자에서 누군가가 큰 소리로 외쳤다.

"어서 오시오, 캘리포니아 친구들!"[24]

알렉산더 슈어였다.

슈어는 컴퓨터 애니메이션의 공상을 진지하게 좇는 사람이었다. 다른 사람들은 그런 발상조차 하기 어려운 시대에 이미 상당한 규모의 투자를 할 정도였다. 캣멀은 이미 알고 있었고 스미스는 곧 알게 되겠지만, 슈어의 공상적이며 영상적인 특성은 그만의 독특한 의사소통 방식으로 드러났다. 슈어의 말은 매끄럽고 유창했으며, 풍부한 인상을 끊임없이 불러일으키는 화려한 수사로 가득했다. 비록 도무지 말이 안 되는 경우가 많긴 했지만 말이다. 디프란시스코는 나중에 슈어의 이런 말을 '단어로 만든 샐러드word salad'라고 불렀다.[25] 슈어의 발언과 관련해 악명 높은 사례가 하나 있는데, 어떤 기자에게 이런 말을 했다고 한다.

"우리의 비전은 시간의 흐름을 빠르게 돌릴 겁니다. 그리고 결국은 시간을 삭제해버릴 겁니다."[26]

다시 스미스의 회상이다.

"슈어는 언제나 대화를 주도했죠. 사실 우리는 슈어가 무슨 말을 하는지 알아듣지 못했어요. 슈어는 일반적인 개념의 대화라는 형식으로 말을 하는 게 아니었으니까요. 슈어는 맹렬한 기세로 쉴 새 없이 단어들을 토해내기 때문에 만일 한 마디를 하고 싶다면 기다리지 말고 바로 끼어들어야 합니다. 슈어가 말을 하고 있을 때 같이 말을 해야 한다는 뜻입니다. 그리고 얼마 뒤에 자기가 한 말이 슈어의 입에서 튀어나올 때, 그 말은 전혀 다른 뜻이 된다는 것도 알 겁니다."

프레임 버퍼는 에번스&서덜랜드에서 아직 도착하지 않았다. 그래서 사람들은 이미 연구소에 들어와 있던 3D 선 그리기 시스템과 디지털 이큅먼트 코퍼레이션에서 구입한 미니컴퓨터 PDP-11/45의 사용법을 익혔다. 한 친구가 이들에게 AT&T의 벨연구소에서 나온 유닉스라는 새로운 운영체제와 이것에 딸려 있는 프로그램 언어인 'C언어'에 대해 설명해주었다. 캣멀과 스미스는 당시 IBM이 밀어붙이던 프로그램 언어인 포트란Fortran을 싫어했다. 두 사람이 보기에 포트란은 거대 회사의 평범함을 상징하는 것일 뿐이었다. 이들은 C언어가 더 논리적이고 우아하다고 평가했으며, 곧 C언어의 열광적인 지지자가 되었다.

일단 이들이 기술적인 기초를 잡고 나자, 뉴욕 공과대학 컴퓨터 그래픽스 연구소는 기회와 자유의 바다가 되었다. 자신이 중요하다고 생각하는 것이면 무엇이든 할 수 있었다. 컴퓨터 애니메이션이라는 거대한 그림 퍼즐의 조각 하나를 맞추는 일이면 무엇이든 괜찮았다. 캣멀은 손으로 그리는 전통적인 방식의 애니메이션 동화(童畵. 인비트윈Inbetween)* 작업을 자동화하기 위해서 '트윈TWEEN'이라는 2D 프로그램에 매달렸다(유닉스가 도입되기 이전에 한동안 캣멀은 어셈블리 언어로 그 프로그램을 만들었다. 어셈블리 언어는 지루하고 손이 많이 가는 수준 낮은 컴퓨터 언어였다. 그래서 캣멀이 포트란을 그처럼 싫어했던 것이다).

프레임 버퍼가 도착하자 스미스는 슈어의 셀 애니메이션 팀의 배경화가에게 도움을 받아가며 배경을 그리는 프로그램에 매달려 작업을 했고, 디프란시스코는 스크린의 이미지를 필름에 담는 더 나은 방법을 찾아내려고 끝없는

* 원화와 원화 사이의 중간 동작을 채우는 것.

실험을 했으며, 시스템 프로그래밍의 대가였던 블랜차드는 유닉스와 C컴파일러에 들어 있는 버그들을 잡았다.

사람들이 늘어나기 시작했다. 다섯 번째로 합류한 사람은 크리스틴 바턴Christine Barton이었다. 크리스틴은 이 분야에 뛰어든 첫 번째 여성으로, 연구소에 있는 컴퓨터들의 네트워크 작업을 했다(네트워크 작업은 스크래치를 기반으로 했는데, 당시는 로컬 네트워크가 자리 잡기 한참 전이었다).

짐 클라크는 유타 대학교에서 했던 가상현실virtual reality 작업을 계속했다. 클라크가 사용한 장치는 헤드셋 디스플레이였다. 두 개의 작은 스크린이 사용자의 눈 가까이 장착되어 컴퓨터 그래픽 내용을 비추어주었다. 한 연구원은 비디오 출력 내용을 실시간으로 디지털 신호로 바꾸는 일, 다시 말해서 카메라가 돌아감에 따라서 (혹은 비디오테이프가 돌아감에 따라서) 비디오 신호를 이진법의 컴퓨터 자료로 변환시키는 일에 매달렸다.

여름방학 동안 유타 대학교 박사과정의 한 프로그램에 따라 연구소에서 견습 연구원으로 일하던 짐 블린Jim Blinn은 자신이 '범프 매핑Bump mapping'*이라고 이름 붙인 기법을 연구했다. 캣멀의 텍스처 매핑은 그 이름과는 달리 대상 물체 표면의 질감을 제대로 살리지 못했다. 대상 물체의 표면을 2차원 이미지로 칠을 하거나 포장을 하는 것과 다름없었다. 예를 들어 텍스처 매핑 기법을 이용해서 콘크리트 이미지를 3D 형상으로 구현할 수는 있지만, 콘크리트 특유의 거친 표면까지 생생하게 구현하지 못했다. 블린은 3차원의 질감을 대상 물체의 표면에 적용해서 올록볼록한 특성들이 드러나게 함으로써 이 한계를 극복할 방법을 찾고 있었다.

* 렌더링될 물체의 픽셀마다 표면 법선을 흔들어 높낮이가 있어 보이게 하는 컴퓨터 그래픽 기술 중 하나로, 울퉁불퉁한 표면을 좀 더 사실적으로 나타내기 위한 기법.

직원들이 늘어나면서 캣멀이 직원들을 관리하는 일의 비중도 점차 늘어났다. 연구소장으로서 캣멀은 대학교의 (특히 유타 대학교의) 학과 특유의 분위기를 만들려고 노력했다. 그러다 보니 연구소에서 추진하는 사업들은 구성원 각자가 스스로 알아서 설정하고 추구하는 과제들이 엉성하게 결합된 것처럼 보였다. 그의 역할은 다른 사람들을 격려하고, 필요할 경우에는 상담을 해주고, 대학 측과 껄끄러운 부분이 있으면 해결하고, 슈어와의 사이에 어떤 문제가 있으면 정리하는 것이었다. 독재나 독단은 전혀 없었다. 이 같은 리더십이야말로 재능과 자발성으로 충만한 연구원들이 각자 열정을 다해 자기 임무를 수행하는 데 가장 적합한 것이었다.

사실 연구소 직원들은 밤과 낮이 따로 없었다. 가정적인 캣멀만이 보통 사람들처럼 정해진 근무 시간에 일을 했지만, 다른 사람들은 대부분 몸을 움직일 힘만 있으면 밤이든 낮이든 가리지 않고 일을 했다. 다들 자기들이 시대를 앞서가고 있다는 사실, 컴퓨터 그래픽에 열정을 쏟을 수 있는 특권을 가지고 있음을 잘 알았다. 그리고 거기에 들어가는 단 한 시간도 허비하지 않으려 했다. 그들은 완전히 미쳤다. 적어도, 완전히 몰두했다.

음악은 필수였다. 그날의 음악을 책임진 사람은 핑크 플로이드나 크림, 밥 딜런 혹은 소프트 재즈를 틀었다. 이따금씩 누군가 '와아!' 하는 탄성을 지르면, 다들 우르르 달려가서 그 사람이 방금 거둔 성과를 눈으로 확인했다. 새벽 3, 4시쯤 되면 각자 자기 방으로 가서 눈을 붙였다(슈어는 인근에 이들의 숙소를 마련해주었다). 그러고는 아침이 되면

둘셋씩 짝을 지어 연구소로 어슬렁거리며 나타났다.

스미스는 하루 26시간의 주기를 가지고 일했다. 그가 일하는 일정은 2주 만에 한 번씩 캣멀이 일하는 일정과 맞아떨어졌다. 카네기 멜론 대학교에서 이곳으로 자리를 옮긴 랠프 구겐하임Ralph Guggenheim은 당시를 다음과 같이 회상한다.[27]

"이 괴짜들과 동료가 된다는 것은 굉장한 일이었습니다."

작업에 필요한 장비를 구입하는 데 슈어가 돈을 아끼지 않았던 것도 그 연구소를 환상적인 공간으로 만드는 데 보탬이 되었다. 컴퓨터에 미친 사람들에게 그곳은 천국이었다. 디지털 이큅먼트 코퍼레이션이 백스VAX라는 차세대 미니컴퓨터가 뉴욕 공과대학 그래픽스 연구소에 들어왔는데, 이 제품은 공장 생산라인에서 출고된 첫 제품이었다. 이 제품의 가격은 20만 달러가 넘었다.[28] (요즘 화폐 가치로 치면 60만 달러가 넘는다.[29]) 다음은 스미스가 하는 말이다.

"그럼에도 슈어는 끊임없이 우리더러 또 필요한 게 뭐냐고 물었죠. 그러면 우리는 필요한 걸 말했고, 슈어는 그걸 샀죠."

연구원들이 프레임 버퍼를 두 개 더 사면 정말 좋겠다고 말하자 슈어의 통 큰 씀씀이는 진가를 발휘했다. 연구원들은 슈어의 '단어로 만든 샐러드'로 만찬을 벌인 뒤에 기존에 있는 프레임 버퍼 외에 두 대를 더 구입하면, 세 대를 하나로 이어서 단위 픽셀당 기억 용량을 세 배로 늘릴 수 있게 되어 훨씬 나은 이미지를 얻을 것이라고 했다. 몇 주 뒤 슈어는 평소처럼 연구소에 들러서는 지나가는 말처럼 이렇게 말했다.

"아 참, 내가 방금 당신네들한테 주려고 프레임 버퍼 다섯 대를 샀는데……."

정말 끝내주는 일이었다. 슈어는 사석에서 농담처럼 한 이야기를 듣고는 (1970년대 중반의 화폐 기준으로) 30만 달러라는 엄청난 돈을 아무렇지도 않게 투자한 것이었다. 그 장비들이 들어오면 연구소는 사상 유례가 없는 활용 능력을 갖추게 될 터였다. 슈어는 단순한 논리에서 이런 결정을 내렸다. 난위 픽셀당 기억 용량이 많으면 많을수록 이미지 색깔이나 음영 처리를 더욱 섬세하게 할 수 있다는 것이었다. 그게 전부였다. 만일 프레임 버퍼 한 대가 픽셀당 1비트, 즉 이진 숫자 하나를 제공한다면, 각 픽셀이 선택할 수 있는 것은 0과 1, 둘뿐이다. 하지만 픽셀당 2비트를 제공한다면, 각 픽셀은 00, 01, 10, 11 가운데 하나, 즉 0, 1, 2, 3 가운데 하나를 선택할 수 있게 된다. 네 가지 색깔 또는 음영을 선택할 수 있다는 말이다.

에번스&서덜랜드의 프레임 버퍼 한 대는 픽셀당 8비트를 제공했고, 각 픽셀은 28, 즉 256개의 색깔(혹은 256가지의 음영)을 구현할 수 있다. 하지만 256개의 색깔로는 어떤 대상을 현실감 있게 구현하기에는 충분하지 않다.

프레임 버퍼 세 대라면 이야기는 달라진다. 한 대가 빨간색 256가지를 나타내고, 또 한 대가 초록색 256가지를 나타내며, 마지막 한 대가 파란색 256가지를 나타낸다면, 프레임 버퍼 세 대가 만들어낼 수 있는 색깔은 256×256×256가지, 즉 1,600만 가지가 넘어 자연계의 색상을 완벽하게 구현할 수 있게 된다. 요즘에야 값싼 디지털 카메라로도 구현하는 수준이지만, 당시로서는 획기적인 일이었다. 이것을 슈어가 어느 날 선뜻 선물한 것이었다. 이렇게 해서 뉴욕 공과대학의 컴퓨터 그래픽스 연구소는 지구상에서 유일하게 사진과 비교해도 손색이 없는 이미지를 컴퓨터로 구현할 수 있게 되었다(적어도 민간 연구소로서는 최초다. 어쨌든 군사기관이나 정보기관이 보이지 않는 곳에서 얼마나 많은 예산을 들여가며 얼마나 막강한 장비를 구축했는지는 알 길이 없으니까).

또 다른 이득도 있었다. 컴퓨터로 선이나 모서리를 그리면 고르지 않고 들쭉날쭉했다. 이른바 계단현상staircase effect이었다. 곡선 부분이 매끄럽지 않게 나타나는 이런 불완전한 현상을 일반적으로 톱니현상jaggies이라고 부르고, 전문적인 용어로는 앨리어싱aliasing이라고 한다. 톱니현상은 애니메이션에서는 더욱 심각했다. 모서리에 개미가 기어가는 듯한 느낌을 주기 때문이다.

이런 문제를 해결하는 방법 가운데 하나는, 그 선의 색깔과 선 주변 공간의 여러 색깔들을 한데 섞어서 그 선이 매끄럽게 이어지는 듯한 착각이 들게 만드는 것이다. 하지만 256가지 색깔만으로는 불가능했다. 효과적인 조합을 기대하기에는 색깔의 수가 충분하지 않은 것이다. 반면 1,600만 가지의 색깔이라면 얼마든지 가능해진다. 어떤 선이든 보이게 하고 싶은 대로 만들어낼 수 있다.

캣멀은 영화 관객들이 받아들일 수 있을 정도의 그래픽을 만들려면 톱니현상을 제거하는 것이 가장 중요한 과제라고 믿었다. 그런데 슈어가 프레임 버퍼 다섯 대를 추가로 구입하면서 연구소는 모두 여섯 대의 프레임 버퍼를 확보했다. 완벽한 색상을 구현하는 두 개의 시스템을 가동할 수 있게 되었다는 뜻이다.

가장 최근에 개발된 장비를 쓸 수 있다는 사실은 그 자체로 활력소가 되었다. 그들은 내내 언젠가는 영화를 만들 수 있을 것이라는 꿈을 꾸었다. 연구원 여럿과 친구였으며 그 연구소에 자주 출입했던 테드 배어Ted Baehr는 이렇게 말했다.

"출발 시점부터 그 사람들은 자기들도 디즈니가 될 수 있는 바로 그 지점을 바라보고 일했습니다. 늘 그 이야기만 했죠."

이들은 가끔 밤에 자동차를 타고 맨해튼으로 드라이브를 나갈 때조차도 영화를 만들겠다는 목표를 잊어버린 적이 없었다. 1976년 여름, 극장에서는 디즈니의 고전적인 애니메이션 영화 시리즈를 상영했다. 이들은 거기에 푹 빠졌다. 뉴욕의 뉴스쿨에서 열리는 강연회에 참석해서 비평가 레너드 말틴이 영화를 평가하고 애니메이션의 역사를 이야기하는 것도 들었다.[30] 해마다 여름이면 시그래프SIGGRAPH라는 미국 컴퓨터협회ACM 산하 컴퓨터 그래픽 총회에도 참석했다. 이 자리에서 그들은 논문을 발표했고, 짧은 분량의 애니메이션을 시연했다.

이들은 또 뉴욕 공과대학에 있는 애니메이터들의 입장에 대해서도 생각했다. 슈어는 수작업을 하는 애니메이터들에게 아이들의 이야기인 〈투비 더 튜바Tubby the Tuba〉를 원작으로 하는 영화 작업을 맡기고 있었다. 컴퓨터 그래픽스 연구원들은 셀 애니메이션 부서로부터 셀 애니메이션의 기술에 관한 많은 것을 배울 수 있었지만, 〈투비 더 튜바〉 관계자들은 이들에게 경계의 눈초리를 보냈다.

슈어는 컴퓨터가 애니메이터들을 몰아낼 것이라는

말을 입버릇처럼 했다. 스미스가 그런 일은 일어나지 않을 것이며, 컴퓨터 애니메이션이 아무리 발달하더라도 여전히 애니메이터들이 필요할 것이라고 틈나는 대로 말했지만, 슈어의 말은 위기감을 불러일으켰던 것이다. 캣멀은 다음과 같이 회상한다.

"슈어는 애니메이션 화가들에게 이렇게 말하곤 했다. '언젠가 당신네들은 직업을 잃어버릴 거야. 왜냐고? 저 친구들이 당신들 자리를 차지할 테니까.' 하지만 우리는 그런 일이 일어나지 않을 것을 알고 있었다."[31]

이 영화는 좋은 시금석이 되었다. 1977년 봄, 슈어는 맨해튼에 있는 영화사 MGM에서 특별 시사회를 열었다.[32] 이 영화에는 딕 반 다이크가 시조始祖 튜바의 목소리로 출연하는 등 노련한 배우들이 참여했다. 하지만 감독은 신출내기였다. 알렉산더 슈어가 바로 이 영화의 감독이었던 것이다.

캣멀과 그의 동료들에게 그 영화를 관람하는 것은 고통스러운 경험이었다. 잘못되어도 그보다 더 잘못될 수는 없었다. 잘못될 수 있는 모든 잘못은 죄다 모인, 엄청나게 잘못된 영화였다. 프레임에는 먼지가 묻어 있었고, 선들 아래로는 그림자가 졌으며, 음악은 귀에 거슬렸고, 이야기 전개는 두루뭉술하게 모든 연령층을 대상으로 했으며, 전체 과정도 지루하기 짝이 없었다. 맨 앞줄에 앉았던 스미스는 눈을 감아버렸다. 컴퓨터 그래픽스의 프로그래머 한 사람은 아예 코를 골며 잤다. 영화가 끝나고 시사회장에 불이 들어왔을 때, 한 젊은 애니메이터가 괴로운 심정을 절규하듯 토해냈다.

"나는 방금 내 인생에서 2년이란 세월을 낭비했다는

사실을 깨달았어!"[33]

컴퓨터에 미쳐 있던 연구소 사람들에게 그 경험은 일종의 계시였다. 에드 캣멀과 앨비 레이 스미스는 자신들이 오로지 영화 제작의 기술적인 측면에만 초점을 맞추고 있었다는 사실을 깨달았다. 배어는 당시 상황을 다음과 같이 표현했다.

"내가 보기에는 (컴퓨터 그래픽스 연구소에 있던 사람들 가운데) 그 누구도 전체 구성이나 이야기 전개에 대해서는 생각해본 사람이 없었던 것 같습니다. 그저 '우리도 영화 한 번 만들어보자'는 생각만 앞섰던 거죠."

〈투비 더 튜바〉의 재앙 덕분에 이들은 결코 반갑지 않은 사실을 정면으로 응시해야 했다. 제대로 된 영화를 만들기에는 좋지 않은 장소에 있다는 사실이었다. 자금도 충분하지 않았다. 기술적인 천재성도 충분하지 않았다(〈투비 더 튜바〉는 심각한 기술적 문제들을 안고 있었다). 고가의 장비만 가지고는 될 일이 아니었다. 그들이 언젠가는 시그래프 총회에서 시연할 만큼 (연구 개발의 결과물들이 아닌) 의미 있는 영화를 만들려면, 스토리텔링을 이해하는 사람들이 필요했다. 슈어는 비록 놀라운 통찰력을 가지고 있었지만, 그들의 월트 디즈니가 될 수는 없었다. 이런 사실을 연구소 사람들은 뼈저리게 느꼈다.

이것은 애니메이션의 초기 시절로까지 거슬러 올라가는 교훈이었다. 기술적으로 천재적인 재능을 가지고 있었던 어브 아이웍스Ub Iwerks는 월트 디즈니 프로덕션(당시에는 그렇게 불렀다)이 1920년대에 애니메이션 영화 부문에서 선두 자리를 지키는 데 일등공신 역할을 했다. 아이웍스는 미키 마우스라는 캐릭터를 만든 인물이기도 했다. 그는 캐릭터의 동작을 음악에 맞춘다거나 카메라 움직임을 혁신적으로 구사하는 데 대가였다.

하지만 그가 월트 디즈니에서 나와 영화사를 차리고 만든 개구리 플립이나 윌리 후퍼 같은 캐릭터들은 지금은 사람들 기억에서도 사라진 그저 그런 것들이다. 캐릭터와 이야기 구성에 공을 들이는 월트 디즈니가 없을 때 아이웍스의 기술적인 재능은 아무런 가치가 없었다.[34] 마찬가지로 뉴욕 공과대학의 컴퓨터 그래픽 기술이 아무리 뛰어나다 한들, 그것만으로는 매력적인 영화를 만들 수 없었다.

그러면 무엇을 해야 하는가? 어디로 가야 하는가?

그들은 이 뼈아픈 현실을 직시해야 했다. 캣멀과 스미스는 이미 디즈니를 상대로 물밑 작업을 하고 있었다. 연례행사처럼 1년에 한 차례씩 디즈니를 찾아가 그들의 관심을 이끌어내려 했다. 두 사람이 보기에 디즈니는 그들의 팀을 지원할 수 있는 자원을 가진 유일한 애니메이션 영화사였다. 게다가 둘 다 디즈니의 열렬한 팬이었다. 물론 디즈니 사람을 만난다는 사실은 슈어에게는 비밀로 했다. 스미스는 플로리다로 가는 척했고, 캣멀은 샌프란시스코로 가는 척했다. 두 사람은 월트 디즈니의 스튜디오가 있는 버뱅크에서 만나 디즈니 외에 다른 주요 영화사들도 순례했다. 그들이 내린 결론은 늘 같았다. 자신들을 받아줄 영화사가 있다면, 그건 디즈니라는 것이다.[35]

하지만 캣멀이 대학원생이던 시절에 월트 디즈니는 컴퓨터 그래픽에 관심이 없었다. 월트가 1966년에 암으로 사망하자, 월급을 받는 전문경영인인 일명 '카드'로 불리던 에스먼드 카던 워커Esmond Cardon Walker가 월트 디즈니를 운영하고 있었다. 디즈니의 기술 분야 전문가들 가운데 일부는 뉴욕 공과대학의 컴퓨터 그래픽스 팀이 거둔 성과를 높이 평가했다. 하지만 그것만으로는 부족했다. 부족해도 한참 많이 부족했다.

과연 누가 컴퓨터 애니메이션 영화에 관심을 가지고 지원할 수 있을까? 그런 사람이 나타나려면 10년을 기다려야 할지도 몰랐다. 아니, 컴퓨터 애니메이션으로 극장용 장편영화를 만드는 비용이 시장의 기준에 가까워지려면 어쩌면 더 오래 기다려야 할 수도 있었다. 그렇다면 유일한 길은 뉴욕 공과대학에 빌붙어서 꾸준하게 기술을 갈고닦는 것뿐이었다. 디즈니가 불러주기를 기다리며.

마침내 그날이 왔다. 하지만 그들을 불러준 곳은 디즈니가 아니었다.

1979년 초였다. 슈어는 연구소가 이제는 돈을 버는 일을 시작해야 한다고 생각했다. 그리하여 텔레비전용 광고 영상을 제작하는 일을 네 명이 맡아서 했는데, 그중 한 명이 랠프 구겐하임이었다. 그들은 1978년에 시보레 광고의 영상물을 제작했으며, 또 로열 크라운 콜라의 광고 영상물을 따내기 위해 협상에 들어갔다(하지만 이 콜라 광고 일은 연구소가 따내지 못했다). 지역 음향기기 판매점의 광고를 만드는 일도 맡았다.

어느 날 저녁, 구겐하임이 일을 마치고 아파트로 돌아가서 느긋하게 쉬는데 전화벨이 울렸다. 전화를 건 사람은 루카스필름의 수석 개발자라고 자기를 소개했다. 이름은 밥 긴디Bob Gindy였다.[36] 그가 구겐하임에게 전화를 건 사연은 이랬다.

조지 루카스George Lucas는 긴디에게 과제를 주었다. 컴퓨터가 갖고 있는 신비한 힘을 제대로 아는 사람, 그리고 그 힘을 영화 제작에 적용할 줄 아는 사람을 찾으라는 과제였다. 만만치 않은 과제였다. 긴디는 컴퓨터공학과 교수를 찾아갔고, 그를 통해서 다른 사람을 소개받았고, 다시 또 그 사람을 통해서 다른 사람을 소개받는 과정을 반복했지만, 적임자는 나타나지 않았다. 그러다가 카네기 멜론에 있는 컴퓨터공학자 라지 레디Raj Reddy를 만났고, 이 사람이 학교에 다닐 때 컴퓨터 애니메이션 작업을 했던 구겐하임을 소개해주었다.

긴디는 구겐하임에게 루카스가 영화 제작의 도구를 현대화하려 한다고 설명했다. 루카스는 영화 제작 기술이 답보 상태에 있다고 보았다. 편집은 여전히 필름을 손으로 자르고 이어붙이는 작업으로 이루어졌다. 사운드트랙을 준비하는 작업도 여러 주에 걸쳐서 자기테이프를 자르고 붙이며, 믹싱 보드에서 손으로 직접 여러 소리들을 합치는 일이었다. 믹싱 보드의 음량 조절기를 다루는 데 때로는 두세 명이 필요하기도 했다.

특수효과 작업을 할 때 여러 개의 이미지를 결합하거나, 이 이미지들을 프레임에 맞추어 정확하게 위치시키는 일은 그야말로 넌더리가 날 정도였다. 〈스타워즈〉의 광선 검 장면을 처리할 때는 애니메이터들이 세심한 에어브러시 작업으로 빛이 나는 광선 검 이미지를 만들어내야 했다. 연기자들이 쥐고 휘두르는 나무로 만든 검의 궤적을 이 광선 검 이미지가 그대로 따라가도록 정교하게 일치시키는 일도

만만치 않은 작업이었다.

그런 다음에 그 이미지들을 광학합성이라는 과정을 거쳐 필름에 담아야 했다. 우주선의 몇몇 장면들은 특수효과 팀이 40~50장에 이르는 필름들을 합성하는 작업을 거쳐야 했다. 한 장면을 제대로 만드는 데만도 여러 달 걸리는 일이 허다했다.* 루카스는 컴퓨터가 이 골치 아픈 문제를 해결하는 열쇠가 되지 않을까 기대했다.

* 여기에서 〈스타워즈〉는 1977년에 개봉된 1편 〈스타워즈 : 새로운 희망〉을 말한다.

"도와주시오, 랠프. 당신이 우리의 희망입니다."

구겐하임은 다음과 같이 회상했다.

"그때 긴디는 (루카스필름이 있던 곳인) 마린카운티가 얼마나 좋은 곳인지 이야기했죠. 얼마나 아름다운지, 부동산 가치가 얼마나 높은 곳인지, 그런 이야기를 말입니다."

구겐하임은 긴디에게 루카스필름에서 맡고 있는 자리가 무엇인지 물었다.

"컴퓨터 일을 하십니까?"

"아뇨, 천만에요. 나는 개발부 책임자입니다. 부동산 개발부요. 나는 조지(조지 루카스)를 위해 땅이나 건물을 삽니다. 컴퓨터에 대해서는 아무것도 몰라요. 솔직히 루카스필름 직원들 가운데 컴퓨터를 아는 사람은 한 명도 없습니다. 당신에게 전화를 걸게 된 것도 바로 그 때문이지요."

외부 사람들은 루카스필름에는 당연히 컴퓨터들이 넘쳐날 거라고 생각했다. 사실은 완전히 달랐다. 루카스의 특수효과 팀은 우주선 모델들의 움직임을 조종하는 데만 컴퓨터를 썼다. 루크 스카이워커(마크 해밀)가 브리핑 룸에서 보았던 '데스 스타Death Star(죽음의 별)'**공격 계획 장면을

** 제국이 우주 공간에 건설하는 강력한 우주기지.

만들기 위해서 루카스필름은 래리 쿠바라는 외부 컴퓨터 그래픽 전문가를 고용했다. 하지만 〈스타워즈〉에서 컴퓨터로 만든 것처럼 보이는 나머지 장면들(예를 들면 컴퓨터 출력 장면이나 죽음의 별 카운트다운 등)은 모두 아날로그 비디오 장비나 전통적인 방식의 애니메이션으로 만들어졌다.

긴디는 구겐하임에게 루카스필름에서 새로운 컴퓨터 연구 작업을 수행하는 데 관심이 있는지 물었다. 그러면서 만일 루카스필름에서 일을 하게 된다면 필름 편집, 음향효과, 합성이라는 세 가지 과제를 맡아야 할 것이라고 했다. 또 루카스필름은 좋은 회계 프로그램도 필요하다고 했다. 〈스타워즈〉를 개봉한 지 1년 6개월이 지난 시점에서 루카스는 회계 업무도 컴퓨터로 이루어져야 한다고 생각했던 것이다.

"라지 레디는 당신이 적격이라고 하더군요."

1979년에 루카스필름보다 더 좋은 데는 없었다. 이 회사의 컴퓨터 부문 책임자가 된다는 것은 꿈 같은 일이었다. 그럼에도 불구하고 구겐하임은 자기 역량을 평가하고는 냉정한 판단을 빠르게 내렸다. '나는 아직 경험이 많지 않다. 어쩌면 에드 캣멀이야말로 루카스가 찾는 바로 그 인물일지 모른다.'

"와우, 정말 영광입니다. 내가 바로 그 분야의 천재들과 함께 일하고 있습니다. 경험도 나보다 몇 년씩은 더 많은 사람들이죠. 그 사람들한테 은밀하게 이야기를 한 번 해보죠. 당신이 어떤 사람을 원하는지 잘 알겠습니다."

그러면 고맙고요, 라고 긴디는 말했다. 그런데 긴디에게는 아직 할 말이 남아 있었다.

"우리가 가장 궁금하게 생각하는 게 있어요. 이 분야에서 일하는 수많은 사람들에게 했던 질문인데, 여태까지 만족할 만한 대답을 듣지 못했거든요."

구겐하임은 잔뜩 긴장해서 무슨 질문이냐고 물었다.

"당신네들은 우주선이 화면 여기저기로 날아다니게 할 수 있습니까?"

그런 거라면 마음이 놓였다.

"그건 우리가 날마다 하는 일인걸요."

일이 되려고 그랬던 건지, 마침 그 주에 연구소 사람들은 그와 비슷한 작업의 테스트를 하고 있었다.

다음 날 아침 구겐하임은 캣멀과 스미스에게 조지 루카스가 보낸 사람과 통화한 이야기를 꺼냈다. 스미스가 곧바로 말을 끊었다.

"잠깐, 문부터 닫고!"

구겐하임이 긴디와 나누었던 통화 내용을 이야기하자 캣멀은 깜짝 놀랐다. 연구소에 있던 사람들치고 〈스타워즈〉에 넋이 나가지 않은 이는 없었다.

1977년 여름의 어떤 주말이었다. 연례행사처럼 맨해튼을 순회하던 때였는데, 캣멀과 스미스는 낮 시간에 그 영화를 보았다. 얼마나 놀랍고 황홀했던지 그날 영화를 한 번 더 보았다. 그러면서 루카스필름이 불러주기만 하면 더 이상 소원이 없겠다고 했다. 캣멀은 당시를 회상하면서 이렇게 말했다.

"앨비와 나는 해마다 여름이면 LA에 다녀오곤 했습니다. LA에 있는 주요 영화사들을 찾아다니면서 바로 이런 걸 해보자고 제안했지요."

하지만 그들은 각별히 조심해서 행동해야 했다. 짐 클라크가 다른 데 일자리를 알아보고 다닌다는 사실을 슈어가 알고는 바로 그 자리에서 클라크를 해고한 일이 있었기 때문이다. 어떻게 해서 그 사실이 맨 먼저 슈어의 귀에 들어갔는지는 수수께끼였다. 심지어 그는 어떻게 손에 넣었는지 클라크의 이메일을 출력한 용지까지 들고 허공에 흔들어댔었다. 캣멀은 연구소 내의 누군가가 클라크의 이메일을 해킹해서 슈어에게 알려주었을 거라고 짐작했다. 하지만 누가 끄나풀인지는 분명하지 않았다.

그래서 캣멀은 일단 그 놀라운 소식을 발설하지 않기로 했다. 캣멀과 스미스는 새로운 이메일 계정을 만드는 대신 수동 타이프라이터를 한 대 빌려서 조지 루카스에게 보내는 편지를 썼다.

얼마 지나지 않아서 밥 긴디는 루카스필름의 특수효과 협력업체인 인더스트리얼 라이트 앤드 매직ILM: Industrial Light & Magic의 리처드 에드런드와 함께 뉴욕 공과대학의 컴퓨터 그래픽스 연구소를 찾아왔다. 물론 루카스필름에서 왔다는 사실은 감추었다. 캣멀과 스미스, 구겐하임 그리고 그 밖에 한두 명을 제외하고 다른 연구원들은 두 사람이 누구인지 전혀 눈치 채지 못했다(당시 연구원은 서른 명으로 늘어나 있었다). 연구소 사람들은 두 사람에게 보여줄 데모 작품을 준비해두고 있었다. 애니메이션 우주선의 최신 버전이었다.

캣멀과 스미스는 그 뒤 두 차례 캘리포니아로 가서 루카스필름의 대표인 찰리 웨버와 다른 경영진을 만났다.[37] 두 번째 방문했을 때 루카스는 〈스타워즈 : 제국의 역습〉에 들어갈 특수효과 장면의 촬영 준비가 끝나기를 기다리는

동안 약 10분에 걸쳐서 캣멀에게 몇 가지 질문을 했다.[38]

캣멀은 루카스의 시험을 통과했고, 신설된 컴퓨터 사업부의 책임자 자리를 맡았다. 그러나 캣멀은 뉴욕 공과대학의 연구소에 있는 사람들을 대규모로 데리고 올 수는 없었다. 루카스는 처음에 오로지 캣멀에게만 자리를 주었던 것이다.

캣멀은 뉴욕 공과대학의 연구소를 떠나기 전에 다른 핵심 인물들과 함께 후속 대책을 논의했다. 캣멀이 떠난다고 하면 연구소 사람들이 기절초풍을 해서 공황 상태에 빠지는 것을 막아야 했으며, 또 슈어가 남아 있는 사람들에게까지 분풀이를 할지도 모르기 때문에 슈어의 반감을 최대한 누그러뜨려야 했다. 캣멀과 구겐하임은 정기적으로 함께 라켓볼을 하면서 이 이야기를 했다. 아무래도 연구소 안보다는 이야기가 새어나갈 위험이 적었기 때문이다. 루카스필름에 관해 할 이야기가 있으면, 누군가가 라켓볼이나 한 판 하러 가자고 했다. '라켓볼'은 암호인 셈이었다.

이렇게 해서 나온 결론은, 슈어가 상황을 전혀 눈치 채지 못하도록 하자는 것과 혹시라도 소송을 제기하지 못하도록 하자는 것이었다. 뉴욕 공과대학에서 루카스필름으로 옮기는 일을 점진적으로 또 우회적인 방법으로 진행하기로 했다. 루카스필름으로 옮길 마음이 있는 사람은 다른 데서 임시로 일자리를 얻기로 한 것이다. 그들은 이 작업을 '세탁'이라고 불렀는데, 나중에 여건이 되는 대로 캣멀이 이 '세탁' 과정에 있던 연구원들을 루카스필름으로 불러들이기로 했다.

일은 계획대로 진행되었다. 캣멀은 슈어에게

연구소를 그만두겠다고 알리고 7월에 루카스필름으로 출근했다. 스미스와 디프란시스코는 패서디나에 있는 제트추진연구소로 자리를 옮겨 짐 블린과 함께 칼 세이건*의 다큐멘터리 미니시리즈 〈코스모스〉 제작에 필요한 그래픽 작업을 여러 달 동안 했다. 구겐하임은 1980년 5월까지 뉴욕 공과대학에 머물면서 처음 채용될 때 슈어와 계약했던 1년 근무 약속을 지켰다. 그 뒤에는 피츠버그에 있는 회사에서 몇 달 동안 일했다. 뉴욕 공과대학에 있던 캣멀의 팀 여섯 명은 모두 1년 안팎의 기간 동안 '세탁' 과정을 거쳤다.

* 우주과학의 대중화를 선도한 천문학자.

슈어는 연구원들이 속속 빠져나가자 당황했으며, 상처를 받았다. 학창 시절 캣멀의 친구이자 뉴욕 공과대학의 컴퓨터 그래픽스 연구소에서 그 뒤 여러 해 동안 소장을 맡았던 프레드 파크는 다음과 같이 말했다.

"슈어는 배신당했다는 사실을 알았습니다. 사람들이 자기를 이용만 하고 버렸다는 사실을 말이죠."

하지만 캣멀의 생각은 달랐다. 5년 동안 몸담고 있으면서 그 연구소를 컴퓨터 그래픽 분야에 관한 한 세계 최고로 만들었으니 자기로서는 충분히 했다고 여겼다. 그리고 이제 캣멀은 새로운 후원자로 당시 세계에서 가장 유명한 영화 제작자를 만났다. 루카스와 그의 경영진은 컴퓨터 사업부가 영화를 제작할 것이라는 얘기는 한마디도 언급한 적이 없었다. 그러나 캣멀은 자세한 이야기는 나중에라도 얼마든지 할 수 있다고 생각했다.

03 루카스필름과 손잡다

1979년 가을, 에드 캣멀의 사무실은 마린카운티의 기묘한 마을인 샌안셀모에 루카스필름 소유의 작은 2층짜리 건물에 자리 잡고 있었다. 1층에는 고가구점이 세 들어 있었고, 캣멀은 2층을 조지 루카스의 아내이자 편집자이던 마시아와 함께 썼다.

두 사람이 같은 건물의 같은 층을 쓰게 된 것은 우연이었다. 하지만 그것은 더할 나위 없이 좋은 조합이었다. 마시아 루카스는 〈스타워즈〉로 번 돈을 가지고 7.6제곱킬로미터 부지에 세울 거대한 영화 제작 센터의 디자인 작업을 감독하고 있었다. 사람들이 '스카이워커 랜치Skywalker Ranch'라고 부르던 그 공간은 루카스필름이 영화 제작 과정을 혁신할 목적으로 많은 돈을 들인 야심찬 사업 가운데 하나였다. 캣멀의 컴퓨터 사업부도 그중 하나였다.

캣멀이 수학 및 3D 컴퓨터 그래픽 기술 분야에서 가지고 있던 강점은 뉴욕 공과대학에서는 상당한 이점으로 작용했다. 하지만 루카스필름에서는 그런 이점 없이 일을 시작해야 했다. 사실 캣멀은 루카스가 원하는 분야에 대해서 잘 알지 못했다. 사실 그 누구도 루카스가 원하는 모든 것을 능숙하게 처리할 수는 없었다. 루카스가 찾고 있던 기술, 즉 디지털 필름 합성, 디지털 오디오 믹싱 및 편집 그리고 디지털 필름 편집은 순전히 그의 상상 속에서만 존재했다. 캣멀은 그 상상 속에 풍덩 빠진 뒤에 어떻게든 거기에서 빠져나와야 했다.

앨비 레이 스미스와 데이비드 디프란시스코는 '세탁' 과정을 거치고 1980년 초에 루카스필름에 합류했다. 뉴욕 공과대학에서 2D 그림 그리기 프로그램을 지휘했던 스미스는 디지털 합성 프로젝트를 책임졌다. 처음에 스미스와 디프란시스코 둘이서 그 일을 시작했는데, 두 사람 앞에는 의문부호들이 끝없이 나타났다. 영화 필름을 한 프레임의 오차도 없이 정확하게 그리고 고해상도로 스캐닝할 수 있는 기계 설비를 어떻게 구축하지? 관객들이 자연스럽게 느끼게 하려면 컴퓨터에 있는 블루스크린* 의 이미지를 어떻게 결합해야 하지? 무엇보다 어려운 문제는 이것이었다. 컴퓨터 속에 있는 이미지들을 어떻게 영화적인 품질을 유지한 채로 영화 필름으로 옮길 것인가? 브라운관을 사진으로 찍는 방법은 컴퓨터의 이미지를 영화 필름으로 옮기는 방법을 통해 이미 유효성이 증명된 방식이다. 하지만 이 작업으로 충분할 수도 있고, 그렇지 않을 수도 있었다.

* 인물과 배경을 합성할 때, 또는 인물을 촬영할 때 그 뒤에 설치하는 푸른색의 막.

긍정적인 측면도 있었다. 캣멀은 루카스필름이 지닌 막강한 힘을 목격했다. 명성이 높은 조직은 최고의 사람들을 끌어들일 수 있다는 사실을 다시 한 번 생생하게 느꼈다. 함께 일을 하자고 손을 내밀기만 하면 누구든 선뜻 그러겠다고 했다. 캣멀과 스미스는 당시 디지털 오디오 분야에서 세계 최고의 고수는 스탠퍼드 대학교의 앤디 무어러Andy Moorer 교수라고 판단했고, 그를 만나러 자동차를 타고 팰러앨토로 달려갔다. 대학교 교수직을 버리고 루카스필름에서 음향 편집 일을 맡아달라고 부탁하러 가는 길이었다. 두 사람이 그의 연구실 문을 열고 들어가서 자리에 앉자마자 그는 이렇게 말했다.

"두 분이 여기 온 이유가 내가 생각하는 것과 같다면, 내 대답은 '예스'입니다."[1]

그 무렵 많은 사람들이 캣멀과 스미스에게 매달리며 성가시게 졸라댔다. 엄청나게 많은 이력서들이 쏟아져 들어왔던 것이다. 캘리포니아 예술학교를 갓 졸업한 브래드 버드Brad Bird라는 애니메이터는 컴퓨터 애니메이션 일을 하고 싶다며 끈질기게 쫓아다녔다. 스미스는 그 일을 다음과 같이 회상한다.

"아마 그 친구는 이 지구상에서 가장 재미있는 사람이었을 겁니다. 우리는 그저 이야기하고 꿈을 꾸며 살았습니다. 그 친구도 애니메이션 영화를 만들겠다는 생각뿐이었어요. 하지만 꿈을 실현할 수 있는 기술은 가지고 있지 않았습니다. 또 기술 개발의 초기 단계에서는 누구나 감수해야 하는 끔찍한 일들을 기꺼이 받아들일 여유가 보이지 않았습니다."

하지만 이랬던 버드는 20년 뒤에 다시 나타난다. 이 이야기는 뒤에서 다시 하겠다.

시애틀에서는 로렌 카펜터Loren Carpenter라는 프로그래머가 있었다. 보잉에서 13년 동안 경력을 쌓은 카펜터는 루카스필름에 컴퓨터 사업부가 신설되었다는 걸 알고는 어떻게 하면 거기에 들어갈 수 있을지 궁리했다.[2] 이력서를 내는 것만으로는 부족할 것 같았다. 그는 나중에 당시의 심정을 이렇게 표현했다.

"수많은 이력서들이 난방용 땔감으로 쓰일지도 모를 일이었습니다."[3]

카펜터는 오래전부터 컴퓨터 그래픽 작업을 하고 싶어했으며, 보잉의 컴퓨터 설계 팀에 들어가서 그 꿈의 일부를 이루었다. 이 설계 팀이 비행기 및 비행기 부품을 설계하고 렌더링rendering* 하는 소프트웨어를 개발한 것이다. 다음은 카펜터의 회상이다.

* 2차원 화상에 광원과 위치와 색상 등의 외부 정보를 고려하여 사실감을 불어넣어 3차원 화상을 만드는 과정.

"그건 보잉에서 가장 폐쇄적인 일이었죠."[4]

카펜터는 루카스필름에 들어가기 위해 치밀한 작전을 세웠다. 우선 상사를 설득해서 회사 컴퓨터를 밤 시간 동안에 써도 좋다는 허락을 받았다. 몇 주 동안 단편 애니메이션 영화를 만들어 넉 달 뒤인 1980년 8월에 열리는 시그래프 총회에서 발표할 계획이었다.

카펜터는 프랑스의 수학자 브누아 만델브로를 유명인사로 만들어준 프랙탈을 이 영화에 사용할 생각이었다. 프랙탈 개념은 자연계에서 볼 수 있는 수많은 무늬를 구현하기 때문에 산맥이 가지고 있는 온갖 모양을 생생하게 그려내는 데 새로운 지평을 열어줄 것이라고 보았던 것이다. 그래서 이 단편영화는 마치 작은 비행기를 타고 하늘을 날아가면서 산맥을 내려다보는 관점을 취했다. 영화의 제목은 자유로운 비행을 뜻하는 '볼 리브레'였다.

시그래프 총회에서 〈볼 리브레〉가 상영되자 다들 깜짝 놀랐다. 맨 앞줄에 앉아 있던 캣멀과 스미스는 바로 그 자리에서 카펜터에게 함께 일하자고 손을 내밀었다.

가을이 되면서 캣멀의 팀은 규모가 커져서 고가구점이 있던 1층까지 차지했을 뿐 아니라 한 구역 떨어져 있는 세탁방까지 개조하여 작업실로 썼다. 사업들은 여전히 계획 단계였고 문서 작업만 이어졌다. 정말 놀라운 사실은 컴퓨터가 한 대도 없었다는 것이다. 심지어 워드프로세서 기계도 없었다. 딱 하나 있던 타이프라이터는 캣멀의 비서인(그리고 나중에 그의 아내가 되는) 수전 앤더슨Susan Anderson의 책상 위에 놓여 있었다. 타이프라이터를 칠 일이 있으면 앤더슨이 점심 먹으러 나가면서 자리를 비울 때를 기다려야 했다. 영화 제작에서 컴퓨터 혁명을 일으킬 사람들이 모인 사무실이라고는 도저히 상상할 수 없는 풍경이었다.

루카스와 관련해서는 분명한 규칙이 하나 있었다. 루카스가 사무실에 나타날 때 절대로 멍청한 눈으로 넋을 잃은 채 그 대장을 바라보아서는 안 된다는 것이었다. 랠프 구겐하임은 다음과 같이 회상했다.

"조지는 자신이 평범한 사람으로 비치기를 바랐습니다. 지위가 높다고 해서 다른 사람들이 그에게 굽실거리는 걸 싫어했죠."

그 즈음에 캣멀은 루카스가 원하는 분야 각각에 책임자를 정해두고 있었다. 스미스는 합성 관련 일을 책임졌고, 캣멀 휘하의 디프란시스코는 디지털 필름 스캐너와 디지털 필름 프린터를 구축하는 방안을 모색하기 위해 레이저 기술에 몰두했으며, 앤디 무어러는 음향을, 구겐하임은 편집을 책임졌다. 또 캣멀은 컴퓨터로 회계 업무를 맡을 직원을 고용한 뒤, 업무 보고는 루카스필름의 재정 관리자들에게 하도록 조처함으로써 회계 일을 자기 업무 영역에서 제외시켜버렸다.

하지만 캣멀의 일은 그게 전부가 아니었다.[5] 캣멀과 스미스는 분명 추구하는 일이 있었다. 바로 컴퓨터 애니메이션 프로젝트였다. 캣멀과 스미스에게는 실망스럽게도, 루카스는 세계 최고 수준의 3D 애니메이션 인력을 확보해놓고도 이들에게 그 분야의 일을 시키지 않았다. 루카스필름의 특수효과 협력사인 ILM Industrial Light & Magic 도 컴퓨터 그래픽이 자기들에게는 별로 필요 없다고 보았다. 실제로 컴퓨터 그래픽의 관점에서 보자면 속편인 〈스타워즈 : 제국의 역습〉(1980년)은 전편에서 후퇴한 작품이었다. 이 작품에는 컴퓨터 그래픽이 전혀 사용되지 않았다. 스미스는 다음과 같이 회상한다.

"루카스필름이 컴퓨터 그래픽을 절실하게 필요로 한다고 보았던 우리의 판단은 완전히 잘못되었던 겁니다."[6]

돌파구는 1981년 가을에 열렸다. 파라마운트 픽처스가 ILM과 〈스타트렉 2 : 칸의 분노〉 작업을 하기로 계약을 맺었는데, 이 일이 있기 전인 8월에 캣멀 집단은 ILM의 관심을 끌기 위해 짧은 애니메이션을 하나 만들었다. 우주선 엔터프라이즈호가 클린건의 전투함을 추격하는 장면이었다.

이게 효과가 있었다. 그 영화의 시각효과 담당자인 ILM의 짐 베일럭스 Jim Veilleux 가 보자고 했다. 베일럭스는 스미스에게 영화에 들어갈 핵심적인 시퀀스 작업을 도와달라고 청했다. 커크 선장, 미스터 스팍, 그리고 맥코이 박사가 '제네시스 장치'를 살펴보는 장면이었다. 제네시스 장치는 죽은 달이나 행성의 표면에 투하해서 그걸

살려내려고 만든 실험적인 장비였다.[7]

스미스는 기꺼이 응했다. 하지만 단서를 달았다.

"우리는 영화 수준의 해상도는 아직 구현하지 못합니다. 비디오 수준의 해상도만 제공할 수 있습니다."

그 장면은 엔터프라이즈호의 비디오 모니터에 나오는 것이므로 상관없다고 베일럭스가 말했다. 내부에 바위가 둥둥 떠 있는 수족관 같은 탱크를 표현할 수만 있으면 된다고 했다. 제네시스 덕분에 식물이 바위 위에서 생명을 맺는 모습을 나타내면 되었다. 스미스는 베일럭스의 말을 듣고는 그가 목표 수준을 너무 낮게 잡았음을 깨달았다. 그래서 물었다.

"당신네들은 컴퓨터를 가지고 무엇을 할 수 있으며, 또 무엇을 할 수 없는지 압니까?"

일종의 수사적 질문이었다. 계속해서 스미스가 말했다.

"나는 그 장면에서 무엇이 어떻게 표현되어야 하는지 압니다. 오늘 밤에 생각해보고 다시 찾아오겠습니다."

스미스는 베일럭스와 헤어진 뒤에 한껏 고무되었다. 그는 이렇게 회상했다.

"그야말로 껑충껑충 춤을 추었죠."

그날 밤 스미스는 제트추진연구소에서 짐 블린과 함께 작업했던 행성 저공 근접 비행 장면에 대해 생각했다. 조지 루카스가 영화를 보는 것 같다고 느끼게 할 방법에 대해서도 생각했다. 루카스는 평범한 영화팬과 달리 카메라의 움직임이나 감독이 카메라에 대해 내리는 모든 결정들을 주의 깊게 바라본다는 사실을 놓치지 않았다. 스미스는 스토리보드를 그리고 또 그리며 밤을 꼬박 새웠다.

다음 날 그는 죽은 행성으로 접근하며 빠르게 지나가는 가공의 우주선 시점에서 바라보는 모습이라는 콘셉트를 들고 나타났다. 관객은 정자 모양의 미사일이 제네시스 장치를 행성에 투하하면, 이 장치가 격렬한 폭발을 일으키고, 폭발의 진동이 혼돈 상태의 행성 표면 전체로 확산되는 장면을 보게 될 것이다. 카펜터의 프랙탈 기법을 이용하면 화산이 폭발하면서 산맥이 형성되는 모습을 보여줄 수도 있다. 카메라가 뒤로 물러나면 제네시스 장치가 작동한 이후의 행성, 지구를 닮은 행성의 모습이 드러난다.

몇 차례 수정 작업을 거친 뒤에 스미스는 그 계획을 ILM과 파라마운트에 팔 수 있었다. 그는 팀원들을 모아놓고 계약을 따냈다고, 마침내 영화 산업에 발을 들여놓았다고 말했다. 그러면서 그 프로젝트는 "조지 루카스에게 보여주는 60초짜리 광고"가 될 것이라고 했다. 그 장면을 그렇게 요란하게 설정한 데는 이유가 있었다. 조지 루카스에게 자기들이 무엇을 할 수 있는지 보여주고 싶었던 것이다. 그것이 진짜 목적이었다.

제작을 완료하기로 약속한 날은 1982년 3월 19일이었다. 그때까지 해야 할 일이 많았다. 카펜터는 프랙탈 산맥의 동화動畵를 만들고 카메라의 복잡하고 구불구불한 진행 경로를 설정했다. 1980년 말과 1981년 초에 각각 입사한 톰 더프와 톰 포터 그리고 신참인 롭 쿡 등이 죽은 행성의 표면으로 쓸 분화구 질감을 생성하는 소프트웨어를 만들고, ILM 소속 인력들이 지구를 닮은 최종 형태로 색칠을 하도록 했다. 이 무렵 컴퓨터 그래픽 팀의 규모는 한층 더 커졌고, 백스 컴퓨터도 두 대 확보하고 있었다. 백스 컴퓨터는 그 장면을 만들어내기 위해 24시간 가동되었다.

카펜터는 ILM과 접촉해서 사실성과 박진감을 더욱 높이기 위해 손을 더 보기로 했다. 하늘에 있는 별들을 그대로 둔다면 무미건조하다면서, 문제의 그 행성이 우주에 실제로 존재하는 별인 인디언자리 엡실론의 궤도를 도는 것으로 설정하는 게 어떠냐고 제안했다. 인디언자리 엡실론은 지구에서 약 11.3광년 떨어져 있는 오렌지색 왜성矮星으로, 일부 학자들은 이 별에 생명체가 살고 있을 가능성이 높다고 주장한다. 카펜터는 예일 대학교 천문대가 발행하는 천문 자료집으로 약 9,100개 별의 위치와 광도에 관한 정보를 담고 있는 예일 휘성성표Yale Bright Star Catalogue를 참고해서, 인디언자리 엡실론에서 바라볼 때 실제 별들이 어떤 위치에 있을지 최대한 정확하게 디자인하고, 이것을 문제의 그 장면에 그대로 설정했다.

행성의 혼돈 상태를 표현하는 것은 쉽지 않았다. 그런데 또 다른 프로젝트에 참여하고 있던 토론토 대학교의 빌 리브스Bill Reeves 박사가 혁명적인 렌더링 기법을 고안해내 모든 사람을 깜짝 놀라게 했다. '미립자 시스템Particle Systems'이라 불린 그 기법은 수천 개의 소립자로 이루어진 구름들을 처리했다. 이 기법 덕분에 불, 연기, 물, 먼지와 같은 물질들이 이루어내는 현상을 생동감 있게 애니메이션으로 표현할 수 있게 되었다. 각각의 미립자는 하나의 유기체로서, 언제 태어나고 어떻게 움직이며, 일생 동안 어떻게 형태를 바꾸고 어떻게 소멸하는지 결정하는 규칙들을 가지고 있었다. 이 미립자들은 더욱 자연스러운 효과를 구현하기 위해서 무작위로 움직이게 할 수 있었다.

이것을 시연하기 위해서 리브스는 불을 소재로 한 애니메이션 몇 개를 만들었다. 카펜터의 산맥들이 그랬던 것처럼, 리브스의 불들은 예전의 그 어떤 불보다도 뚜렷하고 진짜처럼 보였다. 혼돈 문제를 해결하려고 머리를 싸매고 있던 스미스와 카펜터는 화산 폭발 장면 대신 미립자 시스템의 불길 고리가 행성 전체로 번지는 장면으로 대체하기로 의견을 모았다.

제작 일정은 빠듯했다. 그 와중에 노바토의 공단 지역에서 산라파엘의 커너가街에 있는 루카스필름 건물로 이사하는 일까지 겹치는 통에 더욱 바빴다. '60초짜리 광고'는 예정된 시각에 상영되었다. 〈스타트렉 2〉의 내부 시사회가 끝난 다음 날 조지 루카스는 스미스의 사무실에 불쑥 나타나서 이렇게 말했다.

"카메라 쇼트가 굉장하더군요!"[8]

그러고는 올 때처럼 휙 가버렸다.

〈스타트렉 2〉가 개봉되자 관객들은 제네시스 시퀀스에서 탄성을 질렀다. SF영화에서 컴퓨터 애니메이션이 사용된 것은 이번이 처음은 아니었다. 〈퓨처월드〉에 이미 캣멀의 학생들과 프레드 파크의 학생들이 참여한 컴퓨터 애니메이션이 들어갔고, 래리 쿠바의 작업 내용이 〈스타워즈〉에 들어갔으며, 〈에일리언〉(1979년)에도 컴퓨터 애니메이션이 들어갔다.[9] 그리고 〈미인계〉(1981년)에는 컴퓨터 애니메이션을 이용한 여배우 수전 데이의 시뮬레이션이 들어갔다.[10] 하지만 〈스타트렉 2〉는 여태까지 선보였던 그 어떤 컴퓨터 애니메이션보다 관객의 눈을 압도했다. 이 장면을 간추린 내용은 다음에 이어지는 속편들에서도 계속

삽입되었다. 대단한 찬사였고 결코 사라지지 않을 효과였다.

일반 관객들은 놓치기 쉽지만 전문가들의 눈에는 확실히 보이는 제네시스 시퀀스에는 캣멀의 컴퓨터 애니메이션 철학이 담겨 있었다. 기술적인 관점에서 이야기하자면, 컴퓨터 애니메이션은 사람들이 일상생활 속에서 느끼는 지각知覺의 기대치를 충족시켜야만 한다고 캣멀은 믿었다. 이것은 사진처럼 실제 대상을 있는 그대로 정확하게 모사해야 한다는 뜻은 아니다. 그러나 적어도 관객들에게 거부감을 불러일으켜 '마법의 주문'이 깨지는 일이 일어나서는 안 된다. 설령 그 거부감이 너무도 작고 미묘해서 관객이 무엇이 잘못되었는지 정확하게 짚어내지 못할 정도라고 해도 안 되는 것이다.

컴퓨터 애니메이션이 관객들에게 거부감을 줄 수 있는 것들 가운데 하나가 모션 블러motion-blur*가 없는 움직임이었다. 정지된 화상의 이미지들을 합쳐서 만든 스톱모션 애니메이션은 모션 블러가 없을 경우 화면이 뚝뚝 끊어지는 느낌을 주며, 누가 봐도 가짜 같다. ILM은 〈스타워즈〉에서 우주선 모형들을 컴퓨터로 조종해서 움직이는 모습을 촬영함으로써 모션 블러 문제를 해결했었다.[11]

* 움직이는 화상에 흐릿하게 나타나는 얼룩.

컴퓨터 애니메이션은 스톱모션 애니메이션만큼이나 동일한 문제에 취약했다. 그래서 캣멀은 사실감이 있는 모션 블러를 필름에 추가할 수 있는 알고리듬을 찾아내서 이 문제를 해결하는 것이 가장 중요한 과제라고 판단했다. 문제를 해결하지 않는 한 관객들은 컴퓨터 애니메이션을 절대 받아들이지 않을 것이라고 믿었다. 1982년에 캣멀

팀은 모션 블러 문제에 대한 총체적인 해결책을 여전히 찾지 못하고 있었다. 그래도 제네시스 시퀀스에서 (우주에서 그리고 리브스의 불길에서) 몇 군데 블러링 작업을 해 넣는 데는 성공했다.[12]

캣멀이 또 하나 마음에 담아두고 있던 문제는 톱니현상이었다. 계단현상 또는 앨리어싱이라고도 부르는 이 문제는 그가 뉴욕 공과대학에 있을 때부터 매달려온 일이었다. 이 현상을 해결할 수 있는 수학적인 이론은 이미 나와 있었다. 통칭 안티앨리어싱이라는 용어로 잘 알려져 있던 해결책이었다. 그런데 문제는 컴퓨터 그래픽 작업을 하는 사람들이 안티앨리어싱 작업을 귀찮아한다는 것이었다. 아니면 소프트웨어를 완성하고 나서 이 문제를 해결하려고 했다. 루카스필름에서 캣멀은 자신들이 만드는 소프트웨어는 처음부터 톱니현상이 생겨서는 안 된다고 강조했다. 이런 원칙을 따르지 않는 사람은 누구를 막론하고 '떡이 될 것'이라고 공언했다.[13]

극장용 장편영화 분야에서 당시 캣멀의 주된 경쟁자는 존 휘트니 주니어John Whitney, Jr.와 개리 데모스Gary Demos가 이끄는 팀이었다.[14] 그들은 다른 방식을 택했다. 보통 사람들이 보기에 이들의 팀과 캣멀의 팀은 수준이 비슷한, 그야말로 막상막하의 상대였다.

휘트니와 데모스 역시 쟁쟁한 경력을 자랑했다. 두 사람은 〈미인계〉에서 수전 데이의 모조물을 만들었으며, 〈퓨처월드〉에서는 피터 폰다의 머리 모델을 컴퓨터로 만들었다. 〈스타트렉 2〉가 개봉된 지 한 달 뒤에 나온 SF영화 〈트론〉에 몇몇 컴퓨터 이미지를 제작하는 데 참여하기도 했다. 캣멀과 스미스처럼 이들도 관련 기술이 갖춰지고 비용이 충분히 낮아지기만 하면 극장용 컴퓨터 애니메이션을 만들겠다는 열망을 품고 있었다.

하지만 톱니현상을 없애기 위해 두 집단은 정반대의 길을 걸었다. 휘트니와 데모스는, 장식적인 안티앨리어싱 알고리듬은 해결책이 될 수 없으며 더 높은 차원의 해결책이 나와야 한다고 믿었다. 맨 먼저 인포메이션 인터내셔널(혹은 트리플아이)에서, 그다음에는 자기들 회사인 디지털 프로덕션에서 최고급 장비를 동원해서 해상도가 높은 이미지를 만들어내는 시도를 했다. 이들 이론에 따르면, 이미지가 정교할수록 톱니는 더 작게 나타날 것이고 결국 문제도 해결된다는 것이었다.

똑똑하고 명쾌한 생각이었다. 그럴듯했다. 하지만 실제로는 그렇지 않았다. 톱니는 해상도가 아무리 높아도 나타나게 마련이었다. 캣멀이 옳았다. 그 문제를 해결하려고 값비싼 장비에 돈을 들일 필요가 없었던 것이다. 근본적인 문제를 해결해야만 했다.

ILM은 1978년에 뉴욕 공과대학의 캣멀 팀과 접촉을 하기 전에 휘트니와 데모스를 먼저 만났다. ILM의 리처드 에드런드는 나중에 캣멀과 스미스에게, 휘트니와 데모스가 루카스필름이라는 제국에 들어가기 위해서 만들었던 엑스윙 파이터X-wing fighter* 의 이미지들을 보여주었는데,[15] 해상도가 매우 높고 아름다웠다고 했다. 하지만 이것으로 ILM의 마음을 사로잡지는 못했다. 바로 톱니현상 때문이었다.

* 〈스타워즈〉에 나오는 전투기.

루카스필름에서 여러 개의 컴퓨터 그래픽 작업을 진행하면서 캣멀과 스미스는 그래픽 집단이 영화 제작 작업에 참여할 수 있는 새로운 기회를 모색했다. 〈스타트렉 2〉의 컴퓨터 그래픽 작업이 대단한 성공을 거두었음에도 불구하고 이들에게 주어진 일거리는 〈스타워즈〉의 후속편인 〈스타워즈 : 제다이의 귀환〉(1983년)뿐이었다. 빌 리브스와 톰 더프는 (테디베어처럼 귀여운 이워크족이 사는 행성인) 엔도의 달moon of Endor의 홀로그램과 반쯤 완성된 죽음의 별의 근경을 만들어냈다.

이들은 또한 자기들의 능력의 한계치가 어느 정도나 되는지 알아보기 위해 실험적인 작업을 했다. 실제처럼 살아 있는 이미지를 만드는 작업이었다. 1983년 4월에 완성된 이 이미지는 〈포인트 레이즈로 가는 길〉이었다. 인근 주립공원의 이름과 자기들이 쓰는 렌더링 프로그램의 이름을 합쳐서 만든 제목이었다(프로그램의 이름인 '레이즈Reyes'는 'Renders Everything You Ever Saw(당신이 보는 모든 것을 렌더링한다)'의 두음을 따서 만든 것이다).

전경에는 이차선의 시골 도로가 있었다. 포장이 된 이 길의 질감은 롭 쿡이 만들어냈다. 도로 옆에는 풀들이 나 있고 꽃이 피어 있었다. 풀은 리브스의 미립자 시스템으로 만들었고 꽃을 피우는 식물은 스미스가 디자인했다. 그리고 저 멀리 호수와 산들이 보였다. 이것은 카펜터가 프랙탈을 이용해서 만든 이미지였다. 그 밖에도 여러 명이 각자 솜씨를 발휘했다. 이들은 그 이미지를 '원-프레임 영화'라고 불렀다. 제작에 참여한 사람들의 이름을 알리는 크레딧이 무척이나 길었음에도 불구하고 이들이 그런 이름으로 부른 것은 자조적인 감정을 담으려 했기 때문이다. 동시에 그들이 손을 댈 수 있는 '사실감 넘치는' 영화가 부족하다는 사실을 솔직히 인정할 수밖에 없다는 심정도 담겨 있었다.

그 즈음 디즈니에 소속되어 있던 26세의 애니메이터 한 사람이 3D 숲을 만들 수 있는지 확인하려고 캣멀에게 연락을 했다.

〈판타지&SF 매거진*The Magazine of Fantasy & Science Fiction*〉에 막 발표된 토머스 디시의 소설《용감한 토스터의 모험*The Brave Little Toaster*》을 영화로 만들기 위한 제안 작업이었던 것이다. 전통적인 2D 애니메이션 캐릭터를 컴퓨터 그래픽으로 만든 배경과 합치면 어떻겠느냐는 아이디어였다. 이 애니메이터는 루카스필름에서 캣멀과 스미스를 만나서 자신의 생각을 풀어놓았다.

얼마 뒤 이번에는 캣멀과 스미스가 버뱅크에 있던 디즈니 애니메이션으로 그를 찾아가서 다시 이야기를 이어갔다. 몇 시간 그렇게 이야기를 나눈 뒤에 그 애니메이터는 스미스를 지하실 자료 보관소로 데리고 갔다. 그것은 놀라운 경험이 되었다. 〈덤보〉(1941년)* 에 나오는 술에 취한 코끼리 장면의 원화와, 〈판타지아〉(1940년)** 에서 프레스톤 블레어가 그린 하마와 악어가 함께 춤을 추는 장면의 그림을 보여주었던 것이다.[16]

* 커다란 귀 때문에 놀림을 받는 서커스의 아기 코끼리 덤보의 이야기.

** 공룡의 멸종을 소재로 한 이야기.

이 사람이 바로 존 래스터였다. 캣멀과 스미스는 래스터가 마음에 들었다. 또 그가 컴퓨터 그래픽에 관심이 많다는 사실에 깊은 감명을 받았다. 전문 애니메이터에게는 드문 일이었기 때문이다. 하지만 이 논의에서 구체적인 프로젝트는 아무것도 나오지 않았다(디즈니는 전통적인 애니메이션 기법으로 제작한 〈용감한 토스터의 모험〉을 1987년에 개봉한다).

영화 제작 관련 일거리가 부족했던 캣멀과 스미스는 그 일에 직접 뛰어들기로 마음먹었다. 7월에 두 사람은 시그래프 총회에 참석했다가 돌아오면서 다음 해 총회에서는 수많은 논문과 구겐하임의 영화 편집 시스템 그리고 자신들이 직접 만든 단편영화를 발표해 업계의 주목을 끌어보자고 다짐했다. 공식적으로 단편영화 프로젝트는 모션 블루 문제를 해결하는 것을 포함해서 새로 적용한 렌더링 알고리듬을 시험하기 위한 것이었다. 하지만 비공식적으로 그 영화는 그들이 바라는 제작 작업을 경험하기 위한 것이며, 아울러 조지 루카스에게 좋은 영화를 만들 수 있음을 보여주기 위한 것이었다.

시그래프 총회에서 상영되는 작품들은 텔레비전 광고, 그리고 일거리를 찾으려는 제작업체들의 포트폴리오인 빙글빙글 돌아가는 로고의 네트워크 식별, 연구자들이 개발한 새로운 렌더링 알고리듬의 시연 등에서 비롯된 디지털 효과 쪽으로 편향되어 있었다. 점점 덩치가 커지는 컴퓨터 관련 종사자 집단은 아방가르드 예술 작품 일색으로 치우치는 경향을 보였는데, 기술적인 측면에 집중하는 관객들은 이런 것들이 너무 복잡하다며 짜증을 냈다.

이런 점을 간파한 스미스는 캐릭터에 초점을 맞춤으로써 루카스필름의 작품이 다른 작품들과 확실하게 다르다는 것을 보여주고 싶었다. 스미스는 숲에서 깨어 일어나는 막대 인물* 인조인간 앙드레를 주인공으로 하는 스토리보드를 그렸다. 제목은 프랑스 영화감독 루이 말의 영화 〈앙드레와의 저녁 식탁〉을 패러디해서 '앙드레와의 아침 식탁'으로 정했다.[17] 팀원들 가운데 이 작품의 팬이 많았기 때문이다.

* 몸통과 사지는 직선으로 그리고 머리는 원으로 그린 인물

11월에 롱비치에 영구 정박되어 있는 정기 여객선 퀸 메리호에서 컴퓨터 그래픽 관련 회의가 열렸다. 캣멀은 여기에서 연설할 예정이었다. 그 자리에서 디즈니의 애니메이터 존 래스터를 만난 캣멀은 〈용감한 토스터의 모험〉이 어떻게 진행되고 있느냐고 물었다.

"창고에 처박혔죠."[18]

래스터는 우울한 얼굴로 대답했다. 캣멀이 지금은 무슨 작업을 하고 있느냐고 묻자 래스터는 프로젝트 하나를 끝낸 후 쉬고 있다고 대답했다.

캣멀은 그 상황을 잘 알았다. ILM에서도 많은 직원들이 그랬다. 일이 하나 끝나고 나면 다음 일거리가 잡힐 때까지 직원들은 실직 상태가 되었다. 하지만 곧 다른 일이 들어오기 때문에 실직 기간은 길지 않았고, 따라서 그런 상황은 심각하지 않았다.

사실 래스터는 디즈니에서 잘린 상태였지만 차마 말할 수 없어서 그렇게 둘러댔던 것이다.

캣멀은 그날 스미스와 전화로 사업 얘기를 하다가 존 래스터를 우연히 만났는데, 요즘 쉬고 있더라고 말했다.[19] 그러자 스미스는 당장 전화를 끊고 빨리 가서 래스터를 채용하라고 했다. 그리고 래스터가 기억하는 것은, 강당 뒤쪽의 기둥 뒤에서 어떤 사람이 자기를 부르는 목소리를 들었다는 사실이다. 그 사람은 캣멀이었다.

"존, 존."

캣멀은 무대에 선 배우처럼 속삭였다.

"이리 오시오. 나와 함께 갑시다."[20]

존 래스터는 1957년 1월 12일에 캘리포니아의 할리우드에서 태어났다. 아버지는 폴 래스터, 어머니는 제월 래스터였다. 래스터는 휘티어에서 자랐다. 만화영화는 초등학생이나 보는 것이고 청소년이라면 그 나이에 맞는 책에 관심을 기울이는 게 당연하게 여겨지던 시절이었다. 하지만 래스터는 한 번도 그렇게 하지 않았다. 그는 다음과 같이 회상했다.

"나는 심지어 고등학생이 되었는데도 만화영화가 너무 좋았어요. 학교가 끝나면 얼른 집으로 돌아와서 만화를 봤죠. 채널 11번 KTTV의 〈벅스와 그의 친구들〉과 같은 만화 말입니다."

존은 쌍둥이 누이 요한나, 형 짐과 함께 휘티어 고등학교에 입학했다. 1학년 때 도서관에서 우연히 발견한 밥 토머스의 책《애니메이션》을 읽고는 거기에 완전히 매료되었다. 그는 디즈니 애니메이션의 뒤편에 또 다른 세상이 있다는 것을 알았고, 그것이 어떤 세상인지 어렴풋이 보았다. 그 세상에는 배경을 그리는 사람들이 있었고, 레이아웃을 담당하는 사람들이 있었고, 스토리보드를 들고 다니는 스토리 작가들이 있었고, 월트 디즈니 스튜디오의 '잉크 앤드 페인트 사업부' 여자들이 있었고, 감독들이 있었고, 또 무엇보다 애니메이터들이 있었다. 그 책에는 이런 구절이 있었다.

> "애니메이션이라는 예술 세계에서 가장 핵심적인 존재는 애니메이터다. 애니메이터는 세월이 흘러도 영원히 존재할 것이다."[21]

래스터는 새로운 사실에 눈을 떴다. 아하, 애니메이션을 만드는 일이 직업이 될 수도 있구나.

그런 일이 있은 직후에 래스터는 디즈니의 〈아더왕의 검〉(1963년)을 보려고 휘티어의 한 극장에 들어갔다(이 극장은 현재 '휘티어 빌리지 시네마'라는 간판을 걸고 있다). 요금은 49센트였다. 래스터는 디즈니 만화를 보러 극장에 가는 모습을 친구들에게 들키고 싶지 않았다. 그래서 어머니가 극장까지 차로 태워다주었다. 영화가 끝나는 시간에 맞춰 어머니가 데리러 왔을 때, 아들은 어머니에게 꼭 하고 싶은 말이 생겼다. 그것은 디즈니에 취직하고 싶다는 말이었다.[22]

고등학교 미술 교사였던 어머니는 정말 멋진 목표를 세웠다며 아들을 격려했다.

래스터는 디즈니에 편지와 자신이 그린 그림들을 보내기 시작했고, 디즈니로부터 격려 답장을 받았다. 3학년 때 학급 친구들은 그를 '최고의 화가'로 뽑았으며, 캘리포니아 예술학교(California Institute of the Arts. 보통 '칼아츠CalArts'라고 부른다)로부터 어떤 새로운 캐릭터 애니메이션 프로그램에 참가하라는 초대장을 받았다. 그야말로 래스터를 위해 마련된 기회나 다름없었다. 래스터는 1975년 여름을 이 프로그램의 감독인 잭 한나의 조감독으로 사진 복사 작업 따위를 하며 보냈다. 그런 뒤 가을에 칼아츠에 입학했다.

칼아츠는 월트 디즈니가 세운 학교였다. 그는 1950년대에 이 학교 설립을 계획했으며, 유언장을 통해서도 학교에 대한 아낌없는 지원을 약속했다. 월트와 그의 형 로이는 1961년에 경쟁관계에 있던 로스앤젤레스의 두 교육기관인 로스앤젤레스 음악학교와 쉬나드 예술학교를 통합해 이 학교를 만들었다. 이 학교는 1971년에 발렌시아의 새로운 교정에서 문을 열었다(초대 이사장인 H. R. 홀드먼은 1969년까지 월트 디즈니 프로덕션의 얼굴로 있다가, 닉슨 대통령 때 백악관으로 들어갔다. 물론 그때는 그게 불행한 선택인 줄 몰랐다).

래스터가 칼아츠에 들어갔을 때 학교는 거의 막장 분위기였다. 발렌시아 교정은 히피 문화가 정점에 이르렀을 때 문을 열었다. 디즈니 가족은 비록 여러 방면에서 진보적인 태도를 취하고 있었지만 필연적으로 학교에 스며드는 저항운동과 히피 문화를 불편하게 여겼다. 그러다 결국 사건이 터졌다. 교무위원회 회의에서 사진학과 교수 한 명이 알몸으로 시위를 벌인 것이다. 수영장에서 알몸으로 수영하는 것을 금지하는 규정에 반대하는 시위였다.[23]

디즈니 가족과 이사회는 이제 더는 참을 수 없다는 결론을 내렸다. 이사회 의장이던 해리슨 프라이스는 디즈니 가족의 지시를 받고 서던캘리포니아 대학교USC의 이사 저스틴 다트를 만나서 학교를 인수하라는 제안을 했다. USC로서는 칼아츠를 소유할 뿐만 아니라 기부금 800만 달러가 굴러들어오는 제안이었다. 하지만 거친 협상자였던 다트는 2,400만 달러를 요구했다. 디즈니 가족은 히피보다도 다트에 더 화가 났다. 그래서 협상을 철회하고 학교에 다시 전념하기로 결정했다.

만약 그렇게 해서 학교가 없어졌더라면 래스터는 칼아츠에 입학하지 못했을 것이다. 어쨌든 래스터가 칼아츠에 입학할 때는 1960년대의 히피 문화가 거의 절정에 다다랐을 무렵이었다. 칼아츠에서 래스터는 해방감을 만끽했다. 이제 더는 만화에 대한 열정을 숨기지 않아도 되었다. 전국에서 모인 20명의 급우들은 애니메이션에 미친 아이들이었다. 다른 친구들 역시 래스터처럼 디즈니 스튜디오와 개인적으로 접촉했던 경험이 있었다. 심지어 직접 단편영화를 만든 친구들도 있었다. 이들 가운데 다수가 나중에 디즈니나 혹은 다른 곳에서 의미 있는 작업을 수행한다. 이 가운데는 미래의 스타 (〈알라딘〉, 〈헤라클레스〉, 〈인어공주〉의 공동 감독인) 존 머스커John Musker와 브래드 버드도 있었다.

1학년 수업은 A113호(A113이라는 숫자는 이후 픽사의 모든 영화에 등장한다) 강의실에서 진행되었다. 벽과 바닥과 천장이 흰색이었고, 창문 없이 밝은 형광색 불빛만 가득한 강의실이었다. 강사진은 대부분 디즈니에서 오랫동안 경력을 쌓은 베테랑들이었다. 〈백설공주와 일곱 난쟁이〉의 아트 디렉터였던 켄달 오코너가 레이아웃을 가르쳤고, 〈덤보〉에서 캐릭터 디자이너였던 엘머 플러머는 라이프 드로잉life drawing*을 가르쳤다. 〈피노키오〉에서 시퀀스 디렉터로 일했던 T. 히는 캐리커처를 가르쳤다. 각각의 강의에는 뜨거운 열정들로 가득 찼고, 강의 시간도 충분히 길었다. 게다가 교정이 한적한 곳에 있어서 학생들은 더욱더 강의에 집중할 수 있었다. 래스터보다 한 해 뒤에 이 과정을 거쳤던 팀 버튼Tim Burton은 당시의 경험을 다음과 같이 회상했다.

* 움직이는 사람이나 동물을 그리는 것.

"마치 군대 생활을 하는 것 같았다. 나는 군인으로 복무한 적이 없긴 하지만, 디즈니 프로그램을 수료한다는 것은 아마 군대 생활을 하는 것과 비슷하지 않을까 싶다. 디즈니 사람들에게 가르침을 받았고, 디즈니 철학을 배웠다. 정말 즐거운 분위기였다. 난생처음으로 나와 관심사가 비슷한 사람들과 함께 어울린 시간이었다."[24]

칼아츠의 도서관에는 디즈니 작품 여섯 편의 16밀리 프린트가 있었다. 학생들은 이 필름을 수없이 반복해서 보았다. 흥미로운 부분에서는 영사기를 천천히 돌리기도 하고 때로는 화면을 정지시켜서 대가들이 어떻게 일을 했는지 뚫어지게 쳐다보았다. 래스터는 이렇게 회상한다.

"우리는 그 영화들을 완전히 분석했습니다. 우리는 대략 열 명쯤 되었습니다. 외출해서 저녁을 먹은 뒤에는 그 영화들을 분석하며 시간을 보냈습니다."[25]

하지만 이들의 숫자는 빠르게 줄어들었다. 탈락을 하기도 했고, 더 높은 단계로 나아가기도 했기 때문이다. 래스터의 동급생으로 여학생이 세 명 있었는데, 그중 한 명인 낸시 바이만은, 1978년이 되면 좀 더 자유로운 형태의 '실험적인' 애니메이션 프로그램을 찾아서 떠나거나 아예 포기를 하고 떠난 사람이 전체 학생 가운데 3분의 1이나 되었다고 회상했다.

또 3분의 1은 학교를 졸업하기 전에 디즈니에 취직했다.[26] 디즈니 스튜디오는 인력이 필요한 경우 그 분야에 자질을 보이는 학생을 뽑아다가 썼다. 팀 버튼도 이렇게 디즈니에 취직했다.[27] 〈셀러리 괴물의 줄기〉라는 단편영화로 일찌감치 재능을 보인 팀 버튼은 3학년 과정을 마친 뒤에 곧바로 디즈니에 들어갔다. 머스커도 그랬다. 래스터는 3학년 때 입사 제안을 받았지만 학사학위를 받으려고 그 제안을 거절했다. 그리고 1979년에 미술 학사학위를 받았다. 래스터가 학생 시절에 만든 두 편의 작품 〈숙녀와 램프〉와

〈악몽〉은 1979년과 1980년에 각각 애니메이션 부문 학생 아카데미상을 연이어 받았다.

그 뒤에 래스터는 마침내 디즈니의 애니메이터(주니어 애니메이터)가 되는 꿈을 이루었다. 디즈니에서 그에 대한 평가는 엇갈렸다. 겉으로 드러나는 것만으로 보자면 래스터는 디즈니에서 떠오르는 샛별이었다. 디즈니는 입사한 지 얼마 안 되는 래스터를 대학교에 내보내고 텔레비전에도 출연시켰다. 회사의 이미지를 더욱 젊어 보이게 하기 위해서였다. 그가 이런 역할을 맡을 수 있었던 것은, 매사에 분명하고 붙임성 좋은 성품 덕분이었다. 하지만 선배 애니메이터들은 래스터를 비롯한 칼아츠 출신들의 야망이 너무 크다고 생각했고, 이들을 회의적인 눈으로 바라보았다. 심지어 아카데미상 수상자인 래스터에 대해서도 도제로 몇 년 동안 훈련을 더 쌓아야 한다고 생각했다. 이런 분위기였으니 만큼 래스터가 디즈니 애니메이션에서 족적을 남기려면 몇 년을 더 버티면서 자기 차례가 돌아오길 기다려야 했다.

디즈니에 오래 몸담았던 멜 쇼는 입사 1년차인 래스터에 대해 〈로스앤젤레스 타임스〉에서 이렇게 말했다.

"존은 캐릭터와 움직임에 대해서 본능적인 느낌을 가지고 있으며, 그가 여기에서 재능을 활짝 꽃피울 거라는 사실을 짐작할 수 있습니다."[28]

쇼는 래스터에게 큰 기대를 걸었다. 그렇지만 '시간이 어느 정도 지난 뒤에'라는 단서를 붙였다.

〈정글북〉의 감독 볼프강 라이터만(일명 '울리')은 래스터를 비롯한 청년들에 대해서 다음과 같이 말했다.

"나는 이 젊은 친구들이 어떤 성취를 이룩하기 위해서 과거의 우리보다 훨씬 더 많은 끈기를 발휘할 것이며, 우리보다 더 큰 성공을 거둘 것임을 알고 있습니다. ……이 사람들은 그걸 지금 당장 원하고 있습니다. 비록 내가 이 사람들을 비난할 수는 없습니다만, 이들은 끈기를 배워야만 합니다. 학교를 졸업하자마자 곧바로 몇 년 안에 감독이 될 수는 없으니까요."[29]

디즈니 스튜디오가 한창 잘나가는 시기였다고 하더라도 래스터가 자기 작품을 만들기까지는 많은 조정과 시련을 거쳐야 했을 테지만, 1970년대 후반과 1980년대 초반은 디즈니가 잘나갈 때가 아니었다.

얼마 지나지 않아 래스터는 디즈니의 애니메이션이 (그리고 디즈니라는 영화사 역시) 일종의 동면기에 들어갔음을 깨달았다. 월트 디즈니의 초상화는 복도나 사무실, 로비 등 곳곳에 걸려 있었지만[30] 그의 날카로운 천재성은 찾아볼 수 없었다. 월트 디즈니라는 천재는 스토리텔링에 끊임없이 열정을 쏟았으며, 최신 과학기술을 스토리텔링에 접합시키는 놀라운 재능을 발휘했다. 그는 애니메이션 영화를 가장 먼저 말했고, 총천연색 애니메이션을 처음 언급한 사람이었다. 그는 최초의 극장용 장편 애니메이션 〈백설공주〉를 대공황이 한창인 시기에 140만 달러(현재의 화폐 가치로 환산하면 약 1,900만 달러) 이상을 들여서 제작했다.[31] 심지어 스토리텔링 매개체로 저급한 놀이동산 사업을 생각하기도 했다.

월트 디즈니가 남기고 간 회사를 경영하는 사람들은 창업자가 보여준 훌륭한 전범들을 충실히 따르고 있다고 생각했지만, 사실은 월트 디즈니의 사례는 온갖 대담함으로 가득 차 있었다는 사실을 제대로 이해하지 못하고 있었다.

월트 디즈니가 죽고 13년 뒤에 디즈니의 경영진이 가장 많이 쓰던 표현은 "예전에 월트 디즈니가 말했듯이"였다.

한때 최고 인기를 누리던 텔레비전 프로그램 〈TV 놀라운 세상〉은 시청률이 떨어졌고, 이 일을 계기로 회사에서는 시장 조사를 실시했다. 시장 조사 부서는 충격적인 사실을 발견했다. 그 프로그램의 인기가 떨어진 것은 단지 그 프로그램만의 문제가 아니었고 다가올 더 큰 문제를 예고하고 있었다. 즉 디즈니의 마법이 총체적으로 힘을 잃어가고 있다는 무서운 사실을 경고하는 것이었다.[32]

디즈니 스튜디오 지구의 미키가街와 도피로路에 있는 애니메이션 건물은 위기 상황을 제대로 파악하지 못한 듯했다. 그러나 젊은 창작자들은 싸구려 같고 예술성이 부족한 디즈니의 모습에 깊이 좌절했다. 그래서 스튜디오가 예전의 명성을 되찾아줄 희망이라고 여기고 있던 돈 블러스를 중심으로 하나의 분파가 형성되었다. 하지만 래스터가 디즈니에 입사하기 직전에 블러스는 사표를 내고 나간 상태였으며, 이어 여섯 명이 그를 따라 디즈니를 떠났다. 그러자 스튜디오의 책임자였던 (나중에는 회사 사장으로 승진하는) 론 밀러는 직원회의를 소집했다. 그는 이렇게 말문을 열었다.

"이제 암은 제거되었습니다."[33]

하지만 진짜 병인 수면병은 계속되었다. 래스터는 숨이 막힐 듯이 답답했다. 작업 중인 애니메이션 〈토드와 코퍼〉, 단편인 〈미키의 크리스마스캐럴〉은 시시해 보였다. 하지만 군인처럼 꿋꿋하게 버텨나갔다. 당시를 래스터는 다음과 같이 회상했다.

"마치 심장이 갈기갈기 찢어지는 느낌이었다. 이건 내가 디즈니에서 하겠다고 늘 꿈꾸었던 그 일이 아니었다."[34]

래스터는 디즈니를 떠나 런던에 본사가 있는 리처드 윌리엄스 애니메이션 스튜디오에 들어갔다(당시 이 스튜디오에서 만든 작품 가운데 애니메이션으로 가장 유명한 것은 〈핑크 팬더〉 시리즈 가운데 두 편과 아카데미상 수상작 버전인 〈크리스마스캐럴〉이었다). 하지만 래스터는 여기에서도 성취감을 맛보지 못하고, 1년도 안 돼 다시 디즈니로 돌아갔다.

1981년에 래스터가 〈미키의 크리스마스캐럴〉 작업을 하고 있을 때, 그의 친구 제리 리즈Jerry Rees와 빌 크로이어Bill Kroyer가 영화 〈트론〉의 몇몇 장면들을 봐달라고 불렀다. 리즈는 칼아츠 시절부터 친구였고, 크로이어는 〈트론〉에서 컴퓨터 애니메이션을 맡고 있었다.

디즈니가 제작하던 실사實寫 영화인 〈트론〉에는 약 15분 분량의 컴퓨터 이미지가 들어갈 예정이었다. 이 정도면 장편 극영화에서는 유례가 없을 정도로 많은 분량이었다. 이 작업에 동원된 컴퓨터 그래픽 제작업체가 네 군데나 되었다는 사실에서 이 영화에 들어간 컴퓨터 애니메이션 작업이 얼마나 방대했는가를 짐작할 수 있다.[35]

디즈니의 한 트레일러 안에서 래스터, 리즈 그리고 크로이어 세 사람은 컴퓨터로 만든 최초의 신을 보았다. 이른바 '빛의 오토바이'라는 오토바이들이 펼치는 가상 경주 장면이었다. 사실 이 장면에는 캐릭터 애니메이션은 전혀 없고 컴퓨터 그래픽도 초보적인 수준이었다. 하지만 이것을 본 래스터는 어떤 계시를 받는 느낌이었다. 화면의 입체감은 전에는 한 번도 본 적이 없는 것이었다. 만일 이 기술을 디즈니의 애니메이션과 결합할 수 있다면, 애니메이션 제작에 혁명적인 변화를 일으킬 수 있다고 그는 생각했다.

그때까지 애니메이션에서의 3차원 효과는 다면 촬영multiplane camera*이라는 복잡하고 비용이 많이 드는 촬영 방법을 동원해야 했고, 따라서 이런 기법은 영화 한 편에서 몇몇 핵심적인 시퀀스에서만 쓸 수 있었을 뿐이다. 하지만 컴퓨터를 이용하면 마치 스테디캠steadicam**을 동원해서 촬영한 장면처럼 관객의 시점을 한 장면 속에서도 다양하게 이동할 수 있을 것 같았다. 가능성은 무궁무진해 보였다. 당시의 느낌을 래스터는 다음과 같이 회상했다.

"내가 보고 있는 장면을 믿을 수 없었습니다. 월트 디즈니는 평생 동안 애니메이션에서 보다 많은 차원을 확보하려고 노력했습니다. ……그런데 눈앞에서 바로 그런 장면이 시연되고 있었던 겁니다. '이거야말로 월트 디즈니가 그토록 애타게 기다리던 바로 그것이다!'라고 생각했죠."[36]

래스터는 애니메이션 부문의 경영진에게 이런 이야기를 했다. 하지만 그들은 관심을 보이지 않았다. 새로운 기술이 애니메이션 제작을 좀 더 빠르게, 좀 더 저렴하게 만들 수 있게 해주지 않는 한 그의 말을 들으려 하지 않았다. 래스터는 그 특유의 붙임성으로 디즈니 스튜디오에 있는 사람들과 쉽게 친해졌고, 디즈니의 실사 촬영 책임자였던 톰 윌하이트Tom Wilhite를 알게 되었다.

"존은 좋은 중매인이었죠. 일이 잘 돌아가게 만드는 그런 중매인 말입니다."[37]

* 애니메이션 촬영 기법으로 배경 그림 위에 셀에 그려진 그림을 포개어 촬영함으로써 공간감을 느낄 수 있도록 하는 기법. 이 기법을 사용하면 전경에 배치된 그림을 지나친 카메라가 프레임 안의 깊은 곳으로 파고드는 것처럼 보인다.

** 고르지 못한 지면 위를 달리면서 촬영할 수 있도록 설계된 스턴트 카메라. 스테디 카메라steady camera의 준말.

윌하이트가 그때를 회상하면서 한 말이다.

래스터는 윌하이트를 〈타란의 대모험〉에 등장하는 캐릭터들을 디자인하던 팀 버튼에게 소개를 해주었다. 버튼의 디자인은 디즈니풍에서 벗어났고, 그 바람에 계속 퇴짜를 맞았다. 하지만 디즈니의 경영진 가운데서 특이하다고 할 정도로 위험을 무릅쓰는 경향이 있던 윌하이트는 버튼의 작업을 마음에 들어했고, 버튼에게 6만 달러의 예산을 제공했다. 버튼은 그의 데뷔작이자 최초의 스톱모션 애니메이션인 단편영화 〈빈센트〉를 만들었다.[38]

애니메이션 스튜디오에서는 래스터의 아이디어에 귀를 기울이는 사람이 아무도 없었다. 그때 윌하이트가 나서서 래스터의 제안을 받아들여 30초짜리 테스트 필름 제작비를 지원했다. 컴퓨터를 동원해서 배경을 처리했고(이 작업은 '빛의 오토바이' 장면을 만들었던 MAGI사가 담당했다), 글렌 킨이 손으로 그린 캐릭터 애니메이션을 결합한 이 영화는 모리스 센닥의 동화 〈괴물들이 사는 나라〉(1963년)를 원작으로 했다. 복잡한 트래킹 쇼트tracking shot*에 초점을 맞춘 이 쇼트에서 관찰자는 한 소년이 작은 강아지를 추격하고 강아지가 집을 한 채 관통해서 달아나는 모습을 따라간다.

* 카메라가 움직이는 피사체와의 거리를 그대로 유지하면서 잡는 쇼트.

윌하이트는 또한 래스터가 한 걸음 더 나아가 〈용감한 토스터의 모험〉 작업에 참여할 수 있도록 했고, 상사에게 기획안을 제출할 수 있도록 주선했다. 하지만 론 밀러는 그가 제시한 아이디어를 가차없이 차버렸다. 그 기획안 회의가 끝나고 몇 분 지나지 않아 래스터는 상사로부터 짐을 싸라는 전화를 받았다. 그때 래스터가 들은 말은 이랬다.

"그건 제작되지 않을 테니까 디즈니에서 자네

프로젝트는 이제 끝났네. 그러니 자네가 있을 자리는 없고, 디즈니와 자네 사이의 계약 관계도 끝났네."[39]

래스터는 1983년 12월에 루카스필름에서 한 주를 보냈다. 그리고 다음 달에 완전히 합류했다. 캣멀과 스미스의 입장에서 보자면 래스터는 그야말로 보물이었다. 자기들이 하고자 하는 것을 신뢰하는 진정한 애니메이터였던 것이다. 당시를 스미스는 이렇게 회상한다.

"애니메이터들은 보통 컴퓨터라고 하면 기겁을 하며 도망쳤습니다. 하지만 존은 그러지 않았죠. 컴퓨터를 제대로 볼 줄 알았던 겁니다."

래스터는 디즈니가 수십 년 동안 쌓은 캐릭터 애니메이팅 기술과 관련된 지식을 몽땅 가지고 온 셈이었다. 게다가 래스터는 당시 컴퓨터 애니메이션에 딱 맞는 인물이었다. 1984년경의 컴퓨터 그래픽의 첨단 기술은 기하학적인 형태와 단순한 표면을 가진 무생물을 대상으로 하는 애니메이션에 적격이었다.

래스터는 특히 여러 무생물에 생명을 불어넣어 각각의 개성을 살리는 것을 좋아하고 또 잘했다. 〈숙녀와 램프〉에서도 램프 가게에 있는 온갖 램프들이 살아 움직이며 서로 손님에게 팔려가고 싶어서 안달하는 모습을 묘사했다. 래스터의 손을 거쳐 이 램프들은 놀라움과 절망, 걱정, 호기심 등의 감정을 완벽하게 드러냈다. 래스터가 생각했던 〈용감한 토스터의 모험〉의 내용도 살아 움직이는 가재도구들의 이야기를 풀어나가는 것이었다.

그런데 문제는 조지 루카스였다. 애니메이터를 고용하는

것을 루카스가 수락하지 않을지도 몰랐다. 그래서 캣멀과 스미스는 루카스필름의 경영진에게는 래스터의 직책을 '인터페이스 디자이너Interface Designer'로 위장했다.[40]

래스터가 실제로 했던 작업은 〈앙드레와의 아침 식탁〉을 만지는 일이었다. 래스터는 시험적으로 만들었던 〈괴물들이 사는 나라〉에서 그랬던 것처럼 컴퓨터 애니메이션이 만들어내는 배경에 손으로 그린 캐릭터들을 결합하는 방식으로 접근했다. 그러나 캣멀은 캐릭터들도 컴퓨터 애니메이션으로 작업을 하라고 밀어붙였다.

래스터는 스미스의 스토리보드를 출발점으로 해서 처음의 인조인간 콘셉트에서 벗어나 앙드레를 소년과 같은 형상으로 만들었다. 이어서 두 번째 캐릭터를 만들었다. 과장되게 크고 성격이 급한 꿀벌이었다. 작품의 제목은 〈앙드레와 월리 비와의 아침 식탁〉이었다[41]('월리'라는 이름은 영화 〈앙드레와의 저녁 식탁〉에 출연한 배우 월리스 쇼운의 이름에서 딴 것이다).

이야기는 단순했다. 앙드레가 숲에서 일어난다. 그리고 월리가 자기 앞에서 붕붕거리며 떠 있는 걸 발견한다. 앙드레는 월리에게 장난을 친 뒤에 달아난다. 그러다가 월리에게 벌침에 쏘이는 장면에서 영화는 끝난다. 디즈니에서 인정받지 못했던 점을 마음에 담아두고 있던 (혹은 그랬을 가능성이 높은) 래스터는 별다른 이유 없이 독하고 심술궂은 느낌으로 영화를 맺을 계획이었다. 그래서 월리의 침이 앙드레의 엉덩이를 찌르는 부분을 클로즈업하는 식으로 스토리보드를 작성했다. 이와 관련해서 스미스는 이렇게 회상한다.

"존은 침이 엉덩이로 푹 들어가게 했죠. 엄청난 상처를 입도록 말입니다."

이 쇼트는 시그래프 총회의 시연회에서 상영되는 영화와는 느낌이 달랐다. 그 부분만 빼고 보면, 스미스는 래스터가 한 작업을 보고 썩 만족했다. 그러면서 래스터에게 그 커트만은 영화에서 빼자고 요구했다. 스미스는 다음과 같은 말로 그때 일을 회상했다.

"그건 그냥 분노일 뿐이었죠. 하지만 존이 왜 그렇게 화가 났는지 누가 알아주겠습니까?"

영화의 줄거리가 최종적으로 완성되고 나자 작업은 여러 부문에서 동시에 진행되었다. 이 작업은 앞으로 수십 년 동안 지속될 새로운 작업 양상을 낳았다. 즉 애니메이터가 영화의 창조적인 욕구를 충족시킬 수 있도록 기술의 발전을 압박하고, 이렇게 해서 발전한 기술이 다시 애니메이터에게 창조적인 영감을 불어넣는 양상의 출발점이 된 것이다.

앙드레를 대상으로 했던 스미스의 첫 번째 3D 모델은 앙드레의 머리를 나타내는 구체球體와 그의 몸통을 나타내는 원뿔체에 의존했다. 이것은 스미스 집단이 확보하고 있던 모델링 소프트웨어에 유일하게 맞는 단순한 기하학적 형태였다. 하지만 래스터는 이것 대신에 움직일 수도 있고 유연하게 구부러질 수도 있는 둥글둥글한 형태를 원했다. 이것을 래스터는 '눈물방울tear drop'이라고 불렀다. 캣멀은 래스터의 주문을 수용해 이것을 추가했다. 앙드레의 눈꺼풀과 입을 표현하기 위해 여러 팀원들이, 구체 표면의 한 조각을 일컫는 '바운드bound'라는 형태를 놓고 협력했다.

래스터는 캣멀 집단의 애니메이션 프로그램인 모션

닥터MD: Motion Doctor를 사용하는 법을 배우고, 이 프로그램이 전문 애니메이터가 구사하는 여러 가지 수단들과 더욱 공조할 수 있도록 수정 방안들을 제시했다. 그 가운데는 숫자를 세는 방식을 바꾸자는 것도 들어 있었다.

프로그래머들은 숫자를 셀 때 보통 0부터 시작하는 버릇이 있다. 모션 닥터도 0부터 시작했다. 하지만 애니메이터들은 0이 아니라 1부터 센다고 래스터가 말했다. 모션 닥터를 만들었던 톰 더프는 디즈니에서 온 애니메이터가 자기 프로그램을 붙잡고 어떻게 하면 이 프로그램이 더 유용하게 쓰일 수 있을지 개선책을 제시하자 신이 났다.

래스터 역시 꾸준하게 학습을 계속했다. 기술자들에게 손을 내밀기만 하면 그들이 자신이 원하는 걸 만들어준다는 사실을 깨달은 것이다. 빌 리브스는 나무와 꽃, 풀을 만들어내는 프로그램을 만들었다. 로렌 카펜터와 롭 쿡은 렌더링 프로그램인 레이즈*를 개선하는 일에 매달렸다. 레이즈가 3D 캐릭터 모델들, 래스터의 이 모델들을 애니메이팅한 결과들, 그리고 배경에 있는 요소들과 카메라 움직임을 모두 담을 수 있도록 하고, 나아가 영화를 구성할 실제 이미지들을 구현해낼 수 있도록 하기 위해서였다.

* 본문 84쪽 참조.

작업이 진행되는 가운데 한 사람(어쩌면 쿡이었을 수도 있고 혹은 리브스였을 수도 있다)이 래스터의 컬러 선택에 문제가 있다고 걱정했다. 래스터는 나무에 달린 잎들이 자주색이면 좋겠다고 생각했다. 하지만 다른 사람들은 나뭇잎은 자주색이 아니라며 반대했다. 실제로 스미스와 캣멀 집단 사람들은 잡지에 실린 나무의 사진들을 참고

자료로 활용하고 있었고, 이 사진들을 보면 나뭇잎이 자주색인 경우는 없었다.

래스터는 자신의 생각을 무조건 우기지 않고 이들을 샌프란시스코의 한 박물관 전시회장으로 데리고 갔다. 자연 풍경에서 볼 수 있는 빛을 풍부하게 사용하는 것으로 유명한 일러스트레이터 맥스필드 패리시의 전시회가 열리고 있었다. 사람들은 곧 나뭇잎도 얼마든지 자주색으로 보일 수 있다는 것을 인정했다. 모든 게 빛에 따라서 다르게 보일 수 있었다. 래스터의 이런 노력 덕분에 그들은 작품의 사실성을 확보하는 데는 기술 관련 논문들에서 상상할 수 있는 것보다 훨씬 많은 요소들이 있다는 걸 깨달았다.

비록 이들이 만드는 작품은 2분이 채 안 되는 짧은 영화였지만, 각각의 프레임들을 렌더링할 수 있는 컴퓨터 시간을 충분히 확보하는 게 가장 큰 문제였다. 이들은 루카스필름이 가지고 있는 다섯 대의 백스 컴퓨터를 모두 사용했다. 세 대는 밤에만 썼고, 두 대는 24시간 돌아갔다. 리브스는 MIT에서 추가로 10대의 백스 컴퓨터를 이용했다. 시그래프 총회가 코앞으로 다가왔다. 캣멀과 스미스는 이들 컴퓨터로도 부족하다는 걸 알았다. 그때 지구상에서 가장 강력한 컴퓨터를 핵연구소와 방위 기관에 팔았던 슈퍼컴퓨터 제조업체인 크레이 리서치가 도움의 손길을 내밀었다. 크레이 리서치는 캣멀에게 이 컴퓨터를 한 대 팔고 싶었고, 그래서 미네소타의 멘도타 하이츠에 있는 자사 컴퓨터 센터에서 크레이 X-MP 두 대를 시험 가동해볼 수 있는 기회를 제공했다.

이 회사와 경쟁하던 존 휘트니 주니어&개리 데모스(이

회사는 현재 디지털 프로덕션에 있다)는 1,000만 달러짜리 시스템 가운데 하나를 이미 납품한 상태였다. 1984년에 개봉된 두 영화, 닉 캐슬 감독의 〈최후의 스타파이터〉와 피터 하이암스 감독의 〈2010 우주여행〉에서 이 장비를 가지고 특수효과를 만들었지만, 캣멀과 스미스는 이런 방식이 마음에 들지 않았다. 간단하게 계산해봐도 〈앙드레와 윌리 비와의 아침 식탁〉을 제작하는 데 그런 고가의 장비를 구입할 수는 없는 노릇이었다. 크레이 리서치의 컴퓨터를 소유하는 게 아니라, 크레이 리서치가 그들을 소유하는 꼴이 될 게 뻔했다.

하지만 시연이라는 차원에서 무료로 쓴다면 문제는 달랐다. 캣멀과 스미스는 그 시스템을 구입하는 데 관심이 있는 척하면서 기꺼이 제안을 받아들였다.

1984년 시그래프 총회는 7월 말에 미니애폴리스 컨벤션센터에서 열릴 예정이었다. 카펜터와 쿡은 몇 주 동안 크레이 리서치에 머물면서 마지막 남은 프레임들을 붙잡고 씨름했다. 하지만 두 개의 쇼트는 제시간에 렌더링을 하지 못했고, 결국 이 부분은 래스터가 연필로 직접 그린 그림으로 대체하기로 했다.

컴퓨터 사업부 사람들은 잔뜩 흥분했다. 이 프로젝트에 전혀 관심을 보이지 않았던 조지 루카스가 〈앙드레와 윌리 비와의 아침 식탁〉을 보려고 미니애폴리스로 날아갈 것이라는 소식이 전해졌기 때문이다. 루카스가 시간을 내기로 했다는 건 무척이나 놀랍고 고무적인 일이었다. 루카스는 영화 제작과 특수효과 그리고 음향뿐만 아니라 비디오게임 사업부와 라이선스 사업까지 하고 있었기 때문이다. 이뿐만이

* 조지 루카스 소유의 영화 작업장 겸 대목장.

아니었다. 스카이워커 랜치Skywalker Ranch*의 막바지 공사도 감독하고 있었다.

사실 루카스가 미니애폴리스에 나타난 것은 컴퓨터 애니메이션에 갑자기 관심이 생겨서가 아니라, 마침 여자친구 린다 론스태드의 공연이 그 도시에서 있었기 때문이었다. 캣멀과 스미스가 이 사실을 안 것은 나중의 일이다(조지 루카스와 마시아 루카스는, 마시아가 스카이워커 랜치에서 일을 하던 스테인드글라스 전문가와 어울린 직후인 한 해 전에 이미 헤어진 상태였다).

자신이 만든 작품을 사람들에게 첫 선을 보일 때 감독은 보통 자신이 상영장에 있다는 사실을 누구에게도 알리고 싶어하지 않는다. 루카스, 론스태드, 캣멀, 스미스도 그랬다. 이들은 리무진을 타고 지하 주차장을 통해서 행사장 건물로 들어갔다. 시그래프 총회 진행 요원이 이들을 엘리베이터로 안내했고, 이들은 극장에 불이 꺼진 뒤에야 자리에 앉았다. 그렇게 네 사람은 수천 명의 관객들 속에 섞여 들었다.

〈앙드레와 월리 비와의 아침 식탁〉이 상영되는 동안 관객들은 자신이 좋아하는 어떤 것을 보았고, 박수와 갈채가 쏟아졌다. 앨라배마의 패리스에서나 볼 수 있음직한 나무 4만 6,254그루가 서 있는 3차원의 엄청난 숲을 뚫고 카메라가 움직이는 긴 오프닝 장면에서부터 월리의 침이 결단 나는 마지막 장면까지 관객들은 영화에 열광했고, 엔딩크레딧이 올라갈 때는 놀라운 감동으로 펄쩍펄쩍 뛰었다.[42]

컴퓨터 그래픽 회사를 경영하는 사람이 래스터에게 와서 정말 끝내주는 영화라고 칭찬을 하고는 궁금한 게 있다면서 이렇게 물었다.

"어떤 소프트웨어를 썼습니까?"

래스터는 이렇게 대답했다.

"키프레임keyframe 애니메이션 시스템입니다. 아시잖아요, 다들 가지고 있는 것과 매우 비슷한 겁니다."

"아뇨, 아뇨, 아뇨. 정말 재미있었습니다. 어떤 소프트웨어를 썼냐고요?"

이 남자는 래스터가 거짓말을 한다고 믿었다.

2년 전 제네시스 효과를 보여준 장면이 그랬던 것처럼 〈앙드레와 월리 비와의 아침 식탁〉이 가지고 있는 분명한 특질은 이 영화가 구현하는 미묘함에서도 드러났다. 그중 하나가 캐릭터들이 사실적인 모션 블러를 가지고 있다는 점이다. 새로운 알고리듬이 작동했기 때문이다.

또 하나는 래스터가 컴퓨터 애니메이션 역사상 처음으로 디즈니의 여러 스튜디오에서 수십 년 동안 진화하고 발전한 고전적인 애니메이션 원칙들을 적용했다는 점이다. 이 원칙들이란 바로 캐릭터들의 움직임을 자연스럽게 표현하기 위해서, 그리고 캐릭터들에게 매력적인 표정을 불어넣기 위해서, 특히 캐릭터들이 '행동'을 할 수 있도록 하기 위해서 애니메이터들이 의존하던 기본적인 도구들이다. 여기에는 대개 몇 초 혹은 심지어 몇 분의 1초라는 시간이 소요된다.

예를 들어 월리가 소년을 쫓아가겠다고 결심했을 때, 월리는 잠시 소년을 지그시 바라본 뒤에야 부웅 소리를 내며 빠르게 움직이기 시작한다. 어떤 행동이 나타나기 전에 (어떤 형태로든 간에) 반드시 이 행동에 대한 기대가 앞서야 한다는 고전적인 원칙을 래스터가 따랐기 때문이다.

월리가 무엇을 할 것인지 또 그것을 하기 위해서 무엇을 준비할 것인지 결정하는 것을 바라보는 관객들은 그 뒤에 이어지는 월리의 행동을 더 자연스럽게 받아들인다. 게다가 월리가 일단 움직이기 시작하면 그의 신체에 딸린 부속 기관들은 무게에 따라 제각기 다른 속도로 뒤따른다. 예를 들어 무거운 다리는 가벼운 더듬이에 비해 한층 뒤로 끌리는 모습으로 드러난다. 이것은 추격 장면에서 나타나는 고전적인 애니메이션 원칙에 충실한, 사실감을 주기 위한 만화적인 터치다.[43]

이 영화를 본 루카스의 반응은 정중했다. 캣멀과 스미스는 그의 진짜 의중을 나중에야 알았다. 루카스는 그 영화가 끔찍한 수준이라고 여겼다. 캐릭터 디자인은 원시적인 수준이었으며, 이야기 전개는 빈약했다. 루카스는 컴퓨터 사업부에서는 절대로 영화를 만들어서는 안 된다는 생각을 확고하게 굳혔다. 컴퓨터 애니메이션에 대해서도 좋은 인상을 받지 못했다.

다음은 스미스가 한 말이다.

"조지는 그 영화의 조잡함만 보고 그 영화가 이루어낼 수 있는 것이 무엇인지 보지 못했습니다. 그는 있는 그대로만 보았고, 그게 우리가 할 수 있는 전부라고 보았던 겁니다."[44]

당시 컴퓨터 애니메이션에 대해 고개를 절레절레 흔들었던 거물급 영화 제작자가 또 있었다. 1930년대부터 1970년대까지 디즈니를 이끌어온 아홉 명의 엘리트 애니메이터와 감독을 일컫는 '나인 올드 멘Nine Old Men' 가운데 하나인 프랭크 토머스Frank Thomas였다.

그가 나인 올드 멘 멤버이자 친구인 올리 존스턴Ollie Johnston과 함께 쓴 저서《디즈니 애니메이션: 생의 환상*Disney*

Animation: The Illusion of Life》(1981년)은 디즈니 스타일을 따르는 애니메이터들에게는 예나 지금이나 교과서나 다름없다. 70세의 토머스는 은퇴한 뒤였음에도 불구하고 컴퓨터 그래픽 연구소들 그리고 대학교와 제작사에 있는 애니메이터들을 방문하곤 했다. 〈앙드레와 월리 비와의 아침 식탁〉 제작이 한창일 때 그와 존스턴은 래스터를 방문하고서는 루카스가 그랬던 것처럼 예의를 갖추어서 칭찬을 했다.

하지만 그 직후에 쓴 긴 에세이에서 그는 컴퓨터 그래픽이 막다른 골목을 만났다고 은근히 주장했다.

> 오늘날에도 '백설공주의 품질'에 근접하는 기술적인 프로세스가 없다. 앞으로도 이런 일이 가능할 것이라고 믿을 만한 근거는 별로 없는 듯하다. ……이유는 어쩌면 단순할지도 모른다. 즉 이런 유형의 애니메이션이 새로운 매체에 맞지 않기 때문일지도 모른다는 말이다.[45]

그러면서 토머스는 다양한 움직임과 감정을 사실적으로 표현하는 데는 엄청난 미묘함이 필요하다고 했다. 그는 컴퓨터로 '3차원 환경의 3차원 인물'을 쉽게 만들어내는 모습에 깊은 인상을 받았음을 털어놓았다. 또 고전적인 애니메이션 원칙들 가운데 많은 것들이 새로운 매체에도 적용될 수 있을 것임을 인정했다. 그러나 캐릭터 애니메이션은 극도로 미묘한 어떤 차이들, 예컨대 컴퓨터로는 도저히 잡아낼 수 없는 그런 미묘한 차이들을 필요로 한다는 사실을 디즈니의 애니메이터들은 이미 터득했다고 적었다.

> 오늘날의 컴퓨터들은 풍부한 개성을 지닌 만화 속 배우들을 만들어낼 수 있으며, 이들이 여러 가지 상황과 스토리를 만들어냄으로써 관객의 눈을 사로잡을 수 있다. 무게감이나 사실감이 있는 움직임은 그다지 큰 문제가 아니다. 그리고 자연스럽게 행동하는 것도 충분히 표현할 수 있다. 심지어 컴퓨터 애니메이션의 등장인물이 마치 실제로 생각하는 것처럼 보이게 할 수도 있다. 하지만 거기까지다. 미묘한 팬터마임, 있음직한 대화, 그림의 매력적인 선들, 그리고 무엇보다도 예술가 개인의 미묘한 특성은 전자회로라는 기계적인 영역에서는 도저히 이룰 수 없는 목표다.[46]

컴퓨터 애니메이션의 목표는 애초부터 얼토당토않은 것이라고 토머스는 주장했다. 이것은 예술가들로 하여금 끝없이 이어지는 소용돌이를 통과해서 각자의 예술을 추구하라고 강제하는 것이나 마찬가지라고 했다. 그러면서 이렇게 말했다.

> 연필을 집어들고 그 행동을 그림으로 그리는 건 너무나 쉬운 작업이다. 옛날 방식의 애니메이션은 더 많은 통제력을 확보하고 있었고, 더 많은 자유를 누렸으며 또한 훨씬 더 넓은 표현의 영역에서 마음껏 즐겼다.

비록 토머스는 컴퓨터 애니메이션을 싸잡아 부정하는 것처럼 보였지만, 때로는 컴퓨터로 처리한 2D 애니메이션만을 부정하는 것처럼 말하기도 했다. 이런 모호함은, 새로운 기술과 자신이 평생 동안 해왔던 작업 사이의 관계를 이해하고 정리하는 과정에서 확신이 없기 때문이었을지도 모른다. 그 말고 다른 전통적인 애니메이터들도 몇 년 뒤에는 똑같은 문제로 고민한다.

04 새로운 선장, 스티브 잡스

1985년 초가 되면서 에드 캣멀은 머지않아 컴퓨터 그래픽 식구들에게 새로운 집이 필요할 거라고 보았다. 여러 차례의 폭풍이 불어왔고, 그때마다 그들은 더욱 강해졌다.

조지 루카스는 아내와 이혼을 하면서 많은 재산을 내줘야 했고, 그 바람에 루카스필름의 현금 사정은 나빠졌다. 루카스는 새로운 사장으로 더그 노비를 고용했다. 회사의 각 부문에서 눈에 보이는 성과를 내라는 과제가 신임 사장에게 떨어졌다. 노비는 이미 앤디 무어러의 디지털 사운드 부문과 랠프 구겐하임의 디지털 필름 편집 부문을 드로이드 웍스Droid Works 사에 매각했다. 컴퓨터 그래픽 부문도 그렇게 될 날이 머지않았다. 무엇보다 중요한 사실은 루카스와 캣멀은 컴퓨터 그래픽에 대해서 근본적으로 다른 생각을 가지고 있었다는 점이다.

영화라는 매체는 한 세기쯤 전에 베이 에어리어의 (나중에 스탠퍼드 대학교 부지가 되는) 팰러앨토라 불리던 사유지에서 시작되었다. 당시에 존 아이작스John Isaacs라는 기술자가 사진가이던 이드위어드 머이브리지Eadweard Muybridge를 도와서 말을 타고 달리는 사람의 정지 이미지들을 포착했다. 센트럴 퍼시픽 레일로드 사의 사장 리랜드 스탠퍼드Leland Stanford가 이 작업에 자금을 댔는데, 말이 전속력으로 달릴 때 말발굽 네 개가 동시에 지면을 박차는지 여부를 확인하는 게 목적이었다(실제로 확인해보니 그랬다).

12대의 카메라를 한 줄로 세워놓고 찍은 이 사진들로 머이브리지는 유명인사가 되었다.[1] 이 사진들이 가능할 수 있었던 것은 아이작스가 개발한 전기적 장치에 의한 연속 촬영 장비 덕분이었다. 아이작스는 위치가 애매모호한 인물로 남아 있다. 어쨌든 루카스필름에서의 문제는 서로에 대한 바람이 달랐다는 것이다.

루카스는 컴퓨터 그래픽 전문가들이 아이작스와 같은 발명가로 남기를 바란 반면에 이들은 예술가인 머이브리지가 되고자 했다는 점, 아니 더 정확하게 말하면 아이작스와 머이브리지가 동시에 되고자 했으며 또한 루카스에 대해서는 리랜드 스탠퍼드처럼 돈이나 대는 역할에 머물러주기를 바랐다. 루카스는 컴퓨터 그래픽 인력이 영화 제작 도구들을 만들어주기를 바랐지 이들이 컴퓨터 애니메이션을 만들기를 바라지는 않았다.

캣멀과 스미스는 루카스가 어느 날 아침 잠자리에서 일어나서 단지 자신이 컴퓨터 그래픽으로 무엇을 해야 할지 모른다는 이유만으로 세계 최고의 팀을 해체하기로 결정하지는 않을까 초조했다. 하지만 실제로 일어난 일은 이들이 걱정했던 것보다 한층 자비로웠다. 루카스필름의 경영진은 캣멀에게 컴퓨터 사업부를 인수할 구매자를 찾아보라고 했던 것이다.

캣멀과 스미스의 그래픽 집단은 컴퓨터 하드웨어 회사로 도매금으로 팔릴 처지였다. 루카스가 처음 이 집단에게 맡긴 작업은 영화 필름을 스캐닝할 수 있는 시스템을 구축하는 것, 특수효과 이미지들을 컴퓨터에서 실사 촬영 필름과 결합하는 것, 그리고 그 결과를 다시 필름에 기록하는 것이었다. 당시 이런 작업을 통해서 영화가 표현하는 이미지의 품질을 높이는 데는 엄청난 용량의 컴퓨터가 동원되어야 했다.

그런데 에번스&서덜랜드 출신의 로드니 스톡Rodney Stock이 개발한 기계가 그것들을 가능하게 해주었다. 새로운 컴퓨터는 적은 비용으로 빠르게 이미지들을 처리할 수 있었다.[2] 이 컴퓨터는 디지털 합성 외에도 화면의 마감 손질과 색 보정, 수평 맞춤 같은 작업도 해냈다.

〈앙드레와 월리 비와의 아침 식탁〉은 1984년 시그래프 총회에서 루카스필름 컴퓨터 사업부의 공식적인 얼굴이었다.[3] 한편 총회 행사와 별도로 루카스필름은 호텔의 한 스위트룸에서 소수의 관객을 불러다놓고 본보기가 될 수 있는 컴퓨터를 보여주었다. 루카스필름의 경영진은 (컴퓨터 애니메이션도 아니고 디즈니에서 훈련을 받은 래스터라는 '인터페이스 전문가'도 아닌) 바로 이 컴퓨터가 컴퓨터 그래픽 팀의 가장 소중한 보석이라고 보았다. 이 컴퓨터를 내세워 컴퓨터 사업부를 매각하려 했던 것이다. 누구든 이 컴퓨터 사업부를 매입해서 그 기계를 대량으로 생산하면, 고화질의 이미지를 필요로 하는 업체들을 상대로 얼마든지 수지맞는 장사를 할 수 있다는 게 이들의 판단이었다.

SF영화들로 벌어들인 돈으로 개발된 컴퓨터에 걸맞게 루카스필름의 컴퓨터는 SF 그 자체와 같은 아우라를 풍겼다.

앞으로 10년은 족히 일반 컴퓨터 시장에서는 구경도 할 수 없으리라고 여겨졌다. 로렌 카펜터가 제안한 대로 스톡은 그 컴퓨터에 4개의 프로세서와 4개의 메모리 뱅크가 탑재되도록 설계했다. 메모리 뱅크 가운데 3개는 각각 삼원색 가운데 하나를 담당하도록 했고, 나머지 하나는 남겨두었다. 네 번째 프로세서와 메모리 뱅크는 어떤 이미지의 특정한 지점의 투명도를 조절하는 기능을 담당할 터였다.[4] 이 프로세서들은 병렬로 작동했는데, 그래야 한 프로그램이 4개의 단일 픽셀(빨강, 초록, 파랑, 투명)에 동시에 기능할 수 있기 때문이었다. 이 4개 프로세서들의 여러 가지 조합이 한 컴퓨터 안에 탑재됨으로써 최대 12개의 프로세서가 동시에 작동할 수 있었다.

1981년의 어느 날 저녁 컴퓨터 사업부의 네 명이 한 햄버거 식당에 모였다. 노바토에 있는 컨트리가든 레스토랑으로, 이들이 자주 모이던 곳이었다. 저녁을 함께 먹으면서 한창 개발 중인 그 장비의 이름을 결정짓기로 했다. 누군가가 '픽처 메이커Picture Maker'가 어떠냐고 제안했다. 스미스는 '레이저laser'와 같은 단어에서 이름을 따야 한다고 주장했다. 필름 스캐너와 레코더가 레이저를 사용하고 있고, 또 레이저라는 단어가 어딘지 모르게 멋지게 들린다는 것이다. 그러면서 '픽서Pixer'라는 스페인어의 동사풍 조어를 제안했다. 픽서, 영화를 만들다……. 카펜터가 조금 변형을 주어 '픽사Pixar'라는 이름을 내놓았다. 그 자리에 있던 나머지 사람들(스미스, 로드니 스톡, 짐 블린)도 모두 동의했다(블린은 오랜 세월 몸담았던 NASA 소속 제트추진연구소에서 잠시 나와 있던 상태였다). 이렇게 해서 이 기계는 픽사 이미지 컴퓨터Pixar

Image Computer라는 이름으로 불리게 되었다.[5]

캣멀과 스미스는 만일 컴퓨터 사업부가 루카스필름에서 분리되어 매각된다면, 하드웨어 회사가 인수하기를 바랐다. 이것은 컴퓨터의 사업적인 측면에 대해서 잘 몰라서가 아니었다. 이들은 기업가가 아니라 야망을 품은 영화 제작자로서의 마인드를 가지고 있었다.

이들의 중심적인 목표는 자기 집단의 핵심적인 역량을 한자리에 묶어두는 것이었다. 컴퓨터 하드웨어 회사들은 엄청나게 많은 직원을 필요로 했고, 바로 이 점이 이들에게는 가장 중요했다. 당시 컴퓨터 그래픽 집단에 소속된 인력은 무려 40명에 육박하고 있었다. 이들은 각자 나름대로 컴퓨터 제조회사에서 중요한 몫을 해낼 수 있었다. 그러니까 컴퓨터 하드웨어 회사라면 비용 차원에서 컴퓨터 애니메이션 장편영화를 제작하는 것이 자유로워질 때까지 팀을 유지할 수 있기 때문에 가장 나은 조건이라고 보았던 것이다.

루카스필름은 컴퓨터 사업부를 20여 곳이 넘는 벤처캐피털 회사와 투자은행들에게 소개하며 매각을 시도했지만 사겠다는 곳은 한 군데도 나타나지 않았다. 제조회사들이 관심을 보이고 나서긴 했다. 예를 들어 네덜란드의 대기업인 지멘스 측은 픽사 이미지 컴퓨터가 자신들이 생산하는 (의사들이 환자의 장기를 고화질 3D 화면으로 볼 수 있도록 한 최초의 장비인) CAT 스캐너를 보완할 수 있다고 보았다. 사이텍스, 헬 그래픽스 시스템스, 크로스필드와 같은 컬러 프린팅 및 스캐닝 장비 생산업체들도 관심을 가졌다.

하지만 루카스필름이 인수 대금 1,500만 달러 외에도 루카스필름에 1,500만 달러를 투자할 것을 요구했기 때문에, 관심을 보이던 업체들도 손을 홰홰 젓고는 돌아서버렸다.

캣멀과 스미스는 미주리의 캔자스시티에 있는 홀마크 카드 사를 방문했다. 이 회사는 루카스필름으로부터 직접 설명을 듣고 싶다고 했다. 표면적으로 보자면, 카드 회사가 루카스필름의 컴퓨터 사업부를 인수하는 건 어쩐지 앞뒤가 맞지 않았다. 이 회사는 1년 전에 대규모 인수합병의 결과인 비니&스미스가 크레욜라 크레용과 실리퍼티Silly Putty* 를 팔았기 때문이다. 하지만 홀마크 카드는, 그들이 고용하고 있는 수백 명의 화가들과 대여섯 개의 정교한 컬러 프린터 사이의 도관導管 역할을 픽사 이미지 컴퓨터가 잘 해낼 것이라고 판단했다.

* 공작용 소재.

캣멀과 스미스는 들뜬 마음으로 이 거래가 성사되길 바랐다. 두 사람은 그 회사 사람들이 마음에 들었고, 또 그 회사는 최소한 '예술' 혹은 '그림'과 어느 정도 관련이 있었다. 하지만 아쉽게도 홀마크 카드 역시 곧 관심을 거두고 말았다.

스미스는 앨런 케이에게 현재 진행되는 일을 설명하고 좋은 생각이 있으면 말해보라고 했다. 스미스와 케이는 제록스의 팰러앨토 연구센터에 있을 때부터 알고 지내던 사이였다. 그때 스미스는 디지털 아티스트였고, 케이는 연구센터의 연구 집단을 이끌고 있었다. 거기에 있을 때는 함께 일을 하지는 않았지만, 케이는 스미스가 좋은 사람이고 똑똑하다고 생각했다. 케이는 또한 유타 대학교 시절부터 캣멀과 아는 사이였다.

케이는 스미스에게서 그런 말을 들은 지 얼마 지나지 않아 한 사람을 떠올렸다. 자신이 알고 있는 30대의 어떤 백만장자가 관심을 가질지도 모른다고 생각했다. 그 백만장자가 바로 '스티브 잡스'였다.

앨런 케이와 스티브 잡스 사이의 우정은, 제록스의 팰러앨토 연구센터의 연구원들이 차세대 사무용 시스템이라고 여기던 '알토Alto'라는 컴퓨터에서 싹텄다. 케이가 만든 알토의 유저 인터페이스는 혁명적이었다. 하나의 화면에 여러 개의 사진과 텍스트를 동시에 구현할 수 있었던 것이다. 또 '마우스'라는 장치가 있어서, 사용자는 그것을 이용해 화면의 어떤 지점을 지정할 수도 있었고 컴퓨터가 어떤 명령을 실행하도록 명령을 내릴 수도 있었다. 인쇄 상태를 미리 볼 수 있는 문서 및 그래픽 편집 프로그램들도 있었다. 잡스는 1979년 12월에 이 시스템의 시연을 보고 무척 놀라워했다. 15년쯤 지난 뒤에 잡스는 당시를 다음과 같이 회상했다.

"그야말로 계시록의 한 장면과도 같은 순간이었다. 지금도 똑똑하게 기억하는데, 그 그래픽 유저 인터페이스를 한 10분 정도 보고는, 미래에는 모든 컴퓨터가 그런 식으로 작동할 것임을 알았다. 누구나 그걸 보기만 하면 쉽게 예상할 수 있는 일이었다."[6]

나중에 케이가 아타리 사의 연구소 책임자로 있을 때 그는 가끔 잡스를 불러 함께 점심을 먹었는데, 이걸 보고 아타리의 경영진들은 깜짝 놀라곤 했다. 애플컴퓨터가 1984년 1월에 2,495달러짜리 매킨토시를 출시했을 때, 개발 과정에서 디자인의 세밀한 부분까지 꼼꼼하게 고민했던 잡스는 이 컴퓨터 한 대를 케이에게 주면서, 케이가 그 컴퓨터 개발에 얼마나 크게 기여를 했는지 직접 보게 했다. 그리고

* 애플의 기술 업적에 획기적으로 기여했고 애플에 지속적으로 자문을 해주는 사람의 직책.

잡스는 그해 5월에 케이를 '애플 펠로Apple Fellow'*로 고용했다.

그런데 한 해 뒤에 두 사람의 상황은 완전히 뒤바뀌었다. 케이는 여전히 애플에서 일을 했지만, 잡스는 애플을 떠났다. 비록 애플 사람들은 잡스의 미래에 대한 비전과 완벽주의를 높이 평가했지만, 그의 밉살스러운 면에는 고개를 절레절레 흔들었다. 잡스는 고위직 간부와 평사원을 가리지 않고 많은 사람들에게 미운털이 박혀 있었다. 매킨토시 프로젝트의 아이디어를 맨 처음 냈던 매킨토시 발명자 제프 러스킨Jef Ruskin마저 잡스와는 도저히 일을 함께 할 수 없는 11가지 이유를 댔으며, 결국 애플을 떠나고 말았다(이 가운데 세 번째 이유는 "당연히 인정해야 하는 공로를 인정하지 않는다"였고, 네 번째 이유는 "인신공격을 자주 한다", 열 번째 이유는 "무책임하고 경솔하다"였다).[7]

잡스는 자신이 타고 다니는 자동차 메르세데스를 매킨토시 팀이 입주한 건물의 정면에 마련되어 있는 장애인 전용주차 구역에 세우곤 했다. 건물의 뒤나 옆에 있는 구역에 주차를 하면 틀림없이 차를 도둑맞을 것이라는 게 이유였다.[8]

잡스가 직접 펩시콜라에서 영입해온 최고경영자 존 스컬리John Scully는 1985년 봄에 잡스의 직무를 제한하기로 결정했다. 잡스에게 다른 일은 하지 않고 오로지 신제품 구상만 하도록 했다. 이제 더는 매킨토시에 간섭하지 말라는 것이다.

몹시 화가 난 잡스는 스컬리가 중국 출장으로 자리를 비웠을 때 쿠데타를 일으킬 계획을 세웠다. 하지만 마지막 순간에 부사장 가운데 한 명으로부터 귀띔을 들은 스컬리는 출장을 취소했다. 1985년 5월 31일 금요일, 스컬리는 잡스에게서 부사장 직위 및 매킨토시 총책임자 직위를 박탈했다. 잡스에게는 이제 껍데기뿐인 이사회 의장직만 남았다. 스컬리를 몰아내고 다시 최고경영자 자리에 오르려던 계획은 완전히 물거품이 되었다.

잡스는 갑자기 시간이 많아졌다. 그래서 산책이나 하기로 마음먹었다. 잡스와 케이는 건강식 식당으로 함께 점심을 먹으러 갔고, 점심을 먹은 뒤 두 사람은 스탠퍼드에서 그다지 멀지 않은 칼트랜스 철길을 따라 걸으면서 이런저런 이야기를 나누었다. 이때 케이가 루카스필름에 있는 친구들 이야기를 꺼냈다. 나중에 케이는 당시를 이렇게 회상했다.

"나는 스티브에게 이 위대한 집단이 해체 위기를 맞고 있으며, 이 사람들이 이미 알고 있는 기술과 이들이 관심을 가지고 알아내려고 하는 기술을 활용한다면 많은 걸 이뤄낼 수 있을 거라는 이야기를 했습니다."[9]

얼마 뒤 캣멀과 스미스는 우드사이드의 실리콘밸리에 있는 잡스의 저택 스패니시 콜로니얼 리바이벌을 찾아갔다. 두 사람의 친구이면서 애플에서 잡스와 함께 일을 해본 적이 있는 사람들이 제법 많았는데, 이들은 잡스가 처음 만나서 이야기를 나눌 때는 무척이나 매력적으로 보이겠지만, 계약서에 서명하는 순간 모든 게 달라지고 결국 후회할 것이라고 캣멀과 스미스에게 경고했다. 그럼에도 불구하고 두 사람은 잡스를 직접 만나보겠다는 마음을 거두지 않았다. 두 사람 외에 루카스필름의 사업개발부 소속이던 애지트 그릴Ajit Grill이 재정 문제에 관한 조언을 하기 위해서 함께 갔다.

우드사이드는 부유하고 우아한 지역으로 시골풍의

분위기를 풍기고 있었다. 이 지역에는 벤처캐피털 종사자와 전자회사의 경영진이 많이 살았고, 포크송 가수인 존 바에즈와 수화를 구사하는 고릴라 코코도 살고 있었다. 대략 1억 8,500만 달러의 순자산을 가지고 있던 독신남 잡스는 극도로 금욕적인 생활을 했다.[10] 1,580제곱미터 부지에 침실이 14개나 있는 그의 집은 1920년대에 어떤 구리광산업자가 지었는데,[11] 집은 거의 텅 비어 있다시피 했다. 집 안에는 BMW 오토바이 한 대와 그랜드피아노 한 대만이 있을 뿐이었다. 그래도 부엌에는 제법 많은 설비가 갖추어져 있었다. 그곳은 부부 요리사의 영역이었다. 버클리의 셰파니스* 출신의 부부 요리사가 잡스를 위해 채소 중심의 식단을 만들어주었다.

* 세계 최고의 레스토랑으로 꼽히는 식당.

잡스는 이 집을 지난 11월에 매입했다. 그때만 해도 그는 실리콘밸리의 황금손이었다. 잡스와 스컬리가 〈비즈니스 위크〉의 표지를 와이셔츠 차림으로 장식했다. 두 사람 모두 미소를 짓고 있었고, '애플의 정열적인 2인조'라는 굵은 제목이 달려 있었다. 그랬던 잡스가 이제는 할 일이 없어 빈둥거리는 신세가 되었다. 그의 직업 생활은 그의 집만큼이나 휑뎅그렁했다.

캣멀과 스미스, 그릴 세 사람은 잡스가 한바탕 스컬리 욕을 하다가 루카스필름의 컴퓨터 사업부의 미래에 대해 아이디어를 쏟아놓기를 바라면서 그의 이야기를 지루하게 듣고 있어야 했다. 그러는 사이에 오후 시간이 훌쩍 지나갔다. 이윽고 잡스는 세 사람을 밖으로 데리고 나가서 함께 걸었다. 그리고 마침내 자기가 컴퓨터 사업부를 인수해서 운영하겠다고 제안했다. 캣멀과 스미스는, 운영은 자기들이 알아서 하겠다면서 다만 잡스가 투자만 해주면 좋겠다고 했다. 이렇게 제안을 주고받은 사람들은 호의적인 마음을 가지고 헤어졌다. 헤어지기 전에 잡스는 루카스필름이 요구하는 금액이 너무 세다면서 깎을 여지가 있는지 알려달라고 했다. 그러면서 500만 달러 정도면 좋겠다는 말을 덧붙였다.

그 뒤 캣멀은 스미스에게 잡스와 엮이지 않는 게 좋겠다고 말했다. 잡스가 애플에 대해서 여전히 지나칠 정도로 나쁜 감정을 가지고 있다는 게 이유였다. 캣멀은 루카스필름으로 오기 전에 첫 번째 아내였던 라레인과 이혼을 한 경험이 있기 때문에, 그런 징후를 제대로 알아보았다. 그러면서 이렇게 결론을 내렸다.

"우리가 이혼 뒤의 첫 번째 여자가 되고 싶지는 않아."

이런 논의가 진행되는 와중에도 컴퓨터 사업부는 영화 관련 프로젝트들을 계속 진행했다. 그중 하나는 루카스의 친구이며 때로 동업자이기도 한 스티븐 스필버그를 위한 것이었다. 스필버그는 제네시스 효과에 깊은 감명을 받고서 이들에게 일을 맡겼다. 스필버그는 배리 레빈슨 감독의 〈피라미드의 공포〉(1985년)를 제작하고 있었다. 스테인드글라스에 새겨진 기사騎士 한 명이 살아나서 늙은 성직자를 공포로 몰아넣는 환상 장면을 컴퓨터 그래픽으로 처리해야 했다. 래스터가 그 기사를 디자인하고 애니메이팅했다. 장편영화에서 픽사 이미지 컴퓨터와 데이비드 디프란시스코의 필름 프린터를 처음으로 사용한 게 바로 이때였다. 또한 컴퓨터가 만들어낸 캐릭터가 실사 촬영 장면과 처음으로 결합했다.

래스터는 〈피라미드의 공포〉 작업을 마친 뒤에 실험을 하나 시작했다. 래스터는 〈앙드레와 월리 비와의 아침 식탁〉 덕분에 컴퓨터 사업부의 애니메이션 프로그램인 모션 닥터를 능숙하게 구사할 수 있었다. 하지만 래스터의 지시에 따라 다른 사람들이 3D 모델들을 만들곤 했다. 이번에는 래스터가 직접 빌 리브스의 모델링 프로그램인 모델 에디터ME: Model Editor를 가지고 모델을 만드는 기술에 도전하기로 한 것이다.

래스터는 무엇을 모델 대상으로 삼을까 둘러보았다. 그의 작업용 책상 위에 놓인 룩소 전등이 눈에 들어왔다. 그는 곧 자를 들이대어 전등의 각종 치수를 재고 기하학적인 형상들을 만들어내기 시작했다.[12]

당시 루카스필름의 컴퓨터 그래픽 집단에는 쌍방향 모델링 도구interactive modelling tool가 없었다. '이 부분'을 회전시켜보고 '저 부분'을 잡아당겨 늘여보면서 화면에서 대상 물체가 어떻게 변하는지 확인할 수 있는 방법이 전혀 없었던 것이다. 모델 에디터에서는 이런 도구 대신에 프로그래밍 언어의 일종인 모델링 언어를 사용했다. 래스터는 텍스트 편집 프로그램을 이용해서 대상 물체가 어떤 형상으로 나타날 수 있도록 명령 내용을 기입하고, 이것을 컴퓨터 파일로 저장한 다음, 모델 에디터가 그 대상 물체의 와이어프레임wire-frame*을 그려내는 것을 관찰했다. 기대하던 모양이 제대로 나오지 않으면, 이전에 했던 작업 과정으로 돌아가서 파일을 수정하고 다시 시도해보는 과정을 반복했다.

* 컴퓨터 그래픽에서 보이지 않고 숨어 있는 선을 포함하여 표면에 이르는 대상 물체의 윤곽을 선의 배열로 나타낸 3차원 영상.

이렇게 해서 전등을 완성한 래스터는 자신이 해결해야 할 실험에 전혀 준비되지 않은 상태라는 사실을 깨달았다.

래스터는 이렇게 생각했다.

'자, 이제 이걸 만들었으니까, 그다음엔 이게 재미있는 어떤 것을 하도록 내가 만들 수 있을지 봐야겠는데……. 재미있는 어떤 걸…….'

한편 캣멀과 스미스는 일본의 대형 출판사인 쇼가쿠칸小學館과 어떤 공동 작업을 할 수 있지 않을까 기대했다. 그 회사의 법정 추정 상속인은 중국과 일본에서 인기 있는 판타지 영웅인 손오공을 주인공으로 하는 장편영화를 만들고 싶어했다. 손오공은 16세기 중국의 고전 소설《서유기》의 주인공이다. 중국에서 서역으로 불교 경전을 찾으러 가는 한 스님을 따라가는 마법사이자 사기꾼인 원숭이가 펼치는 코미디와 모험담이다.

쇼가쿠칸 팀은 손오공 이야기를 컴퓨터 애니메이션 영화로 만들면 엄청난 강점을 발휘할 것이라고 판단했다. 더구나 이 아이디어가 컴퓨터 그래픽 집단에서 나왔다는 사실에 큰 기대를 걸고 있었다. 영화 제작과 관련한 회의가 여러 차례 열렸다. 카멜의 캘리포니아 비치에 있는 한 리조트에서 일주일 내내 아이디어 회의가 열리기도 했다.

캣멀과 스미스는 최초의 컴퓨터 애니메이션 장편영화 제작이 가시권 안에 들어올 수도 있다는 사실에 무척 흥분했다. 그러면서도 양측 모두 영화 제작이나 배급 방면에 대해서는 문외한이라는 게 마음에 걸렸다. 스미스는 또 쇼가쿠칸의 상속자가 자기 역량에 맞지 않게 너무 멀리 나아간 게 아닌지, 그리고 영화 제작에 5,000만 달러가 넘는 비용이 들어간다는 것을 알면 뒤로 나자빠지지나 않을지 걱정했다. 상황이 이렇다 보니, 컴퓨터 사업부의 분리 매각이 최종적으로 완성되기 전까지는 어떤 판단도 섣불리 내릴 수 없었다.

이와 동시에 스미스와 캣멀의 컴퓨터 그래픽 집단은 또 다른 노력을 기울였다. 캣멀과 스미스는 뉴욕 공과대학 시절부터 연례행사처럼 1년에 한 번씩은 월트 디즈니 프로덕션을 방문하고 있었는데, 그 즈음 용역과 하드웨어 관련 자문을 제공하는 사업을 둘러싸고 대규모 협상이 진행되고 있었다. 마침내 디즈니의 고위 경영진이 고전적인 2D 애니메이션을 컴퓨터 작업으로 할 것을 진지하게 고려하는 눈치였다.

1980년대 초에 캣멀과 스미스는 디즈니의 엔지니어 렘 데이비스에게 수작업으로 셀에 색칠을 하는 대신 '잉크 앤드 페인트 빌딩Ink and Paint Building'이라는 컴퓨터 프로그램을 사용할 경우 얼마나 많은 장점이 있는지 설득했다. 마침내 데이비스가 지원에 나서기로 약속하자 두 사람은 속으로 쾌재를 불렀다. '이제 됐어, 굉장해! 디즈니가 마침내 애니메이션 제작에 컴퓨터로 뭔가를 하려고 나서는구나!' 하고 말이다. 하지만 두 사람은 김칫국부터 마시고 있었다.[13]

이들이 보인 반응은 신참자들이 전형적으로 저지르는 오류였다. 디즈니와 같은 회사에서 기술 분야에 속한 몇 사람의 지원을 받는다는 것은 단지 첫걸음일 뿐이라는 사실을 미처 알지 못했던 것이다. 그들 위로 층층이 쌓여 있는 의사결정의 각 단계들에 포진한 사람들은 저마다 다른 판단을 가지고 있기 때문이다.

데이비스는 마침내 월트 디즈니 스튜디오의 운영 및 신기술 부문 수석 부사장이던 스탠 킨지Stan Kinsey에게, 캣멀과 스미스의 제안이 바로 디즈니가 필요로 하는 것이라는 사실, 즉 제작비를 낮추고 카메라 움직임을 더욱 자유롭게 해주며 풍부한 색깔을 사용할 수 있게 해준다는 사실을 설득했다. 컴퓨터의 힘을 빌리면 1930년대와 1940년대에 누렸던 디즈니의 영광을 되찾게 될 것이라고 말했다. 하지만 킨지는 프로젝트를 추진해도 좋다는 승인을 최고경영자로부터 얻지 못했다.[14]

모든 게 물거품으로 돌아가는 듯했다. 적어도 1984년 9월 22일 토요일이 오기 전까지는 그랬다. 그런데 바로 이날 아침에 디즈니의 이사회는 파라마운트 픽처스의 사장을 역임했던 마이클 아이스너를 최고경영자로, 워너브라더스의 사장이었던 프랭크 웰스Frank Wells를 사장 겸 최고운영책임자로 임명했다. 이것은 월트 디즈니의 조카인 로이 E. 디즈니Roy Edward Disney(로이 에드워드 디즈니는 2009년 12월 사망했다)와 로이의 사업 파트너였던 스탠리 골드Stanley Gold가 이끈 쿠데타 덕분이었다.

그날 오후 버뱅크의 레이크사이드 골프 클럽에서 점심을 먹던 아이스너와 웰스는 그들의 후원자인 로이에게 무엇을 하고 싶은지 물었다.[15] 사실 로이는 그 생각을 해보지 않았다. 그래서 불쑥 이렇게 말했다.

"애니메이션을 나한테 맡겨주시죠."[16]

"좋습니다."

아이스너가 대답했다.

아이스너와 웰스는 안 그래도 죽어가는 애니메이션 사업부를 닫아버리고 싶던 참이었다.[17] 하지만 그렇게 할 수는 없었다. 그래도 로이 E. 디즈니가 그걸로 행복해한다면, 그 정도의 대가는 치를 가치가 있었다.

킨지는 로이와 손을 잡을 수 있다는 사실을 깨달았고, 로이는 그해 가을 디즈니의 기술자들로부터 컴퓨터 애니메이션에 대해 브리핑을 받고는 잔뜩 흥분했다.[18] 45분으로 예정되었던 브리핑 시간은 두 배로 길어졌다. 로이가 계속 질문을 해댔고, 〈앙드레와 월리 비와의 아침 식탁〉을 반복해서 틀라고 요구했고, 〈괴물들이 사는 나라〉의 테스트 필름을 몇 번이나 돌려보았기 때문이다.

새로운 체제가 시작되고 채 한 달이 지나지 않아서 로이와 킨지는 캣멀을 만났다. 양쪽 회사에서 나온 사람들이 CAPSComputer Animation Production System(컴퓨터 애니메이션 제작 시스템)라는 프로젝트의 얼개를 구체적으로 만들기 시작했다. 애니메이터들이 연필로 그린 그림에 색을 칠하고 애니메이팅하는 작업에 픽사 이미지 컴퓨터와 주문형 소프트웨어* 를 사용할 것이라는 내용도 당연히 포함되었다.

*특정 조직이나 개인이 사용할 목적으로 설계한 소프트웨어.

킨지는 한 걸음 더 나아가 루카스필름의 컴퓨터 사업부를 매입하고 싶어했다. 루카스필름에서는 1,500만 달러를 제시했지만 얼마든지 협상 가능한 가격이라고 믿었던 것이다.[19] 하지만 월트 디즈니 스튜디오의 책임자인 제프리 카젠버그Jeffrey Katzenberg가 킨지의 계획을 엎어버렸다. 그는 디즈니가 제작하는 모든 영화를 감독하는 자리에 앉은 아이스너를 등에 업고 있었다. 킨지는 카젠버그가 이렇게 말했다고 기억했다.

"나는 이 일에 시간을 낭비하고 싶지 않군요. 우리에게는 중요한 일이 더 많이 쌓여 있으니까요."[20]

그러면서도 협상을 해보는 것은 나쁘지 않다고 했다.

캣멀과 스미스에게는 여전히 결승선이 보이지 않았다. 아이스너가 최고경영자로 있는 디즈니는 콧대가 세고 함께 사업을 도모하기 어렵다는 평판이 이미 파다했다. 거래 조건을 놓고 벌이는 토론은 천천히 진행되었고, 협상은 1985년 말까지 계속 이어졌다.

컴퓨터 그래픽 집단이 하는 모든 일에는 구매자가 나서주길 간절히 바라는 마음이 녹아 있었다. 한편 스미스는 루카스필름의 경영진과 끝없이 벌여야 하는 싸움에 완전히 녹초가 되었다. 경영진은 컴퓨터 사업부의 규모를 줄이려고 안달했다. 이들은 컴퓨터 사업부의 규모를 줄이기만 하면 더 쉽게 매각할 수 있다고 보았다. 사람 수가 적으면 적을수록 운영비가 적게 들어가고, 그만큼 재무구조도 건전해진다고 보았던 것이다. 스미스는 경영진이 상황을 완전히 거꾸로 파악한다고 보았다. 컴퓨터 사업부의 진짜 가치는 하드웨어 디자인이나 소프트웨어에 있지 않았다. 비범한 재능들이 한자리에 모여 있다는 것 자체가 중요한 자산이라고 믿었다. 스미스는 다음과 같이 회상했다.

"그 엉터리 기업가들로부터 우리 사람들을 지켜내는 일은 고문이었고, 이 고문이 1년 내내 계속되었다."

1985년 11월, 분리 매각의 기회가 다시 찾아왔다. 새로운 인수 희망자들이 나타났다. 컴퓨터 사업부 사람들은 이번이 마지막 기회라고 보았다. 네덜란드의 거대 회사 필립스 전자와 제너럴모터스의 자회사인 일렉트로닉 데이터 시스템스ESD: Electronic Data Systems였다. 필립스가 가졌던 관심은 지멘스가 가졌던 관심과 같았다. 즉 픽사 이미지 컴퓨터를 MRI 스캐너의 부속물로 팔고 싶었던 것이다.

일렉트로닉 데이터 시스템스가 인수 협상에 나선 것은, 캣멀과 스미스가 일렉트로닉 데이터 시스템스와 제너럴모터스의 경영진에게 사실감 있는 렌더링으로 더욱 향상된 자동차 설계 하드웨어와 소프트웨어를 제공할 수 있다고 설득한 결과였다. 우연찮게도 3D 표면 모델링의 초기 돌파구 역할을 했던 것이 자동차 산업이었다. 특히 르노의 기술자였던 피에르 베지에가 1960년대에 했던 작업이 유명하다. 제너럴모터스도 같은 기간에 컴퓨터 그래픽의 개척자 역할을 했었다. 제너럴모터스의 연구 실험실에 있던 한 팀이 최초의 컴퓨터 설계 및 제조 시스템을 개발했던 것이다(당시 제너럴모터스 경영진은 자신들이 가지고 있는 것의 가치를 제대로 알아보지 못하고 그저 실험에 써먹는 장난감 정도로만 여기고 모든 성과물들을 내던져버렸다).[21]

그 회사들이 제시한 분리 매각의 조건은 이랬다. 루카스필름은 분리 매각 결과에 따라 새로 출범하는 회사의 지분 가운데 3분의 1을 보유하고, 필립스와 일렉트로닉 데이터 시스템스는 이 회사의 지분을 3분의 1씩 소유하는 대가로 각각 500만 달러를 낸다. 그리고 별도로 400만 달러를 벤처캐피털 회사로부터 모은다. 이 1,400만 달러 가운데 1,150만 달러는 루카스필름이 가지고, 나머지 250만 달러는 새로 출발하는 회사 픽사의 자본금으로 들어간다. 그리고 필립스와 일렉트로닉 데이터 시스템스는 픽사 이미지 컴퓨터를 각자 자기 시장에서 독점적으로 판매한다.[22]

캣멀과 스미스는 세 회사를 대표해서 나온 협상단과 함께 뉴욕 42번가에 있던 필립스의 이사회 회의실에서 이틀을 보내며 세부적인 협상 내용을 논의했다. 그리고 이틀째 되던 날 마지막 순간에 협상에 임했던 모든 사람들이 협상안에 동의했다.

아니, 모든 사람들이 동의한다고 생각했다.

공교롭게도 제너럴모터스의 이사회가 다음 날 아침 제너럴모터스 빌딩에서 열렸다. 인공위성 및 미사일 도급업체인 휴스 에어크래프트를 52억 달러에 인수하는 안건을 처리하기 위해서였다. 그런데 이 자리에서 일렉트로닉 데이터 시스템스의 창립자이자 제너럴모터스의 이사회 이사이던 로스 페로Ross Perot가 인수를 반대하며, 이런 인수 제안이 나오게 된 배경을 강하게 비판했다.

우선 그는 제너럴모터스의 경영진은 과정에만 신경을 쓰지 결과에는 신경을 쓰지 않는 것 같다고 말했다. 또 이사들은 자신들이 주주를 대표한다는 사실을 망각한 채 그저 회의장에 앉아 시간만 보내고 급료를 받아가는 것 같다고 쓴소리를 했다. 이어서 제너럴모터스의 자동차는 신뢰성에 문제가 있는데 아무도 어떤 조치를 취하지 않고 있다고 목소리를 높였다.

캐딜락 딜러들의 총회에 참석했던 이야기도 꺼냈다. 그 자리에서 딜러들이 한목소리로 자동차의 결함을 성토하더라는 이야기와 함께, 믿을 만한 자동차 한 대도 제대로 만들지 못하면서 통신 위성 사업에 수십 억 달러를 쏟아 붓는 게 말이나 되느냐며 다른 이사들에게 물었다.[23]

의장이던 로저 스미스는 페로에게 발언해줘서 고맙다고 한 뒤에 회의를 계속 진행시켰다.

이런 파장의 충격은 제너럴모터스 자회사인 일렉트로닉 데이터 시스템스에도 미쳤고, 픽사의 인수합병 작업에 제동이 걸렸다. 컴퓨터 그래픽 사업부에 투자하지 않겠다는 결정이 내려졌다. 일렉트로닉 데이터 시스템스가 나가떨어지자, 필립스는 독자적으로는 인수 거래를 추진하지 않겠다고 선언했다.

한편 잡스는 9월 17일에 애플컴퓨터의 의장직에서 물러났다. 그는 애플컴퓨터와는 회사 지분을 제외한 모든 관계를 끊고, 직원 다섯 명을 데리고 새로운 컴퓨터 회사 넥스트(Next. 나중에는 NeXT)를 차렸다. 1985년이 저무는 동안 그는 루카스필름의 컴퓨터 사업부 매각 가격의 추이를 주시했다. 컴퓨터 사업부가 매물로 시장에 나온 지 열 달이 지나자 루카스필름으로서도 달리 대안이 없어 보였다. 잡스가 예상했던 상황이었다.

크리스마스 직전에 잡스는 루카스필름의 사장 더그 노비에게 전화를 했다.[24] 그 즈음 노비는 그래픽 집단을 털어내고 싶어 안달이 나 있었다. 컴퓨터 사업부는 그야말로 처치 곤란한 존재였고, 이 부서에 속한 40명은 돈을 빨아먹는 스펀지나 다름없었다. 그해 안으로 팔아치울 수만 있다면, 얼른 손을 털어버리고 싶은 마음뿐이었다.[25] 그런 시점에서 잡스는 500만 달러라는 가격을 제시했다. 애초에 제시했던 바로 그 가격이었다. 노비는 제안을 받아들였다.

그런데 세부적인 사항들이 모두 조정되고 나서 마지막 순간에 거래를 무산시킬 수도 있는 새로운 쟁점이 떠올랐다. 서류에 서명할 장소를 정하는 문제를 놓고 신경전이 벌어졌다. 루카스필름의 부사장인 더그 존슨은 잡스가 캘리포니아의 니카시오에 있는 스카이워커 랜치로 오는 게 마땅하다고 생각했고, 잡스는 루카스필름이 약

100킬로미터쯤 떨어져 있던 레드우드시티에 있는 넥스트의 자기 사무실로 와야 한다고 주장했다. 양쪽 모두 양보를 하지 않고 팽팽하게 맞섰다. 그러다가 마침내 타협이 이루어졌다. 루카스필름의 법률 문제를 맡고 있는 법률회사인 페어렐라 브라운&마텔의 샌프란시스코 사무실이 마침 그 중간 지점에 있었고, 그 사무실에서 만나기로 한 것이다.

1986년 1월 30일 목요일, 캣멀과 스미스, 존슨은 컴퓨터 그래픽 집단과 이들의 기술을 새로 출범하는 회사에 넘기는 서류에 서명을 했다. 루카스필름에서 분리되어 새로 출범한 회사의 이름은 픽사주식회사였다.

돌아오는 월요일인 2월 3일에 세 사람은 법률회사 회의실에서 잡스와 함께 앉아서 픽사의 주식 소유권을 이전하는 서류에 서명했다. 캣멀과 스미스는 공동 창립자로서 주식 지분을 각각 4퍼센트씩 가지고, 나머지 주식 가운데 커다란 덩어리는 (상당한 기간 동안의 재직을 전제로 해서) 다른 38명의 직원들 몫으로 돌렸다. 잡스는 500만 달러짜리 자기앞수표를 내놓았으며, 새로운 회사에 불입하기로 약속했던 자본금 500만 달러 가운데 첫 번째 불입금으로 100만 달러짜리 자기앞수표도 함께 내놓았다.

잡스는 소비자 시장을 내다볼 줄 안다는 명성을 얻고 즐거워했다. 이런 명성을 잡스는 예전에도 여러 차례 누렸다. 하지만 만일 잡스가 사람의 마음을 읽는 눈을 가졌더라면, 아마도 자기 휘하로 끌어들인 사람들의 마음에 어떤 불안감이 요동친다는 사실을 간파했을 것이다. 그리고 (그의 새로운 컴퓨터 하드웨어 회사에서 각각 최고기술책임자와 부사장을 맡고 있는) 캣멀과 스미스가 컴퓨터 하드웨어에는 전혀 관심이 없다는 사실도 알아차렸을 것이다. 두 사람에게 컴퓨터는 그저 어떤 물건일 뿐이었다. 목적을 달성하는 데 쓰는 도구일 뿐이었다. 그게 선 컴퓨터이든 백스 컴퓨터이든 혹은 임시로 빌려서 쓰는 크레이 컴퓨터든 아무런 상관이 없었다. 한편 잡스는 디자인이 훌륭한 컴퓨터에서 스포츠카의 매력을 느꼈다(실제로 잡스는 매킨토시 디자인 회의 때, 매킨토시는 '포르쉐 같아야 한다'는 말을 했다).[26]

이것은 큰 차이였다. 컴퓨터 그래픽 작업을 할 때 캣멀과 스미스는 위대한 예술가들이 구사하는 데 적합한 도구들을 찾았다. 이들 집단의 렌더링 프로그램이나 애니메이션 프로그램은 세계적인 수준의 오케스트라에 걸맞은, 아마추어에게는 가지고 있어봐야 낭비일 뿐인 스트라디바리우스나 다름없었다. 컴퓨터만 있으면 아무리 평범한 사람이라 하더라도 엄청난 역량을 발휘할 수 있다는 생각은 옳지도 그르지도 않다. 핵심을 비껴나 있기 때문이다.

캣멀과 스미스에게 IBM PC나 매킨토시와 같은 개인용 컴퓨터는 장난감 수준이었다. 두 사람은 이런 컴퓨터는 아예 쳐다보지도 않았다. 이들은 훨씬 강력한 시스템을 썼다.

실제로 데이비드 디프란시스코가 스미스더러 커너가 인근에 있던 ILM 사무실에 꼭 한 번 들러서 ILM의 프로그래머와 자기 형이 매킨토시로 이미지 처리 작업을 어떻게 하는지 보라고 했지만, 스미스는 끝내 그렇게 하지 않았다. 이 일과 관련해서 스미스는 나중에 이렇게 회상했다.

"당시에는 장난감 같은 자잘한 기계에 신경 쓸 겨를이 없었어요."[27]

(나중에 톰 놀과 존 놀 형제는 자신들이 개발한 소프트웨어를

어도비시스템으로 등록했고, 이것은 '포토샵'이라는 이름으로 명성을 얻었다.)

한편 잡스는 그 '장난감 같은 자잘한 기계'에 많은 신경을 썼다. 이것은 줄곧 그의 인생이었다.

스티븐 폴 잡스는 1955년 2월 24일 샌프란시스코에서 태어났고, 갓난아기 때 폴과 클라라 잡스 부부에게 입양되었다. 고등학교를 마치지 못했던 아버지 폴은 여러 직업을 전전했다. 기계공으로 일을 하기도 했고, 직업적으로 빚을 받아내는 일을 하기도 했다.

아들이 다섯 살이 되었을 때 이들 부부는 샌프란시스코에서 마운틴뷰의 실리콘밸리로 이사 갔다. 폴은 차고에 작업실을 마련했다. 어느 날 그는 아들을 데리고 작업실로 가서 망치와 톱과 몇몇 공구들을 주었다. 그리고 작업대 한쪽에 금을 긋고는 아들에게 이렇게 말했다.

"스티브, 이제부터는 여기가 네 작업대다."[28]

아버지는 많은 시간을 그 공간에서 아들과 함께 보내면서 물건들을 어떻게 만드는지 보여주었다.

얼마 뒤에 스티브 잡스는 그 동네에 살던 래리 랭Larry Lang을 알게 되었다. 휴렛팩커드에 다니는 기술자였던 랭은 잡스에게 전기와 관련된 몇 가지 지식을 가르쳐주었고, 히스키트 제품을 소개해주었다. 히스키트는 배터리 테스터나 트랜지스터라디오 그리고 앰프 등과 같은 가정용 전자제품으로, 부품 형태로 소비자에게 판매되고 있었다. 설명서에 따라 부품을 조립해서 완제품을 만들면 되었다. 사실 히스키트 제품은 완제품보다 더 많은 돈이 들어갔다.

하지만 이 제품은 완제품이 주지 못하는 것을 주었다. 잡스는 다음과 같이 회상했다.

> 주변에 널려 있는 물건은 무엇이든 내가 직접 만들 수 있다는 생각이 들었다. 그래서 스스로 어떤 물건을 만든다는 게 더 이상 신기한 일이 아니었다. 무슨 말이냐 하면, 이런 거다. 예를 들어 텔레비전이 한 대 있으면 나는 이런 생각을 한다. '텔레비전을 만들어본 적이 없지만, 만들 수 있을 것 같다. 히스키트 카탈로그에 나와 있고, 또 나는 히스키트 제품을 두 개나 이미 만들어봤으니까 텔레비전이라고 못 만들 것도 없잖아'라고. 사실 그런 물건들은 사람이 만들어낸 것이지 어떤 마법의 힘으로 우리 주변에 있는 게 아니라는 사실이 점점 분명해졌다. ……히스키트 제품은 나에게 엄청난 자신감을 심어주었다. 아무리 복잡하게 보이는 것도 탐구하고 학습하면 얼마든지 이해할 수 있다는 자신감이었다.[29]

잡스는 자신이 다니는 초등학교가 끔찍할 정도로 싫었다.[30] 베이 에어리어의 기준으로 보자면 거친 환경에 사는 아이들이 다니는 학교였고, 무질서와 난폭한 행위, 온갖 말썽이 넘치는 학교였다. 어느 날 잡스는 부모에게 다른 학교에 보내주지 않으면 학교에 다니지 않겠다고 말했다. 부모는 아들이 괜히 해보는 소리가 아니라는 걸 알고 다시 이사를 했다. 이번에는 몇 킬로미터 떨어진 로스알토스라는 마을이었다. 쿠퍼티노 학구 소속이었고, 괜찮은 공립학교들이 여러 개 있었다.

홈스테드 고등학교 1학년 때 잡스는 전자공학-1 수업에 등록했다. 어느 날 저녁 잡스는 학급 프로젝트에 필요한 부품 몇 가지를 마련하려고 휴렛팩커드의 공동설립자인 빌 휴렛의 집으로 전화를 해서 휴렛팩커드가 그 부품들을 줄 수 있는지 물었다. 잡스는 그 부품들을 구할 수 있었고, 여름방학 때는 휴렛팩커드 조립 라인에 서서 아르바이트를 했다.[31]

3학년이 되기 전 여름방학 때 잡스의 학교 친구 빌 페르난데스Bill Fernandez가 자기 이웃에 살던 사람을 잡스에게 소개해주었다. 그의 이름이 스티브 워즈니악Steve Wozniak이었고, 보통 '워즈'라고 불렸다. 페르난데스는 자기와 워즈니악은 '전자공학 단짝'으로 온갖 일들을 함께 벌이고 해결했다고 당시를 회상했다.[32]

두 사람은 워즈니악이 설계한 컴퓨터를 함께 만들기 시작해서 막 완성했고, 페르난데스는 잡스를 불러 보여주었다. 페르난데스는 잡스와 워즈니악이 둘 다 전자공학에 관심이 많기 때문에 서로 죽이 잘 맞을 거라고 생각했던 것이다. 잡스는 전자공학에 대해서는 모르는 게 없다고 늘 자랑해왔지만, 워즈니악을 보자 꼬리를 내렸다. 스무 살의 워즈니악이 가지고 있는 실력은 자기와는 차원이 달랐다.

두 사람은 친구가 되었다. 아버지가 록히드 사의 기술자였던 워즈니악은 독학으로 컴퓨터 설계를 배웠다. 그는 콜로라도 대학교와 드 안자 커뮤니티 칼리지에서 전자공학을 여러 학기에 걸쳐 공부했었다. 고등학교에 다닐 때는 전자공학과 관련한 수업은 하나도 빼놓지 않고 죄다 들었다. 하지만 그가 받은 진짜 교육은 디지털 이큅먼트와 데이터 제너럴에서 나온 미니컴퓨터들의 전기 배선도와 전자회로 설명서들을 읽는 것, 그리고 자신이 설계한 대로 직접 만들어보는 것이었다.

그해 가을에 워즈니악은 잡지 〈에스콰이어〉에 실린 괴짜들에 관한 기사를 읽었다. 세계 어디에 있든 간에 전화 시스템을 통제하는 방식을 복제하여 공짜 전화를 쓰는 사람들의 이야기였다. 전화 독점회사인 AT&T가 어리석게도 자사의 기술 관련 잡지에 기사를 쓰면서 공짜 전화를 쓰는 데 필요한 주파수들을 공개했고, 그 정보가 전국의 도서관으로 쫙 퍼지고 말았던 것이다. 그래서 전화를 무제한 공짜로 쓸 수 있는 불법적인 '블루박스' 장비를 개발하는 시도가 전국에서 이루어졌다. 많은 사람들에게 그 일은 돈이 달린 문제이기도 했거니와 동시에 명성이 달린 문제였다. 이 괴짜들 가운데 한 사람은 〈에스콰이어〉에서 다음과 같이 말했다.

"엄청난 거 아닙니까? 전화 시스템에 구멍이 나 있다 이겁니다. 사람들이 마치 이상한 나라의 앨리스처럼 이 구멍들로 미끄러져 들어가고, 실제로는 아무것도 하지 않으면서 뭔가 중요한 일을 하는 척합니다. 혹은 자기가 하고 있다고 생각하는 게 적어도 자기는 아니라는 겁니다. 루이스 캐럴*의 세상입니다."[33]

* 《이상한 나라의 앨리스》의 저자

워즈니악은 그 기사를 다 읽기도 전에 잔뜩 흥분하여 잡스에게 전화를 했다. 그때까지 두 사람은 전화 시스템에 대해서는 관심이 없었지만, 도전해보고 싶은 마음을 억누를 수 없었다.

다음 날 두 사람은 스탠퍼드 리니어 액셀러레이터 센터 도서관에서 그 주파수들을 찾아냈고, 작업에 착수했다. 처음에는 여러 가지 발진 회로를 탑재한 평범하고 단순한 아날로그 블루박스를 만들려고 시도했다. 하지만 이 회로에서 나타나는 진동들은 불규칙했다. 워즈니악은, 설계하기는 한층 더 어렵지만 사용하기에는 한층 더 쉬운 디지털 블루박스가 해답이라고 결론을 내렸다. 그리고 성공했다.

잡스가 부추긴 끝에 두 사람은 디지털 블루박스를 둘이 함께하는 첫 번째 벤처 사업으로 정하고 버클리 대학교의 남학생 기숙사를 돌면서 이 장비를 팔았다. 워즈니악이 장비의 디자인을 더욱 세련되게 다듬어 사용자는 스위치를 따로 켤 필요도 없이 키패드 버튼만 누르면 저절로 장비가 작동했다. 장비 하나를 만드는 데 들어가는 부품 비용은 약 40달러였지만 150달러에 팔았다. 총 3만 달러 가까운 매출을 올렸다.

당시를 회상하면서 워즈니악은 이렇게 말했다.

"스티브는 돈을 원했죠."[34]

잡스는 1972년에 홈스테드 고등학교를 졸업했다. 블루박스와 관련된 AT&T의 권리에는 그다지 신경 쓰지 않았다. 하지만 체포될지도 모른다는 위험과 두려움은 확실히 마음에 걸렸다. 그래서 고등학교를 졸업한 뒤에는 그 일에서 손을 뗐다. 벤처 사업가로서 그가 맛보았던 최초의 성공은 짜릿했다.

잡스는 그해에 오리건의 포틀랜드에 있는 리드칼리지에 다니던 친구를 만나러 갔는데, 그 대학교의 보헤미안적인 분위기며 태평양을 낀 북부 지역이라는 환경에 매료되었다. 그는 집에 돌아오자마자 부모에게 리드칼리지에 들어가고 싶다고 말했다.[35] 그곳은 학비가 비싼 사립대학이었기에 클라라와 폴은 난처했다. 그들 부부가 17년 전에 스티브를 입양할 때, 대학원생이던 스티브의 생모는 클라라가 대학 교육을 받지 않았고 폴은 고등학교 중퇴자라는 사실을 알고는 아이를 내주려 하지 않았다. 그래서 두 사람은 스티브를 어떻게든 대학 교육까지 시키겠다고 약속했다. 그러고 나서야 스티브를 입양할 수 있었다.[36]

폴과 클라라는 가난한 하층민 신세에서 벗어난 적이 없었다. 그래서 잡스더러 규모도 작고 학비도 비싼 그 사립학교에 꼭 들어가야겠느냐고 말렸지만, 잡스는 고집을 꺾지 않았다. 리드칼리지가 아니면 차라리 대학에 가지 않겠다고 했다. 결국 어쩔 수 없이 부모는 그해 가을에 아들을 리드칼리지의 기숙사에 보냈다.

리드칼리지는 학문적인 성취를 중요시하는 학교였다. 잡스는 학문 중심의 커리큘럼이 마음에 들지 않았다. 결국 1972년 말에 자퇴서를 던지고 나왔다. 잡스는 나중에 이때의 경험을 다음과 같이 회상했다.

"딱 여섯 달 만에 계속 다녀야 할 가치가 없다는 걸 알았습니다. 무슨 일을 하면서 살고 싶은지 나는 전혀 몰랐습니다. 그걸 깨우치는 데 대학이 나에게 어떻게 도움을 줄 수 있을지도 전혀 몰랐죠."[37]

잡스는 2년 동안 포틀랜드에서 리드칼리지의 심리학과에 필요한 전자 장비를 수리하는 일을 하면서 살았다. 1974년에는 부모가 사는 실리콘밸리의 집으로 돌아갔다. 더 돈이 되는 일을 찾아서 돈을 모은 뒤에 대학에서 사귄 친구와 함께 인도 여행을 가기 위해서였다. 그리고 오늘날의 〈산호세 머큐리 뉴스〉와 같은 매체의 광고를 보고 비디오게임 회사인

아타리에서 기술직 일자리를 찾았다. 한 시간에 5달러짜리 일이었다.[38]

아타리는 설립된 지 2년 된 신생 회사였다. 잡스는 직급이 낮았음에도 불구하고, 아타리의 기술자들에게 그들이 얼마나 형편없는 얼간이들이고, 그들이 작업한 설계 내용이 얼마나 엉터리인지 시도 때도 없이 지적질을 했다. 게다가 그는 위생 관념이 엉망이었다(포틀랜드에 있을 때 잡스는 생과일 위주의 채식을 하면 굳이 따로 목욕을 할 필요가 없다고 확신했다). 결국 그의 상급자는 그를 혼자서 일할 수 있는 야간 근무조에 배치했다.

다음 해에 잡스는 아타리에서 나와 인도로 갔고(이때 잡스는 회사를 설득해서 독일까지의 비행기 요금을 보조받았다), 오리건의 유진에 가서 프라이멀 스크림primal-scream 요법*을 받았으며, 다시 아타리에 복귀해서 얼마 동안 근무하다가, 공동체 형태의 사과 농장으로 갔다가, 마지막으로 다시 아타리로 돌아왔다.

* 유아기의 외상을 다시 체험하며 신경증을 치료하는 정신요법.

잡스가 베이 에어리어로 돌아올 무렵 그 지역은 문화혁명의 중심지로 막 자리매김을 하고 있었다. 이것은 1960년대 중반에 베이 에어리어에 활기를 불어넣었던 것만큼이나 의미 있는 혁명이었다. 1975년에는 미국에서 공통점이라고는 전혀 찾아볼 수 없는 여러 지역에서 그 혁명의 조짐들이 나타나고 있었다.

앨버커키에서는 MITS라는 계산기 회사가 개인용 컴퓨터인 알테어 8800을 397달러에 팔고 있었다. 장난감보다 조금 나은 정도로밖에 여겨지지 않던, 최초의 값싼 개인용 컴퓨터였다. 같은 도시에 있던 침대 두 개짜리 아파트에서는 하버드 대학교 학부생 세 명, 즉 빌 게이츠, 폴 앨런, 몬티 데이비도프가 이 컴퓨터에 탑재할 베이직 프로그래밍 언어와 씨름을 하고 있었다. 뉴햄프셔의 피터버러는 새로운 광택지 잡지 〈바이트*BYTE*〉가 선을 보인 곳인데, 이 잡지는 개인용 컴퓨터를 취미로 다루는 사람들의 전위적인 움직임에 찬사를 보냈다. 창간호에서 편집장 칼 헬머스는 이런 질문을 던졌다.

"갑부가 아니라 하더라도 누구나 개인용 컴퓨터를 가질 수 있다면 정말 죽이는 일이 아니겠습니까?"[39]

잡스 주변에서도 변화가 일어났다. 소형 컴퓨터를 매개로 한 클럽이 2주에 한 번씩 모임을 가졌다. 처음에는 회원 가운데 한 사람의 차고에서 모였지만 나중에는 사립학교에서, 참가자가 더욱 늘어나면서 마지막에는 스탠퍼드 리니어 액셀러레이터 센터의 강당에서 모임을 가졌다.

이 클럽의 이름은 홈브루Homebrew 컴퓨터 클럽이었다. 워즈니악은 잡스보다 먼저 이 클럽에 가입했다. 참가자들은 새로운 어떤 장치나 흥미로운 소프트웨어를 만든 사람들의 이야기에 귀를 기울였다. 정규 프로그램이 끝나면 사람들은 서로 회로도나 불법 다운로드를 한 소프트웨어를 교환하고, 질문이 오갔다. 워즈니악은 다음과 같이 회상한다.

"그 클럽의 모토는 '다른 사람을 돕기 위해 자기 것을 내주어라'였습니다."[40]

거기에서 워즈니악과 잡스는 새로운 세대의 프로세서인 인텔 8080과 모토로라 6800에 대해서 배웠다. 그 클럽에 참가하면서 워즈니악은 프로세서 칩에 관련된 장치들을 독자적으로 설계하고 싶다는 자극을 받았고, 가격이 좀 더 싼 MOS 테크놀로지 MC6502를 발견했다. 그의 컴퓨터는 MITS에서 나오는 컴퓨터나 그 밖의 다른 작은 회사들에서 생산되는 컴퓨터와는 근본적으로 다를 터였다.

아타리나 그 경쟁업체들은 전면 패널에 스위치와 점멸등을 달고 있었다. 그런데 뭔가 유용한 작업을 하려면 반드시 인터페이스 보드를 사서 컴퓨터와 텔레타이프Teletype*를 연결해야 했다. 워즈니악은 이런 불편함을 해소하기 위해서 키보드와 비디오모니터(혹은 텔레비전)를 연결하는 컴퓨터를 설계했다. 이렇게 하면 추가적인 인터페이스 보드도 필요 없고, 느리고 소음이 심한 텔레타이프도 필요 없게 된다.

* 전신 신호를 송신하여 이를 자동적으로 문자로 번역하여 인쇄하거나 천공테이프에 기록하는 기계의 상표명.

워즈니악은 이와 관련된 회로도를 클럽 회원들과 자유롭게 공유했다. 심지어 다른 사람의 집에 가서 그 사람만의 컴퓨터를 만들어주기도 했다. 그에 대한 보상은 클럽 회원들에게서 받는 존경심이 전부였다.

하지만 잡스는 단순한 존경심에 만족하지 않았다. 그는 아타리의 창업자인 놀란 부쉬넬을 우상화할 정도였다. 워즈니악은 당시의 잡스를 이렇게 회상한다.

"놀란은 스티브의 우상이었습니다. 스티브는 성공적인 제품을 가지길 바랐습니다. 그리고 이 제품을 밖으로 가지고 나가 팔아서 돈을 벌고 싶어했습니다."[41]

디지털 블루박스에 대해서도 그랬듯이 잡스는 워즈니악을 붙들고 컴퓨터는 반드시 상품이 되어야 한다고 설득했다. 사과 농장에서 일을 할 때를 떠올렸는지 아니면 생과일 중심의 식단을 떠올렸는지, 어쨌든 잡스는 그들이 만들 컴퓨터 및 회사의 이름을 '애플Apple'로 하자고 제안했다.

전문가용 인쇄 회로판을 설계할 돈을 마련하기 위해서 잡스는 폴크스바겐 마이크로버스를 팔았고, 워즈니악은 휴렛팩커드 계산기 두 대를 팔았다. 두 사람은 1976년 중반에 홈브루 컴퓨터 클럽에서 애플-1을 처음 선보였다. 초기의 컴퓨터 소매상이었던 폴 테렐Paul Terrell도 그 자리에 있었는데, 그는 잡스에게 그 제품이 마음에 든다면서 자주 보자고 했다. 하지만 그건 빈말에 가까웠고 확실하게 어떤 언질을 주는 약속은 아니었다.[42]

다음 날 잡스는 마운틴뷰에 있는 테렐의 상점 바이트숍에 나타났다. 그리고 이렇게 말했다.

"자주 보자면서요."

덥수룩한 수염과 무릎 위를 잘라내어 올이 풀린 청바지 그리고 양말을 신지 않은 발에도 불구하고 잡스의 말은 사람의 마음을 사로잡는 힘이 있었다. 잡스가 가게를 떠날 때 테렐은 애플-1 완제품 50대를 구입하겠다고 약속했다. 다음 한 달 동안 워즈니악과 잡스는 주문량을 맞추었고, 잡스는 이 컴퓨터의 소비자 가격을 산출했다. 재료비의 두 배에다 소매상의 마진 30퍼센트를 합쳐서 산출된 가격은 666.66달러였다.

애플-1은 겨우 200대밖에 팔리지 않았다. 하지만 그것은 컴퓨터 제국의 출발점일 뿐이었다. 이 회사는 4년 6개월 뒤인 1980년 12월에 기업 공개를 했는데, 1956년의 포드 모터 컴퍼니 이후로 가장 큰 규모였다.[43] 잡스가 아직도 20대였던 1982년에 애플의 성장이 얼마나 빠르고 눈부셨던지, 1980년에는 로널드 레이건, 1981년에는 레흐

바웬사를 '올해의 인물'로 선정했던 〈타임〉이 1982년에는 잡스를 선정할 계획까지 세웠다.[44]● 하지만 마지막 순간에 편집자들은 잡스 대신 '컴퓨터'를 선정했다. 단일 제품만 생산하고 있는 회사의 인물을 선정하는 게 너무 위험하다고 결론을 내렸기 때문이다.

애플-1의 디자인은 전적으로 워즈니악의 손에서 이루어졌다. 하지만 그 뒤에 출시되는 제품들은 달랐다. 특히 애플-2(1977년)와 레이저라이터LaserWriter(1985년) 그리고 매킨토시에서 잡스는 애플의 최고 기술력과 결합한 그의 독특한 컴퓨터 철학이라는 흔적을 남겼다. 컴퓨터 사업가들 가운데 잡스는 특히 대중주의자였다. 애플의 제품 가격이 싸다는 뜻이 아니다(사실 이런 경우는 거의 없었다). 컴퓨터의 높은 이상을 일반 대중에게 가깝게 끌어내리겠다는 야심을 가졌다는 점에서 그는 대중주의자였다.

스티브 잡스의 공식이라는 게 있다면 바로 그것이다. 애플-2는 애플-1을 출발점으로 삼아 거기에 컬러 그래픽과 일반적인 설비 제품과 같은 느낌을 보탰다. 애플-1은 키보드와 전원 공급, 케이스를 추가해야 했지만, 애플-2는 비디오스크린에 연결해서 켜기만 하면 되었다. 애플-2는 누구나 쉽게 접근할 수 있는 형태로 바뀌었다. 바로 이런

● 점점 높아지는 잡스의 명성은 잠깐이긴 했지만 위기를 맞았다. 예전에 사귀었던 여자친구가 1978년에 딸을 낳은 뒤에 상당한 금액의 양육비를 요구했던 것이다. 혈액 검사 결과 잡스가 아버지일 확률이 94퍼센트라고 나왔음에도 불구하고, 잡스는 2년 동안 아이의 아버지임을 인정하지 않았다. 잡스와 그 여자친구를 다 아는 친구들은 잡스가 왜 그토록 완강하게 부인하는지 도무지 이해할 수 없었다. 이를 두고 워즈니악은, 여자친구가 아기를 가지겠다고 했을 때 잡스는 분명히 반대했으며, 또 그런 상황을 통제하지 못했다는 자책감에 시달렸기 때문이라고 해석했다. 1980년, 잡스는 양육비로 한 달에 385달러를 지급하고 아울러 아기의 어머니가 파출부와 식당 종업원으로 일할 때 지원받았던 공적 보조금을 산마테오카운티에 상환하기로 약속함으로써 그 문제를 매듭지었다.[45]

점에서 한층 더 인류 평등주의적이었다(실제로 기능과 접근성이 결합된 이 컴퓨터는 학교 교실에서 표준이 되었다). 매킨토시에 이르면 잡스는 최첨단의 제록스 팰러앨토 연구센터의 영향을 받은 그래픽 인터페이스를 패키지 내용의 주된 요소로 삼았다.

레이저라이터는 처음 출시되었을 때 6,995달러의 고가였음에도 불구하고, 복잡한 레이아웃 작업 및 식자 작업을 하기 위한 컴퓨터 언어인 포스트스크립트를 일반화했다는 점에서 큰 의미가 있다. 존 워녹과 찰스 게슈케Charles Geschke는 어도비시스템스를 세우고 포스트스크립트를 개발하면서 1인치당 1,200도트 프린터를 갖춘 특허 컴퓨터 시스템에서만 사용하도록 할 계획이었다. 하지만 잡스의 설득으로 포스트스크립트를 좀 더 가격이 낮은 1인치당 300도트 프린터, 예를 들면 레이저라이터와 같은 프린터를 사용할 수 있도록 만들었다. 매킨토시와 레이저라이트는 데스크톱 출판의 기초가 되었는데, 이로써 전문적인 레이아웃 작업 및 식자 작업을 일반 컴퓨터 사용자들도 할 수 있게 되었다.[46]

잡스가 첨단기술을 일반적인 주류 사용자들이 사용할 수 있게 함으로써 애플의 재정 상태는 확실히 좋아졌다. 그러나 잡스는 단지 상업적인 의도만 가지고 있었던 게 아니다. 그는 홈브루 컴퓨터 클럽과 베이 에어리어의 몇몇 기관들을 통해서 전파되고 있던 컴퓨터에 대한 새로운 반문화적 관점을 흡수하고 있었다. 수염을 말끔하게 깎고, 무릎 아래를 잘라낸 청바지를 벗어던지고 나비넥타이를 맸지만, 잡스는 여전히 이 철학적인 변화를 둘러싼 흥분과 교감하고 있었다.

이와 관련해서 잡스는 1984년에 어떤 인터뷰에서 다음과 같이 말했다.

"당신이 컴퓨터 사업에 종사하는 사람들 몇몇을 상대로 이야기를 나눠보면 아시겠지만, 그 사람들은 지난 수백 년간의 철학적 전통과 1960년대의 사회학적 전통을 아주 잘 알고 있을 겁니다. 지금 무언가가 진행되고 있습니다. 무언가가 진행되면서 세상을 바꾸고 있습니다. 진원지는 바로 여기입니다."[47]

또 새로운 현상이 일어났다. 컴퓨터가 권위주의를 강화하는 도구가 될 수도 있지만, 소형 컴퓨터가 개인 해방의 도구가 될 수 있다는 생각이 반골 성향이 강한 사람들 사이에 퍼지기 시작한 것이다. 멘로파크에서 발행되는 〈인민 컴퓨터 회사*People's Computer Company*〉라는 기발하고 특이한 타블로이드판 신문은, 베이직 언어로 만든 여러 게임들의 화면 및 용 그림 사이에 '컴퓨터의 힘을 인민에게'라는 메시지도 함께 전했다.

1974년에는 테드 넬슨이 개인용 컴퓨터를 권유하는 책 《컴퓨터 해방 운동 : 당신은 지금 당장 컴퓨터를 이해할 수 있고 또 그렇게 해야 한다*Computer Lib : You Can and Must Understand Computers Now*》와 컴퓨터 그래픽의 잠재적인 힘을 역설하는 책 《꿈의 기계 : 컴퓨터 스크린을 통한 새로운 자유*Dream Machines : New Freedoms Through Computer Screens*》를 하나의 표지로 묶어 자비로 출판했는데, 수천 부가 팔렸다.《컴퓨터 해방 운동》의 표지에는 주먹, 시위를 하는 사람의 주먹처럼 꽉 움켜쥔 주먹 하나만이 장식되어 있다. 표지를 넘기면 "컴퓨터는 모든 인류의 소유물이다"라는 글귀가 독자를 기다린다.

잡스는 이런 가치들을 신봉했으며, 자신이 이런 믿음을 가지고 있다는 사실을 틈만 나면 드러냈다. 애플이라는 회사는 세상을 바꾸고 싶은 사람들을 위한 공간이라는 말을 지치지도 않고 반복했다. 이와 관련해서 페르난데스는 다음과 같이 회상한다.

"애플이 주식회사로 될 때 그리고 내가 (어슬렁거리거나 전자공학과 관련해서 어떤 시도를 하려는 게 아니라) 일을 하러 잡스의 집으로 갈 때, 회사 공기 속에서 어떤 마법의 느낌이 떠도는 것을 뚜렷이 느낄 수 있었다."[48]

그 느낌은 그 집단이 가지고 있는 믿음, 즉 '권력을 인민에게', 다시 말해 컴퓨터가 지닌 힘을 모든 사람들에게 쥐여주고자 하는 믿음에서 비롯된 것이라고 페르난데스는 말했다.

워즈니악도 나중에 진실한 목소리로 이렇게 썼다.

"우리가 처음 만들었던 컴퓨터들은 탐욕이나 이기심에서 태어나지 않았다. 평범한 사람들이 가장 강력한 제도와 기관 위에 우뚝 설 수 있게 도와주고자 하는 혁명적인 정신 속에서 태어났다."[49]

이런 철학이 가장 선명하게 드러난 사례는 아마도 애플의 유명한 텔레비전 광고 '1984년'에서 찾아볼 수 있지 않을까 싶다. 잡스가 픽사를 인수하기 2여 년 전이었던 1984년 슈퍼볼선데이*에 방송된 광고였다. 거대한 화면에 비친 빅 브라더**를 멍한 얼굴로 바라보는 사람들이 있다. 바다처럼 운집한 수많은 사람들이 빅 브라더만 바라본다. 이때 근육질의 여성이 방 뒤편에서 나타나서 커다란 망치를 빅 브라더의 얼굴을 채운 스크린을 향해 던져버린다. 광고의

* 슈퍼볼 경기가 열리는 11월 마지막 일요일.

** 조지 오웰의 소설《1984년》에 나오는 가공의 인물로 전체주의 국가를 통치하는 독재자.

마지막에서 "1984년이 《1984년》처럼 되지 않을 이유"는 매킨토시가 될 것이라고 약속한다.

잡스는 픽사를 사들인 뒤에 역사는 반복될 것임을 낙관했다. 그래픽 컴퓨터는 소수의 초기 사용자들 손에 다시 들어갈 것이며, 이들이 거대한 주류 시장 속에서 새로운 길을 개척할 것이라고 말이다. 잡스는 〈비즈니스 위크〉에서 다음과 같이 말했다.

"이 모든 상황은 1978년에 개인용 컴퓨터 산업이 놓였던 상황과 아주 흡사합니다."[50]

새로 만든 회사에서 에드 캣멀과 앨비 레이 스미스는 예전보다 한층 더 현실적으로 판단하고 행동해야 했다. 픽사 이미지 컴퓨터는 분명 훌륭한 장비였다. 그러나 그것은 뚝딱하고 부자로 만들어줄 수 있는 도깨비 방망이가 아니었다. 두 사람은 잡스의 의지와 기백이 너무 앞서간 나머지 현실을 훌쩍 넘어서버렸음을 깨달았다. 나중에 스미스는 당시를 다음과 같이 회상했다.

"우리는 컴퓨터 그래픽이 모든 것을 바꾼다고 생각했다. 하지만 거기까지 가려면 아직도 길은 멀었다."[51]

캣멀과 스미스는 난생처음으로 기업의 수익을 책임져야 하는 입장에 놓였다. 그들은 컴퓨터 그래픽 분야의 최고 인력을 안전하게 보호할 수 있을 만큼 충분한 수익을 창출해야 하는 문제를 고민하기 시작했다.

05 픽사주식회사의 탄생

컴퓨터 그래픽 팀은 1986년 초에 루카스필름과 결별한 뒤에도 겉으로는 별다른 변화가 없는 듯 보였다. 사무실은 여전히 산라파엘의 커너가에 있는 인더스트리얼 라이트 앤드 매직ILM의 다섯 개 건물 가운데 하나에, 조지 루카스의 특수효과 팀과 나란히 붙어 있었다. 루카스의 광적인 팬들이 난입하는 것을 막기 위해서 그 수수한 흰색 건물들은 A부터 E에 이르는 문자로만 표시되어 있었다.

예외가 있다면 C동의 정문에는 '커너 광학연구소'라는 가짜 간판이 걸려 있었다. 이 건물들 뒤편에 있는 주차장에서 픽사의 직원들은 ILM의 카메라가 돌아가는 가운데 특수효과 팀의 미니어처가 화염에 싸이거나 폭파되는 장면을 심심찮게 구경할 수 있었다.

잡스는 픽사의 손오공 프로젝트를 곧바로 끝내버렸다. 잡스의 픽사는 하드웨어 회사였던 것이다. 캣멀과 스미스는 장편영화를 제작하기에는 비용이라는 측면에서 아직은 시기상조임을 절감했다. 스미스 역시 자신과 손잡고 영화 제작을 후원하는 쇼가쿠칸으로부터 자기 직원들을 보호해야겠다고 생각했다. 또한 그는 엄청난 규모로 불어나는 비용 때문에 위험을 무릅쓰고 사업을 시작한 쇼가쿠칸의 상속자에게 체면을 잃을지도 모른다는 걱정을 했다. 한편 잡스는 픽사의 일에는 거의 간섭하지 않았다. 또 다른 벤처 사업체인 넥스트에 몰두해 있었기 때문이다.

캣멀과 스미스는 신생 기업이라고 할 수 있는 픽사의 경영자라는 새로운 역할에 충실하려고 애를 썼다. 두 사람은 〈주식회사*Inc.*〉에 기고를 하고, 《싸게 사서 비싸게 팔고, 받을 건 일찍 받고, 돈은 천천히 줘라*Buy Low, Sell High, Collect Early & Pay Late*》와 같은 입문서를 포함하여 경영학 서적을 여러 권 샀다. 뉴욕 공과대학 때 동료였던 짐 클라크에게 전화를 걸어서 자문을 구하기도 했다. 클라크는 실리콘그래픽스라는 컴퓨터 회사를 세워 기업가로 성공한 인물이었다. 그는 다음과 같이 모호하게 말했다.

"별로 어려울 거 없어. 1년만 지나면 다 알게 될 거야."[1]

비록 새로운 회사는 '픽사주식회사'라는 이름으로 시작했지만 캣멀과 스미스는 '주식회사'라는 말을 굳이 할 필요가 없다는 사실을 깨닫고 그 단어를 빼버렸다. '픽사' 하나만 있을 때 훨씬 강력하고 단순해 보였기 때문이다. 픽사 애니메이션 스튜디오는 이름이나 실질적인 내용 모두 아직은 먼 미래의 일이었다.

두 사람은 루카스필름에서 그리고 뉴욕 공과대학에 있을 때도 수많은 사람들을 거느렸다. 그러나 직원을 고용하는 일은 경영자로서 해야 하는 새로운 과제였고 또 쉽지 않은 과제였다. 그래픽 전문가를 고용하는 일은 오히려 쉬웠다. 지원자의 재능을 측정할 줄 알았고, 누가 좋은 사람인지 쉽게 판단할 수 있었기 때문이다. 그러나 재무나 마케팅 분야에서 일할 직원을 뽑을 때는 헤드헌터들에게 의존하고, 그저 좋은 결과가 있기를 기도하는 수밖에 없었다.

픽사의 분리 매각 당시에 픽사 이미지 컴퓨터는 활동 영역이 넓지 않았다. 잡스는 캣멀과 스미스에게 제조업에 대해서 조언을 했다. 그러나 두 사람에게는 쓸모 없는 조언이었다. 왜냐하면 그 조언은 한꺼번에 수십만 대씩 팔리는 대규모 시장을 상대로 하는 제품에서 나온 것이기 때문이다.

캣멀과 스미스는 컴퓨터 생산을 감독하기 위해서 생산 및 기술 부문 부사장으로 척 콜스태드Chuck Kolstad를 고용했다. 39세의 콜스태드는 MBA 출신으로 이전에는 전화 설비 회사인 롬에서 생산 담당 이사로 근무했던 인물이었다. 픽사 사람들은 대부분 학문적 성향이 강했지만, 콜스태드는 이들과 비교하면 독창성이 없다고 할 정도로 보수적이고 사업가적 기질이 넘쳤다. 그는 픽사의 분위기가 대학교의 분위기와 별로 다르지 않다는 걸 깨달았다. 예전에 몸담았던 회사들과는 비교할 수도 없었다. 심지어 당시 실리콘밸리의 기준으로 본다 하더라도 픽사의 직원들은 돈보다는 연구 활동 그 자체에 더 관심을 가지고 있었다. 콜스태드는 당시를 회상하면서 다음과 같이 말했다.

"나는 그 사람들에게 각자 가지고 있는 수표를 현금으로 교환해야 한다는 사실을 일러줘야만 했습니다. 그들은 그런 사람들이었습니다."

1986년 중반, 픽사 이미지 컴퓨터가 조립 공장에서 생산되기 시작했다. 존 래스터는 이 제품의 전면 패널 디자인을 정사각형으로 하고 한가운데를 보조개처럼 움푹 들어가게 한 다음 거기에 회사의 로고를 넣었다. 케이스는 회색의 금속제였다(이 픽사 이미지 컴퓨터는 이미지를 분석하고 이미지의 질을 높이는 데는 슈퍼컴퓨터에 버금가는 성능을 가졌다. 그러나 처음에 판매가 폭발적으로 이루어지다가 그걸로 끝이었다. 구매자 층이 엷었던 것이다).

이론적으로만 보자면 이 컴퓨터를 기다리고 있는 시장은 상당히 컸다. 대용량 이미지를 처리할 수 있는 이 컴퓨터의 잠재 고객은 돈을 많이 가지고 있는 곳이었다. 방사선 분야, 과학 연구소, 석유 탐사 분야, 특히 국방 분야 등이 그랬다. 제품 출시 초기에 필립스 일렉트로닉스에서 한꺼번에 12대를 주문하는 등 주문이 쇄도할 때 잡스는 뿌듯했다. 픽사 이미지 컴퓨터는 빠르게 주요 대학교로 파고들었다. 8월경에 픽사는 필립스와 재구매 계약을 맺었으며, 컴퓨터 제조사인 스페리 및 심볼릭스와도 계약을 맺었다. 콜스태드는 다음과 같이 회상한다.

"스티브는 우리가 곧 전 세계를 픽사 이미지 컴퓨터로 채울 것이라고 내다봤죠."

하지만 이들에게는 처음부터 먹구름이 끼어 있었다. 소비자들은 12만 5,000달러나 주고 이 컴퓨터를 샀지만, 선마이크로시스템스에서 만든 값비싼 워크스테이션을 따로 구입해야 했다. 픽사 이미지 컴퓨터에는 유저 인터페이스가 부족했기 때문이다. 이 컴퓨터에 맞는 소프트웨어도 부족했다. 그래서 이 컴퓨터를 구입한 고객은 소프트웨어 개발자들이 프로그램을 개발할 때까지 기다리거나 아니면 스스로 그런 프로그램을 만들어야 했다. 이와 관련해서 컴퓨터 잡지인 〈컴퓨터 그래픽스 월드〉는 다음과 같은 질문을 던졌다.

"과연 누가 호스트 컴퓨터를 필요로 하며, 소프트웨어 개발 도구들은 있지만 응용 소프트웨어는 없는 12만 5,000달러짜리 이미지 프로세서를 사겠는가?"[2]

안 되는 쪽으로만 생각하는 편협한 사람은 잡스에게 필요 없었다. 가격도 싸고 쉽게 접근할 수 있는 더 좋은 컴퓨터를 제공하기만 하면, 사람들은 인간이 가지고 있는 발명의 재주를 마음껏 발휘할 것이며, 결국 무한한 효용을 거둘 수 있다는 사실을 잡스는 경험적으로 알고 있었다. 그와 워즈니악이 1977년에 애플-2를 내놓을 때만 하더라도 이 세상 어느 누구도 전자 스프레드시트라는 걸 생각도 못하지 않았던가. 하지만 그로부터 채 2년도 안 돼 (하버드 대학교의 1학년 MBA 학생과 그의 친구인 프로그래머가 골방에서 개발한) 비지칼크VisiCalc라는 스프레드시트 프로그램이 나왔고, 이 프로그램은 애플-2의 매출을 끌어올리는 강력한 견인차 가운데 하나로 작용했다.

픽사 이미지 컴퓨터는 애플-2와 같은 소비자 제품은 아니었지만 원리는 동일했다. 이와 관련해서 잡스는 몇 년 뒤의 인터뷰에서 다음과 같이 말했다.

"사람은 천성적으로 창조적입니다. 사람들은 어떤 도구를 쓰든 간에, 그 도구를 만든 사람들이 상상도 하지 못했던 방식으로 그 도구를 이용합니다."[3]

잡스는 캣멀과 스미스에게 미국 전역에 픽사 이미지 컴퓨터 매장을 열라고 지시했다.

잡스는 래스터를 필두로 해서 파트타임으로 일하는 여러

명의 그래픽 전문가들로 구성된 픽사의 소규모 애니메이션 부서가 수익을 창출할 것이라고는 기대하지 않았다. 그러나 캣멀과 스미스는 시그래프 총회에서 〈앙드레와 월리 비와의 아침 식탁〉과 같은 작품이 더 많이 상영될수록 픽사의 컴퓨터 주문도 늘어날 것이라는 논리로 이 부서의 존재 이유를 정당화했다.

루카스필름에 소속되어 있던 마지막 해인 1년 전에는 시그래프에서 영화를 선보이지 않았다. 〈피라미드의 공포〉에 들어갔던 스테인드글라스 속의 기사 시퀀스가 유일한 성과물이었다. 캣멀은 픽사가 독립을 하고 처음 맞는 1986년 8월의 시그래프 총회에서 영화를 선보여야 한다고 판단했다(1985년의 시그래프 총회에서 선보인 영화들 가운데서 래스터는 특히 몬트리올 대학교에 소속된 집단이 만든 〈토니 드 펠트리Tony de Peltrie〉라는 캐릭터 애니메이션을 높이 평가했다. 인간의 캐릭터를 인상적으로 구현한 이 애니메이션의 주인공은 더 나은 날들을 꿈꾸면서 피아노를 치는 늙은 피아니스트였다).

새로운 영화는 래스터가 자기 책상에 놓인 룩소 전등을 실험적으로 모델링한 결과에서 나왔다. 어느 날 톰 포터Tom Porter가 갓난 아들을 사무실로 데리고 왔는데, 래스터는 이 아기와 장난을 치다가 아기의 체형 비율에 매료되었고, 그 순간 영감이 떠올랐다.

아기의 머리가 신체의 다른 부분에 비해 매우 크다는 사실을 새삼스럽게 깨달은 래스터는 그렇다면 어린 '전등'은 어떤 모양일지 상상했다. 그는 룩소 전등의 부품들이 가질 수 있는 여러 가지 특성들을 꼽아보았다. 여기에서 전구는 예외였다. 전구는 가게에서 따로 사오는 것이고 성장하지 않는다고 생각했기 때문이다. 마침내 래스터는 두 번째 캐릭터인 룩소 주니어를 탄생시켰다.

래스터는 처음에 〈룩소 주니어〉를 캐릭터 중심으로만 생각하고 구성 같은 건 고려하지 않았다. 그런데 브뤼셀에서 열린 한 애니메이션 페스티벌에서 초기의 테스트용 화면을 사람들에게 보여주었는데, 벨기에의 존경받는 애니메이터 라울 세르베Raul Servais가 다음과 같이 조언했다.

"아무리 짧은 영화라고 하더라도 시작이 있고 전개가 있고 또 결말이 있어야 합니다. 이야기 전개를 놓쳐버리면 안 됩니다."

래스터는 분량이 너무 짧아서 이야기를 담아낼 수 없다고 반박했다. 그러자 세르베는 이렇게 말했다.

"10초짜리 영화에서도 얼마든지 이야기를 담아낼 수 있어요."[4]

래스터는 그의 조언을 받아들여 단순한 구성을 짰다. 두 개의 전등이 잔뜩 팽창한 공을 던지고 받는 게임을 한다. 이때 룩소 주니어가 공에 다가가더니 폴짝 올라탄다. 룩소 주니어는 공을 타고 통통 뛰어다닌다. 그런데 공이 갑자기 펑 소리를 내며 터지고, 룩소 주니어는 시무룩해진다. 이 모습을 부모 전등이 바라본다. 마지막에 룩소 주니어는 다시 활기에 차서 흥분한 모습으로 나타나는데, 예전보다 더 큰 새 공을 가지고 있다. 캣멀과 스미스는 이 프로젝트를 영화의 홍보 가치 외에 렌더링 소프트웨어에서의 '자기 그림자 효과', 즉 렌더링 대상 물체가 스스로 빛과 그림자를 내는 효과를 시험하는 데 의미를 두었다.

예산과 시간이 빠듯했기 때문에 래스터는 영화에서

보여줄 수 있는 여러 요소들을 최소한으로 설정했다. 배경은 평범한 검은색으로 설정했다. 탄성을 자아낼 만한 카메라 움직임은 제외하기로 했다(사실 카메라의 움직임은 전혀 없었다).

래스터는 모든 에너지를 오로지 고전적인 애니메이션 원칙들을 기반으로 한 기법들을 동원해서 등장인물들의 감정을 표현하는 데 집중했다.[5] 비록 등장인물이 얼굴도 없고 말도 하지 않지만, 래스터는 미묘한 감정의 표현을 어린아이가 뜀을 뛰는 속도 및 기쁨이나 슬픔을 느낄 때의 머리 움직임으로 형상화했다. 영화가 진행되는 내내 부모와 아이 모두 어떤 감정들에 끊임없이 사로잡히는 것을 보여주고자 했다.

래스터가 〈룩소 주니어〉 작업을 하는 동안 픽사의 그래픽 전문가 두 명도 자극을 받아서 각자 더 짧은 영화 작업에 들어갔다. 파도가 보여주는 거친 흐름을 재창조하기 위한 알고리듬에 관심을 가지고 있던 빌 리브스는 〈깃발과 파도〉를 만들었다. 이 영화에서 파도는 석양에 반짝이며 해변에 철썩인다. 에벤 오스비Eben Ostby가 만든 〈비치 체어〉에서는 의자가 등장한다. 의자는 모래사장을 가로질러 물가로 다가간다. 그리고 앞다리 둘을 물에 담그고 물이 얼마나 차가운지 시험해보고는 허둥댄다. 리브스와 오스비도 〈룩소 주니어〉 작업에서 모델을 만드는 일과 렌더링 일을 도왔다.

이 세 작품은 댈러스 컨벤션센터 아레나에서 열린 시그래프 총회에서 선을 보였다. 6,000명의 관객은 〈룩소 주니어〉가 획기적인 작품임을 알아보았다. 〈앙드레와 월리 비와의 아침 식탁〉보다 더 사실적인 표정을 보여주었던 것이다(픽사의 마케팅 부서는 이 세 영화에 들어간 프레임 중 픽사 이미지 컴퓨터로 렌더링 작업을 한 것은 한 프레임도 없다는 사실을 일부러 나서서 지적하지는 않았다). 사진과 같은 사실감보다 더 중요한 것은 감정을 생생하게 전달한다는 사실이었다. 〈룩소 주니어〉는 관객들로 하여금 컴퓨터 애니메이션을 보고 있다는 사실을 잊게 해준 최초의 컴퓨터 애니메이션 작품이었다고 할 수 있다.

시사회가 끝난 뒤에 래스터는 짐 블린이 다가오는 것을 보았다(블린은 당시 제트추진연구소로 복귀했다). 래스터는 블린이 그림자 효과 알고리듬이나 난해한 기술적인 문제에 대해서 물어볼 것이라고 예상했다. 하지만 예상은 빗나갔다.

"존, 그런데 그 큰 전등은 엄마야? 아니면 아빠야?"[6]

그 순간 래스터는 자기가 성공했음을 알았다. 디즈니가 그랬듯이 생각과 감정을 캐릭터를 통해 표현하는 데 성공한 것이다(블린의 질문에 래스터가 어떤 대답을 했는지 기억하는 사람은 아무도 없다. 하지만 래스터는 나중에 다른 장소에서 그 부모 전등이 '아빠'라고 했다).[7]

29세의 그 애니메이터는 한 가지에서 월트 디즈니를 넘어섰다. 월트 디즈니는 무생물 대상에 생명을 불어넣는 것은 코믹한 특성을 잠재적으로 부여한다고 보았다. 예컨대 그는 언젠가 이런 발언을 한 적이 있다.

"증기력으로 작동하는 굴착기나 흔들의자와 같은 무생물이 인간의 감정을 드러내도록 할 때 예외 없이 관객의 웃음을 유발한다."[8]

래스터는 학창 시절에 만든 〈숙녀와 램프〉에서 이 코믹한 가치를 추구했다. 하지만 〈룩소 주니어〉는 한 걸음 더 나아간 모습, 즉 천재성이 번뜩이는 래스터의 통찰력을 보여주었다. 코믹한 가치뿐만 아니라 '극적인dramatic 가치'도 얼마든지 가능함을 증명한 것이다. 만일 래스터가 (1930년대부터 1970년대까지 디즈니를 이끌어온 아홉 명의 엘리트 애니메이터와 감독을 일컫는) '나인 올드 멘'의 원칙을 이해하고 적용했다면, 캐릭터들은 자기들이 가지고 있는 여러 가지 감정들로 관객들을 얼마든지 사로잡을 수 있었다. 인간보다 더 인간적인 존재로 비칠 수 있었다.

그해에 픽사가 거둔 또 하나의 의미 있는 성과이자 미래의 결정적인 이정표가 되는 사건은 CAPS(컴퓨터 애니메이션 제작 시스템) 거래를, 최근에 이름을 바꾼 월트 디즈니 컴퍼니와 매듭지은 일이었다. 이 거래가 최종적으로 마무리되기까지는 1년도 넘게 걸렸다. 디즈니는 잉크와 물감으로 처리하던 과정을 컴퓨터로 대체할 것을 진지하게 고려하기 시작했고, 루카스필름에 있던 캣멀과 스미스뿐만 아니라 예전의 경쟁자였던 존 휘트니 주니어와 개리 데모스에게도 손을 내밀었다.

디즈니는 이 두 팀이 전면전의 경쟁을 치를 것을 요구했다. 뉴욕 공과대학에서 알렉스 슈어의 셀 애니메이터들과 함께했던 스미스의 경험은 잊고 있었던 보물임이 판명되었다. 스미스는 길고 자세한 제안서를 썼다. 자기 팀이 컴퓨터 그래픽을 제대로 이해하고 있을 뿐만 아니라 무엇보다도 전통적인 애니메이션의 제작 과정을 잘 알고 있음을 분명하게 피력했다. 마침내 스미스는 승낙을

받았고, 픽사는 루카스필름의 승인 아래 (분리 매각되던 때) 디즈니가 제시한 사업을 따냈다.[9]

협상 과정은 험난했다. 아이스너가 지휘하는 디즈니의 협상단은 전반적으로 공격적이었을 뿐만 아니라, 그 프로젝트의 결과에 따라 디즈니는 예전에 단 한 번도 가보지 않은 길을 갈 수도 있었기 때문이다. 드디어 계약서에 서명이 이루어진 뒤에 로이 E. 디즈니는 디즈니랜드의 뉴올리언스 구역에 숨어 있는 사적인 공간에서 함께 저녁을 먹으면서 캣멀과 스미스를 축하했다.

스미스는 그 프로젝트를 이끌 사람이 필요했고, 이미지 처리 분야의 전문가인 톰 핸Tom Hahn이라는 재능이 넘치는 기술자가 적임자로 꼽혔다. 핸은 컴퓨터 그래픽 팀의 다른 기술자들과 마찬가지로 픽사와 함께 일할 마음이 있다는 말을 해놓은 터였다. 그런데 난처하게도 스미스는 오랜 친구 딕 샤우프에게서 핸을 빼내와야 하는 상황이었다.

샤우프는 12년 전에 제록스의 팰러앨토 연구센터에서 스미스에게 컴퓨터 그래픽의 세계를 처음 소개해주었던 사람이었다. 샤우프는 제록스를 떠난 뒤에 회사를 차려 운영해왔는데 유능한 직원을 잃게 되자 잔뜩 화가 났다. 하지만 픽사를 꺾기 위해 할 수 있는 일은 별로 없었다. 과거의 인연 덕분에 픽사는 여전히 루카스필름과는 가까운 사이였기 때문이다. 스미스는 다음과 같이 회상했다.

"루카스필름과 픽사의 관계가 가지고 있는 매력은 무시할 수 없을 정도로 컸습니다."

이렇게 해서 나온 결과, 즉 핸과 그가 지휘하는 팀이 개발한 시스템은 픽사 이미지 컴퓨터를 사용해서 연필로

그린 캐릭터들을 스캐닝하고, 색칠하고, 스캐닝한 배경 및 다른 이미지들과 합성하고, 그 프레임들을 필름에 기록하는 작업을 했다. 그리고 〈인어공주〉(1989년)의 단 한 장면(트리튼 왕이 에리얼과 그녀의 남편에게 작별인사를 하는 결말 장면)을 가지고 1988년에 첫 번째 테스트를 했다. 디즈니는 크게 만족했고, 곧바로 〈코디와 생쥐 구조대〉(1990년)를 시작으로 모든 장편 애니메이션 작업을 CAPS로 전환했다. 픽사는 디즈니의 반응에 깜짝 놀랐다. 한편 디즈니는 관객들이 컴퓨터가 수작업을 한 영화의 품질을 떨어뜨린다고 생각할지도 모른다고 두려워하면서, CAPS로의 작업 전환을 비밀로 해줄 것을 픽사에 당부했다.

하지만 결과는 정반대였다. CAPS 덕분에 디즈니는 1930년대와 1940년대 황금기의 애니메이션 작품들에 비해 그래픽 수준이 떨어지기는커녕 심지어 더 낫기까지 한 작품들을 만들 수 있었다. 디즈니의 영화 제작자들은 겹쳐서 쌓는 셀에 따라서 색깔들을 설정하지 않아도 되었기 때문에 상당히·여유를 가지고 유연하게 작업할 수 있었다. 전통적인 방법을 따를 때는 여러 겹의 셀을 카메라 아래에 쌓아야 했다. 이때 각각의 셀은 서로 다른 캐릭터들이나 동일한 캐릭터의 각기 다른 신체 부위를 묘사한다(움직이는 모습으로 나타나는 신체 부위들의 셀은 쉽게 넣고 뺄 수 있도록 보통 위쪽에 겹쳐서 쌓는다). 그런데 아무 내용도 담지 않은 빈 셀은 완벽하게 투명하지 않았고, 셀 자체의 색조가 화면에 비쳤다. 그 결과 겹쳐 있는 여러 개의 셀 가운데쯤에 놓인 셀에 칠한 그림자는 맨 위에 놓일 때 그리고 맨 아래에 놓일 때와 다르게 보였다.

그래서 영화에 나타나는 각각의 색깔, 예를 들어

캐릭터의 피부색은 해당 셀이 놓일 위치에 따라 조금씩 다른 음영으로 칠해야 했다. 팔이나 다리 하나 혹은 어떤 캐릭터가 한 층에서 다른 층으로 갈 때마다, 색조를 조금씩 다르게 바꾸어서 칠하는 것이다. 장편영화에서 약 40만 장의 셀이 들어간다고 할 때[10] 색조를 조금씩 바꾸는 추가적인 작업에 따르는 부담은 엄청났다. 애니메이터들은 겹치는 셀의 수를 최대 다섯 장으로 제한했다. 그보다 더 많이 쌓을 경우 맨 아래에 있는 셀의 색조가 흐려지기 때문이다.

그런데 CAPS가 이러한 한계를 완전히 날려버렸다. 프레임에 색칠하는 과정을 디지털화함으로써 여기에 소요되는 노력을 대폭 줄였으며, 애니메이터들에게 셀을 무한하게 쌓을 수 있는 자유를 주었다. 또한 CAPS 덕분에 디지털 특수효과를 비용 부담 없이 쉽게 쓸 수 있게 되었다. 심도의 착시를 불러일으키는 다면 촬영* 도 컴퓨터로 가능해졌다. 노동력이 많이 들고 번잡하기 짝이 없는 다면 촬영 카메라도 이제는 필요 없게 되었다. 〈인어공주〉에는 다면 촬영 장면이 세 군데만 들어갔는데, 순전히 비용 때문이었다.[11] 하지만 5년 뒤에 나온 〈라이온 킹〉에는 다면 촬영 장면이 수백 군데나 들어갔다.

* 본문 97쪽 참조.

픽사의 직원들은 디즈니가 비밀을 지켜달라고 요구한 데 대해서 좌절감을 느꼈다. 돈보다는 명성을 더 바랐던 이들로서는 실망스러운 일이었다. 스미스는 다음과 같이 회상한다.

"우리는 우리 실력을 인정해달라고 호소했죠."

디즈니는 몇 년 뒤에야 고집을 꺾었고, 두 회사의 직원들은 1991년에 CAPS로 아카데미 기술상을 받았다.

CAPS 프로젝트가 효과를 발휘하면서 픽사의 하드웨어 사업은 상승세를 탔다. 수십 대의 픽사 이미지 컴퓨터로 CAPS 소프트웨어를 돌리던 디즈니가 픽사 컴퓨터의 가장 큰 고객이었다. 장기적으로 보면 CAPS는 픽사와 디즈니가 공동으로 애니메이션을 제작하게 해준 씨앗인 셈이었다.

하지만 그 거래를 통해 회사가 수익을 내기에는 터무니없이 모자랐다. 픽사 이미지 컴퓨터의 판매도 초기에 반짝하다가 실망스러운 수준으로 돌아선 지 오래였다. 픽사는 1987년에 확장 용량이 상대적으로 작은 저비용의 픽사 이미지 컴퓨터-2 개발에 들어갔다. 잡스는 이 컴퓨터의 케이스 디자인을 하르트무트 에슬링거의 프로그 디자인Frog Design 회사에 맡겨야 한다고 줄기차게 우겼고, 이 일로 캣멀과 스미스는 무척 피곤했다.[12]

프로그 디자인은 애플-2와 당시 최고 성능을 자랑하는 검은색 컴퓨터 넥스트 큐브를 디자인했으며, 잡스가 절대적으로 신뢰하던 회사였다. 캣멀과 스미스는 디자인을 높이 치긴 했지만, 디자인 비용으로 여섯 자리 숫자의 돈을 지불하는 것은 시장에서 힘겹게 싸우고 있는 회사로서는 감당하기 어렵다고 느꼈다. 결국 디자인은 래스터가 처음 만들었던 보조개가 있는 정사각형 중심으로 가기로 했다.

픽사는 그 제품을 1988년 초에 2만 9,500달러에 내놓았다. 원래 모델의 가격은 당시 4만 9,000달러로 떨어져 있었다. 매출은 부진했다. 픽사는 놀라운 기술을 개발했지만, 세상은 관심이 없었다. 적어도 그렇게 보였다.

신제품 개발 작업이 한창 진행되던 1987년에 픽사 이미지 컴퓨터의 소프트웨어를 책임지고 있던 사람은 생물물리학 박사인 팻 핸러핸이었다. 그는 픽사가 가지고 있는 진짜 소중한 자산은 렌더링 프로그램인 레이즈라고 믿었다. 네 번째 버전인 이 프로그램은 〈앙드레와 월리 비와의 아침 식탁〉과 〈룩소 주니어〉 작업에서 렌더링을 담당함으로써 가치를 높이고 있었다. 핸러핸은 레이즈를 상품화할 기회를 찾아서 사람들을 설득하기 시작했다. 이와 관련해서 그는 다음과 같이 회상한다.

"우리는 당시 아무도 가지고 있지 않은 독창적인 소프트웨어 알고리듬을 가지고 있었습니다. 그것이야말로 픽사의 왕관이라고 생각했습니다. 그랬기 때문에 나는 늘 이렇게 주장했죠. '우리가 확보하고 있는 모든 위대한 생각과 인력을 동원해서 우리가 이미 개발을 완료했으며, 또한 우리의 전문성이 녹아 있는 어떤 것을 팔려고 한다. 그 지점이란 바로 우리의 핵심적인 전문성이다'라고요."

핸러핸은 그 무렵 어도비 출신 몇 명을 만났고, 레이저 프린터에 사용할 어도비의 포스트스크립트 언어에 깊은 감명을 받았다. 포스트스크립트 언어와 같은 인터페이스를 픽사가 만들 수도 있겠다는 생각이 그의 머릿속을 스쳤다. 3D 렌더링을 위한 것으로 말이다.

3D 이미지를 만들기 위한 새로운 언어는 루카스필름 시절부터 캣멀과 스미스의 집단을 줄곧 사로잡았던 또 다른 과제, 즉 3D로 고속 렌더링을 할 수 있는 특수한 컴퓨터와 제대로 결합한다면 완벽했다. 사람들은 이 야심찬 개념을 '레이즈 머신Reyes Machine' 혹은 '픽사-3D'라고 불렀다. 이것은 컴퓨터 애니메이션 영화를 만들 때 필요한 장비였다. 레이즈 프로그램은 원래 3D 렌더링 하드웨어의 내부 로직internal logic을 만들어내기 위한 도구로 만들어졌던 것이다.

핸러핸이 간파했듯이, 픽사는 3D 그래픽을 구현하기 위한 새로운 언어에 대한 핸러핸의 생각을 레이즈 머신이라는 개념과 결합시킬 수 있었다. 픽사는 3D 그래픽을 위한 새로운 언어로 이미지들을 포착해서, 애플의 레이저라이터가 포스트스크립트 이미지들을 렌더링하는 것처럼 고속으로 그 이미지들을 렌더링하는 장비를 만들었다.

이런 발상은, 핸러핸이 가상현실 분야의 개척자였던 재론 래니어Jaron Lanier를 픽사에 초청해 강연하게 함으로써 새로운 전기를 맞았다. 래니어와 핸러핸은 한 가지 묘안을 떠올렸는데, 휴대할 수 있는 소형 장비가 그것이었다. 당시 유행하던 소니의 휴대용 CD 플레이어인 디스크맨과 비슷한 장비였다. 이 장비가 영화 수준의 높은 품질을 가진 이미지를 생산하면, 사용자는 가상현실 고글을 통해서 이 이미지를 본다는 아이디어였다. 하지만 1987년 당시 픽사의 기술 수준으로는 이 장비를 만들 수 없었다. 5년이나 10년쯤 지나 기술이 더욱 발전해서 이 발상을 실현할 수 있게 된다면, 그런 제품이 엄청난 성공을 거둘 것이라고 생각했다. 두 사람은 이 장비의 이름을 렌더맨RenderMan이라고 지었다.[13]

핸러핸은 3D 그래픽 언어 아이디어를 프로젝트로 추진해도 좋다는 승인을 받았다. 핸러핸과 빌 리브스가 이 작업에 들어갔다. 다음은 당시의 상황을 회상하는 핸러핸의 말이다.

"그다음부터 내가 여섯 달 동안 한 일은, 컴퓨터 그래픽 분야에서 일하며 렌더링 소프트웨어를 쓰는 사람을 붙잡고서, 만일 그런 시스템이 나오면 기꺼이 사용할 의향이 있는지 그리고 그런 장비에 꼭 들어가야 할 특성은 무엇인지를 묻고 다니는 것이었죠."

핸러핸과 리브스가 만들어낸 언어는 복잡한 물체들의 갖가지 형상과 한 장면 속에서 이들이 차지하고 있는 위치를 묘사하는 고도로 보편적이면서 강력한 방법이었다. 사용자는 여기에서 한 걸음 더 나아가 일반적으로 '섀이더shaders'라고 부르는 프로그램들, 즉 대상 표면의 모습과 그 대상이 자기에게 떨어지는 빛에 영향을 미치는 내용과 방식, 대상의 색깔, 밀도, 광원과의 방위, 안개 따위와 같이 대기 속에서 나타나는 여러 효과의 모습 등을 규정하는 프로그램들을 새로 짤 수도 있다. 다시 핸러핸이 회상하는 말이다.

"그것은 특이한 방식으로 렌더링을 하는 것이나 마찬가지였습니다. 왜냐하면 이 언어만 있으면 모든 것을 바꿀 수 있기 때문입니다."

새로운 언어(핸러핸과 리브스는 이것을 단순하게 '렌더링 인터페이스Rendering Interface'라고 불렀다)는 3D 그래픽의 공통 언어가 될 터였다. 사용자들은 모델링 소프트웨어를 사용해서 3D 장면들을 만들어낼 것이고, 이 소프트웨어는 완성된 장면들을 픽사의 소프트웨어로 보내서 렌더링을 시킬 것이다. 그 언어는 개방형 표준이 될 것이다. 만일 다른 회사가 렌더링 인터페이스를 제대로 이해하는 렌더링 소프트웨어를 시장에 내놓음으로써 픽사와 경쟁하려고 나선다면, 그것도 괜찮았다.

캣멀은 두 가지를 일반에 공개하기로 결정했다. 다른 회사들이 이 언어를 가지고 작업하도록 자극하기 위해서 이 언어를 공개하는 것과, 이 언어를 사용하는 픽사의 렌더링 소프트웨어를 공개하는 것이었다. 그 언어가 공개된 것은 1988년 봄이었는데, 그 직전에 잡스는 렌더링 인터페이스라는 이름의 어감이 너무 건조하다고 판단했다. 누군가가 핸러핸과 래니어가 냈던 '렌더맨'이라는 전위적인 아이디어를 기억해냈고, 다들 이 이름이 딱 맞다고 입을 모았다. 1988년 5월, 픽사와 19개의 하드웨어 및 소프트웨어 회사들은 렌더맨 언어를 지지한다고 발표했다.

한편 같은 시기에 2D 이미지 분야에 관한 한 누구에게도 뒤지지 않는 전문가였던 스미스는 디지털 사진 및 기타 이미지들을 처리하고, 이 과정에서 나온 새로운 이미지들을 합성하기 위한 아이스맨IceMan이라는 언어를 붙잡고 씨름하고 있었다.

1년 6개월쯤 뒤인 1989년 가을에 픽사는 렌더맨 언어와 공조할 수 있도록 개조한 렌더링 도구 레이즈를 '렌더맨 디벨로퍼스 툴킷RenderMan Developer's Toolkit'이라는 이름으로 출시했다(이 제품은 나중에 '포토리얼리스틱 렌더맨PhotoRealistic RenderMan' 또는 짧게 줄여 '피알맨PRMan'이라고 불렸다). 이 3,000달러짜리 제품은 처음에 선과 실리콘그래픽스의 워크스테이션에서 구동되었다. 곧 픽사는 당시의 첨단 마이크로프로세서이던 인텔 80386과 80486이 나오자 여기에 맞춰 버전을 업그레이드했다.

픽사 이미지 컴퓨터 때 그랬던 것처럼 잡스는 신제품의 성공을 낙관했다. 1988년 12월 1일에는 성명서를 통해 다음과 같이 말했다.

"렌더링은 현재 극단적이라고 할 정도로 중요하다.

앞으로 12개월에서 24개월 안에 모든 컴퓨터에서 렌더링을 표준적인 기능 가운데 하나로 삼을 것이라고 전망한다."[14]

잡스가 예견했듯이 3차원 렌더링은 곧 데스크톱 출판과 나란히 커뮤니케이션 도구로 자리 잡았다. 그해에 대서양 연안에 있는 한 그래픽 소프트웨어 회사에 다니다가 픽사의 마케팅 담당 부사장으로 영입되어온 팸 커윈Pam Kerwin은 당시 잡스가 가지고 있던 확신과 열정을 다음과 같이 회상한다.

"그는 렌더맨 덕분에 모든 사람이 자기 컴퓨터에서 사진처럼 사실적인 이미지들을 만들 수 있을 것이라고 생각했다. 렌더맨이 3D 분야에서 포스트스크립트와 같은 프로그램이 될 것이며, 이렇게 해서 만들어진 3D 이미지들이 개인 프린터에서 마구 쏟아져 나올 것이라고 기대했다."[15]

인텔 버전의 소프트웨어를 발표하면서 픽사는 다음과 같이 주장했다.

"사진처럼 사실적인 3차원 이미지들은 머지않아 제품 설계 및 개발, 마케팅, 애니메이션, 소비자 제품 선택 그리고 비즈니스 커뮤니케이션에서 정보를 주고받는 본질적인 형태가 될 것이다."

그러나 세상은 사진처럼 사실적인 렌더링을 요란한 목소리로 반기지 않았다. 포토리얼리스틱 렌더맨은 기술적으로 훌륭한 성공작이었으며, 컴퓨터 애니메이션 집단과 ILM과 같은 특수효과 전문가 집단들로부터 상당한 호응을 받긴 했지만, 여전히 틈새 제품으로만 남았다. 이런 상황과 관련해서 핸러핸은 다음과 같이 말했다.

"사람들이 언제 신기술을 자기 주변에 확보할지, 그 시장의 규모가 얼마나 클지를 예측하기는 어렵습니다. 결국 그 소프트웨어는 주로 영화 관련 회사들에서만 사용하는 것으로 끝났습니다. 처음에 우리는 CAD 따위에서 폭넓게 사용될 것으로 보았지만, 이런 일은 일어나지 않았습니다. 우리가 그 사업을 제대로 이해하지 못했던 것 같습니다."

이 경험을 통해서 몇몇 사람들은 잡스의 그 뛰어난 재능, 즉 자기 앞에 있는 사람들로 하여금 불가능한 것도 가능하다고 믿게 만드는 이른바 '현실 왜곡의 장'을 실감했다. 스미스는 다음과 같이 말했다.

"스티브가 한 번 방문하고 나면 우리는 직원들에게 정신을 바짝 차리게 해야 했습니다. 그만큼 스티브는 카리스마가 넘쳤거든요. 스티브가 말을 하기 시작하면 듣고 있는 사람들은 넋을 잃습니다. 스티브가 입을 여는 순간 직원들에게서 판단력이 빠져나가는 모습이 눈에 훤하게 보일 정도였어요. 직원들은 멍하게 앉아서 스티브를 그저 바라보기만 합니다. 사랑이라고밖에 말할 수 없는 어떤 감정을 눈에 가득 담고서 말입니다."

잡스가 현실을 왜곡하는 천재적인 재주를 가지고 있다는 사실을 미리 알고 있다 하더라도 아무 소용 없었다. 커윈은 레드우드시티에 있던 넥스트 컴퓨터의 사무실에서 월례회의를 하려고 캣멀, 스미스 그리고 콜스태드와 함께 잡스를 만났다. 이들은 일반 소비자들은 3D 렌더링을 받아들일 준비가 되지 않았다는 사실을 잘 알고 있었다. 심지어 픽사의 박사급 그래픽 전문가들에게도 아직은 쉽지 않은 일이었기 때문이다. 소비자가 그 프로그램을 원하는지도 확실하지 않았다. 다음은 당시의 회의를 회상하는 커윈의 말이다.

우리는 3D 영화를 만들고 있었고, 그 일이 얼마나 어려운지 알고 있었다. 그런데 스티브 잡스는 언제나 확신에 차서 사람들에게 말하곤 했다. 이 프로그램이 얼마나 포스트스크립트 같은지, 그리고 모든 사람들이 이걸 하나씩 가질 수 있으며, 또 우리는 어도비 모델을 그대로 따라가기만 하면 된다고 말했다. 스티브의 말을 듣고 있으면 자기도 모르게 '그래 맞아, 그건 사실이야'라고 생각하게 된다. 그리고 사람들은 실제로 그렇게 믿어버린다. 스티브와 함께 있으면서 그가 하는 말을 듣노라면 방금 전까지 느꼈던 현실의 벽이 사실은, 생각이 짧기 때문이거나 충분히 노력을 기울이지 않았기 때문이거나 혹은 중요한 본질을 미처 보지 못했기 때문이며, 따라서 그것은 진실이 아니라고 믿게 된다. 오히려 스티브가 하는 말이 진실이라고 믿는다. 스티브는 너무도 강력하고 카리스마와 열정이 넘치기 때문이다. 하지만 현실 세계로 돌아오는 순간 스티브가 말한 것들은 현실에서는 일어나지 않는다는 사실을 깨닫게 된다.

잡스를 만나서 처리해야 하는 일은 사장인 캣멀이 주로 맡았다. 시간이 가면서 캣멀은 사장이라는 직책이 피곤하다고 느꼈다. 나쁜 소식이 날아들 때는 더욱 그랬다. 다음은 콜스태드가 한 말이다.

"에드는 스티브와 만나서 회의를 하곤 했다. 스티브는 다른 사람이 흉내조차 낼 수 없을 정도로 흥분하곤 했다. 에드는 스티브와 함께 있으면서 육체적으로 무척 피곤해했다. 일종의 병에 걸렸다고 할 수 있을 정도였다."

(넥스트의 경영진도 이와 비슷한 경험을 했다. 목격자들의

증언에 따르면 잡스는 컴퓨터의 원가를 20달러 낮추라는 지시를 받은 생산 부문 책임자가 넥스트에서 생산하는 컴퓨터의 검은색 마그네슘 케이스 하나에만 비용이 200달러나 들어간다고 말하자 '미친 듯이 소리를 질러대기도 했다.'[16])

캣멀, 스미스 그리고 콜스태드는 마침내 콜스태드가 캣멀 대신 비난을 받는 자리를 맡기로 자기들끼리 합의했다. 이들은 인사 이동을 실시하는 게 좋겠다고 잡스를 설득했다. 잡스는 1988년 12월 1일에 콜스태드를 사장 겸 최고경영자로 임명했다. 캣멀은 최고기술책임자 겸 이사회 의장이 되었다. 그래도 캣멀이나 스미스보다 경험이 조금이라도 더 많은 콜스태드가 일주일에 한 번씩 넥스트로 찾아가서 잡스와 만나 회의를 했다. 어떤 대처 방안을 제시해야 할 때면 콜스태드는 썩 좋지 않은 방안부터 먼저 꺼내곤 했다. 이것은 그 나름의 전략이었다.

"스티브는 마치 상대방이 맨 처음에 내놓는 아이디어는 무조건 쓰레기통에 처넣는 게 자기 일이라고 생각하는 듯했다. 그러니 스티브에게는 좋은 아이디어를 나중에 내놓아야 한다."

다른 사람들이 회사의 매출과 수익을 올려야 한다는 문제로 머리를 싸매고 있을 때 래스터는 〈룩소 주니어〉에 이어서 캐릭터가 한층 강화된 단편영화 〈레드의 꿈〉을 작업하고 있었다.

주인공인 레드는 외발자전거다. 50퍼센트 할인이라는 태그를 시트에 달고서 자전거 가게의 한 귀퉁이에 놓여 있다. 비가 오는 어느 날 밤, 문이 닫힌 가게 안에서 외발자전거는 서커스에 출연해 관객으로부터 열띤 박수와 사랑을 받는 꿈을 꾼다. 하지만 잠에서 깨어난 뒤에 꿈이라는 것을 알고 더욱 슬퍼한다. 더 나은 삶이 있다는 것을 알았기 때문이다. 차라리 그 따위 것 보지나 말았으면 좋았을 텐데…….

당시를 회상하면서 래스터는 이렇게 말했다.

"다들 해피엔딩으로 해달라고 성화였어요."[17]

〈레드의 꿈〉 프로젝트가 가능했던 데는 두 가지 기술적인 근거가 있었다. 시작 부분과 마지막 부분에 나오는 자전거 가게 장면은 고도로 복잡한 이미지의 렌더링을 시연할 목적으로 설정되었다. 온갖 자전거들, 자전거 바퀴살들, 그리고 가게에 딸려 있는 각종 비품과 설비 등이 대상이었는데, 이 장면의 전형적인 프레임은 1만 개가 넘는 기하학적인 기본 도형을 담고 있었고, 이 기본 도형들은 3,000만 개가 넘는 다각형들로 이루어졌다(자전거 가게라는 아이디어는 에벤 오스비가 내놓은 것이다. 그는 평소에 자전거를 즐겨 탔으며, 자전거 가게의 복잡한 스틸 이미지를 만드는 작업에도 동참했다).

꿈 시퀀스는 픽사 이미지 컴퓨터로 렌더링한 결과를 시연할 목적으로 설정되었다. 토니 아포다카Tony Apodaca라는 기술자는 픽사의 렌더링 소프트웨어를 픽사 이미지 컴퓨터에 사용할 수 있도록 개조했다. 나중에야 밝혀진 사실이지만, 이런 설계 변경 때문에 이 컴퓨터의 프로세서들은 레이즈와 같은 복잡한 프로그램을 구동하는 데 필요한 메모리를 확보하지 못했다. 그래서 아포다카는 레이즈가 가지고 있는 여러 특성들 가운데 일부분밖에 개조할 수 없었다. 이런 한계 때문에 꿈 시퀀스는 다른 장면에 비해서 거칠었다. 〈레드의 꿈〉은 픽사 이미지 컴퓨터로 만든 최초의 작품이자 마지막 작품이 되었다.

한편 픽사의 여유 공간은 점점 줄어들었다. 〈레드의 꿈〉 작업이 진행되는 동안, 여러 모델과 섀이더 등을 만들었던 '기술감독들'과 래스터는 복도에서 일을 해야 했다. 제작 막바지로 치달을 무렵에 래스터는 며칠째 복도에서 일을 하고 잠을 잤다. 시그래프 총회의 담당자에게 작품을 제출해야 하는 시한을 약 2주일 남겨둔 어느 날 밤이었다. 제프 모크Jeff Mock라는 기술자가 캠코더를 들고서 눈빛이 흐릿하게 변해 있던 감독 앞으로 들이닥쳐서 인터뷰를 했다.

> 래스터 : 이것은 픽사에서 만든 영화입니다. 제목은 〈레드의 꿈〉입니다. 이 영화는 완전히 새로운 콘셉트로 무장했습니다. 이 영화에서는 컴퓨터를 사용했습니다.
>
> 질문자 : 어떤 식으로 사용했습니까?
>
> 래스터 : 우리는 영화를 만들기 위해서 컴퓨터를 씁니다. 그리고 레이저 스캐너라는 것을 이용해서 영화를 필름으로 찍습니다. 필름을 현상하기 위해서 실험실이라는 걸 사용하고요. 정말 혁명적인 일입니다. 그런데 꼭 하나 물어보고 싶은 게 있군요.
>
> 질문자 : 예?
>
> 래스터 : 다리의 털을 제가 대신 깎아드릴까요?[18]

래스터는 300개의 프레임으로 구성된 12.5초짜리 시퀀스 하나를 애니메이팅하는 데 닷새를 보낸 참이었다.

프랭크 토머스와 올리 존스턴은 〈레드의 꿈〉 작업이 막 끝난 뒤에 픽사로 가서 래스터를 만났다. 이때 토머스는 1984년에 글을 쓸 당시 품고 있었던 컴퓨터 애니메이션에 대한 의구심을 완전히 날려버린 것 같았다. 그는 래스터의 손을 반갑게 잡은 뒤에 의미심장한 말을 했다.

"존, 자네가 해냈군."[19]

이 영화는 1987년 7월 말에 애너하임에서 열린 시그래프 총회에서 처음 개봉되었다. 래스터는 열광적인 환호를 받았다. 같은 총회 자리에서 또 한 편의 캐릭터 애니메이션 영화가 선을 보였다. 사랑에 빠진 새 한 마리와 물고기 한 마리를 그린 〈스탠리 앤드 스텔라 인 브레이킹 더 아이스〉였다. 픽사와 또다시 치열한 경쟁을 벌이게 된 존 휘트니 주니어와 개리 데모스가 심볼릭스Symbolics의 크레이그 레이놀즈Craig Reynolds와 함께 만든 영화였다.

이 영화는 기술적인 측면에서 흥미로웠다. 그러나 캐나다의 단편영화 〈토니 드 펠트리〉(1985년)와 달리 이 영화를 본 픽사 사람들은 냉담했다. 래스터는 물고기인 스텔라에게는 감정이 부족하다고 느꼈다. 움직인다는 점에서 보면 애니메이션이었지만 살아서 어떤 느낌을 주지 못한다는 점에서는 애니메이션이 아니었다. 디즈니 '나인 올드 멘'의 교훈에 귀를 기울이지 않은 게 분명했다.

래스터가 거둔 성과에도 불구하고 픽사에서 컴퓨터를 생산하는 부문에 있던 몇몇 기술자들은 애니메이션 집단을 계속 끌고 가는 게 말이 되는지 의심스러워했다. 이들이 보기에 자기들은 죽어라 돈을 버는데 래스터 팀은 그렇게 번 돈을 쓰기만 했던 것이다. 그들의 열정은 컴퓨터와 소프트웨어를 만드는 것이지 오락산업에 종사하는 게 아니었다. 하지만 이들은 수익이 빠듯한 회사가 애니메이션 부서를 계속 지원하는 이유가 무엇인지 깨달았다. 유감스럽게도 회사의 공동 설립자 캣멀과 스미스의 우선적인 관심사가 영화 제작이었던 것이다.

다음은 당시 렌더맨의 매킨토시 버전을 만드는 프로그래머였던 로키 오프너Rocky Offner가 한 말이다.

"나중에야 깨달은 사실이지만, 그 사람들은 영화를 만들고 싶어했고, 컴퓨터 회사는 껍데기일 뿐이라는 점이 분명했죠. 나는 소프트웨어 작업을 하려고 거기 있었고, 그 일이 회사에 중요하다고 생각했는데, 그게 아니었던 겁니다."

픽사 이미지 컴퓨터-2의 수석 소프트웨어 기술자였던 브루스 페런스Bruce Perens는 자신이 '한시적인 사업'에 온몸을 바치고 있다는 사실을 깨닫고는 무척 불쾌해했다. 그래서 이런 말을 했다.

"나는 이미지 컴퓨터와 관련된 작업을 하려고 거기 들어갔지, 애니메이션 제작소의 한 부분이 되려고 한 게 아니었습니다."

페런스가 수수께끼를 푼 것은 픽사의 기술자들이 너나 할 것 없이 데이비드 디프란시스코가 픽사에 있는 이유를 궁금하게 여긴다는 사실을 안 뒤였다. 컴퓨터 회사에 왜 레이저 필름 레코딩* 전문가가 필요할까? 다시 페런스가 한 말이다.

* 비디오 신호로 기록되어 있는 영상을 광학적인 영상으로 변환시켜 필름에 기록하는 작업.

"여러 해 동안 어째서 데이비드가 픽사에 있어야 하는지, 그가 하는 일이 픽사와 어떻게 연결되는지 아무도 이해하지 못했죠. 알고 보니 언젠가 필름 레코딩 기술이 필요하게 될 것을 염두에 두고 데이비드를 붙잡아두고 있던 겁니다."

래스터의 단편영화들이 지닌 가치에 대해 의문을 품은 사람들은 픽사의 기술자들뿐만이 아니었다. 잡스도 1980년대 후반에 여러 차례 의문을 제기하며 애니메이션 부서를 없애려고 했다. 그때마다 캣멀은 간신히 잡스를 설득해서 그렇게 하지 못하도록 막았다. 잡스가 품은 의심은 충분한 근거가 있었다. 픽사는 해마다 적자를 보고 있었으며, 잡스가 개인 보증을 통해서 픽사를 지원하고 있었기 때문이다.

잡스가 애니메이션 사업에 회의적인 생각을 하고 있다고 느끼게 만든 사건 가운데 하나가 〈레드의 꿈〉이 개봉된 뒤에 있었다. 캣멀이 잡스에게 새로운 단편영화를 준비할 계획이라고 보고하자, 잡스는 새로운 영화의 이야기 구성을 들어보겠다며 래스터의 사무실로 찾아갔다. 캣멀과 애니메이션 부서가 참석했고, 벽에는 스토리보드들이 핀으로 꽂혀 있는 가운데 래스터는 그림들을 보여주며 영화에 들어갈 장면들을 설명했다. 디즈니에서 스토리를 담당하는 작가들이 수십 년 동안 해왔던 방식 그대로였다. 하지만 이번 설명회는 무척 중요했다.

"존이 단지 영화 한 편을 위해서가 아니라 애니메이션 부서의 생존을 위해서 설명한다는 것을 우리는 잘 알고 있었습니다."

애니메이션 부서의 관리를 책임지고 있던 랠프 구겐하임이 한 말이다.

〈룩소 주니어〉 때와 마찬가지로 래스터는 친구의 아기를 보고 〈틴 토이〉의 아이디어를 떠올렸다. 이번에는 좀 더 욕심을 냈다. 인간의 아기가 가지고 있는 외모, 변덕스럽게 움직이는 아기의 두 팔, 그리고 변덕스러운 아기의 정서를 흉내 내는 데 도전하기로 한 것이다. 여기에다 오랜 세월 그 자신이 장난감에 품어왔던 애정을 녹여내고 싶었다.

래스터는 오래된 장난감들을 수집하고 있었다. 〈틴 토이〉의 이야기는 1인 밴드 장난감의 관점에서 풀어내는 구성이었다. 이 1인 밴드 장난감은 애니메이션 팀에서는 '티니'라는 이름으로 불렀다. 티니는 인간 아기를 처음에는 귀엽고 매력적이라고 생각하지만 나중에는 이 아기가 사실은 무시무시한 존재임을 깨닫는다.

〈틴 토이〉는 공식적으로 소프트웨어 포토리얼리스틱 렌더맨을 시험하기 위한 도구였다. 〈룩소 주니어〉와 〈레드의 꿈〉과 마찬가지로 이 영화 역시 래스터가 이전의 성과를 뛰어넘어 그의 애니메이션과 스토리텔링 수준을 한 차원 높일 수 있는 기회이기도 했다. 아기는 모델링을 하고 애니메이팅을 하기 어려운 대상이라는 것은 이미 잘 아는 사실이었다. 당시 애니메이션 팀의 새로운 식구가 된 지 얼마 안 된 플립 필립스Flip Phillips는 당시를 이렇게 회상한다.

"그건 정말 믿을 수 없을 정도로 커다란 짐이 되었습니다."

아기의 머리를 모델링하는 초기 시도에서 아기는 영락없는 중년 남자였다. 최종 버전의 아기(애니메이션 팀에서는 이 아기를 '빌리'라고 불렀다) 얼굴은 훨씬 개선되었다. 하지만 피부가 플라스틱처럼 보였다. 움직일 때도 진짜 아기와 같은 보드라운 살의 자연스러운 움직임이 부족했고, 아기가 찬 기저귀도 시멘트처럼 딱딱하게 보였다. 시간이 부족하고 관련 기술이 채 발달하지 않았던 터라 타협이 필요했다.

래스터와 그가 거느린 기술감독들은 1988년 8월로 예정된 시그래프 총회 전에 〈틴 토이〉를 완성하기 위해 꼬박 밤을 새우기도 했다. 하지만 결국 완성하지는 못했다. 시그래프의 관객들이 본 내용은 5분의 3 정도였고, 티니가 자기 상자로 뛰어 들어가서 빌리가 다가오는 것을 상자의 셀로판 창문을 통해서 공포에 질린 얼굴로 바라보는 장면에서 끝났다(예리한 눈을 가진 사람이라면 거실의 커피 탁자 위에 놓인 액자를 보았을 것이다. 액자 안에는 존 래스터가 어린 시절에 '최고의 소년 야영자 상'을 받는 사진이 들어 있었다).

"비록 완성된 작품은 아니었지만 사람들은 환호성을 질렀죠."

구겐하임의 회상이다.

애플컴퓨터도 단편영화를 선보였다. 이 작품에는 래스터의 새 아내 낸시 태구Nancy Tague가 미술감독 겸 애니메이터로 참가했다. 1986년에 컴퓨터공학 학사학위를 받고 카네기 멜론을 졸업한 태구는 애플에서 컴퓨터 그래픽 기술자로 일을 했고, 여러 해 전에 시그래프 총회에서 래스터를 처음 만났다.

〈펜슬 테스트〉는 컬러 그래픽을 시연하기 위한 작품으로, 컴퓨터를 켜면 화면 여기저기를 뛰어다니다가 컴퓨터를 꺼버리면 돌아가지 못하게 되는 매킨토시-2 펜슬 아이콘에 초점을 맞추었다. 이야기 구성은, 애니메이션 시리즈 〈마이티 마우스의 새로운 모험〉의 작가였으며 칼아츠를 졸업한 지 얼마 안 된 앤드류 스탠튼Andrew Stanton이 태구를 도왔다. 이 영화는 픽사의 소프트웨어를 일절 사용하지 않았다(잡스가 설립했고, 예전에 최고경영자로 있었던 애플과 잡스는 여전히 사이가 좋지 않았다). 그러나 래스터는 이 애니메이션에 조언을 아끼지 않았다.

픽사는 그해 시그래프 총회의 히트 파티를 다른 회사와 함께 후원했다. 시그래프 총회에서는 해가 거듭될수록 대규모 파티들이 중요한 행사로 자리를 잡았다. 파티는 주로 작품을 출품한 회사들이 주최했다. 픽사는 베이 에어리어에 있는 작은 회사인 퍼시픽 데이터 이미지Pacific Data Images와 함께 파티를 열었다. 광고 방송뿐만 아니라 공중파 방송국과 케이블 방송국 그리고 지역 방송국의 로고 작업을 전문으로 하는 회사였다. 두 회사의 경영진은 친한 친구 사이였고, 직원들 역시 서로 친하게 지냈다. 파티의 주제는 수영장이었다. 파티장은 수영장용 물품들로 장식되었다. 손님들을 위한 비치볼이 여러 개 마련되었고, 시중을 드는 사람들은 인명구조대 복장을 했다. 그런데 비치볼이 샹들리에를 계속 쳐대는 바람에 파티가 중단될 뻔하기도 했다.

〈틴 토이〉는 1988년에 아카데미 단편 애니메이션 부문에서 최우수 작품상을 받았다. 픽사로서는 처음 받는 아카데미상이었다. 〈틴 토이〉의 수상으로 컴퓨터 애니메이션은 시그래프와 애니메이션 영화제 바깥에서도 인정받는 매체가 되었다. 아카데미 이사회의 이사이자 애니메이터인 윌리엄 리틀존William Littlejohn은 〈틴 토이〉에서 막 시작된 이 젊은 매체가 무한한 잠재력을 가지고 있다고 보고, 〈뉴욕 타임스〉에서 다음과 같이 말했다.

"놀라운 리얼리즘이 있다. 예술적인 차원에서 사진과 우열을 겨룬다."[20]

칼아츠에서 캐릭터 애니메이션 프로그램을 이끌던 로버트 윈퀴스트Robert Winquist는 한 걸음 더 나아가서 컴퓨터 애니메이션은 "머지않아 모든 것을 집어삼킬 것"이라며, 애니메이터들에게는 공개적으로 이렇게 조언했다.

"연필과 붓을 놓고 새로운 방식을 찾아라."[21]

아카데미상은 또한 래스터의 예전 직장인 디즈니의 사장 마음까지 사로잡았다. 그는 래스터에게 여러 차례 굉장한 제안을 하면서 디즈니로 돌아오라고 했다. 초등학교에 다니는 아이가 딸린 여자와 결혼을 했으며, 아기를 더 낳고 싶은 마음이 있으나 경제적으로 쪼들리던 래스터로서는 뿌리치기 어려운 제안이었다. 당시를 래스터는 이렇게 회상한다.

"나는 어디로 가야 하나, 하는 생각을 했습니다. 〈틴 토이〉로 아카데미상을 받았습니다. 하지만 가정을 제대로 꾸릴 여유조차 없었습니다. 그런 상황에서 디즈니는 묵직한 돈다발을 내 얼굴 앞에서 흔들어댔죠."[22]

그러나 래스터가 픽사에 머물러야 할 이유가 몇 가지 있었다. 그는 새로 꾸린 가정의 뿌리를 뽑아서 로스앤젤레스로 이사하기 싫었다. 픽사에서 영화와 관련된 창조적인 자유를 마음껏 즐기고 있었다. 또한 픽사에는 컴퓨터 애니메이션 영화를 만드는 데 자극과 도움이 되는 두뇌 집단이 있었다. 월트 디즈니 스튜디오의 수장 제프리 카젠버그는 부하직원을 까다롭게 쪼아대는 걸로 유명했지만, 픽사에서는 캣멀과 스미스, 기술감독들과 제작 스태프들에 이르기까지 동료들과 죽이 잘 맞았고 일하는 게 즐거웠다. 팸 커윈은 당시의 픽사 분위기를 이렇게 회상한다.

"모든 사람들이 존 래스터를 좋아했습니다. 존은 존경을 받았지요. 직원들은 창조적인 행위를 마음껏 할 수 있었습니다. 디즈니로 자리를 옮겼다면 돈은 많이 벌었을 겁니다. 그러나 존과 같은 사람들한테는 돈보다는 얼마나 창조적으로 일할 수 있느냐가 더 큰 동기부여가 되거든요."

결국 래스터는 디즈니의 제안을 거절했다. 다음은 캣멀이 한 말이다.

"우리는 그 사람들이 존을 빼앗아가려고 한다는 걸 알고 있었습니다. 그러나 존은 우리가 여기에서 뭔가 중요한 일을 하고 있다는 걸 알았습니다. 지금도 기억하는데, 존은 이런 말을 했지요. '나는 디즈니로 가서 감독이 될 수도 있겠죠. 하지만 여기에 남아서 역사를 쓸 수도 있습니다'라고요."[23]

〈틴 토이〉가 아카데미상을 받자 잡스도 애니메이션 부서에 관심을 기울이기 시작했으며, 새로운 단편영화의 제작을 승인했다. 〈틴 토이〉로 골치를 썩은 래스터는 사람을 묘사하는 작업에서 한 걸음 물러났다. 구겐하임은 다음과 같이 회상한다.

"이번에는 정말 미친 듯이 매달려야 하는 그런 것 말고 좀 더 단순한 것, 주어진 기간 안에 일을 끝낼 수 있으면서도 여전히 재미있는 내용으로 하자고 의견을 모았습니다."

래스터는 애니메이션 부서와 토론을 하면서 MGM과 워너브라더스에서 감독을 했던 텍스 애버리Tex Avery의 만화가 거칠고 요란하긴 하지만 그리 복잡하지 않다는 사실을 떠올렸다. 래스터는 눈 장갑과 먼 곳에서 온 기념품들을 수집하는 취미가 있었다. 〈장식품Knick Knack〉* 은 바로 이런 경험에서 나온 것으로, 래스터의 단편영화들 가운데서 유일한 코미디다. 〈장식품〉은 눈 장갑 속의 눈사람 이야기다. 이 눈사람은 전 세계의 더운 지역에서 온 골동품들과 같은 선반을 쓴다. 눈사람은 마이애미에서 온 비키니 차림의 인형을 보고, 자신을 가둔 플라스틱 돔에서 탈출하려고 한다. 다음은 필립스가 한 말이다.

* 'knick knack' 은 '작고 사소하지만 개인의 감상적인 사연이 담긴 물건' 이라는 뜻.

"우리는 두 차례 존의 사무실에 모여 이야기를 나누었습니다. 존은 눈사람이 눈 장갑에서 빠져나오려고 기를 쓴다는 발상을 재미있어 했습니다. 우리는 모두 척 존스 Chuck Johns** 와 〈톰과 제리〉 같은, 행동이 요란한 만화의 팬이었거든요. 우리 가운데 압도적인 다수가 그랬지요. 시간이 흐를수록 눈 장갑에서 빠져나오려는 행동이 점점 더 증폭된다는 아이디어 때문에 우리는 그렇게 모였던 겁니다."

필립스와 제작 코디네이터였던 디어드리 워린Deirdre Warin이 동시에 눈 장갑이 어항에 떨어진다는 아이디어를 떠올렸다. 크레이그 굿은 〈루니툰〉***에서처럼 '아이리스 아웃iris out'****을 쓰자는 아이디어를 냈다.

선반에 있던 해골은 '서프 데스 밸리SURF DEATH VALLEY'라는 문구가 새겨진 서핑보드를 가지고 있었다. 이 해골의 3D 모델은 오하이오 주립대학교의 조지라는 자료 세트에서 만들었는데, 픽사 팀은 조지의 팔을 조금 길게 늘여서 코믹한 효과를 노렸다. 두 명의 여성 캐릭터(비키니 차림의 여자와 하녀)도 가슴을 크게 부풀려 특성을 과장했다. 여성 캐릭터들이 이렇게 왜곡된 데는, 벽에다 글래머 여성의 사진을 꽂아두는 취미가 있던 기술감독의 영향이

** 벅스 버니, E 코요테 등의 캐릭터를 만든 미국의 만화가. 워너브라더스 사의 애니메이션 조직을 이끌면서 1930~1940년대 미국 애니메이션의 황금기를 주도하며 모두 300편이 넘는 작품을 남겼다.

*** 워너브라더스가 제작한 애니메이션 시리즈.

**** 화면을 가득 채웠던 영상이 원의 형태로 점점 줄어들다가 마침내 화면에서 사라지게 하는 기법.

컸다(나중에 이 작품을 재개봉할 때 여자들의 가슴은 일반적인 크기로 줄어들었다). 동일한 맥락에서 〈틴 토이〉에 나오는 소파 아래에 있던 여자 장난감도 처음에는 '올리기'와 '벗기'라는 브래지어 조종 장치를 가지고 있는 것으로 설정되었다.

가수 보비 맥페린은 사운드트랙을 만들었는데, 러프 컷rough cut*을 보면서 작곡을 했다. 러프 컷이 끝날 때 '등 등 등 등 등'이라고 적힌 엔딩크레딧이 나왔는데 맥페린은 '등 등 등 등 등'이라고 노래를 불렀고, 이것은 영화에도 그대로 남았다. 맥페린은 함께 작업을 하는 것만으로도 멋진 일이라며 무료로 음악 작업을 했다(이와 비슷하게, 루카스필름의 개리 리드스트롬은 〈룩소 주니어〉를 시작으로 래스터의 모든 단편영화에서 보수를 받지 않고 음향효과를 맡았다).

* 편집 과정을 마치지 않은 영화 필름.

〈장식품〉은 1989년 보스턴에서 열린 시그래프 총회에서 선을 보였다. 〈장식품〉은 래스터가 독립적인 회사로서의 픽사에 몸담고 있으면서 개인적으로 작업을 한 마지막 작품이 되었다. 2년 뒤에 〈장식품〉을 런던영화제에 출품했을 때 런던의 〈인디펜던트〉는 이 작품을 "4분짜리 대작"이라고 불렀으며,[24] 〈가디언〉은 래스터를 "전자 이미지의 세상에 은총을 내려왔던 신에게서 어쩌면 가장 가까운 존재"라며 갈채를 보냈다.[25]

콜스태드는 1988년 말에 최고경영자가 된 직후에 애니메이션 부서의 작업 공간에서 그들과 자리를 함께했다. 캣멀과 스미스도 참석했다. 문제는 픽사의 애니메이션이 어떻게 하면 수익을 낼 수 있을까, 어떻게 하면 스티브 잡스의 주머니에서 마냥 돈을 꺼내기만 하는 게 아니라 그 주머니에 돈을 두둑하게 넣어줄 수 있을까 하는 것이었다. 다음은 콜스태드가 회상하는 내용이다.

"우리는 단일한 하나의 집단이라는 관점에서 그 문제를 바라보았습니다. 그리고 이런 질문을 던졌습니다. '어떻게 하면 우리가 돈을 벌 수 있을까?' 그러면서 회사의 목표와 더없는 희열은 영화를 만드는 것이라는 점을 마음에 새겼습니다. 그것은 우리 모두의 꿈이었죠. 결론적으로 과제는 이것이었습니다. 어떻게 하면 그 공통적인 꿈이 열매를 맺고 돈을 벌 수 있을까? 픽사에 있던 우리들 대부분은, 스티브 잡스를 제외하고, 그 일을 해낼 수 있다고 확신했습니다."

텔레비전 광고를 제작하자는 아이디어가 나왔다. 래스터가 만든 몇 편의 단편영화들 덕분에 이미 광고회사들은 픽사에 접촉을 해오고 있었다. 하지만 반대 의견이 나왔다. 광고는 창조적이지 못하다는 게 이유였다. 광고주를 비롯한 외부 사람들이 대본과 스토리보드를 주무를 것이고, 픽사의 애니메이션 부서는 그저 그들의 주문대로 만들 수밖에 없지 않겠느냐고 했다. 물론 그 일을 하려고 픽사에 모여 있던 게 아니었다. 콜스태드가 결론을 내렸다.

"우리는 그런 일은 맡지 않습니다. 우리는 창조적인 일을 합니다."

래스터는 이런 태도와 방향이 좋았다. 구겐하임은 3단계 계획을 담은 짧은 전략 문건을 작성했다. 내용은 이랬다. 애니메이션 부서가 자립할 수 있도록 광고 제작 일을 한다. 그다음에는 대규모 작품의 제작 경험을 쌓기 위해 30분이나 60분짜리 텔레비전 특별 기획물을 제작한다. 마지막으로 장편영화를 제작한다. 캣멀과 스미스는 장편영화로 가는 분명한 길이 마련되었다면서 무척 좋아했다.

하지만 픽사는 제작회사로 일을 해본 적도, 광고주들과 접촉해본 적도 없었다. 래스터가 〈장식품〉의 마지막 작업을 하고 있을 무렵이던 1989년 7월, 픽사는 샌프란시스코의 대형 제작사로 주로 광고 제작업을 하고 있던 콜로살 픽처스Colossal pictures와 접촉했다. 콜로살 픽처스의 영향력을 등에 업으면 픽사가 광고업계에 쉽게 진입할 수 있는 좋은 기회였다.

같은 해 픽사가 맡은 첫 번째 프로젝트는 바그너의 오페라 〈로엔그린〉에 맞추어서 수선화들이 춤을 추는 15초짜리 애니메이션으로, 전체 광고의 한 부분이었다. 광고주는 일본의 대형 인쇄 회사인 토판인쇄Toppan Printing였고, 광고는 일본에서 방영되었다.

그리고 같은 해에 픽사는 처음으로 완결된 광고를 제작했는데, 광고의 제목은 〈웨이크업〉이었다. 광고주는 트로피카나였고, 오렌지주스를 광고하는 내용이었다. 무생물을 사실적으로 재현하면서 표정이 풍부한 캐릭터를 만들어내는 픽사의 능력은 텔레비전 시청자들에게 특별한 경험을 선사했고, 다른 광고사들도 픽사의 능력을 곧바로 알아차렸다.

1990년에 픽사의 광고 제작 목록은 빠르게 늘어났다. 캘리포니아 복권을 위한 〈댄싱 카드〉, 라이프세이버스를 위한 〈스케이트보드〉, 리스테린을 위한 〈복서〉, 트라이던트 껌을 위한 〈콰이트 어 패키지〉, 폴크스바겐을 위한 〈라 누벨레 폴로〉 등등. 래스터가 아카데미상을 받았음에도 불구하고, 캘리포니아 복권의 광고를 대행하던 콜로살 픽처스는 래스터가 텔레비전 광고 작품을 감독하기에는 경험이 적다고 생각하고, 함께 일하는 감독 한 명을 픽사에 파견해서 〈댄싱 카드〉를 감독하게 했다.

래스터는 그해에 애니메이터 두 명을 추가로 영입하여 일의 하중을 덜었다. 이때 래스터는 컴퓨터 애니메이션이 아니라 전통적인 셀 애니메이션 분야의 전문가를 찾았다. 그 가운데 첫 번째 인물이 앤드류 스탠튼(이후 〈니모를 찾아서〉와 〈월-E〉의 감독을 맡게 됨)이었다. 스탠튼은 〈펜슬 테스트〉 작업에도 참여한 경험이 있었지만, 그를 고용한 이유는 따로 있었다. 그가 학생 때 만들어 여러 영화제에서 인기를 끌었던 작품들이 그의 영입에 결정적으로 작용했다.

칼아츠에서 열리는 학생 영화제에서 래스터와 그의 기술감독들은 피트 닥터Pete Docter(이후 〈인크레더블〉과 〈라따뚜이〉의 감독을 맡게 됨)라는 졸업생의 작품을 보고 깊은 감명을 받았다. 닥터는 픽사의 세 번째 애니메이터가 되었다. 필립스는 당시를 다음과 같이 회상했다.

"그때는 마치 '다른 사람 필요 없고 딱 이 사람이야'라는 분위기였습니다. 피트(피트 닥터)는 애니메이터로서 필요한 능력을 완벽하게 갖추었으니까요. 그림 그리는 솜씨며 이야기를 엮어내는 솜씨가 굉장했습니다. 감수성도 풍부했고, 작업 시간을 측정하고 조절하는 데도 탁월했어요."

계획한 대로 픽사의 애니메이션 부서는 들어오는 일감을 선별해서 맡았다. 캐릭터 애니메이션이 가능하고 무생물을 통해 이야기를 풀어갈 수 있는 것들을 위주로 골랐다. 예를 들어 마틴 스콜세지 감독의 영화 〈성난 황소〉(1980년)에서 영감을 얻은 리스테린 광고에는 노란색의 리스테린 병과 치주염이 복서로 등장해서 링 위에서 경기를 벌인다. 이 경기에 대한 신문기사들이 1930년대 영화 스타일로 화면에 흐른다. 경기 시작을 알리는 종이 울리면, 리스테린 병은 치주염 관점의 카메라를 향해 주먹을 날린다. 그러면 카메라, 즉 치주염은 한 대 얻어맞은 복서처럼 비틀거린다. 승리의 기쁨에 들뜬 병이 챔피언 벨트를 높이 치켜드는 장면에서 광고는 끝난다.[26]

텔레비전 광고 제작은 다음 해에 절정에 이르러 무려 15편이나 만들었다. 픽사의 광고 제작은 1990년대 중반까지 계속된다.[27] 광고 작업으로 1990년에 130만 달러를 벌었고 그 뒤로도 해마다 200만 달러 이상을 벌어들였다. 픽사가 얻은 것은 이것뿐만이 아니었다. 신뢰도와 인지도가 높아졌다. 아울러 픽사는 재능 있는 인재들을 새로 영입할 수 있었고, 더 큰 사업을 하는 데 필요한 신참자들을 교육하기 위한 훈련 프로그램도 마련할 수 있었다. 이런 노력은 또한 픽사가 한 해에 5분짜리 단편영화 한 편이라는 제작 능력을 더욱 확장하는 데 밑거름이 되었다. 다음은 필립스의 회상이다.

"모든 사람들의 마음에, 특히 래스터의 마음에 머지않은 미래에 장편영화를 만들 수 있다는 기대가 자리 잡고 있었죠. ……광고를 제작함으로 해서 누릴 수 있는 이점 가운데 하나는, 장편영화를 만들 때 우리에게 필요한 제작 인프라가 무엇인지 깨닫게 되었다는 것입니다. 좋은 이야기를 하는 것과 실제로 이 모든 내용을 채우는 건 전혀 별개인데, 어떤 걸 하는 데 무엇이 필요하며, 규모를 어느 정도로 잡아야 하는지 배울 수 있었습니다."

한편 픽사의 하드웨어 부서는 계속 힘을 잃어가고 있었다. 픽사 이미지 컴퓨터는 제품의 강점을 재빨리 인식한 소수의 초기 구매자에 그쳤다. 끝내 주류 소비층으로 파고들지 못했다. 거기에는 여러 가지 이유가 있겠지만 그중 하나는 픽사가 광범위하게 흩어져 있는 틈새시장에 초점을 맞추었기 때문이라고 커윈은 회상했다. 틈새시장에 집중하기 때문에 컴퓨터를 팔기가 어려웠다는 것이다. 고객의 문제를 해결해줄 소프트웨어 프로그램을 이 컴퓨터에 제공하기는 더 어려웠다.

"시장은 단일한 대형 시장이 아니었습니다. 작은 시장들이 여러 개 오밀조밀하게 붙어 있는 식이었죠."

픽사는 CAT 스캐닝과 같은 환자의 방사선 이미지들을 컴퓨터가 하나로 결합해서 사용자가 쉽게 읽고 판독할 수 있도록 해주는 정교한 소프트웨어를 만들었다. 몇몇 방사선 기사들은 이 기술에 엄지손가락을 치켜세웠지만, 업계 전반에서 인정받는 데는 더디었다.

잡스도 고객이던 필립스 일렉트로닉스와 반목함으로써 의료 시장에 뛰어든 게 잘못된 선택이었음을 인정했다고 콜스태드는 회상했다. 잡스는 툭 하면 필립스 일렉트로닉스와 싸웠다.

"우리는 필립스에서 경영진 한 명을 오라고 해서 시연을 했는데, 갑자기 둘 사이에 두 회사의 관계에 대한 이야기가 나왔습니다. 그러자 스티브는 화를 참지 못하고 그 사람에게 욕을 해댔죠."

필립스 일렉트로닉스는 그 뒤로 다시는 픽사 이미지 컴퓨터를 주문하지 않았다.

또한 비록 픽사의 컴퓨터가 이미지 처리 과정에서 일부 독창적인 기능을 가지고 있었지만, 일반적인 용도의 워크스테이션이 곧 픽사 이미지 컴퓨터에 필적하거나 적어도 그 능력에 가깝게 접근할 것이라는 전조가 나타났다.

픽사 이미지 컴퓨터의 전망은 어두웠다. 콜스태드는 잡스의 승인을 받아서 픽사 이미지 컴퓨터를 처분하기로 했다(픽사가 콜스태드를 고용한 이유가 이 컴퓨터를 만드는 것이었음을 상기하면 아이러니였다). 1990년 4월 30일에 콜스태드는 픽사의 하드웨어 사업부를 캘리포니아 프리몬트에 있는 비콤시스템스에 매각한다고 발표했다(이 회사는 현재 존재하지 않는다). 이로써 픽사는 광고와 소프트웨어에만 집중하게 되었다.

그런데 이것도 쉽지 않았다. 예상치 못했던 방해 요인이 나타났다. 루카스필름이 갑자기 사무실을 빼달라고 했던 것이다. 픽사는 루카스필름에서 분리 매각된 뒤 커너가에 있는 건물들을 루카스필름으로부터 임대해서 쓰고 있었다. 그런데 ILM 측에서 그 공간이 필요하다고 했던 것이다.

루카스필름과 오랫동안 인연을 맺었던 픽사 직원들은 그곳을 떠나야 한다는 사실에 마음이 아팠다. 이들은 바로 옆에 붙어 있던 ILM의 시사실에서 픽사의 영화들을 볼 수 있었다. 픽사에 있던 필름 레코딩 전문가들은 ILM의 필름 레코딩 전문가들과 수시로 만나서 이야기를 나누곤 했다. 하지만 루카스필름의 입장은 단호했다. 픽사는 새로 입주할 건물을 보러 다녔다. 다음은 콜스태드가 한 말이다.

"우리는 약속한 날짜를 사흘 앞두고 새로운 사무실을 찾았고, 덕분에 보안관이 우리가 쓰던 여러 문에 자물쇠를 채우는 굴욕은 피했습니다."

픽사는 만灣 건너편 포인트 리치먼드에 있는 상업 지구에 새로운 둥지를 틀었다.

포인트 리치먼드는 색다른 곳이었다. 픽사가 자리 잡은 곳은 리치먼드 시와의 경계선이 가까운 지점으로 범죄와 폭력이 판을 쳤다. 웨스트커팅가 아래쪽으로는 B&K 주류라는 술 판매점이 있었는데, 픽사 직원들은 'B&K'를 '피와 살인Bleed & Kill'의 첫 글자로 해석했다. 웨스트커팅가에서 반대 방향으로 철로 몇 개를 지나가면 폭발 및 유독가스 방출 사고를 심심찮게 내던 셰브런의 정련소가 있었다. 이런 사고가 한 번씩 날 때마다 비상대피를 해야 했다.

포인트 리치먼드에 자리를 잡은 픽사는 소매점에서 팔리는 값싼 소프트웨어 제품들을 동원해서 3D 렌더링에 대한 잡스의 전망을 모든 곳에서 추구했다. 이 제품들 가운데 맥렌더맨MacRenderMan은 피알맨*의 매킨토시-2 버전이었다. 또 다른 제품인 타이프스트리는 사실적인 표면 질감과 그 밖의 다른 특수효과들을 갖춘 3D 타이프를 생성했다.

* 본문 170쪽 참조.

픽사-128은 그래픽 작업을 하는 사람들을 위해서 나무판, 돌, 직물 등의 질감 이미지들을 한데 모아놓은 것이었다. 쇼플레이스Showplace라 불리는 패키지는 구球나 입방체에서부터 가구에 이르는 다양한 물체들을 미리 생성해둔 모델들을 가지고 사용자가 3D 장면을 만들 수 있도록 해주었다. 픽사의 희망은 이런 제품들이 그래픽 디자이너와 데스크톱 편집자가 사용하는 매킨토시 컴퓨터에서 자기 자리를 잡음으로써 주류 제품으로 새로 태어나는 것이었다.

그해가 끝나갈 무렵에 잡스의 인내심은 바닥을 드러냈다. 픽사는 잡스가 인수를 한 이후 5년 연속 적자를 기록했다. 잡스는 개인적으로 보증을 선 빚까지 떠안고 있었다. 1990년, 경상수지 적자는 830만 달러를 기록했다. 〈틴 토이〉를 원작으로 한 영화 제작 논의가 디즈니와 픽사 사이에 진행되고 있었지만, 이 사업이 어려운 상황을 뒤집어놓을 수 있을지는 불투명했다. 픽사의 최고경영진은 한 달에 한 번씩 모여서 어떤 청구서부터 처리를 해야 할지 논의했으며, 넥스트의 잡스 사무실로 찾아가서 공손하게 두 손을 모아 쥐고는 돈을 새로 끌어다달라고 부탁했다. 당시의 힘들었던 상황을 커윈은 다음과 같이 회상한다.

"설령 광고 작업을 해서 돈이 들어온다고 해도 우리에게 돌아올 월급은 없었습니다. 돈 내라는 청구서들이 수북이 쌓여 있었으니까요."

또 다른 문제가 부글부글 끓고 있었다. 잡스와 스미스 사이의 갈등이었다. 잡스는 자신이 존중하는 사람이라면 아무리 직원이라 하더라도 그의 주장을 어느 정도까지는 받아들였다. 그러나 잡스는 스미스에 대한 인내의 한계를 보이고 있었다. 스미스는 캣멀과 자신을 (다른 직원과 자기들 사이의 관계를 바라볼 때처럼) 잡스의 동업자로 동등하게 여겼던 것이다. 다음은 커윈이 한 말이다.

"앨비(스미스)는 우리에 비해서 스티브의 고압적인 말을 훨씬 더 불편하게 받아들였습니다. 그리고 자기가 할 수 있는 최대한을 하려고 애를 썼습니다. 툭 하면 이런 말을 했습니다. '글쎄, 조금만 기다려봐. 어떻게 하면 좋을지 알 것 같아'라고요."

한편 스미스가 기억하는 잡스는 다음과 같았다.

"스티브는 언제나 구체적인 숫자를 가지고 오지 않는다고 에드(캣멀)와 나를 쪼아댔습니다. 그런 다음에야 수표를 쓰고, 그 수표에 돈을 지급했죠. 그때마다 늘 우리를 비난하고 공격했습니다. 우리는 그의 비난을 고스란히 받아들였습니다."

한 번은 잡스와 스미스 사이에 언쟁이 벌어졌는데, 그게 걷잡을 수 없이 커져갔다. 잡스가 픽사의 간부들이 제품 인도 기일을 제대로 지키지 못한다고 비난하자, 스미스는 잡스의 말을 잘랐다.

"자기도 보드를 제시간에 넘기지 않았으면서 뭘."

여기에서 '보드'는 넥스트 컴퓨터에 들어가는 보드를 말했다. 이 정도는 잡스도 참고 넘어갔을 테지만, 잡스의 컴퓨터를 놓고 했던 스미스의 농담은 도를 넘어선 것 같았다. 당시를 스미스는 다음과 같이 회상했다.

"스티브는 완전히 이성을 잃었습니다. 미친 사람처럼 펄펄 뛰며 내 발음을 문제 삼아 모욕을 주기 시작했죠."

잡스는 상대방이 민감하게 여기는 부분을 잘 알았다. 스미스는 뉴욕시티에 살게 된 이후로는 고향인 남서부 지역의 발음을 내지 않으려 애썼다. 그러나 가끔 화가 나면 자신도 모르게 이 발음이 튀어나오곤 했다. 잡스는 스미스가 민감하게 여기는 바로 이 발음을 흉내 냈다.

"나도 완전히 꼭지가 돌았습니다. 그전이나 그 이후를 통틀어 그렇게 이성을 잃은 적도 없을 겁니다. 우리는 서로에게 고함을 질러댔습니다. 우리 두 사람의 얼굴은 겨우

7센티미터 정도밖에 떨어져 있지 않았으니, 분위기가 얼마나 험악했을지는 짐작하겠죠."

잡스의 사무실에는 화이트보드가 하나 있었는데, 잡스는 그것을 사적인 공간으로 여겼다. 그래서 누구도 거기에다 글을 쓸 수 없었다. 그건 불문율이었다. 그런데 잡스와 언쟁을 벌이던 스미스가 화이트보드 앞에 서더니 거기에 글을 쓰기 시작했다. 잡스가 고함을 질렀다.

"당신은 거기에다 아무것도 쓸 수 없어!"

하지만 스미스는 계속 썼고, 잡스는 더 화를 참지 못하고 사무실에서 뛰쳐나갔다. 그 뒤 두 사람의 관계는 예전처럼 돌아가지 못했다.

1991년 초, 잡스는 힘겹게 사투를 벌이는 픽사에 계속해서 돈을 집어넣기로 마음먹었다. 단 직원들의 희생을 전제로 한다는 조건을 붙였다. 직원들이 소유한 회사 주식을 뺕어내게 한 것이다. 실리콘밸리의 많은 회사들처럼 픽사도 직원들에게 동기를 부여하고, 계속 회사에 남아서 일을 할 수 있도록 하기 위해서 주식을 나누어주었다. 픽사가 채택한 방식은 스톡옵션이 아니라 양도제한 조건부 주식이었다. 즉 직원은 일정한 양의 회사 주식을 10센트라는 낮은 가격에 살 수 있었고, 직원이 가지고 있는 회사의 지분은 오랫동안 그의 소유로 갖고 있을 수 있었다.

그러나 잡스는 이 회사의 문을 (서류상으로) 닫아버리고 회사 주식을 100퍼센트 자기 소유의 새로운 회사 뉴픽사로 옮길 수 있을 만큼 많은 주식을 가지고 있었다. 그래도 법률적으로는 아무런 문제가 없었고, 실제로 잡스는 그렇게 했다. 그는 직원들에게 주당 10센트라는 애초의 가격

그대로 주식을 살 것인지, 아니면 한 푼도 받지 않을 것인지 선택하라고 했다. 캣멀과 스미스를 비롯해서 루카스필름 시절부터 일했던 직원들은 분리 매각 당시에 받았던 회사의 주식을 잃었다.

픽사의 복도에는 주식 약정서를 화장실 휴지에 비유하는 서글픈 농담들로 가득 찼다. 통상적으로 자본금을 새로 들일 때는 직원들의 지분이 줄어들기만 할 뿐 완전히 없어지지는 않았다. 많은 직원들이 사기를 당했다고 느꼈다. 이 사건은 실리콘밸리에서 기업주가 직원들을 착취한 교과서적인 사례가 되었다(이 내용은 다음에 소개되어 있다. Alan Hyde, *Working in Silicon Valley: Economic and Legal Analysis of a High-Velocity Labor Market*(Armonk, N.Y.: M.E.Sharpe, 2003), pp. 194~95).

"픽사는 자기 자신에게 생명을 불어넣지는 못하는 것 같다."

아카데미상을 받은 회사가 사장을 포함해서 직원 30명을 해고

〈샌프란시스코 크로니클〉, 1991년 3월 29일 (켄 시그먼 기자)

스티브 잡스의 픽사주식회사는 고도로 정교한 컴퓨터 그래픽 및 애니메이션 소프트웨어를 만드는 회사인데, 직원 72명 가운데 사장을 포함해서 30명을 해고했다.

리치먼드에 있는 픽사는 컴퓨터 애니메이션 작품으로 1989년에 아카데미상을 받았다. 그러나 이 회사의 직원들은, 애플컴퓨터의 공동 창업자이자 넥스트 주식회사의 회장인 잡스가 1986년에 영화 제작자인 조지 루카스로부터 이 회사를 사들인 이후로 줄곧 적자만 기록해왔다고 말한다.

……

픽사가 안고 있는 문제들 가운데 하나는 픽사가 가지고 있는 소프트웨어 기술이 현재 나와 있는 하드웨어의 수준으로는 구현하기 어렵다는 점이다. 매사추세츠의 프레이밍햄에 있는 인터내셔널 데이터 사의 애널리스트 조안-캐럴 브리검은 "기술은 훌륭하지만 아무도 그 기술을 사용할 준비가 되어 있지 않다"고 말했다.

소수 최고경영진을 제외하고는 회사의 재정이 얼마나 긴박한 상황으로까지 내몰렸는지 아는 직원은 거의 없었다. 이제 회사의 유일한 소유주가 된 잡스는 더 근본적인 대책을 내놓아야 할 때라고 판단했다.

잡스는 광고 제작과 렌더맨 개발을 제외한 대부분의 업무를 없앴다. 그는 포토리얼리스틱 렌더맨이 포스트스크립트처럼 프린터와 데스크톱 컴퓨터를 위한 제품으로 장래성이 있다고 믿었다. 앨비 레이 스미스의 아이스맨 프로그램도 이미지 처리 작업 분야에서 장래성이 있다고 믿었다. 광고는 이미 회사의 주요 수입원으로 자리 잡은 상태라, 여기에서 발생하는 수익으로 시장이 성숙할 때까지 포토리얼리스틱 렌더맨과 아이스맨에 들어가는 비용을 대면서 기다리면 되었다. 이 두 부문에 속하지 않는 직원들은 사전 예고도 없이 해고되었다.

잡스는 당시 〈뉴욕 타임스〉에서 다음과 같이 말했다.

"우리의 목표는 렌더맨과 1990년대의 시스템 소프트웨어인 아이스맨을 만드는 것입니다. 나는 지금까지 여기에 매달려왔고, 직원들을 다시 고용하기까지는 앞으로 24개월이 걸릴 것 같습니다."[28]

콜스태드도 해고라는 재앙을 맞은 사람들 가운데 하나였다. 해고되었다가 곧 다시 고용된 커윈은 회사를 떠나는 직원들에 대한 처우에 분개하며, 최소한 2주일 전에는 해고 사실을 알려줬어야 하는 것 아니냐고 잡스에게 따졌다. 그러자 잡스는 이렇게 대답했다.

"좋아요, 그럼 2주 소급하는 해고 예고를 해주죠."

잡스는 해고 사태 직후에 나머지 직원들을 만났다. 물론 예의 '현실 왜곡의 장'이 되는 순간이었다. 필립스는 잡스가 이렇게 말한 것으로 기억한다.

"여러분은 동료들이 짐을 싸서 차에 싣고 떠나는 걸 보았습니다. 여러분은 그런 일이 바로 여러분에게도 일어날 수 있다는 사실을 깨달았을 겁니다."

실리콘밸리 공동체 안에서 이 이야기는 잡스의 직원들을 대하는 방식보다는 픽사라는 회사를 계속 유지하기 위해서 잡스가 구사한 방식과 관련된 것으로 사람들 입에서 회자되었다.

사업이라는 관점에서 보면 잡스가 대량 해고의 칼을 휘두른 것은 도무지 말이 안 되는 행위로 비쳤다. 그가 아무리 렌더맨의 장래성을 높이 평가한다 하더라도, 그의 행동 동기는 사업적이거나 경제적인 차원이 아니라 체면을 세우기 위한 차원이었던 것 같다. 애플을 통해 크게 성공했으나 거기에서 쫓겨남으로써 비참한 실패를 경험했던 터라, 다시 한 번 성공 신화를 기록할 것인지 아니면 애플의 성공이 그저 운이 좋았던 것으로 사람들에게 비칠지는 픽사의 성공 여부에 달려 있었고, 그랬기 때문에 잡스는 엄청난 부담을 느낄 수밖에 없었다.

스미스는 픽사의 초기 시절에 대해 다음과 같이 말했다.

"제대로 굴러가지 않았습니다. 사실 객관적으로 보자면 우리는 실패를 했어야 마땅합니다. 그러나 내가 보기에 잡스는 패배의 고통을 받아들일 마음이 없었던 것 같습니다. 잡스로서는 도저히 용납할 수 없었던 겁니다."

06 스토리를 창조하라

〈토이 스토리〉

픽사가 CAPS 프로젝트를 수행하기 위해 고용한 기술자들, 즉 피터 나이Peter Nye와 마이클 샌치스Michael Shantzis 그리고 이 팀의 리더인 톰 핸은 글렌데일에 있던 디즈니 애니메이션 빌딩에서 새로운 디지털 채색 시스템을 애니메이션 제작 과정에 결합하는 작업을 하면서 많은 시간을 보냈다.

〈코디와 생쥐 구조대〉 제작이 한창 진행되던 1990년 초여름에 CAPS 팀으로부터 메시지 하나가 들어왔다. 월트 디즈니 피처 애니메이션Walt Disney Feature Animation의 사장 피터 슈나이더Peter Schneider가 픽사와 손을 잡고 장편영화를 만드는 데 관심이 있으니 만나고 싶다는 내용이었다. 에드 캣멀과 앨비 레이 스미스가 10년 6개월 동안 기다려왔던 바로 그 메시지였다. 캣멀은 서둘러 슈나이더와 통화를 했다.

픽사는 컴퓨터로 캐릭터 애니메이션을 하는 유일한 집단이 아니었다. 하지만 픽사는 점차 디즈니의 가장 확실한 선택 대상으로 입지를 굳혀가고 있었다. 래스터가 만든 단편영화들과 광고들 그리고 CAPS라는 시스템의 성공적인 도입으로 픽사는 업계에서 확실한 신뢰를 얻었다. 디즈니가 컴퓨터 애니메이션이라는 분야에 관심을 가진 뒤 픽사를 이 부문의 선두주자로 꼽은 것은 픽사를 일군 사람들의 인맥이나 운이 아니라 순전히 그들의 실력과 결과물이 담보하는 품질 덕분이었다. 에드 캣멀이 연구 성과와 학생 영화 덕분에 뉴욕 공과대학의 컴퓨터 그래픽스 연구소를 시작하는 논리적인 선택을 했을 때도 그랬고, 로렌 카펜터가 수많은 구직 경쟁자들을 물리치고 루카스필름의 컴퓨터 그래픽 사업부에 고용되었을 때*도 그랬다.

* 본문 73쪽 참조

캣멀과 스미스 그리고 구겐하임은 슈나이더와 〈코디와 생쥐 구조대〉의 프로듀서인 토머스 슈마허Thomas Schumacher를 만나러 글렌데일로 갔다. 그런데 왠지 분위기가 묘했다. 당시 픽사의 애니메이션 책임자였던 구겐하임은 다음과 같이 회상한다.

"우리를 맞이해서 얘기하는 사람들의 태도가 어쩐지 냉담했습니다. '어떻게 하면 잘할 수 있을지는 우리가 당신네들보다 더 잘 압니다'라고 하더군요. 이 사람들은 제프리(카젠버그. 슈나이더의 상사)로부터 지시를 받고 왔을 뿐, 외부 조직과 함께 일한다는 사실을 별로 반기지 않았습니다."

캣멀과 스미스, 구겐하임은 디즈니의 경영진에게 자기들은 디즈니의 창조성을 기꺼이 받아들일 것이라고 설명했다. 다시 구겐하임의 회상이다.

"우리는 그 사람들에게 한 수 배울 수 있어 정말 기쁘다는 사실을 인정했습니다."

슈나이더는 여전히 심드렁했다.

"그의 태도가 어찌나 이상했던지, 우리는 '그래, 이

사람들은 이 일을 하고 싶어하지 않는구나'라고 생각할 수밖에 없었습니다."

나중에야 그들이 그런 이유를 알았다. 만일 디즈니가 픽사와 함께 영화를 만들 경우 이 일은 전적으로 슈나이더의 감독권 바깥에서 진행되도록 한다는 게 카젠버그의 의도였던 것이다. 픽사와 디즈니가 적당한 거리를 유지한 채 공동 작업을 할 것이라는 의미였다. 카젠버그는 대본과 예산에 대해서만 합의를 하고, 픽사가 완성된 영화의 네가 필름을 디즈니에 넘겨주면 되었다. 디즈니 피처 애니메이션이 창조적인 역할을 발휘할 구석은 아무데도 없었다. 카젠버그가 이런 생각을 한 데는 이유가 있었다. 부분적인 이유이긴 하지만, 픽사는 노동조합이 없는 회사였는데, 디즈니의 노동조합이 그런 회사와 공동으로 영화를 만드는 것을 어떻게 받아들일지 알 수 없었던 것이다. 어쨌든 슈나이더는 애가 탈 수밖에 없었다.

그렇게 첫 만남을 끝낸 뒤에 픽사 사람들은 풀이 죽어서 돌아갔다. 그런데 카젠버그가 직접 연락을 해왔다. 한 번 더 보자는 것이었다. 깜짝 놀랄 일이었다. 이번에는 캣멀과 스미스, 구겐하임 외에 (애니메이션 부서의 연구개발 책임자인) 빌 리브스와 잡스 그리고 래스터도 함께 갔다. 픽사 사람들은 30분짜리 텔레비전 방송물인 〈틴 토이 크리스마스〉를 만들자는 기획안을 가지고 갔다. 텔레비전 프로그램 작업을 하는 게 30초짜리 광고나 단편영화 작업을 하는 것보다는 더 좋은 경험이 될 거라고 판단했다. 일단 30분짜리를 경험해보면 장편영화에도 도전해볼 수 있을 터였다.

픽사가 넘어야 할 과제는 두 가지였다. 하나는 픽사와

함께 일을 하는 게 흥미로울 것이라는 생각을 카젠버그에게 심어주는 것이었고, 또 하나는 (이게 훨씬 더 어려운 일이었는데) 래스터와 나머지 신참 애니메이터들이 디즈니와 함께 작업할 수 있도록 카젠버그를 설득하는 것이었다. 카젠버그는 1984년에 마이클 아이스너로부터 임명을 받은 뒤로 〈위대한 명탐정 바실〉과 〈인어공주〉를 필두로 해서 디즈니의 애니메이션을 되살려놓은 인물이었다. 동시에 그는 아주 작은 부분까지 일일이 간섭하고 통제하는 독재자라는 악명을 쌓았다. 다음은 스미스의 회상이다.

"디즈니가 애니메이터들을 얼마나 지독하게 대하는지는 소문이 파다했습니다. 우리 애니메이터들도 그런 시달림을 피해서 왔던 겁니다. 에드와 나는 '그래, 좋아. 우리가 드디어 영화를 만들 수 있는 기회야'라고 좋아했지만, 애니메이터들은 걱정이 태산이었죠. 자기들이 박차고 나온 디즈니와 다시 일을 해야 했으니까요. 이 문제를 해결하는 게 가장 큰 과제였습니다."

이들은 버뱅크에 있는 디즈니의 본부인 팀 디즈니 빌딩에서 긴 회의용 탁자를 가운데 두고 앉았다. 카젠버그는 상황을 제대로 파악하고 있었다. 우선 그는 자기와 함께 일을 하는 게 정말 좋은 선택이라는 점을 래스터에게 설득하려고 했다. 카젠버그는 호전적이면서도 동시에 아첨이 섞인 발언으로 시작했다.

"만일 모든 일이 내 마음대로 된다면, 이런 제안을 하지도 않을 겁니다. 여기 있는 존 래스터가 훌륭한 재능을 가지고 있다는 건 누구나 다 압니다. 그런데 존이 디즈니에 와서 내 밑에서 일을 하려고 하지 않으니까, 이런 방식을 쓸 수밖에 없군요."

그는 자신이 평생 얼마나 애니메이션을 사랑하며 살았는지, 또 위대한 애니메이션 영화에 얼마나 깊은 감명을 받는지 말했다. 그리고 픽사가 디즈니와 손을 잡고, 디즈니가 강요하는 대본이 아니라 독자적인 영화를 계속 만들기를 바란다고 했다. 30분짜리 텔레비전 방송용 애니메이션은 반대한다고도 했다. 그 정도 규모에 인력을 꾸리고 제작 인프라를 마련할 바에는 차라리 장편영화를 만드는 게 낫지 않느냐는 것이었다.

이윽고 카젠버그는 자기와 관련된 소문을 언급했다.

"사람들은 내가 독재자라고 생각합니다. 맞습니다, 난 독재자입니다. 그러나 내가 말하는 게 옳기 때문에 그렇게 하는 겁니다. 만일 여러분이 생각하기에 내가 틀렸다면, 여러분에게 방향을 바꿀 기회를 줄 참입니다. 하지만 그러려면 여러분이 옳아야 할 겁니다."

그는 픽사에서 온 방문자들에게 디즈니의 애니메이터들과 한데 어울려 즉석에서 대화를 나누어보라고 권했다. 디즈니의 애니메이터들에게 뭐든 다 물어보라고 했다. 다음은 스미스가 회상하는 내용이다.

> 우리는 디즈니의 애니메이션 부서에 속한 감독들과 애니메이터들 그리고 그 밖의 다른 스태프들을 제프리(카젠버그)가 없는 자리에서 만났습니다. 우리는 그 사람들에게 이것저것 물어보고 많은 이야기를 나누었습니다. 그런데 그들에게 들어보니, 제프리가 한 말이 틀린 말이 아니더군요. 독재자가 맞다, 그 점에 대해서는 누구도 부정할

수 없다, 그러나 그가 본능적으로 선택하는 방향은 대개 옳았다 등등. 그들은 몇몇 애니메이터들이 자기 생각을 끝까지 고집해서 잘된 경우도 보았다고 했습니다. 그러나 실패할 경우 고집을 부린 사람들은 목을 내놓아야 했다는 말도 했습니다.

픽사의 여섯 사람은 디즈니 빌딩에서 나왔다. 스미스와 래스터가 다른 사람들보다 먼저 나왔다. 스미스는 흥분을 감추지 못하고 래스터에게 어떠냐고 물었다. 래스터가 말했다.

"할 수 있을 것 같네요."

디즈니와 손을 잡고 함께 일을 하겠다는 말이었다.

픽사와 디즈니는 본격적인 협상에 들어갔다. 하지만 이야기는 쉽게 풀리지 않았고, 협상을 하는 데만 몇 달이 훌쩍 지나갔다. 영화에서 발생하는 수익금의 배분 문제는 아직 한참 먼 일이었고, 카젠버그는 픽사가 개발한 3D 모델링 및 애니메이션 소프트웨어인 멘비Menv: Modeling Environment의 권리를 디즈니도 공유해야 한다고 주장했다.

멘비는 캐릭터 애니메이션에 적합하도록 정밀하게 조정된 프로그램으로, 픽사의 상업용 소프트웨어인 포토리얼리스틱 렌더맨과 달리 공개 시장에서는 구할 수 없었다. 래스터와 구겐하임은 최상의 조건을 보장하도록 카젠버그를 압박할 생각으로, 유니버설과 파라마운트, 콜롬비아 등의 영화사 경영진과도 만났다. 물론 이 회사들은 픽사 측에 어떤 제안도 하지 않았다.

협상이 진행되는 동안 스미스는 픽사를 떠나서 알타미라Altamira라는 회사를 창업했다. 그래픽 소프트웨어

업계의 거인인 오토데스크로부터 투자금을 받았다. 개인용 컴퓨터에서 이미지 처리를 하는 고급 소프트웨어를 개발하는 회사였다. 전해에 잡스와 한바탕 싸운 뒤로 스미스는 그를 두 번 다시는 만나지 않는 게 좋겠다고 생각했다. 잡스가 직원들의 주식을 가로채자 불신감은 더욱 커졌다. 그래서 독자 행보의 선택을 했던 것이다.

한편 잡스는 디즈니와 협상하는 과정에서 픽사의 기술과 관련된 문제에 대해서는 단호했다. 결국 카젠버그는 멘비의 권리를 공유하겠다는 주장을 철회했다. 두 사람은 재무 관련 문제에 대해서는 훤했다. 카젠버그는 또 인형들이 캐릭터로 등장하는 영화에 대해서 호의적인 생각을 가지고 있었다. 최종적인 협상안이 가시권에 들어오기 시작하던 1991년 3월, 래스터는 '토이 스토리'라는 가제를 붙인 영화의 트리트먼트treatment* 를 카젠버그에게 제시했고, 카젠버그는 이 트리트먼트에 공감했던 것이다.

* 줄거리를 포함한 간략한 영화 기획안.

래스터와 앤드류 스탠튼, 피트 닥터가 초안을 쓴 〈토이 스토리〉의 최초 트리트먼트와 최종적으로 완성된 영화는 일치하는 부분이 거의 없다. 트리트먼트에는 〈틴 토이〉의 1인 밴드에서 등장했던 티니와 복화술사 인형(그냥 '인형'으로만 불렸다)이 나온다. 이들 앞에 온갖 장소로 이어지는 모험 여행이 펼쳐진다. 트럭 짐칸에서 쓰레기 수거 트럭, 어느 집 마당에서 펼쳐진 벼룩시장, 어떤 부부의 집 그리고 마침내 유치원 운동장으로 이어지는 여행이다.

그런데 〈토이 스토리〉의 핵심적인 아이디어, 즉 장난감들이 자기와 함께 놀아줄 아이들을 간절하게 바라고, 이 바람으로 해서 인형들이 희망과 공포를 느끼고 또 온갖 행동에 나선다는 것은 첫 번째 트리트먼트에 이미 나온 내용이었다. 래스터가 처음 머릿속에 그렸던 영화는, 장난감 공장에서 생산된 티니가 잠에서 깨는 장면에서 시작됐다.

토이 스토리

누구나 어린 시절에 장난감을 잃어버린 기억이 있다. 이 이야기는 누군가가 잃어버린 장난감이 자기에게 가장 중요한 것을 회복하려고 애를 쓴다는 내용이다. 즉 아이들과 함께 놀고 싶어하는 장난감의 시선에서 이야기가 전개된다. 아이들과 함께 논다는 것은 모든 장난감의 존재 이유다. 또한 이것은 장난감이 존재하는 정서적인 기반이기도 하다.

우리의 이야기는 장난감을 만드는 공장에서 시작된다. 컨베이어벨트 위로 온갖 크기와 형태, 온갖 색깔의 장난감들이 가득 늘어서 있다. 우리는 그 가운데 한 무리 장난감 연주자들의 모습을 보여준 뒤에, 주인공인 티니에게 초점을 맞춘다.

티니가 잠에서 깨어 눈을 뜨고는 주변을 둘러본다. 커다랗게 뜬 두 눈에는 호기심과 흥분으로 가득하다. 컨베이어벨트는 적하장으로 이어지고, 티니는 포장이 되어 커다란 마분지 상자에 들어간다. 상자가 포장될 때 우리는 티니와 함께 어둠 속으로 들어간다.

티니는 장난감 가게에 도착한다. 가게가 문을 열면 티니와 다른 장난감들은 '애완동물 가게의 강아지들처럼' 누군가가 자기를 집으로 데려가길 간절하게 바란다. 티니는 한 소년의 생일선물로 주어지고, 곧 소년의 집이 있는 사우스웨스트로 여행을 떠난다. 그런데 가족은 깜박 잊고 티니를 주유소에 두고 가버린다. 티니는 거기에서 자기를 반기는 인형을 만난다. 카우보이 흉내를 내는 복화술사 인형이다. 티니와 복화술사 인형은 우여곡절을 거친 뒤에 마침내 유치원 교실에서 아이들의 장난감이 된다. 이 트리트먼트의 마지막 부분은 다음과 같다.

> 아이들이 나타나고, 두 장난감과 함께 놀기 시작한다. 두 장난감은 기쁨에 들뜨고, 분위기는 노래와 함께 한껏 고조된다. 티니와 친구들은 천국처럼 즐겁다. 해피엔딩이다.

인형들의 존재 이유와 관련된 전제를 일단 빼놓고 보면 이 트리트먼트에서 가장 중요한 개념은, 장난감이 사람의 부주의로 주유소에 남겨진다는 상황의 설정이었다. 이러한 설정이 있었기에 이 트리트먼트는 영화로 제작될 수 있었다. 물론 이것 말고도 최종적으로 영화에 반영된 내용들이 있었지만 (예를 들면 티니가 생일선물로 팔린다거나, 티니가 트럭에 올라탄다거나 혹은 장난감들이 자동차에 매달린다거나 하는 에피소드들이다) 모두 부차적인 요소들이었다.

트리트먼트에서는 쓰레기 수거 차량이지만 영화에서는 이삿짐 트럭이 등장하고, 트리트먼트에서 풀쐐기 슬링키는 영화에서 강아지 슬링키로 바뀌어서 나타난다. 영화에서처럼 트리트먼트에서도 장난감들이 피해서 도망쳐야 하는 무서운 애완견이 등장한다. 이 개는 침을 질질 흘리는 '역겨운 개'이며 누가 보더라도 '걷어차서 쫓아버리고 싶은' 개다. 하지만 장난감을 망가뜨리고 개조하는 게 취미인 '장난감

살인자' 소년 시드 필립스는 트리트먼트에서는 아직 등장하지 않았다.

디즈니와 픽사는 1991년 5월 3일에 마침내 최종 합의안을 마련했다.● 디즈니는 협상을 할 때는 한 걸음도 물러서지 않고 철저했다.

13쪽이나 되는 재무 관련 합의사항에 따르면, 공동으로 제작하는 영화가 〈인어공주〉만큼 성공을 거두지 못하면 픽사에게 돌아가는 수익은 별로 없었다. 디즈니는 설령 영화 제작에 들어갔다고 하더라도 '언제든 영화를 포기할 수 있는 권리'를 '독자적인 판단에 따라' 행사할 수 있었다. 이 경우 픽사는 노동력 제공에 대한 대가로 거기에 따른 비용과 35만 달러의 '포기 수수료'만 받기로 했다. 이 같은 계약은 세 편의 영화에 적용되었는데, 두 번째와 세 번째 영화는 디즈니의 선택 사항으로 규정했다.

> **"디즈니, 픽사와 3D 애니메이션 협약 체결"**
> 〈할리우드 리포터〉, 1991년 7월 12일 (그렉 파섹)
>
> 월트 디즈니 컴퍼니는, 애플의 귀재 스티브 잡스가 세운 회사 픽사와 지난 목요일에 세 편의 영화를 공동으로 제작하기로 계약함으로써, 컴퓨터 3D 애니메이션 장편영화를 최초로 배급하는 회사가 될 전망이다.
> 아카데미상을 받은 픽사의 감독 겸 애니메이터인 존 래스터가 첫 번째 장편영화의 각본을 쓰고 연출을 맡을 예정이다. 이 영화는 1994년에 월트 디즈니 픽처스

●우연히도 픽사와 디즈니가 이 합의안을 발표하기 한 주 전에 픽사가 컴퓨터 애니메이션 작업으로 참가한 영화 〈터미네이터 2 : 심판의 날〉이 개봉되어 컴퓨터 그래픽 특수효과의 새로운 시대를 열었다. 픽사는 컴퓨터 애니메이션으로 〈어비스〉(1989년)의 물의 괴물을 만드는 계약을 따내려고 했지만, ILM에게 기회를 빼앗겼다. 〈터미네이터 2〉 작업이 없었더라면 픽사는 루카스필름에서 분리 매각된 이후로 실사 촬영 영화에 필요한 여러 가지 효과들을 만들어내는 일에는 손도 대보지 못했을 것이다. 픽사는 적어도 한 가지 점에서는 특수효과에 일가견이 있었다. 픽사의 포토리얼리스틱 렌더맨 소프트웨어는 〈어비스〉 이후로 컴퓨터를 이용하는 특수효과 회사라면 선택할 수밖에 없는 소프트웨어가 되었다.

이름으로 개봉되어 브에나비스타 픽처스 디스트리뷰션을 통해 배급될 예정이다. 이와 관련하여 잡스는 "디즈니와 함께 첫 번째 컴퓨터 애니메이션 장편영화를 만드는 것은 1986년에 회사를 세운 이래로 우리의 꿈이었다. 이제 우리의 꿈은 이루어졌고, 우리는 지금 이보다 더 좋을 수 없을 정도다"라고 말했다.

또 이 계약서는 영화 창작과 관련된 최종 결정을 카젠버그가 내릴 수 있도록 규정했다. 픽사의 대본이 마음에 들지 않을 경우 디즈니는 자신이 선택한 시나리오 작가들에게 대본 작업을 맡길 수도 있다는 뜻이었다. 디즈니는 영화에 대한 '100퍼센트 소유권'을 가지고, 아울러 속편이나 리메이크 혹은 텔레비전 프로그램을 '자기 재량에 따라서' 제작할 수 있는 권리 및 비디오 판권도 가졌다. 픽사는 이런 프로젝트에 제작회사로 결합하는 최초의 회사가 될 터였다. 하지만 만일 픽사와 디즈니가 조건에 합의하지 않을 경우, 디즈니는 독자적으로 진행할 권리를 가졌다. 심지어 퍼시픽 데이터 이미지와 같은 다른 제작회사와 손을 잡을 수도 있었다. 이 경우 픽사는 수익의 아주 작은 부분만 받게 되고, 아울러 작품의 창작과 관련된 어떤 발언권도 행사할 수 없었다.

픽사는 마치 이런 계약이 존재하지도 않는 듯 예전과 다름없이 계속해서 광고를 제작했다. 영화의 스토리가 모양을 갖출 때까지 기다리면서 수익성이 있는 사업 쪽으로 제작 인력을 돌리겠다는 목적도 있었지만, 정말 중요한 이유는 계약이 파기될 수도 있는 최악의 상황에 대비하기 위해서였다. 〈토이 스토리〉의 프로듀서였던 구겐하임은 다음과 같이 회상한다.

"디즈니가 그랬듯이 우리 역시 컴퓨터 애니메이션이

아직은 실험적인 매체라는 걸 잘 알고 있었습니다. 디즈니가 끝까지 우리와 함께할 것이라는 보장은 어디에도 없었습니다. 디즈니는 언제라도 발을 뺄 수 있었으니까요."

이런 걱정은 근거가 있었다. 계약서에 서명한 직후에 카젠버그는 그 영화를 디즈니 피처 애니메이션의 날개 아래로 밀어넣었다. 픽사의 애니메이션 담당자들은 흡족했다. 디즈니의 애니메이션 베테랑들에게 자유롭게 자문을 구할 수 있게 되었기 때문이다. 하지만 슈나이더는 이 사업을 여전히 회의적으로 바라보았고, 나중에는 아이스너를 찾아가서 이 사업을 취소하라는 말까지 했다.[1]

한편 카젠버그는 〈토이 스토리〉를 지지했다. 그러나 첫 번째 트리트먼트에 문제가 있다고 보았다. 두 주인공 모두 동일한 이유 때문에 동일한 것을 원했던 것이다. 그래서 카젠버그는 래스터에게 〈48시간〉(1982년)이나 〈흑과 백〉(1985년)을 모델로 하여 옛날식 버디무비 이상의 것이 되도록 〈토이 스토리〉의 이야기를 새로 짜는 게 어떠냐고 했다. 두 영화에서 주인공들은 서로 싫어하면서도 주변 상황 때문에 어쩔 수 없이 협력하는 과정을 거치면서 점차 서로를 존중하게 된다. 래스터와 스탠튼 그리고 닥터는 9월 초에 두 번째 트리트먼트를 완성했다. 중심인물은 여전히 티니와 인형이었지만, 나중에 영화에 나타나는 이야기의 개요가 비로소 드러나기 시작했다.

토이 스토리

두 아이가 생일선물로 음악성이 넘치는 티니라는 장난감을 받는다. 다른 장난감과 마찬가지로 티니 역시 포장이 뜯기면서

'태어난다.' 처음 세상에 태어났기 때문에 티니는 순진하기만 하다. 지금까지 아이들이 가장 좋아하던 장난감은 복화술사 인형이었다. 아이들이 이 장난감들을 가지고 놀 때, 놀라운 상상의 세상이 아이들과 장난감들 앞에 펼쳐진다. 아이들이 티니와 즐겁게 노는 것을 보고 복화술사 인형은 질투를 한다. 이 인형과 티니는 아이들의 관심을 차지하려고 서로 경쟁하기 시작한다. 급기야 둘은 말다툼도 하고 점차 이기적으로 변해간다.

어느 날 두 아이의 아버지가 가족이 모두 다른 곳으로 이사를 갈 것이라고 말한다. 가족들은 힘들게 이삿짐을 싼 다음 피자를 먹으러 밖으로 나간다. 그런데 티니와 인형은 주유소에서 가족이 탄 차를 놓쳐버린다. 둘은 이 무서운 세상에 오로지 자기 둘만 내팽개쳐졌다는 것을 알고 서로를 탓하며 다툰다.

두 장난감은 피자 가게에서 가족을 가까스로 만날 뻔하지만, 그 직전에 '장난감 고문을 좋아하는 소년'에게 붙잡힌다. 소년은 복화술사 인형은 자기 집에서 키우는 사악한 개에게 던져주고, 티니를 장난감 로켓에 묶어서 하늘로 날려 보낸다. 하지만 두 장난감은 간신히 살아남아 탈출을 모의한다. 마침내 탈출에 성공하지만 새로운 위기가 찾아온다. 주인 가족을 태운 이삿짐 트럭이 떠나고 있었던 것이다. 티니는 있는 힘을 다해서 이삿짐 트럭에 올라탄다. 그러나 인형은 끝내 트럭에 타지 못한다. 뒤따라온 개가 물고 늘어졌기 때문이다. 티니가 폴짝 뛰어내려서 개의 주의를 끌며 인형이 무사히 트럭에 오르도록 돕고, 인형은 가족의 다른 장난감들을 안전하게 보호한다. 이 인형들은 주인 아이들과 함께 티니를 구한다.

이야기의 핵심적인 내용은 모두 자리를 잡았다. 그러나 래스터는 티니 캐릭터가 핵심 주인공이 되기엔 약하다고 느꼈다. 래스터는 나중에 이렇게 회상했다.

"이야기가 점차 다듬어짐에 따라서 티니가 너무 구식이라는 게 분명하게 드러났습니다. 그래서 우리는 어린 소년이 홀딱 빠져서 다른 장난감은 거들떠보지도 않을 캐릭터가 어떤 것일지 분석하기 시작했죠."[2]

티니는 처음에 미국 병사 스타일의 액션 피규어로 바뀌었다(이 피규어는 래스터가 어린 시절에 무척 좋아했던 장난감이다). 그러다 나중에는 1960년대에 어린이들에게 인기 있던 장난감 매트 메이슨과 같은 우주인 영웅 피규어로 바뀌었다. 이 새로운 캐릭터의 이름은 한동안 루너 래리였다가 나중에 모프의 템퍼스로 바뀌었다.

래스터는 버디무비는 보통 두 주인공의 캐릭터가 정반대일 때 가장 돋보인다고 생각하고 복화술사 인형을 카우보이 피규어로 만들어 신세대와 구세대의 대비를 강조했다. 카우보이 인형의 이름은 우디로 지었다. 존 포드 감독과 세르지오 레오네 감독의 여러 서부극에 등장했던 성격파 흑인 배우 우디 스트로드의 이름을 딴 것이다.

우디와 템퍼스는 1992년 6월에 디즈니에 전달한 세 번째 트리트먼트에서 처음 등장했다. 디즈니는 〈토이 스토리〉의 샘플을 보고 싶어했다. 그 장면은 장난감들의 주인공인 앤디의 침실에 있는 서랍장 꼭대기에서 시작되었다. 우디는 주인의 사랑을 독차지하는 경쟁자인 템퍼스를 서랍장 뒤로 밀어버린다. 템퍼스는 서랍장 뒤에 끼어 옴짝달싹못하는 신세가 된다.

당시 픽사의 가장 큰 목표는 디즈니에게 강한 인상을 심어주는 것이었다. 구겐하임은 다음과 같이 회상한다.

"존은 고전적인 수작업 애니메이션으로는 해낼 수 없는 장면들을 보여주려고 했습니다. 그래서 블라인드가 쳐진 어두운 방을 선택하고, 우디에게는 격자무늬 셔츠를 입혔지요. 손으로 그리는 애니메이션에서는 불가능한 설정이었어요."

등장인물들은 외모나 개성에서 최종적인 손질이 끝나지 않은 상태였다. 우디는 교활했고, 복화술사라는 캐릭터가 남아 있는 입모양의 선은 어딘지 유령처럼 무시무시한 데가 있었다. 게의 등딱지처럼 보이는 붉은 우주복을 입은 템퍼스는 왜소했다. 또 거칠다는 느낌보다는 우습다는 느낌이 강했다. 템퍼스는 우주인 캐릭터의 특성을 그대로 가지고 있었으며, 자기가 주인에게 속한 장난감이라는 것을 알고 있었다.

디즈니 경영진은 픽사의 샘플을 보고 열광했다. 하지만 우디가 천으로 만든 인형이라는 설정에는 반대했다. 복화술사 인형은 영화와 텔레비전의 공포물에서 수도 없이 봐왔기 때문이다.

래스터는 어릴 때 좋아했던 또 다른 인형, 끈을 잡아당기면 소리가 나는 캐스퍼에서 영감을 얻었다. 우디는 이런 소리를 내장한 인형으로 다시 등장했다. 입을 떡 벌리고 있던 모습은 사라졌다. 템퍼스도 우디와 비슷한 크기로 바뀌어 우디의 경쟁자다운 면모를 갖추었으며, 버즈

라이트이어라는 이름을 새로 얻었다. 우주인 버즈 올드린* 의 이름에서 딴 것이다.

* 닐 암스트롱과 함께 인류 최초로 달을 밟은 우주인.

픽사의 애니메이션 제작 부서에서 스토리를 맡고 있던 래스터와 스탠튼, 닥터, 그리고 랜프트는 자기들 대부분이 장편영화 시나리오를 쓰는 데는 초보자라는 걸 잘 알고 있었다. 실제로 디즈니에서 여러 편의 장편영화 및 2D 영화 〈용감한 토스터의 모험〉 등을 작업하면서 스토리보드 일을 했으며 칼아츠에서 이야기 구성 강의를 한 적이 있는 랜프트를 제외하고는, 아무도 장편영화 크레딧에서 이야기 구성이나 시나리오 부문에 이름을 올린 적이 없었다. 5분짜리 단편영화를 잘 만든다고 해서 80분이나 90분짜리 장편영화에서도 구성과 시나리오를 잘 짠다는 보장은 없었다. 더욱이 〈앙드레와 월리 비와의 아침 식탁〉 이후 래스터가 만든 단편영화들은 대사가 한 줄도 없었다.

래스터와 닥터는 시나리오의 대가 로버트 맥키Robert Mckee가 로스앤젤레스에서 마련한 사흘짜리 워크숍에 참가했다. 그들은 아리스토텔레스의 《시학》에 바탕을 둔 로버트 맥키 원칙의 신봉자가 되어 포인트 리치먼드로 돌아왔다. 특히 주인공과 그의 이야기는 주인공 앞에 펼쳐지는 여러 힘들이 주인공을 흥미로운 존재로 만들 때만 흥미로울 수 있다는 원칙에 이끌렸다.

캐릭터는, 그가 여러 문제에 반응해서 선택하는 행위들을 통해 사실적이고 강력하게 태어난다. 맥키 워크숍은 이야기 구조, 주인공이 부딪히게 되는 문제들 및 이에 대한 주인공의 반응과 이야기가 맞물려 돌아가는 양상에 대한 예리한 통찰력으로 명성이 높았다. 이런 맥키의 원칙은 픽사에서

법으로 자리를 잡았다.

래스터가 이끄는 스토리 팀은 〈48시간〉과 〈흑과 백〉뿐만 아니라 〈미드나이트 런〉과 〈델마와 루이스〉 등 수많은 버디무비들을 섭렵하며 각 영화의 이야기 구조를 분석했다. 아울러 일본의 애니메이션 감독 미야자키 하야오의 팬이었던 래스터는 〈천공의 성 라퓨타〉(1986년)도 분석했다(그리고 훨씬 뒤에 〈토이 스토리〉 마지막 부분의 추격 장면을 계획할 때 래스터는 〈프렌치 커넥션〉(1971년), 〈불릿〉(1968년), 〈늑대의 거리〉(1985년) 등을 보면서 감독들의 의도를 분석했다).

디즈니는 외부 작가들을 쓸 수 있는 권한을 행사해서, 조엘 코언Joel Cohen의 코미디 작가 팀과 〈내셔널 램푼〉 시리즈의 작가 알렉 소콜로Alec Sokolow를 고용해 픽사의 스토리 팀에 붙였다.[3] 7번에 걸친 수정고가 나온 뒤에 코언과 소콜로는 떠났다. 디즈니는 3세대 텔레비전 작가 조스 웨든Joss Whedon을 불러들여 넉 달 동안 기존의 대본을 새로 쓰게 했다. 웨든은 자기가 처음 그 원고를 보았을 때 거기에는 "굉장한 구조와 제대로 작동하지 않는 대본"이 있었다고 나중에 말했다.[4]

웨든이 일을 맡았을 즈음에 장난감들의 캐릭터는 거의 자리 잡은 상태였다. 우디와 버즈가 차지한 방에 있던 다른 장난감들은 대부분 베이비붐 시대에 태어난 부모 세대에게 낯익은 것들이거나 고전적인 장난감을 약간 변형한 것들이었다. 장난감 디자인이 유행을 따를 경우 시간이 조금만 지나도 낡은 영화처럼 보일지도 모른다고 래스터는 판단했던 것이다. 그런데 하스브로Hasbro**에서 G. I. 조의 사용권을 허락하지 않았으며, 미스터 포테이토 헤드Mr. Potato

** 미국의 완구 전문업체.

Head[*]만 마지못해 허락했다(구겐하임은 "미스터 포테이토 헤드를 영화에 출연시키기 위해 그의 변호사들과 수도 없이 많이 접촉했던 탓에 제작팀 사이에서는 이와 관련한 온갖 우스갯소리가 나왔다"고 회상했다). 웨든은 수줍음 많은 공룡인 렉스를 추가했고, 바비에게 맡길 중요한 역할이 없을까 모색했다.

* 감자 모양의 캐릭터로 미국 어린이들에게 인기가 높다.

이렇게 해서 찾아낸 대안은, 우디와 버즈가 시드의 집에 갇혀 있을 때 바비가 코만도 복장을 하고 기습을 한다는 것이었다. 바비의 캐릭터는 린다 해밀턴이 〈터미네이터 2〉에서 사라 코너가 보였던 모습 그대로였다(두 주먹을 휘두르며 남자 엉덩이를 걷어차는 여자 주인공은 당시에는 보기 드문 캐릭터였다. 이런 캐릭터를 웨든은 1992년 영화 〈뱀파이어 해결사〉의 시나리오에서도 썼다). 하지만 웨든의 아이디어는 무산되고 말았다. 매텔Mattel[**]이 바비의 사용권을 허락하지 않았기 때문이다.

** 미국의 완구 전문회사.

시나리오 문제가 하나씩 해결되어가고 있었지만 음악 사용에서 래스터는 디즈니와 다른 생각을 가지고 있었다. 디즈니의 애니메이션에서 주인공들은 '나는 이러저러하게 하고 싶다'는 내용의 노래를 부르면서 감정을 드러냈다. 이를테면 브로드웨이 뮤지컬과 비슷했다. '스타가 되고 싶을 때'와 같은 노래를 부르며 캐릭터의 감정을 관객에게 전달하는 것은 디즈니 영화의 전통이었다.

그러나 래스터는 디즈니가 바라는 뮤지컬 방식의 접근을 거부했다. 사실성이 떨어질 수 있기 때문이었다. 디즈니와 픽사는 마침내 합의점을 찾았다. 〈토이 스토리〉의 캐릭터들이 직접 노래를 부르지는 않지만, 영화 〈졸업〉(1967년)에서처럼 어떤 행위의 배경으로 음악이 흐르게 해서 버즈와 우디가 느끼는 감정을 증폭하고 관객에게 전달한다는 것이었다.

카젠버그가 1993년 1월 19일에 대본을 승인하자 래스터는 목소리 출연자의 캐스팅 작업에 들어갔다. 배우의 목소리가 캐릭터와 얼마나 잘 맞아떨어질지 테스트해보기 위해서 그는 디즈니 피처 애니메이션으로부터 한 가지 기법을 차용했다. 애니메이션에 등장하는 어떤 캐릭터와 가장 어울리는 후보 배우의 영화 장면의 목소리를 따서, 이것을 완성된 애니메이션이나 스토리보드와 맞춰보는 방법이었다.

래스터는 우디의 배역으로 톰 행크스를 점찍었다. 행크스는 1993년에 주로 코믹한 역할로 많이 알려져 있었지만 아직까지 아카데미상은 받지 못했다. 래스터는 1992년에 개봉된 〈그들만의 리그〉를 보고 그의 연기에 감명을 받았다. 다음은 래스터가 한 말이다.

"톰은 어떤 감정이든 호소력 있게 구사할 능력을 가진 배우였다. 누군가에게 고함을 지를 때조차도 그는 호감을 주었다. 그 점은 결정적인 요인이었다. 이제 더는 우두머리 장난감이 아닌데도 꽤나 건방지게 구는 우디에게는 적격이었다."[5]

행크스가 보여주는 다양한 감정의 스펙트럼을 확인하기 위해 〈터너와 후치〉의 한 장면과 〈토이 스토리〉의 시험용 필름을 연결했을 때, 행크스의 목소리는 처음에는 차분하게 시작하지만 개에게 계속 애원하는 동안 빠르게 신경질적으로 변해갔다.

"그 차가 아냐. 그 차 먹지 마. 그 차 아니라니까!"

카젠버그는 테스트 결과가 마음에 들었고, 우디의 배역으로 행크스가 적격이라는 점에 동의했다. 그리고 글렌데일에 있는 디즈니의 애니메이션 건물에서 행크스와 래스터 그리고 구겐하임이 만나도록 자리를 주선했다.

래스터와 구겐하임은 행크스와 만나는 방을 영화 속 장면의 그림들로 도배를 했다. 그들은 행크스에게 테스트용 비디오테이프를 보여주고 우디의 역할에 대해서 설명했다. 행크스는 만족했고 출연 계약서에 서명했다(구겐하임은 행크스가 방 안으로 들어설 때 처음에는 아무도 그를 알아보지 못했다고 회고했다. 행크스는 〈필라델피아〉 촬영을 마치고 오는 길이었다. 이 영화에서 그는 에이즈로 죽어가는 남자를 완벽하게 연기하기 위해 얼마나 살을 많이 뺐던지 아무도 그를 알아보지 못했다).

래스터는 또 빌리 크리스털이 버즈의 목소리 연기를 해주길 바랐다. 그래서 〈해리가 샐리를 만났을 때〉에서 크리스털의 목소리를 딴 뒤에 직접 테스트 필름을 만들었다. 하지만 크리스털이 거절했고 래스터는 다른 배우에게 눈을 돌렸다. 팀 앨런이었다.

로스앤젤레스에서 스탠딩 코미디*를 한 적이 있는 앨런은 〈남자는 다 돼지다〉라는 30분짜리 케이블 방송으로 카젠버그의 관심을 끌었다. 카젠버그는 앨런이 장차 텔레비전 코미디 드라마의 최고 배우가 될 것이라고 예견했다. 앨런은 두 개의 방송 프로그램을 포기하고 디즈니가 제작하던 시트콤 〈아빠 뭐하세요〉에 출연하기로 계약했다. 이 작품은 1991년 가을에 처음 방송되었다. 래스터는 앨런이 연기한 자신만만하지만 어딘가 어설프고 빈

* 혼자 무대에 서서 아무런 소품 없이 이런저런 이야기를 하며 관객을 웃기는 코미디의 장르.

구석이 있는 캐릭터가 마음에 들었다.

앨런은 곧바로 버즈의 개성을 자기 나름대로 재구성했다. 루나 래리까지 거슬러 올라가는 버즈의 캐릭터에 대해서 래스터 및 그가 이끄는 픽사의 스토리 팀은 〈폭소 기마 특공대〉에 등장하는 주인공인 더들리 두-라이트**처럼 멜로드라마풍이면서도 어려운 문제를 해결하는 주인공과 같은 캐릭터를 상상하고 있었다. 그런데 앨런은 첫 녹음 때 이와는 전혀 다른 버즈, 즉 덜 희화화되고 자만심도 덜한 인물, 한마디로 말해서 더 평범한 인물로 연기했다. 래스터는 이런 캐릭터가 마음에 들었다. 다음은 래스터가 제작 노트에서 밝힌 내용이다.

** '두-라이트 Do-Right'는 옳은 일을 하라는 뜻이기도 하다.

"버즈는 초능력을 가진 영웅(슈퍼히어로)보다는 잘 훈련받은 경찰과 가까운 캐릭터로 탄생했다."[6]

행크스와 앨런 그리고 다른 몇 명의 배우들이 모여 대사를 녹음했다. 아직 배역이 결정되지 않은 캐릭터의 목소리는 애니메이터들이 맡았다. 음악도 아직 만들어지지 않았기 때문에 임시로 적당한 음악을 넣었다. 이렇게 해서 스토리 릴Story reel이 완성되었다. 스토리 릴은 스토리가 잘 만들어졌는지, 흐름이 매끄러운지를 확인하기 위해서 스토리보드에다 음향과 대사를 붙여서 실시간으로 편집을 한 것이다.

스토리 릴 제작은 매우 중요한 과정이다. 실사 촬영 영화에서는 한 장면을 찍을 때 전경을 잡는 컷, 클로즈업 컷, 각 대사에 따른 다양한 각도의 컷을 찍은 다음 감독과 편집자가 여러 가지 조합들을 선택하게 된다. 하지만 손으로 그리든 컴퓨터로 그리든 간에 애니메이션에서는 각각의 프레임을 하나 만드는 데 많은 비용이 들어간다. 그래서 제작자들은 선택 가능한 방안을 모두 필름에 담아둔 뒤에 편집하는 방식을 좋아하지 않는다. 스토리보드를 이용해서 미리 편집을 해본다. 이렇게 해서 스토리 릴이 나온다. 제작 중인 애니메이션 작품을 평가하는 영화사 경영진의 관점에서 보자면, 스토리 릴은 영화와 동일한 속도로 스크린에 펼쳐지는 내용을 처음으로 볼 수 있는 기회인 셈이다.

1993년 11월 19일 금요일, 슈나이더는 래스터와 구겐하임, 보니 아놀드Bonnie Arnold가 지켜보는 가운데 스토리 릴을 보았다. 아놀드는 실사 촬영 프로듀서로서, 디즈니가 공동 프로듀서 역할을 하도록 픽사에 파견한 인물이었다. 스토리 릴을 본 슈나이더는 영화를 만들 준비가 아직 안 됐다고 평가했다. 그들 사이에 '검은 금요일'로 불리는 포인트 리치먼드에서의 그날, 슈나이더는 〈토이 스토리〉 제작을 중단하라고 말했다. 새로운 대본을 제시해 디즈니가 승인하기 전에는 일을 시작할 수 없었다.

세 사람은 픽사로 돌아가서 스무 명이 조금 넘는 제작 스태프들에게 이 소식을 전했다. 이들 가운데는 〈토이 스토리〉 작업을 하려고 하던 일을 때려치우고 온 사람들이 적지 않았다. 이들은 〈토이 스토리〉가 보류된 기간에는 텔레비전 광고를 만들었다. 소프트웨어 팀의 몇몇은 멘비를 좀 더 안정적으로 만드는 작업에 전념했다. 래스터는 늘 쾌활한 모습을 보이면서 〈토이 스토리〉 제작 중단이라는 문제는 조만간 해결될 거라는 믿음을 사람들에게 심어주려고 애를 썼다.[7]

래스터와 스탠튼, 닥터 그리고 랜프트에게 "제작 중단

기간은 사실상 공포의 시간"이었다. 당시 스토리 팀을 관리하던 콜로살 프로덕션 출신의 BZ 페트로프Petroff는 다음과 같이 회상했다.

"디즈니는 이들을 호되게 몰아붙였습니다. '이야기를 좀 더 잘 짜라, 싫음 말든가'라는 식이었습니다. 하지만 그 사람들은 자신만만하게 그리고 웃으면서 이 문제를 해결했습니다."

그들은 투지를 발휘하며 위기를 돌파했고 이 과정에서 더욱 단단해졌다는 게 페트로프의 증언이다.

이야기 구성에서 결정적인 문제는 우디였다. 그들은 우디의 캐릭터가 현실적이지 않다는 것을 깨달았다. 우디는 지나치게 비열하고 이기적이며 빈정거리는 얼간이일 뿐이었다.

"우디는 마지막에 이기심을 버려야 했다. 그래서 우리는 전략적으로, 처음에는 우디를 이기적인 인물로 몰아갔다."[8]

하지만 이렇게 해서 전개되는 이야기는 보는 사람을 불편하게 했다. 예를 들어 우디는 강아지 슬링키를 학대하면서 이렇게 욕했다.

"누가 너더러 생각을 하랬어, 멍청한 녀석아? 나한테 좋은 게 아니면 앤디는 너에게 눈곱만큼도 관심을 가지지 않을 거야."

우디는 또 침실 창문에서 버드를 일부러 밀어서 시드네 집 마당에 떨어뜨렸다. 그러고는 블라인드를 닫고 딱히 누구에게랄 것도 없이 인형들을 향해 이렇게 말했다.

"뭐 어때? 인형이 인형을 잡아먹고, 다 그렇게 사는 게 세상인걸."[9]

스탠튼은 창문도 없는 작고 어두운 방에 처박혔다. 이따금씩 새로 쓴 대본 몇 쪽을 들고 밖으로 나오곤 했다. 스탠튼 및 다른 사람들이 그 장면으로 스토리보드를 그렸고, 다시 스탠튼은 다음 장면을 쓰려고 자기 방으로 들어갔다. 제작이 중단되자 웨든도 대본을 수정하는 작업을 거들려고 픽사로 돌아왔다. 1994년 2월이 되면서 래스터와 그의 팀은 제대로 가고 있다고 다시금 확신했고, 4월에는 카젠버그로부터 제작을 재개하라는 승인이 떨어졌다.

새로 나온 대본에서 우디는 좀 더 인정 많은 인물로 바뀌었다. 영화는 새로운 시퀀스로 시작된다. 앤디와 우디가 장난을 치면서 노는 이 시퀀스에서는 둘 사이에 흐르는 애정을 강조해서 보여준다. 예전 대본에서는 우디가 앤디의 방에서 다른 장난감들을 깔보며 마치 독재자처럼 굴었지만, 바뀐 대본에서는 다른 장난감들을 돌보는 사려 깊은 지도자로 등장한다.

영화에 들어가는 랜디 뉴먼의 노래 세 곡 가운데 하나인 '이상한 일들Strange Things'은 앤디가 가장 좋아하는 장난감으로 버즈가 새로이 등장할 때의 우디 심정을 전달한다. 버즈가 창문 밖으로 떨어지는 장면에서도 우디의 사악함을 한결 누그러뜨린다. 우디가 버즈를 밀어뜨리는 게 아니라, 흔들거리던 룩소 램프에 부딪혀 떨어지는 것으로 설정되었다. 이렇게 함으로써 통제할 수 없을 정도로 강하게 부각되었던 우디의 음모와 교활함의 강도를 낮추었다.[10]

래스터는 새로 만든 스토리 릴을 제작 스태프들에게 보여주었다. 당시의 당황을 로넨 바젤Ronen Barzel은 다음과 같이 기억했다. 바젤은 렌더맨으로 모든 것을 구현해야 하는 일을 맡은 기술감독들 가운데 한 명이었다.

"그건 내가 그때까지 보았던 영화 가운데 가장 두려운 영화였습니다."

본격적으로 제작 과정에 돌입하면서 원래 24명이던 스태프는 110명으로 늘어났다. 애니메이터가 27명이었고, 기술감독이 22명, 기타 화가 및 기술자가 61명이었다. 인력을 충원하는 작업은 부산하게 진행되었다. 사람들이 모여든 주된 동기는 돈이 아니었다. 컴퓨터 애니메이션으로 만드는 최초의 장편영화 작업에 참여한다는 게 가장 큰 동기였다. 이런 상황을 구겐하임은 다음과 같이 회상한다.

"디즈니는 우리에게 〈토이 스토리〉 제작비로 많지 않은 예산(1,750만 달러)을 줬습니다. 시간이 가면서 예산이 점점 늘어나긴 했지만, 불행하게도 작업에 참가하는 사람들에게 충분한 급료를 줄 수 없었습니다. 그래서 우리는 급료 이외의 다른 작업 조건들을 더 좋게 해주려고 노력했습니다. 이 엄청난 작업에 참여한다는 자부심만으로는 화가나 애니메이터들을 불러 모을 수 없었으니까요."

그런데 직원 대부분은 픽사가 고용한 게 아니었다. 이들을 고용한 주체는 픽사와 디즈니가 이 프로젝트를 진행할 주체로 함께 세운 하이테크 툰스Hi Tech Toons라는 회사였다. 이렇게 따로 회사를 만드는 것은 할리우드의 관행으로, 제작비 산정을 간편하게 하고, 각각의 회사가 기존에 지고 있는 부채로부터 영화를 보호하기 위해서였다. 〈토이 스토리〉의 경우 하이테크 툰스는 디즈니의 노동조합 문제까지 떠안았는데, 이런 회사를 설정함으로써 디즈니는

(최소한 명목상 가까운 거리에 있는 회사를 통해서) 노동조합 없이 영화를 만들 수 있었다.

〈토이 스토리〉의 작업 조직은 비록 작업 과정이 근본적으로 다르긴 했지만, 전통적인 디즈니 애니메이션 제작 과정에서처럼 창조적인 조립 라인이라는 개념을 바탕으로 해서 구축되었다.[11] 〈토이 스토리〉의 캐릭터와 세트, 소품은 모두 랠프 에글스턴Ralph Eggleston이 지휘하는 미술 팀이 디자인했다. 이것을 다시 모델링 팀에 속한 15명의 기술감독들이 3D 모델로 변환했는데, 모두 400개의 모델이 만들어졌다. 미술 팀은 모델링 팀에게 이른바 모델 패킷model packet, 즉 모델을 구석구석까지 상세하게 그린 그림과 갖가지 지시 사항들을 담은 글을 함께 보냈다. 사람이나 보다 복잡한 장난감을 만드는 화면으로 구현하는 과정에서는 모델링 팀에 속한 사람들이 진흙으로 만든 모형을 디지털화하는 작업을 했다.

안면 근육이나 팔다리를 움직이는 캐릭터, 혹은 구부러지거나 부서지는 무생물처럼 자기 모양을 바꿀 수 있는 능력을 가진 모델을 만들기 위해서는 아바스avars: articulated variables라 부르는 애니메이션 콘트롤을 모델에 장착시켜야 했다. 버즈의 우주선 상자는 아바스를 필요로 했다. 그래야 버즈가 이 상자를 열 수 있었다. 우디와 버즈에게는 각각 700개가 넘는 아바스가 필요했다. 우디의 입모양을 표현하는 데만 58개의 아바스가 들어갔다(빌 리브스는 우디 모델을 만들었고, 에벤 오스비는 버즈의 모델링 작업을 했다).

모든 쇼트는 8개 팀에 속한 사람들의 손을 거쳤다. 미술 팀은 각각의 쇼트에 색상 체계와 일반적인 조명을 부여했고, 크레이그 굿Craig Good이 지휘하는 레이아웃 팀은 가상 카메라의 위치를 설정하여 쇼트의 크기와 틀을 결정하고 모든 카메라 움직임을 설계했다. 래스터가 기존에 연출했던 여러 단편영화들에서와 마찬가지로 레이아웃 팀은 당시 컴퓨터 그래픽 분야에서 즐겨 사용하던 정교하고 어지러운 비행 움직임을 될 수 있으면 삼갔다. 컴퓨터 애니메이션이라는 새로운 매체를 친숙하게 받아들이게 하려고 실제 카메라와 삼각대, 달리 그리고 크레인 따위로 실사 영화에서 구사할 수 있는 범위를 유지하고자 했다.

때로 레이아웃 팀은 실사 영화의 인상적인 쇼트들을 흉내 내려고 했다. 예를 들어 다른 장난감들이 우디가 버즈를 창문 밖으로 떠밀었다고 결론을 내리는 순간에 카메라가 우디의 주위를 빙빙 돌면서 찍은 장면이 그랬다. 케네스 브래너 감독의 1994년 영화 〈프랑켄슈타인〉에서 빌려온 이 장면의 카메라 움직임을 '브래너 캠Branagh-cam'이라고 부르기도 했다. 또 〈마이애미 보이스〉 시리즈에서 사용된 촬영 기법에서 영감을 얻은 '마이클 만 캠Michael Mann-cam'의 카메라는, 거대한 트럭이 주유소로 들어와서 우디를 깔아뭉갤 것처럼 다가설 때 이 트럭의 바퀴에 장착되어 있었다.

레이아웃 팀을 거친 쇼트는 리치 퀘이드Rich Quade와 애시 브래넌Ash Brannon이라는 두 명의 디렉팅 애니메이터가 지휘하는 애니메이션 팀으로 넘어갔다. 애니메이터들이 하는 작업은 예전에 했던 픽사의 단편영화 작업이나 광고물 작업과 다르지 않았다. 3D 캐릭터 모델에 '디즈니 나인 올드 멘'의 원칙을 적용해서 숨결을 불어넣는 작업이었다. 하지만 〈토이 스토리〉에 들어가는 엄청난 노력은 픽사가 여태까지

했던 그 어떤 작업과도 비교할 수 없었다. 77분 동안 무려 1,561개의 쇼트가 이어지기 때문이다.

디즈니에서는 한 애니메이터가 캐릭터 하나에만 집중하는 방식으로 일했다. 하지만 래스터는 디즈니의 방식이 마음에 들지 않았다. 픽사에서는 애니메이터들에게 여러 개의 쇼트를 할당하고 각각의 애니메이터는 자기에게 주어진 쇼트(이 쇼트는 보통 영화에서 5~7초 동안 진행된다) 안에 있는 모든 캐릭터들의 애니메이팅 작업을 했다.

하지만 〈토이 스토리〉 작업을 하면서 래스터는 움직임이 특히 중요하다고 판단한 장면에서는 이런 원칙에 예외를 두기도 했다. 해당 장면에서는 캐릭터별로 애니메이터들에게 작업을 맡겼던 것이다. 예를 들어 우디와 버즈가 주유소에서 대치하는 장면에서 그랬다. 이야기 전개 과정에서 결정적인 전환점이 되며 아울러 고도로 정서적인 모습을 부각하기 위해서 래스터는 우디를 칼아츠 3학년을 마친 21세의 애니메이터 마크 오프트달Mark Oftedal에게 맡겼고, 버즈를 벨기에 출신의 경험 많은 애니메이터 기욘 르로이Guionne Leroy에게 맡겼다. 르로이는 스톱모션의 배경 담당 출신이었다.

첨필과 태블릿으로 작업을 할 경우에 애니메이터는 캐릭터를 원하는 자세로 설정하기 위해서 멘비 프로그램을 사용했다. 애니메이터가 키프레임keyframe* 2개를 설정하면, 이 소프트웨어는 그 사이의 프레임들에서 캐릭터의 자세가 자연스럽게 변화하도록 잡아준다.

다각형의 그물망들이 생각과 감정을 지닌 개인으로 변모하는 것은 바로 애니메이터들의 컴퓨터다.

* 일련의 프레임들 가운데 단일 동작의 시작 프레임과 끝 프레임 등 가장 중심이 되는 프레임으로, 컴퓨터 애니메이션에서는 키프레임을 지정한 다음에 다음 단계의 키프레임을 지정함으로써 이들 키프레임 사이에 화면 이동이 자연스럽게 생성되도록 한다.

"애니메이터는 연필을 가진 배우다"라는 애니메이션 업계의 속담이 말하듯이, 애니메이터들은 각자 자기의 연기 본능에 의지해서 비디오테이프로 목소리 연기자들의 대사를 연구하며 영감을 얻는다. 다리가 바닥에 붙어 있는 플라스틱 초록 군인들이 움직이는 형태를 개발하기 위해서 한 애니메이터는 못질을 해서 널빤지에 붙인 신발을 신고 걸어보기도 했다. 애니메이터들은 먼저 한 쇼트 안에서 캐릭터가 크게 움직이는 모습을 작업하고, 얼굴 표정과 같은 세밀한 부분은 나중에 한다. 이렇게 하면 신체 언어와 함께 정확한 감정을 어떻게 얼굴 표정에 담아낼 수 있을지 집중적으로 고민할 수 있다.

캐릭터가 살아서 움직인다는 착각은 애니메이터들의 수많은 미묘한 선택들을 거쳐 나온 결과물이다. 특히 눈은 그 캐릭터의 영혼을 들여다볼 수 있는 창문이다. 이런 점에서는 살아 있는 인간과 다르지 않다. 따라서 눈 부분을 세밀하게 묘사하려면 고도의 집중과 관찰이 필요하다. 래스터는 제작 노트에서 다음과 같이 말했다.

"눈은 장난감에게 생명을 불어넣는다. 눈을 깜박일 때의 각도, 몰래 어떤 대상을 엿보려고 할 때 눈동자를 옆으로 돌리는 각도 등은 다른 어떤 요소들보다 그 캐릭터의 존재를 선명하게 부각한다."[12]

래스터는 대사 트랙과 캐릭터의 자동 립싱크 처리를 받아들이지 않았다.[13] 소프트웨어는 입술 움직임을 그가 말하는 단어들과 연계해서 조정할 수 있었다. 하지만 그 순간의 감정까지 입술의 움직임과 일치시키지는 못했다. 이 작업은 오로지 애니메이터들만이 할 수 있었다.

톰 포터가 지휘하는 섀이딩Shading 팀은 렌더맨의 섀이딩 언어를 이용해서 각 모델 표면에 적용할 섀이더 프로그램을 만들었다. 섀이더는 표현의 색깔 양상, 재질, 반사율을 결정한다. 이 팀은 딱딱한 목재 바닥 섀이더에서부터 앤디의 머리카락 섀이더에 이르는 대략 1,300가지의 섀이더를 만들었다. 우디의 얼굴과 복잡한 카우보이 차림을 처리하는 데는 15개의 섀이더가 필요했다.

대부분의 섀이더는 각 대상에 독립적으로 존재하며, 이른바 '절차적 생성procedural' 섀이딩이라는 자체 프로그램 논리를 통해서 표면의 모습을 생성했다. 페인트칠이 되어 있으며 어수선하기 짝이 없는 시드의 책상을 표현할 섀이더들은 미술 팀이 전자적으로 색을 칠한 이미지들에 의존했으며, 캣멀이 대학원생 시절에 개발한 텍스처 매핑 기술을 이용해서 표면에 매핑을 했다. 〈토이 스토리〉에 등장하는 상당수의 표면들은 실제 사물에서 따왔다. 예를 들어 앤디의 방에 있는 커튼 직물의 섀이더는 실제 옷감을 스캐닝해서 썼다.

애니메이팅과 섀이딩 작업이 끝나면 한 쇼트의 마지막 조명 작업은 갤린 서스맨Galyn Susman과 섀론 캘러핸Sharon Galahan이 지휘하는 조명 팀에서 맡았다. 조명 팀은 여러 가지 변수를 고려해야 한다. 쇼트의 분위기를 설정해야 하며, 시간과 계절을 나타내야 하고, 관찰자의 시선을 이끌어야 하며, 쇼트에 등장하는 캐릭터들의 감성과 개성을 뒷받침해야 한다.[14]

조명 감독들은 엄청나게 많은 도구들을 가지고 있다. 이들은 실사 촬영 때 사용하는 각종 조명기구에 해당하는 디지털 장비뿐만 아니라 현실에서는 도저히 불가능한 조명들도 갖추어야 한다. 예를 들면 그림자를 드리우지 않는 조명, 자기 앞에 있는 대상에만 빛을 비추고 다른 대상에는 빛을 비추지 않는 조명, 빛이 아닌 어둠을 내뿜는 조명 등이 그런 것들이다.

완성된 쇼트는 하루 24시간 돌아가는 117대의 선마이크로시스템스의 컴퓨터들로 구성된 이른바 '렌더 팜render farm'에서 렌더링된다. 각각의 프레임은 그 프레임이 얼마나 복잡한가에 따라서 짧게는 45분, 길게는 20시간에 걸쳐서 렌더링이 된다. 데이비드 디프란시스코가 거드는 카메라 팀은 이렇게 처리된 프레임들을 필름 스톡에 기록했다. 안티앨리어싱과 요소들이 화면의 질을 높이는 데 중요한 작용을 한다는 것은 픽사의 오랜 믿음이었다. 그래서 〈토이 스토리〉는 1,536×922픽셀로만 렌더링했다. 일반적인 영화 스크린을 놓고 본다면 각 픽셀은 대략 1/4×1/4인치의 스크린 넓이에 해당한다. 그럼에도 불구하고 관객의 눈에는 이 영화가 놀랍도록 선명하게 보인다.

스토리 팀은 제작이 진행되는 동안에도 끊임없이 대본을 매만졌다. 피자 행성*에서 버즈와 외계 삑삑이 장난감들이 만나는 장면이 추가되었다. 디즈니에서 온 애니메이터들을 비롯하여 12명이 앉아서 아이디어를 짜던 중에 나온 장면이다.[15]

* 영화에 나오는 피자 가게의 이름.

그 대본에서 버즈는 로켓 형태의 구조물(사실은 크레인 아케이드 게임기)에 이끌렸다. 하지만 몇 달간의 노력에도 불구하고 버즈가 피자 행성에서 발견하게 될 장난감들과 거기에서 벌어지는 에피소드에 관해서는 만족할 만한 아이디어가 나오지 않았다(폐기된 아이디어들 중에는 곰인형들과 선글라스로 장식을 한 플라스틱 피자 조각들이 들어 있었다). 별다른 소득 없이 회의가 이어지는 가운데 누군가의 입에서 핵심이 되는 단어가 나왔다. '발톱'*이라는 단어였다. 그러자 마치 수도꼭지를 튼 것처럼 아이디어들이 쏟아졌다. 당시의 모습을 스탠튼은 다음과 같이 회상한다.

* '발톱claw'은 크레인의 갈고랑쇠를 뜻하기도 한다.

"우리가 상상할 수 있는 영화에 대한 온갖 말들, 예를 들면 '발톱과 싸우지 마라', '발톱의 의지를 따르라' 등의 말이 마구 쏟아지기 시작했습니다."

한편 〈미녀와 야수〉에 참여했던 작가 크리스 샌더스Chris Sanders는 영화에 새로 등장하게 된 외계인들을 눈이 셋 달린 모습으로 만들어냈다.

일주일에 3분 분량의 속도로 완성된 애니메이션 쇼트들이 꾸준히 나왔다. 제작 과정 중에는 영화의 품질이 어느 정도인지 가늠하기 어려웠다. 완성된 필름이 조각조각 따로 떨어져 있고, 음악이나 음향과 같은 요소들도 아직 결합되지 않은 상태이기 때문이다. 캘리포니아 공과대학교에서 박사학위를 막 마치고 조명 팀에서 일하던 바젤은 다음과 같이 회상했다.

"영화가 얼마나 좋을지 판단할 수 있는 근거는 아무것도 없었습니다. 존(존 래스터)이 단편영화에는 매우 뛰어난 애니메이터라는 건 알았습니다. 하지만 단편소설은 잘 쓰지만 장편소설은 형편없이 쓰는 작가도 많지 않습니까? 장편영화와 단편영화에서 발휘되는 재주와 솜씨는 전혀 다르니까요. 존이 장편영화를 제대로 뽑아낼 솜씨가 있는지는 확신할 수 없었습니다."

바젤은 이 영화가 애니메이터들과 애니메이션 팬들에게 뭔가 재미있는 경험이 되기를 기대했다. 그러나 폭넓은 관객층을 확보하는 데 성공할지는 자신이 없었다. 바젤은 계속해서 말했다.

"내가 그 작업에 참여한 것은 애니메이션 제작 과정을 경험해보고 싶었기 때문입니다. 컴퓨터 애니메이션으로는 첫 번째 장편영화이기 때문에, 결과는 둘째치고 그 작업에 참여한다는 것만으로도 무척 재미있을 거라고 생각했던 겁니다."

그러나 바젤은 래스터가 일하는 모습을 보고서는 영화가 성공할 것이라고 믿었다. 영화를 전체적인 부분과 자신이 지금 만지고 있는 세세한 부분 사이를 래스터가 능숙하고도 유연하게 오간다는 사실을 확인했기 때문이다. 다시 바젤의 회상이다.

"래스터는 각각의 프레임을 바라보면서도 그것이 전체 이야기 전개에서 어떤 역할을 하는지 정확하게 꿰뚫고 있었습니다. 그는 이런 식으로 말하곤 했어요. '여기서 이 캐릭터가 눈을 반짝이는 건 정말 중요해. 이 캐릭터가 그 상황에 처음으로 반응하는 장면이거든'이라고요."

바젤은 '존은 자기가 무얼 하는지 정확하게 알고 있어. 진짜 좋은 작품이 나오겠군' 하고 생각하기 시작했다. 하지만 〈토이 스토리〉에 대한 믿음이 부족한 사람이 픽사에 딱 한 명 있었다.

07 최초가 되라

〈토이 스토리〉

스티브 잡스는 그동안 약 5,000만 달러를 픽사에 쏟아 부었다. 그런데도 픽사는 해마다 막대한 손실을 기록했다. 게다가 수백만 달러를 추가로 더 빚을 져야 할지도 모르는 상황이었다. 비록 디즈니가 낮게 책정했던 〈토이 스토리〉의 예산 1,750만 달러를 2,110만 달러로 올리겠다고 합의했지만, 그 예산으로는 충분하지 않았다. 1994년이 되자 추가로 들어갈 것으로 예상되는 비용이 600만 달러를 훌쩍 넘었다. 디즈니는 픽사 측에 추가 예상분 가운데 300만 달러를 부담하라고 요구했다. 잡스가 개인 보증을 해서라도 알아서 메우라는 것이었다.

잡스는 픽사의 적자가 자꾸만 쌓여가자 진저리가 나서, 〈토이 스토리〉가 제작되는 동안에도 회사 전체나 일부분을 매각하려고 여러 차례 시도했다. 홀마크 사, 마이크로소프트 공동 창업자 폴 앨런, 오라클의 최고경영자이자 공동 창업자인 래리 엘리슨 등이 잡스가 접촉했던 잠재적인 인수 희망자들이었다. 1994년 가을, 잡스는 재력이 풍부한 또 한 사람과 접촉했다.

워싱턴의 레드먼드에 자리 잡고 있는 소프트웨어 업계의 거인 마이크로소프트였다.[1]

마이크로소프트 측에서는 선진 기술 부문 수석부사장이던 35세의 네이선 미어볼드Nathan Myhrvold가 협상 테이블에 나왔다. 그는 프린스턴 대학교에서 23세에 박사학위를 마친 뒤, 케임브리지 대학교에서 물리학자인 스티븐 호킹 박사 밑에서 중력 및 굽은 (혹은 주름이 진) 시공간에 대한 법칙들과 1년 동안 씨름을 했고, 그 뒤에 석 달간의 휴가를 얻어서 베이 에어리어에 있던 친구들을 돕기 위해 어떤 소프트웨어 프로젝트에 참가했다. 이때 개인용 컴퓨터의 소프트웨어 개발과 이를 통한 사업화에 매료되었고, 그 뒤 대학교로 다시 돌아가지 않았다. 그리고 버클리에서 다이너미컬 시스템스라는 회사를 공동으로 창업하여 개인용 컴퓨터의 운영체제를 개발했다. 이 일에 매달린 지 2년 만이던 1986년에 마이크로소프트가 이 회사를 매입했다. 마이크로소프트에서 그는 빌 게이츠를 설득해서 기업 내 연구센터인 마이크로소프트 리서치를 설립하도록 했고, 이 연구소의 책임자 자리에 앉았다.

미어볼드는 최고의 연구자들과 새로운 기술을 스카우트하는 데 많은 시간을 보냈다. 1980년대 후반에 시그래프 총회에서 캣멀과 스미스, 로렌 카펜터 등의 픽사 사람들도 만났고, 그 뒤로도 계속 접촉하고 있었다. 다음은 미어볼드의 말이다.

"우리가 그래픽 분야에 관심이 있었기 때문에 그 사람들에게도 관심을 가졌던 겁니다. 나중에 개인용 컴퓨터에 적용할 수 있는 기술에 우리가 조기 투자를 할 수도 있을 텐데, 그 기술을 그 사람들이 가지고 있을지도 모른다고 생각했습니다. 시간이 지나면서 우리의 관심이 점점 더 커졌고, 픽사는 여전히 진흙탕 속에서 분투하고 있었죠. 그때 우리는 마이크로소프트가 그 사람들에게서 기술 특허를 받아낼 수 있을지 여부를 두고 그들과 논의를 여러 차례 했습니다."

이렇게 해서 1990년대 초에 미어볼드는 포토리얼리스틱 렌더맨, 즉 '피알맨'을 윈도우에 탑재하는 사용권을 얻으려고 픽사와 논의를 시작했다. 미어볼드는 이 프로그램이 고화질 그래픽을 처리하는 여러 윈도우 프로그램의 표준이 될 수 있다고 보았던 것이다. 그런데 피알맨은 게임과 같은 쌍방향 응용 분야에서 속도가 너무 느렸다. 그래서 두 회사는 피알맨을 수정해서 이 분야에 대한 더욱 빠른 대체물인 이른바 리얼타임 렌더맨Real-Time Renderman을 개발할 계획을 놓고 논의를 했다.

하지만 결국 미어볼드는 다른 대안을 선택했다. 마이크로소프트는 실리콘그래픽스로부터 오픈지엘OpenGL이라는 3D 그래픽 소프트웨어의 사용권을 구입했던 것이다. 이 프로그램은 몇몇 부분에서 피알맨보다 덜 강력하긴 해도 속도가 빠르고 쌍방향의 필요성에 더 적합했다(그런데 혼란스럽게도 나중에 마이크로소프트는 또 하나의 3D 그래픽 인터페이스인 다이렉트3D도 제공한다).

비록 예전에는 성과를 거두지 못했지만 1994년에 픽사 측에서 연락을 해오자 미어볼드는 다시 관심의 촉각을 곤두세웠다. 마이크로소프트는 이미 앨비 레이 스미스가 픽사를 떠나 설립한 회사 알타미라를 인수했고, 스미스를 마이크로소프트 리서치의 첫 번째 그래픽스 펠로로 영입한 상태였다. 아울러 미어볼드는 또 다른 유명한 컴퓨터 그래픽 전문가들을 영입하고 있었다. 다음은 미어볼드가 한 말이다.

"믿을 수 없을 정도로 대단한 그래픽 전문가들이 모여 있는 조직으로, 우리가 확보하지 못한 최대의 조직이 바로 픽사라는 회사였습니다."

동갑내기인 잡스와 게이츠는 둘 다 개인용 컴퓨터 산업이 시작된 이래로 이 영역에서 거인의 위치를 차지하고 있었다. 잡스는 과거에 마이크로소프트의 제품들을 일부러 무시하곤 했다. 이런 모습은 개인적인 경쟁심에서 비롯된 것 같기도 했다(미어볼드는 "빌 게이츠는 언제나 스티브 잡스를 높이 평가하고 존경해왔습니다. 스티브 잡스도 빌 게이츠를 그렇게 생각했는지는 모르겠지만요"라고 말했다). 하지만 이제 게이츠는 적이 아니었다. 잡스의 적은 그를 내쫓은 애플컴퓨터였다. 이런 사실을 보여주기라도 하듯 잡스의 책상에 놓인 컴퓨터는 윈도우를 탑재한 노트북이었다.

미어볼드는 포인트 리치먼드에 있는 픽사로 찾아가서 캣멀과 팸 커윈을 만났다. 두 사람은 미어볼드가 〈토이 스토리〉를 보고 감동을 받길 바라면서 이미 완성된 장면을 보여주었다. 초록색의 병사들이 행진을 하고 2층에서 로프를 타고 하강하는 장면이었다. 미어볼드는 그 장면이 매우 뛰어나다고 생각했다. 인형들을 중심으로 해서 전개되는 줄거리에도 매료되었다. 특히 인형들의 플라스틱 표면은 컴퓨터 애니메이션으로 처리하기에 가장 이상적인 조건이었다.

그러나 픽사가 영화를 만든다는 사실에는 관심이

없었다. 오로지 픽사의 기술을 원했으며, 픽사의 그래픽 분야 천재들이 픽사 수준의 그래픽을 윈도우에 구현해주길 바랐을 뿐이다. 하지만 마이크로소프트는 그들이 원하는 영화 제작 작업을 굳이 막을 생각은 없었다. 다음은 미어볼드가 한 말이다.

"나는 엔터테인먼트 사업과 개인용 컴퓨터 사업이 서로 배척하지 않고 어떤 한 지점으로 수렴될 수 있을 거라고 생각했습니다. 이런 생각도 할 수 있겠죠. '만일 그게 미래의 모습이라면, 우리는 픽사와 같은 회사를 가지고 싶습니다. 그들 역시 영화를 만들고 싶어하겠죠. 그리고 어쩌면 그게 잘될 수도 있고요'라고 말입니다."

하지만 잡스는 이미 마음을 바꾸었고 픽사를 팔 생각이 없었다. 대신 픽사가 가지고 있는 여러 특허권 가운데 몇 개의 사용권만 넘겼다. 마이크로소프트는 거기에 대한 일회용 수수료로 650만 달러를 픽사에 지급했다. 이때 픽사가 사용권을 넘긴 기술 중에는 안티앨리어싱, 모션블러, 사실적인 피사계 심도depth of field 등과 관련된 기술들이 포함되었다.[2]

부사장 겸 픽사의 기술 부문 총책임자였던 커윈은 잡스가 픽사 안에서 어떤 중요한 일이 일어나고 있음을 깨달았기 때문에 픽사를 매각하겠다는 생각을 접었다고 보았다.

"잡스가 뒷걸음을 친 것은, 내가 보기에 잡스 안에 있는 어떤 본능이 '이거는 진짜 엄청나게 큰 게 될 거야'라고 말했기 때문이 아니었나 싶습니다."

디즈니에서 장난감 및 부속 상품들의 사용권을 책임지고 있던 소비자 제품 부서인 디즈니 컨슈머 프로덕트Disney

Consumer Products도 〈토이 스토리〉의 잠재적인 시장성을 미처 깨닫지 못했다. 어쩌면 눈에서 멀어지면 마음에서도 멀어진다는 말이 들어맞은 경우인지도 몰랐다. 〈토이 스토리〉는 수백 킬로미터나 떨어진 곳에서 제작되고 있었던 것이다. 〈포카혼타스〉와 〈노틀담의 꼽추〉 개봉을 앞두고 있던 터라서 픽사가 하는 일에는 안중에 없었다.

1994년 12월에 구겐하임이 이 부서의 고위 간부를 만났는데, 그쪽에서는 〈토이 스토리〉의 캐릭터 상품이 가질 수 있는 잠재적인 가치를 생각도 하지 않는다는 사실을 알고는 다소 충격을 받았다. 다음은 구겐하임의 말이다.[3]

"우리는 완성된 필름에서 뽑은 시사용 장면들과 영화 제작 과정을 담은 내용을 모아 사람들에게 보여주었습니다. 영화를 보고 확 감이 오는 것을 느끼기를 바라면서 말입니다."

하지만 디즈니 컨슈머 프로덕트의 간부는 인형들을 어떻게 해야 할지 모르겠다고 말했다.

"그게 무슨 말입니까? 〈토이 스토리〉입니다. 토이…… 스토리…… 모르겠습니까?"

간부는 물론 안다고 했다. 하지만 영화에 나오는 장난감들은 이미 존재하는 거 아니냐고 했다. 미스터 포테이토 헤드, 스피크와 스펠 등……. 그런데 이런 것들이 어떻게 돈이 되느냐고 했다.

"오리지널 캐릭터도 있잖아요. 버즈도 있고, 우디도 있고."

그 여성 간부는 여전히 고개를 갸우뚱했다. 게다가 디즈니와 장난감 회사들 모두 준비 기간의 반을 이미 까먹은 상황이었다. 1995년 1월, 슈나이더는 〈토이 스토리〉에 대해 잔뜩 기대하며 개봉 시기를 발표했다. 11월 추수감사절* 의 주말이자 겨울 휴가철이 시작되는 시점에 맞춰서 미국에서 개봉하겠다는 것이다(해외에서는 다음 해 3월에 개봉된다). 디즈니 컨슈머 프로덕트와 완구 제조업체들은 보통 준비 기간을 18개월에서 24개월로 잡았다. 마텔과 하스브로는 개봉 전까지 새로운 장난감들을 준비할 수 없다고 보고 〈토이 스토리〉의 캐릭터 사용권을 포기했다.

* 11월의 넷째 주 목요일.

12월에 디즈니는 이 아이디어를 뉴욕에서 열리는 장난감 박람회로 가지고 갔다. 싱크웨이 토이스Thinkway Toys가 관심을 가졌다. 토론토에 본사가 있고 중국에 공장을 둔 이 회사는 완구업계에서는 작은 규모였음에도, 순전히 다른 업체가 나서지 않았다는 이유만으로 〈토이 스토리〉에 대한 전 세계 캐릭터 사용권을 따냈다. 이 회사로서는 우디와 버즈 생산에 착수한 것은 거의 모험이나 다름없었다. 래스터는 싱크웨이 토이스 측에 시드의 방에 있는 무서운 돌연변이 인형들도 만들라고 압박을 가했지만, 이 회사는 못하겠다고 버텼다.

한편 잡스는 〈토이 스토리〉에 대해 한껏 부푼 꿈을 꾸고 있었다. 영화가 개봉된 직후에 픽사의 주식을 공개모집하겠다는 그의 생각은 남들이 보기엔 허황된 꿈이었다. 잡스가 만난 재무 관련 자문들은 하나같이 그 생각을 접으라고 했다. 단 한 차례도 수익을 낸 적이 없는 회사가 기업을 공개한다고 해서 투자자들이 거들떠보기나 하겠느냐는 것이었다.

그러나 잡스는 흔들리지 않았다. 잡스는 1월에 디즈니의 기자회견에 참석하고 픽사가 충분히 성장했다는 확신을 가졌다. 이 기자회견은 센트럴파크에 특별히 마련된 커다란 텐트 안에서 진행되었고, 좌석은 100개였다. 기자회견에서 루디 지울리아니 시장과 마이클 아이스너는 디즈니의 〈포카혼타스〉가 그해 여름 뉴욕에서 첫 시사회를 가질 것이라고 발표했다. 이어 래스터와 구겐하임이 〈토이 스토리〉에 대해 짤막하게 설명했다.

디즈니가 센트럴파크 한가운데서 기자회견을 하는 모습은 인상적이었다. 또 잡스는 〈포카혼타스〉 시사회와 관련된 이야기를 듣고는 큰 인상을 받았다. 디즈니가 시장을 설득해서 6월 초에 센트럴파크의 그레이트 론Great Lawn의 사용을 허가받아 여기서 울타리를 치고 7층 높이의 영사막을 설치하기로 했던 것이다. 무려 10만 명이 넘는 사람을 초대할 것이라고 했다. 시사회 행사로서는 엄청난 규모였다.

잡스도 쇼맨십으로 치자면 누구에게도 뒤지지 않는 사람이었다. 잡스가 넥스트에서나 과거 애플에서 중요한 연설을 할 때마다 사람들은 잔뜩 기대를 했는데, 그것은 연설이 담고 있는 내용뿐만이 아니라 그가 보여주는 빈틈없는 연극적인 요소 때문이었다. 잡스는 디즈니의 브리핑을 듣고 나오면서 교훈 하나를 얻었다. 디즈니가 무엇인가를 지지하고 밀 때는 정신을 똑바로 차려야겠다는 교훈이었다.

잡스는 뉴욕에서 많은 것을 들은 뒤에 디즈니가 〈토이 스토리〉를 성공시킬 거라는 결론을 내렸다. 그리고 필요할 때 쓸 수 있는 자금을 모아둬야겠다고 마음먹었다. 기업공개가 성공적으로 이루어지면 픽사는 자금을 지원해달라고, 제발 손잡고 일하자고 매달리는 하청업체의 입장에서 벗어날 수 있다고 판단했다. 디즈니와 동등한 자격으로 영화 제작에 공동으로 돈을 댈 수 있게 되는 것이다.

2월에 잡스가 첫 번째로 한 일은 캣멀에게서 사장 직위를 박탈하는 것이었다. 캣멀은 픽사가 설립된 이후로, 척 콜스태드가 대신했던 2년 6개월을 제외하고는 19년 동안 줄곧 사장 자리를 지켰다. 캣멀처럼 유명하지 않은 인물은 투자자들에게 매력적인 인상을 주지 못할 것이라고 잡스는 판단했다. 그래서 세 사람으로 구성되는 '사장단회의'를 만들었다. 자신이 의장이자 최고경영자가 되고, 캣멀이 부사장이자 최고기술책임자로 참가하며, 픽사의 기업공개를 목적으로 잡스가 특별히 이사회 구성원으로 영입한 최고재무책임자 로렌스 레비Lawrence Levy가 참가하는 회의였다. 레비는 잡스가 부족한 부분을 메워 월스트리트에 두터운 신망을 심어줄 터였다. 이런 상황과 관련해서 커윈은 다음과 같이 말했다.

"당시에 사람들은 잡스가 어쩌다 운이 좋아 애플로 성공했다고 생각했습니다."

픽사와 넥스트가 연이어 죽을 쑤자 그렇게들 생각했던 것이다.

"잡스는 월스트리트의 투자자들에게 얼굴을 내밀 처지가 아니었습니다. 그래서 로렌스를 내세운 겁니다. 로렌스는 정말 적격인 인물이었습니다. 왜냐하면 잡스를 제어할 수 있었고, 무지무지하게 똑똑했으며 아울러 기관투자가들이 기대하는 것들을 주무를 수 있는 능숙한 솜씨를 가지고 있었죠."

보통 경영진은 직위가 떨어지면 불쾌하게 여기지만

캣멀은 전혀 개의치 않았다. 캣멀이 가지고 있는 야망은 자기 자신이 아니라 회사를 위한 것 같았다. 월스트리트로부터 눈길을 끌기 위해서는 꼭 필요한 조치라고 인정하며 기꺼이 사장 자리를 내놓았다. 이 소식을 전하려고 직원들과 만난 자리에서 캣멀은 그 누구도 사장이 되려고 하는 사람이 없었으며, 심지어는 몰리조차 그 자리를 원하지 않았기 때문에 잡스 말고는 아무도 데려올 수 없었다는 농담까지 했다. 몰리는 회사의 마스코트인 양치기 개였다.

래스터는 창작 및 개발 부문 부사장이 되었고, 구겐하임은 장편영화 제작 부문 부사장, 커윈은 기술 부문 부사장 겸 총책임자가 되었다.

봄으로 예정된 기업공개 준비가 진행되면서, 수군거림과 불만과 분노 등이 담긴 판도라의 상자가 열렸고, 내부에서는 파열음이 들리기 시작했다. 그때까지 픽사에는 탐낼 만한 돈도 없었고, 특별하게 욕심을 낼 만한 것도 없었다. 캣멀과 스미스는 한 해에 각각 16만 달러와 14만 달러를 벌고 있었다.[4] 누군가의 정의에 따를 경우 이 정도 소득이면 베이 에어리어에서 중상류층의 생활을 안락하게 할 수 있었다. 하지만 실리콘밸리나 할리우드에 비하면 그야말로 아무것도 아니었다. 사실 래스터는 낡아빠진 파란색 혼다 시빅을 몰고 다녔다.

그런데 기업공개 준비가 진행되면서 스톡옵션에 관한 세세한 내용이 알려졌다.[5]* 증권거래소SEC에 제출할 재무 관련 자료들과 투자자들에게 보여줄 매출 전망치들을 준비하고 다듬는 과정에서 몇몇 소수 인물들이 스톡옵션으로 엄청난 혜택을 받을 것이라는 말이 다른 직원들에게로

* 스톡옵션은 미리 정해진 가격으로 일정한 기간 내에 일정한 수량의 자사 주식을 살 수 있는 권리를 회사가 임직원에게 부여하는 제도로서, 회사가 상장될 경우 매각하면 높은 시세차익을 얻을 수 있다.

새어나갔다. 캣멀과 레비, 래스터는 각각 160만 달러, 구겐하임과 리브스는 각각 100만 달러와 80만 달러의 주식을 살 수 있는 옵션을 받을 것이라는 내용이었다. 만일 회사의 주식이 당시 계획하던 대로 14달러에 팔린다면, 그들은 하루아침에 수백만 달러를 벌게 된다는 뜻이었다.

이런 소문은 여간 곤란하고 짜증스러운 게 아니었다. 거기에는 돈을 떠나서 상징적인 문제가 있었다. 이 옵션은 다른 직원들이 여러 해 동안 회사에 바쳐온 수고와 노력을 모욕하는 것이었다. 그래서 오로지 일이 좋아서 동지애로 똘똘 뭉쳐 있던 사람들은 허탈감을 느꼈다. 게다가 엄청난 혜택을 받게 될 사람 가운데 한 명인 레비는 픽사에 들어온 지 얼마 안 된 인물이라는 점도 씁쓸함을 더했다. 이와 관련해서 커윈은 다음과 같이 회상한다.

"이 일 때문에 한바탕 소란이 일었습니다. 같이 회사에 들어왔고, 픽사의 발전과 〈토이 스토리〉 제작에 누구 못지않게 기여했지만, 다른 사람이 자기보다 엄청나게 많은 혜택을 받는다는 사실에 심사가 뒤틀린 사람이 한둘이 아니었죠. 처음부터 함께 시작했으며 줄곧 회사의 핵심으로 있었던 톰 포터나 에벤 오스비, 로렌 카펜터 등이 그런 사람들이었습니다."

평직원들도 어느 정도 스톡옵션은 받게 될 터였지만, 규모가 훨씬 적다는 건 논외로 치더라도 이 옵션을 4년 뒤에나 행사할 수 있다는 조건도 불만스러웠다. 심지어 10년 전인 루카스필름 시절부터 함께해왔던 직원들, 즉 1991년 회사 개편 때 가지고 있던 픽사 주식을 모두 빼앗겼던 직원들이 옵션을 행사하려면 4년이라는 기간을 꽉 채워야 했지만, 캣멀과 래스터, 구겐하임, 리브스는 옵션을 즉각 행사할 수 있도록 한 것도 불공평하다고 생각했다. 예전 직원이었던 어떤 사람은 이렇게 말했다.

"이런 생각이 들더군요. '그래 젠장, 난 이 회사에 8년이나 있었는데, 옵션을 행사할 수 있으려면 12년을 채워야 한단 말이지? 이 친구들은 나라는 직원의 복지에는 전혀 관심이 없다 이거지?' 불만이 쌓이다 보니 이런 생각까지 듭디다. '내가 지금 뭘하고 있지? 스티브 잡스는 눈곱만큼도 고마워할 줄 모르는데, 나는 이 사람에게 돈을 더 많이 벌어다주지 못해서 안달이잖아, 한심하게도'라고 말입니다."

대형 스톡옵션은 1991년에 픽사가 디즈니와 맺은 거래에서 비롯되었다. 디즈니는 직원들과 고용계약서를 작성하고 있었고, 픽사 측에도 〈토이 스토리〉 제작에 참여하는 모든 직원들과 고용계약서를 작성할 것을 요구했다. 픽사의 간부들은 고용계약서가 픽사라는 회사의 기업 문화에 부정적으로 작용할 것이라 믿고 그것을 거절했다. 캣멀은, 픽사의 직원들은 계약상의 의무 조항에 따라서가 아니라 자기들이 좋아서 픽사에 계속 남는다고 믿었던 것이다.

디즈니는 캣멀의 태도를 어느 정도 인정하면서도 적어도 영화 제작 사업에 핵심적인 몇몇 사람들과는 계약서를 써야 한다고 주장했다. 이렇게 해서 1991년에 디즈니와 픽사 사이에 맺어진 계약서에는 (캣멀, 래스터, 구겐하임, 리브스로 명시된) 이른바 '픽사의 핵심적인 창작 역량'들이 픽사에서 계속 일할 것을 약속한다는 점을 픽사가 보장하는 내용이 들어가게 되었다.

이 네 사람은 모두 강력한 권한을 가진 자리에 앉아 있었다. 하지만 고용계약서도 없었고, 디즈니와 계약을 한 것도 없었다. 그래서 잡스는 이들을 픽사에 붙잡아두려고 1993년 2월에 이들을 위한 수익 배분 계획을 준비했다.[6] 영화작품 한 편에 대한 픽사 수익의 16퍼센트를 이익 풀profit pool로 묶어서 네 사람에게 똑같이 분배하겠다는 것이다.

2년 뒤 잡스가 기업공개 계획을 세울 때 네 사람은 또다시 유리한 입장에 섰다. 잡스에게 조언을 하는 사람들은 한결같이 투자자들은 소수의 고위 간부들에게 그렇게 많은 수익이 돌아가도록 보장하는 조치를 달가워하지 않을 거라며 그러한 계획을 철회하는 게 좋을 것이라고 했다. 그래서 1995년 4월 28일에 잡스와 다섯 명의 경영진은 그 계획을 넉넉한 스톡옵션으로 대체하기로 합의했다. 비록 레비는 애초에 그 이익 풀에 수혜를 받는 대상이 아니었음에도 막대한 스톡옵션의 혜택을 받았다.

불평등한 처우에는 사업적인 이유가 있다는 것을 픽사의 다른 직원들도 알았다. 하지만 그렇다고 해도 핵심부 바깥에 있는 사람들의 소외감을 누그러뜨리지는 못했다. 다시 커윈의 회상이다.

"스티브는 사무실에서 많은 시간을 보냈습니다. 나 역시 회사의 그런 조치가 인류의 더 큰 선을 위한 것이라고 스스로를 설득하면서 사무실에서 묵묵히 일했습니다. 그 사람들이 이긴다면 우리 모두가 이기는 것이라고 했죠. 그러자 몇몇 사람들은 회사를 떠나겠다고 겁을 줬습니다."

캣멀, 커윈, 구겐하임은 자동차를 타고 팰러앨토로 달려가서 기업공개 관련 전문 변호사인 래리 손시니Larry

Sonsini를 만나 상황을 설명하고 조언을 구했다.

여기서 잠깐 손시니의 이력을 설명할 필요가 있다. 손시니가 1966년에 버클리의 캘리포니아 대학교 로스쿨 볼트홀을 졸업할 때 그의 동료들은 그가 기업공개 분야를 전문으로 선택하자 다들 놀라워했다. 하지만 손시니를 연구 조교로 데리고 있었던 교수는 사업적인 기회가 올 것이라고 예측했다. 소규모 기술 관련 회사들이 사우스베이와 인근의 산타클라라밸리에서 우후죽순으로 설립되고 있었기 때문이다(실리콘밸리라는 이름은 아직 등장하지도 않은 때였다). 이 회사들이 성장하면 덩치를 더 키울 자본이 필요할 것이고, 또한 증권 관련 변호사가 필요할 것이라고 했다.

손시니는 지분을 가장 많이 가진 공동 경영자 자격으로 변호사 세 명으로 구성된 법률회사에서 일을 했다. 초기에는 창업 회사들을 고객으로 만드는 데 절반가량의 시간을 썼으며, 나머지 시간은 소도시의 변호사들이 대개 그렇듯이 개인적인 상해 관련 사건들을 맡아서 처리하는 데 썼다. 증권 관련 일을 찾기란 힘들었다. 창업 때 만났던 고객들이 성장해서 합병을 하거나 기업공개를 할 때는 보통 대도시에 있는 큰 법률회사를 찾아갔다. 그래서 다음 10년 동안 손시니는 가까스로 현상을 유지하면서 점차 기업공개 부문으로 활동 영역을 넓히기 시작했다.

1978년에는 윌슨, 손시니, 굿리치&로사티로 개명한 회사의 의장이 되었다. 2년 뒤에는 유명한 개인용 컴퓨터 회사인 애플의 기업공개 관련 자문을 맡으면서 손시니의 법률회사는 유명세를 탔다.[7]

1995년에 이 회사는 신기술 관련 기업들의 기업공개

일을 연달아 맡으면서 미국에서도 손꼽히는 법률회사로 성장했다. 손시니는 실리콘밸리에 있는 변호사들의 제왕이 되었다. 신생 기업뿐만 아니라 휴렛팩커드와 같은 중견 기업, 투자은행, 벤처캐피털 등도 그의 고객이 되었다. 잡스에게 손시니는 단순히 한 사람의 변호사가 아니었다. 그는 신뢰받는 기업 관련 자문이었다.[8]

캣멀과 커윈, 구겐하임은 손시니에게 자기들이 떠안고 있는 문제를 털어놓은 뒤에 이렇게 물었다.

"직원들에게 뭐라고 하면 되겠습니까? 우리가 이 문제를 도대체 어떻게 처리하면 잘되겠습니까?"

손시니는 차분한 어조로 걱정할 것 하나도 없다고 말했다.

"보세요. 잡스는 기업공개를 하지 않을 테니까요. 그렇게 할 수가 없거든요. 이 회사는 적자 규모가 5,000만 달러이고 수익은 하나도 없잖습니까."

그러면서 다시 한 번 강조했다.

"잡스는 기업공개를 하지 않을 겁니다."[9]

하지만 이 문제에 대해서 잡스는 손시니와 의견이 달랐다. 손시니는 논리와 경험으로 접근했지만 잡스는 오로지 꺾을 수 없는 의지로 밀어붙였기 때문이다. 결국 잡스가 옳은 판단을 한 것으로 장차 드러난다. 8월 9일에 있었던 어떤 일이 잡스의 소망을 구제해준 것이다. 그 일이란 바로 넷스케이프 커뮤니케이션스의 기업공개였다. 넷스케이프의 기업공개로 자본시장의 역사에서 뒤죽박죽의 시대로 기록될 시기가 열렸다. 투자자들은 1년밖에 안 된 적자 상태의 이 기업 주식을 공모 가격인 28달러에 사들였는데, 첫날 장을 마감할 때 주가는 두 배로 뛰었다. 바로 잡스가 필요로 하던 그 전조였다. 픽사는 비록 적자에서 벗어나지 못하고 있지만 넷스케이프에 뒤지지 않는 블루칩이었던 것이다.

편집을 마친 〈토이 스토리〉는 9월 말에 랜디 뉴먼과 개리 리드스트롬에게 넘어갔다. 두 사람은 각각 필름 최종 작업과 사운드 디자인 작업을 했다. 7월 말에 애너하임 인근에 있는 한 극장에서 시험용 버전의 〈토이 스토리〉가 상영되었고, 관객들은 영화의 마지막 몇 분을 좀 더 강하고 인상적으로 밀어붙일 필요가 있다고 지적했다. 이 일로 제작진은 정신없이 돌아가는 남은 몇 주 동안을 더욱 눈코 뜰 새 없이 바쁘게 보내야 했다. 또한 관객들이 시큰둥한 반응을 보인 시작 장면을 강화해야겠다고 래스터는 생각했다. 당시에 〈토이 스토리〉는 앤디의 집 바깥 장면과 새로 들어온 강아지가 짖는 소리로 끝을 맺었다. 시사회에 참석했던 마이클 아이스너는 래스터에게 우디와 버즈가 함께 있으면서 강아지 소식에 반응하는 장면에서 영화가 끝나야 한다고 말했다.

픽사의 미래는 〈토이 스토리〉가 개봉되는 1995년 11월 22일에 달려 있었다. 래스터가 처음에 말도 안 되는 스토리 릴을 디즈니 측에 보여준 지 거의 2년이 지난 때였다. 스토리는 바뀌고 바뀌어 보석처럼 빛나게 되었다. 하지만 관객들이 어떻게 반응할지는 아무도 몰랐다. 시사회 관객들의 반응은 고무적이었지만 최고 수준의 평가에는 못 미쳤다.

디즈니의 마케팅 부서는 어린이들을 극장으로 끌어들이기 위한 작업을 부지런히 했다. 브에나비스타 홈비디오는 〈신데렐라〉 비디오 700만 편에 〈토이 스토리〉 예고편을 담았다. 디즈니 채널에서는 〈토이 스토리〉 제작 과정을 담은 특별 프로그램이 방영되었다. 올랜도에 있는 월트 디즈니 월드는 디즈니-MGM 스튜디오스에서 매일 '토이 스토리 퍼레이드'를 펼쳤다. 또 비록 디즈니 컨슈머 프로덕트가 굼뜨긴 했지만 영화 배급을 맡은 브에나비스타 픽처스는 홍보 스폰서들과 공동 마케팅 계약을 부지런히 맺었다.

영화 제작에 들어간 총 비용의 다섯 배나 되는 홍보비 1억 4,500만 달러 가운데 오로지 2,000만 달러만이 디즈니에서 나왔을 뿐이었다. 나머지는 버거킹, 네슬레 등의 소비자 제품 회사들이 디즈니에서 제작한 영화를 활용하는 대가로 낸 돈으로 충당되었다. 최대의 라이벌인 펩시콜라와 코카콜라도 모두 참가했다. 펩시콜라에서는 프리토레이 브랜드가, 코카콜라에서는 미닛메이드 브랜드가 참여했다. 〈토이 스토리〉 개봉 일주일 전부터 버거킹은 키즈밀을 1.99달러에 팔면서 〈토이 스토리〉 인형을 하나씩 선물했다.[10]

디즈니는 11월 19일 일요일에 로스앤젤레스에 있는 화려한 극장 엘캐피탄에서 초대장을 가진 사람만 들어갈 수 있는 특별시사회를 열었다(이 극장 맞은편에는 더 유명한 맨스 차이니즈 극장이 있다). 엘캐피탄 극장 바로 옆에 있는 건물에는 디즈니가 영화 내용을 바탕으로 3층 규모의 작은 테마파크를 만들었다. 100명이 넘는 사람들이 여러 가지 쇼를 펼치는 등 볼거리를 마련했다. 아이들은 영화 속의 초록색

군인들처럼 발에 초록색 좌대를 붙이고 폴짝폴짝 뛰었다. 물론 피자 행성도 있었다.[11]

캣멀과 그의 두 아이, 커윈, 픽사의 간부 및 그의 아들, 이렇게 여섯 명이 함께 시사회를 보러 갔다. 이들은 너무 일찍 도착했고, 잠시 주변을 둘러보다가 극장에 들어가기로 했다. 그런데 극장이 있는 구역의 모퉁이를 돌자마자 이들은 깜짝 놀라 걸음을 멈추었다. 버거킹 매장 안이 온통 〈토이 스토리〉와 관련된 것들로 뒤덮이고 도배되다시피 했다. 〈토이 스토리〉 포스터들이 빼곡하게 붙어 있었고, 컵도 〈토이 스토리〉였고, 접시도 〈토이 스토리〉였으며, 버거킹 키즈밀은 〈토이 스토리〉에 나오는 캐릭터 인형과 함께 팔렸다. 매장에는 〈토이 스토리〉를 사려는 사람들이 겹겹이 줄을 서 있었다. 지나갈 수가 없을 정도였다.

그들은 버거킹이 디즈니와 스폰서 계약을 맺었다는 사실은 알고 있었지만, '자기들의' 우디와 버즈가 그런 모습으로 세상에 선보이는 것에 대해서는 생각해본 적이 없었다. 그제야 그들은 〈토이 스토리〉가 이제 더는 자기들의 영화가 아니며, 영화 속 캐릭터들이 자기들의 캐릭터가 아님을 깨달았다. 그들의 우디와 버즈는 이미 온 세상의 우디와 버즈였던 것이다.

픽사 측에는 시사회 초대권이 많이 할당되지 않았고, 대부분의 초대권이 디즈니를 통해 나갔다. 디즈니의 영화 부문 경영진은 모두 참석했다. 톰 행크스를 비롯해서 목소리로 출연한 배우들도 참석했으며, 〈토이 스토리〉와 아무 관련이 없는 로빈 윌리엄스와 같은 스타 배우들도 참석했다. 버즈의 모델이었던 우주비행사 버즈 올드린은 픽사의 초대를 받고 참석했다. 관객들은 영화에 완전히 매료된 듯했다. 버즈 라이트이어가 추락해서 부서진 채 쓰러져 있을 때는 여기저기서 어른이 흐느끼는 소리가 났을 정도였으니까.

며칠 뒤에 〈토이 스토리〉가 2,400개가 넘는 극장에서 일반에게 개봉될 때 비평가들은 이미 시사회를 보고 영화에 대한 평가를 내려둔 상태였다. 냉소나 비판은 눈을 씻고 봐도 없었다. 비록 디즈니의 기본적인 방식대로 어린이 취향이긴 했지만, 어린이뿐만 아니라 성인층까지 관객 대상으로 설정하고 있다는 사실을 비평가들은 직관적으로 알아차렸다. 그리고 양쪽을 모두 만족시켰다고 평가했다.

〈뉴욕 타임스〉의 재닛 매슬린은 이 영화의 '눈부신 의인화'와 '의기양양한 위트'에 박수를 보냈다. 〈타임〉의 리처드 코리스는 당시의 수많은 실사 영화들에 등장하는 평면적인 캐릭터들과 생생하게 살아 있으면서도 어딘가 불완전해 보이는, 그래서 더욱 인간적인 우디와 버즈라는 캐릭터들을 비교하면서 〈토이 스토리〉가 "올해 가장 창의력이 넘치는 영화"라고 평가했다. 〈뉴스위크〉의 데이비드 앤슨은 "섬광처럼 번쩍거리는 기술을 인간적인 위트에 녹여냈으며…… 이 기술로 캐릭터들을 더욱 풍성하게 만든…… 경이로움"이라고 표현했다.

많은 지역에 방영되던 텔레비전 프로그램 〈시스켈 & 에버트〉는 이 영화에 '엄지손가락 두 개'라는 상을 수여했으며, 〈엔터테인먼트 위클리〉의 오언 글라이버먼은 "영화를 보면서 〈토이 스토리〉를 볼 때보다 더 즐거웠던 적이 없다"며 찬사를 아끼지 않았다. 〈워싱턴 포스트〉의 케빈 맥마너스도 "사실성이 생생하게 살아 넘친다. 〈토이 스토리〉를 평가하려면 최상급이 필요할 것 같다. 아니, 꼭 그래야 한다. ……사실 이 영화에 필적할 만한 영화를 찾으려면 세상이 온통 오즈에 열광하던 1939년까지 거슬러 올라가야 한다"고 평했다.

부정적인 언급이나 비평은 거의 찾아볼 수 없었다. 몇몇 비평가들은 디즈니라는 유명한 브랜드 때문에 뭔가 혼동했는지, 디즈니가 전체 제작을 맡아 진행했으며 픽사는 오로지 애니메이션 작업만 한 것으로 생각했다. 영화에서 남자 캐릭터가 압도적으로 많이 등장한 것을 두고 〈시카고 트리뷴〉의 비평가는 (비록 전체적으로는 이 영화를 칭찬했지만) "〈토이 스토리〉는 지나치게 소년 영화로 치우쳐서 〈포카혼타스〉에 대한 디즈니의 사과로까지 비친다. ……앤디가 가지고 있는 유일한 여자 장난감이 왜 굳이 리틀 보핍처럼 까다롭고 신경질적인 캐릭터야 했을까?"라며 불평을 했다.[12]

> **"추수감사절 선물은 '토이' 랜드"**
> **디즈니의 영화가 휴일 선물을 바꾼다**
> 〈데일리 버라이어티〉 1면 머리기사(1995년 11월 27일)
>
> **"장난감 인형들이 친구가 된다"**
> **12월의 개봉 첫 주말 3일 동안 2,000만 달러를 벌어들인 최초의 영화**
> 〈할리우드 리포터〉의 1면 머리기사(1995년 12월 5일), 〈토이 스토리〉의 둘째 주 상영을 안내하면서.

실리콘밸리의 미운 오리 새끼였던 픽사의 처지는 완전히 달라졌다. 1년 전만 하더라도 잡스는 더 이상의 손실을 줄이기 위해서 5,000만 달러만 주면 누구든 가리지 않고 팔겠다고 했는데, 만일 그때 누군가가 픽사를 사들였다면 그야말로 횡재했을 것이다. 그렇게 픽사의 운명은 완전히 뒤바뀌었다. 〈토이 스토리〉는 개봉되자마자 1,000만 달러로 추정되는 수입을 기록하면서 미국 박스오피스 1위에 올랐으며, (수요일에 개봉했는데) 주말 사흘 동안에만 2,800만 달러의 수입을 올리면서 역대 추수감사절 개봉으로서는 최고의 흥행작이 되었다. 개봉 후 12일 동안 〈토이 스토리〉는 약 6,470만 달러를 벌어들였다.

〈토이 스토리〉의 캐릭터 상표권을 사들인 완구업체 싱크웨이가 불과 다섯 달 반 만에 우디와 버즈의 도안과 제작을 마치고 판매에 들어가긴 했지만, 물건은 금방 동이 났다. 미스터 포테이토 헤드(〈토이 스토리〉에서는 돈 리클스가 목소리로 출연한 캐릭터)의 제작업체인 하스브로의 한 중역은 신이 나서, 자기 회사는 '감자 기근'을 겪고 있다는 농담을 구겐하임에게 했다.

픽사는 자신들의 소박한 웹사이트에 다음과 같은 글을 올렸다.

"솔직히 말해서 우리는, 우리가 만든 작은 영화가 언론으로부터 그렇게나 많은 찬사를 받았다는 사실에 어안이 벙벙합니다. 그리고 이 영화가 시장에서 일으키는 파장에 놀랄 뿐입니다. 솔직히 한 마디 더 하자면, 우리는 모두 버거킹의 키즈밀을 사 먹었습니다."

잡스는 픽사의 기업공개 날짜를 〈토이 스토리〉의 개봉 일주일 뒤인 11월 29일로 잡아두었다. 매우 영리한 설정이었다. 픽사는 공개적으로 자사를 홍보하지 않음으로써

* 기업공개를 앞둔 기업이 시장을 임의로 조절하지 못하도록 일체의 기업 홍보 행위를 제한하는 기간.

증권거래위원회가 규정한 침묵 기간quiet period*을 지켰다. 굳이 홍보를 하려고 나설 필요도 없었다. 〈토이 스토리〉가 엄청난 성공을 거두고 있었기 때문이다.

11월 29일 아침에 픽사 공개의 주인수업자lead underwriter인 캣멀과 커윈은 법률회사 '로버트슨, 스티븐스&코'의 사무실에 모였다. 그곳에서는 샌프란시스코의 전경과 만을 굽어볼 수 있었다. 은행가들은 주식 매매가 순조롭게 이루어질 때 축배를 들려고 잡스가 즐겨 마시는 오드왈라 당근주스를 준비해두고 있었다. 그런데 잡스가 아직 오지 않고 있었다(그는 길이 막혀서 늦었던 것이다). 사람들은 고개를 갸웃하면서 중얼거렸다.

"이런, 자기 기업이 공개되는 순간을 놓치다니……."[13]

잡스는 아슬아슬하게 도착했고, 주식이 공모 가격 22달러에 팔려나가는 걸 지켜보았다. 그 자리에 있던 사람들은 한 시간 만에 픽사의 주가가 40달러대로 치솟는 것을 보면서 입을 다물지 못했다. 매물이 없어 거래가 이루어지지 않는 경우도 여러 차례 있었다. 주가는 최고 49.50달러까지 올랐으나 종가는 39달러였다. 픽사는 수수료를 뗀 금액으로 1억 3,970만 달러의 자본을 끌어들임으로써 그해 최대의 기업공개로 꼽히던 넷스케이프의 규모를 넘어서는 기록을 세웠다.

잡스는 픽사의 주식 80퍼센트를 가지고 있었다. 비디오게임 회사인 아타리에서 한 시간에 5달러를 받는 기술직 일자리에 감지덕지하던 잡스는 마흔의 나이에 엄청난 거부巨富의 반열에 올라섰다. 기업공개를 한 뒤에 픽사에서 잡스가 소유한 주식의 가치는 11억 달러가 넘었다(이 수치에서 반올림 과정의 오차만 하더라도 10년 전 그가 애플을 떠날 때 가지고 있었던 애플 주식의 자산 가치와 맞먹었다).

〈토이 스토리〉는 미국에서만 1억 9,200만 달러를 벌었고, 해외에서 3억 5,700만 달러를 벌어들임으로써 1995년에 가장 많은 돈을 벌어들인 영화가 되었다. 또 애니메이션 영화로는 처음으로 아카데미 각본상 후보에 올랐다. 래스터는 1996년 아카데미에서 "픽사의 〈토이 스토리〉 팀에서 탁월한 리더십을 발휘하여 최초의 장편 컴퓨터 애니메이션 영화를 탄생시킨 업적을 인정"받아 특별 공로상을 수상했다(래스터는 기사가 딸린 오스카 마이어 위너모빌Oscar Mayer Wienermobile**을 타고 시상식장까지 갔다).

** 미국의 육가공업체인 오스카 마이어 사의 홍보용 차량으로, 외형이 소시지 모양으로 되어 있다.

픽사와 디즈니는 〈토이 스토리〉로 돈과 축하 외에도 많은 것을 얻었다. 캣멀과 래스터를 비롯한 픽사의 여러 사람들이 마침내 최초의 컴퓨터 애니메이션 장편영화를 만들겠다는 오랜 꿈을 이루었던 것이다. 또한 이들은 장편영화 제작과 관련해서 자신들의 본능과 여러 방법들을 신뢰할 수 있게 되었다. 이것은 작은 아이디어에서 출발하여 최종적인 성공을 거두기까지 전 과정을 직접 경험함으로써 얻을 수 있는 자신감이었다.

〈토이 스토리〉를 통해 래스터와 그가 이끄는 팀은 애니메이션 장편영화라 하더라도 동화와 같은 스토리를 버리고서도 어린이들에게 즐거움을 주면서 동시에 문제를 안고 있는 성인 캐릭터에 초점을 맞출 수 있다는 믿음을 다시 한 번 확인할 수 있었다(이런 접근 방식은 픽사가 나중에 제작하는 장편영화들에서 반복해서 나타난다). 〈토이 스토리〉는 또한 완벽함과 창조적인 열정의 모범 사례를 픽사에 각인시켰다. 앤드류 스탠튼은 다음과 같이 말했다.

"그 영화를 만들겠다는 열정, 손으로 만질 수도 있을 것 같은 그런 열정이 있었습니다. 그때 이후 픽사의 영화는 그 열정을 재창조하려는 노력이자 훈련이었다고 생각합니다."[14]

동시에 픽사는 장편영화 제작 방식과 관련된 새로운 통찰력을 디즈니로부터 얻었다. 이와 관련해서 구겐하임은 다음과 같이 회상한다.

> 우리는 디즈니에서 굉장히 많은 것을 배웠습니다. 우선 조직에 대해서 보자면, 우리는 해당 프로젝트의 진행 상황을 끊임없이 조망하기 위해서 그들이 예산과 일정을 어떻게 짜는지 배웠습니다. 또한 그들 조직의 위계 가운데 일부를 우리 조직에 채용하기도 했습니다. 하지만 우리는 그들보다 조직을 훨씬 '가볍고 얇게' 유지했습니다. 그들이 동원하는 인력보다 훨씬 적은 인력으로 똑같은 일을 할 수 있도록 말입니다. 창작 혹은 창조라는 관점에서 보자면, 그 어떤 것보다도 이야기 전개를 중요시하는 그들의 원칙을 더 깊이 이해할 수 있었습니다. 이것은 존 래스터가 픽사에서 늘 주문하고 강조하던 것이었지요. 그래서 딱히 새롭다고 할 수도 없었지만, 그들이 이야기 전개를 얼마나 진지하게 다루는지 또 마땅히 그래야 한다는 걸 새삼스럽게 깨달았던 겁니다. 장편영화는 이야기 전개가 한층 복잡합니다. 그리고 바로 이 영역에서, 함정을 파악하고 피하는 데 그들은 한 수 위였습니다.

그런데 아이러니하게도 〈토이 스토리〉 제작이 끝나갈 무렵이 되면서 디즈니의 고위 간부들은 픽사가 전통적인 디즈니 애니메이션 영화들의 '핵심'을 디즈니보다 더 많이 담은 영화를 만들었다는 사실을 인정했습니다. 분하긴 하지만 이런 점에서 픽사와 래스터를 존중할 수밖에 없었던 겁니다.[15]

디즈니도 픽사에게서 많은 것을 배웠다. 디즈니 피처 애니메이션은 이미 컴퓨터 애니메이션을 여기저기서 시험적으로 많이 사용했다. 예를 들면 〈미녀와 야수〉에서 무도회장 장면을 만들 때 그랬고, 〈위대한 명탐정 바실〉에서 시계탑 장면을 만들 때 그랬으며, 〈라이온 킹〉에서 야생동물들이 떼를 지어 우르르 도망치는 장면 및 기타 여러 특수효과 장면을 만들 때 그랬다. 하지만 〈토이 스토리〉로 디즈니는 이 매체가 가지고 있는 가능성의 깊이와 폭에 새롭게 눈을 떴던 것이다.

디즈니의 사업적인 지형이 결정적인 변화의 흐름 속에 놓여 있을지도 모른다고 생각하기에는, 다시 말해서 디즈니가 장편 애니메이션 분야에서 누군가와 심각하게 경쟁을 해야 할지도 모른다고 생각하기에는 아직 일렀다. 말도 안 되는 생각이었다. 사실 돈 블루스의 작품들(예를 들어 1982년의 〈마우스 킹〉, 1986년의 〈피블의 모험〉, 1988년의 〈공룡시대〉 등)이 나왔을 때도 그렇게 보였다. 이 작품들은 어느 날 갑자기 사람들의 눈을 끌었지만, 곧 사라지고 말았다. 결국 디즈니만 남아서 여전히 장편 애니메이션 시장을 쥐고 흔들었다. 늘 그랬고, 앞으로도 그럴 터였다.

디즈니는 셀 애니메이션을 지배했듯이 앞으로 컴퓨터 애니메이션을 지배할 터였다. 픽사는 기껏해야 디즈니와 손잡고 싶어 안달하는 일개 하청회사밖에 되지 못할 터였다.

하늘의 모든 별이 디즈니의 운행 궤적에 맞춰서 움직이는 것 같았다. 그러나 컴퓨터 애니메이션이라는 매체와 〈토이 스토리〉의 놀라운 성공은 이 오랜 신화를 깨뜨리고 만다.

08 최고의 퀄리티를 찾아라

〈벅스 라이프〉와 〈토이 스토리 2〉

〈토이 스토리〉가 개봉하려면 아직 1년도 더 남았던 1994년 여름 동안 픽사의 스토리 팀은 다음 영화를 생각하고 있었다. 회사의 모든 역량을 한 영화에 집중하는 것은 매력적인 일임에 분명했으나 현실은 달랐다.

픽사와 디즈니가 〈토이 스토리〉 제작을 목적으로 새로 설립한 하이테크 툰스에는 대략 160명이 고용되어 일하고 있었다. 이 사람들 가운데 대다수는 〈토이 스토리〉 프로젝트가 끝나면 실업자 신세였다. 대부분의 다른 영화사들도 기존 작품이 끝나면 직원을 해고했다. 캣멀은 할리우드의 이런 작품별 고용 방식을 거부했다. 직원들과 지속적인 고용-피고용 관계를 맺을 때 회사는 소중한 인적 자산을 지속적으로 확보할 수 있다고 보았던 것이다. 그러려면 화가들과 기술자들이 계속해서 일할 수 있도록 일감을 마련해야 했다.

〈토이 스토리〉에 매달렸던 인력들은 한동안은 여러 가지 작은 소소한 일들로 돌릴 수 있었다. 하지만 장편영화 계획이 없다면 〈토이 스토리〉의 인력을 유지하는 데 들어가는 비용은 감당하기 어려울 수밖에 없었다. 픽사가 〈토이 스토리〉를 제작하기 위해 만든 제작 파이프라인을 가능한 한 빠르게 돌려야 했다. 이것은 〈토이 스토리〉가 끝나는 대로 곧바로 들어갈 두 번째 영화의 이야기 구성을 디즈니가 이미 인정한 상황에서나 가능한 일이다.

〈벅스 라이프〉의 개략적인 이야기는 앤드류 스탠튼과 조 랜프트Joe Ranft가 점심을 먹으면서 대화를 나누다가 처음 나왔다. 래스터와 그의 스토리 팀은 곤충을 주인공으로 하면 어떨까 하는 아이디어를 가지고 있었다. 곤충은 장난감과 마찬가지로 다른 것들과 비교할 때 표면이 상대적으로 단순해서 당시의 컴퓨터 애니메이션 기술로 표현하기에도 충분했다. 스탠튼과 랜프트는 개미와 베짱이라는 이솝우화에서 이야기를 더 발전시켜보면 어떨까 하고 생각했다.

이솝우화에서 베짱이는 봄과 여름에 노래를 하면서 빈둥거리며 시간을 보내고, 개미는 겨울에 대비해서 양식을 준비해둔다. 겨울이 오자 배고픈 베짱이는 개미에게 먹을 걸 구걸한다. 하지만 개미는 베짱이를 쫓아버린다. 디즈니는 이미 1934년에 〈개미와 베짱이〉라는 단편영화로 유쾌하고 디즈니다운 결말을 보인 적이 있었다. 디즈니의 영화에서 여왕개미는 친절하게도 베짱이에게 음악을 연주하게 해서 그것으로 음식을 빌어먹게 해준다.

스탠튼과 랜프트는 이 우화에 대해 이야기를 하다가 한 가지 발상을 떠올렸다. '개미보다 덩치가 더 큰 베짱이가 개미의 양식을 빼앗을 수도 있지 않을까?' 하는 것이었다. 그러자 온갖 아이디어들이 떠올랐다. 둘은 이 아이디어의 조각들을 엮어서 이야기를 짜나가기 시작했다.

래스터도 두 사람의 발상을 마음에 들어했다. 이야기에 들어갈 몇 가지 요소를 제안하기도 했다. 그 뒤로 이 발상은 숙성 과정을 거쳤다. 다음 해 초에 픽사의 두 번째 영화 작업이 시작되면서 스토리 팀은 본격적으로 이야기 구성에 매달렸다. 그해 6월 산라파엘에서 〈토이 스토리〉 시범 상영이 있었는데, 이 자리에서 스토리 팀은 마이클 아이스너에게 곤충이 주인공으로 등장하는 영화를 만들자고 제안했다. 아이스너는 괜찮은 아이디어라고 생각했고, 그들은 트리트먼트를 디즈니에 제출했다. 그때가 7월 초였고, 제목은 '벅스'였다.

1막

여름이 끝나갈 무렵. 평화를 사랑하는 검은 개미들이 사는 부락. 개미들은 겨울에 먹을 양식을 땀 흘려 준비한다. 이때 비상종이 울린다. 개미들은 수확한 양식을 덮고 숨기느라 정신이 없다.

갑자기 태양이 검은 점들로 덮이기 시작한다. 수많은 베짱이들이 들이닥친 것이다. 마치 난폭한 폭주족 갱단처럼……. 먼지가 가라앉자 갱단의 우두머리인 호퍼가 나타난다. 베짱이들은 여름 내내 놀기만 하면서 겨울에 먹을 양식 따위는 전혀 모아두지 않았다. 호퍼는 벌벌 떠는 개미들에게 이렇게 말한다.

"정말 잘됐구나. 성실하고 부지런한 너희 꼬맹이들은 열심히 일을 해왔어. 우리는 평소에 하던 대로 할 테니까 너희들도 평소처럼 수확에 힘쓰기 바란다. 첫서리가 내릴 때 수확물을 가지러 올 테다. 대신 너희들 목숨은 살려줄 테니 고마운 줄 알아라."

겁이 많은 개미는 스스로를 지킬 힘이 없다. 호퍼와 그의 부하들은 날아간다.

개미들은 분노와 절망 속에서 현명한 늙은 여왕개미를 모시고 대책회의를 연다. 여왕은 사악한 메뚜기들로부터 자기들을 지켜줄 다른 곤충들을 고용하는 게 좋겠다고 말한다. (왕위 계승을 앞둔) 여왕의 딸 아타 공주는 계획이 너무 위험하며, 만일 실패하면 호퍼의 분노만 더 커질 뿐이라고 생각한다. 하지만 다른 개미들은 공주의 의견에 동의하지 않는다. 이렇게 해서 개미 둘이 선발되어 곤충 세계의 위대한 전사들을 찾아 부락을 떠난다.

이 버전의 이야기에서 사건을 이끌어가는 핵심 인물은 붉은 불개미인 레드다. 레드는 곤충 서커스단의 단원이며 말을 번드르르하게 잘하는 게 특기다. 서커스단의 주인인 벼룩 P. T. 플리는 서커스를 보러 오는 손님이 뚝 끊기자 서커스단의 문을 닫는다. 서커스 단원이었던 곤충들은 슬픔을 달래며 새로운 일자리를 찾아보려고 술집에 간다. 거기에서 레드는 개미 둘이 하는 이야기를 우연히 엿듣고는 다른 서커스단 곤충들에게, 싸움꾼인 척해서 개미들에게서 일자리를 얻자고 꼬드긴다. 개미 부락에서 놀면서 먹고살다가 겨울이 오기 직전에, 즉 베짱이들이 오기 전에 도망을 치자는 것이다.

디즈니는 이 트리트먼트를 승인하고, 1995년 7월 7일에 이 프로젝트는 1991년의 계약에 따른 옵션을 실행하는 것임을 통보했다.[1] 래스터는 스탠튼을 공동 감독으로 임명했다. 두 사람은 서로 죽이 잘 맞았고, 감수성도 비슷했다.[2] 〈토이 스토리〉를 만들면서 래스터는 컴퓨터 애니메이션 장편영화의 감독 작업을 혼자서 하는 것은 너무 벅차다고 생각했다. 특히 마지막 1년 동안은 모든 신경이 마비될 정도로 힘들었다. 제작의 각 단계에서 나온 것들을 검토하고 평가하는 작업만 해도 끝이 없었다. 스트레스가 말로 다 할 수 없을 정도였다. 래스터는 둘이서 작업을 나누어 부담을 덜고 싶었다. 또한 스탠튼이 더욱 성장하는 기회가 될 거라고 여겼다.

그해 11월에 〈토이 스토리〉가 개봉될 때까지도 〈벅스〉의 대본은 나오지 않았다. 픽사의 직원들은 각기 자기 일을 맡아서 회사 내의 여러 사업들로 흩어졌다. 어떤 사람들은 〈토이 스토리〉의 캐릭터들을 10초나 30초짜리로 엮어서 시리즈물로 만든 ABC 방송국의 〈토이 스토리 트리츠〉 작업을 했는데, ABC 방송국은 토요일 아침 만화와 광고 등과 함께 섞어서 방영했다.

기술 부문의 직원들은 〈토이 스토리〉의 경험을 바탕으로 소프트웨어 도구들을 개선하기 위한 연구개발 작업에 매달렸다. 한 팀은 조명 프로그래머 없이도 화가들이 직접 조명 소프트웨어를 구사할 수 있게 하는 작업을 맡았다. 또 다른 팀은 멘비를 개선해서 수많은 모델들이 등장하는 대형 쇼트들을 처리하는 성능을 향상시켰다. 팸 커윈이 지휘하는 새로운 사업부인 인터랙티브 프로덕트 그룹Interactive Products Group은 몇 명을 더 고용했다(이 조직은 〈토이 스토리〉를 기반으로 한 시디롬 게임 두 개를 만들었다). 나머지 사람들은

〈벅스〉를 진전시키기 위해 스토리 팀과 미술 팀으로 갔다.[3]

래스터는 곤충의 눈으로 세상과 사물을 바라보는 것은 특별한 경험이 될 거라고 믿었다. 이를 위해 기술자 두 명이 바퀴를 단 소형 비디오카메라를 만들어냈다. 사람들은 이 카메라를 '버그캠Bugcam'이라고 불렀다. 막대기 끝에 단단하게 묶인 버그캠이 잔디 사이를 헤집고 다니면서 곤충의 시점으로 바라본 풍경을 보여주었다. 풀과 나뭇잎과 꽃잎이 투명한 차양처럼 보였다. 곤충들은 마치 스테인드글라스 천장 아래에서 사는 것처럼 보였다. 래스터는 이런 그림들이 흥미로웠고 마음에 들었다. 〈벅스〉에서 꼭 필요한 풍경이라고 생각했다. 나중에 그의 팀은 곤충 세계에서의 사랑과 폭력을 다룬 프랑스의 다큐멘터리 영화 〈마이크로코스모스〉에서도 영감을 얻으려고 노력했다.

스탠튼이 대본 초고를 완성했다. 이야기의 중심 기둥 가운데 하나가 어쩐지 마음에 걸렸다. 개미들을 속이려고 개미 부락에 온 서커스단 곤충들이 결국에는 부락에 남아서 베짱이들과 싸운다는 부분이었다. 사기꾼인 서커스단 곤충들에게 이런 변화는 개연성이 없어 보였다. 갑자기 개미들을 위해 싸운다는 설정은 현실에서 있음직한 일이 아니었다. 비록 제작 계획이 나온 지 한참 지나긴 했지만 이야기를 수정할 필요가 있다고 스탠튼은 결론을 내렸다.

하지만 그것은 괜한 걱정이었다. 그가 정리한 스토리에 따르면, 개미들이 보여주는 '공동체 의식과 가족애 그리고 근면함에 감동을 받은' 서커스단 곤충들이 점점 더 개미들을 존경하게 되기 때문이다. 아타 공주도 처음에는 레드를 믿지 않았지만 점차 그를 존경하게 된다. 개미들로서는 한 번도 가져본 적이 없는 용기를 자기들에게 주었기 때문이다.

레드는 이런저런 핑계를 대면서 개미 부락을 떠나는 걸 미룬다. 왜냐하면 공주를 사랑하는 마음이 점점 커지고 있었기 때문이다. 마침내 첫서리가 내리는 날 아침이 오자, 서커스단 곤충들은 허둥지둥 개미 부락을 떠나려고 한다. 하지만 이미 늦었다. 부락을 빠져나가다가 호퍼 일당과 마주친 것이다. 레드는 하마터면 겁쟁이인 본래 모습을 드러내고 호퍼에게 모든 걸 털어놓을 뻔하지만, 아타가 자기를 자랑스러운 눈으로 바라보고 있음을 알고는 태도를 바꾼다. 그리고 호퍼에게 거세게 호통을 친다. 개미들도 용기를 내서 저항할 태세를 갖춘다. 호퍼는 일단 물러났다가 일당들을 데리고 다시 오고, 서커스단 곤충들도 서커스단에 있을 때 익힌 곡예 기술을 발휘해 개미들을 돕는다.

무척 매력적인 이야기였다. 〈토이 스토리〉에서 버즈가 변화해가던 모습과 꼭 들어맞는 이야기이기도 했다. 버즈가 자신이 우주인이 아니라 장난감에 지나지 않는다는 사실을 알고 낙담하지만 결국 현실을 받아들였듯이, 레드는 진짜 자기의 모습보다 더 멋진 가면을 쓸 때 실제로 그 가면의 주인공처럼 될 수도 있다는 사실을 깨달은 것이다.

아무튼 스탠튼은 두 명의 심부름꾼 개미 가운데 하나에 초점을 맞추어서 이야기를 새로 구성했다. 이 인물은 나중에 플릭으로 형상화된다. 대신 레드는 이야기에서 빠졌다. 서커스단의 곤충들이 개미들을 속이는 설정을 빼고, 플릭이 곤충들을 모아서 도모하려고 하는 어떤 일을 이들이 잘못 이해하고, 결국에는 이들이 우스꽝스러운 상황에서 개미와 베짱이의 분쟁에 휘말리는 것으로 이야기 전개가 바뀌었다.

래스터는 새로운 이야기에 동의했고, 코미디 작가인 도널드 매케너리와 밥 쇼가 두 달 동안 픽사에서 스탠튼과 함께 작업을 하면서 이야기를 더욱 정교하게 다듬었다.

트리트먼트를 가지고 스토리보드로 발전시키는 작업은 그동안 논의하고 합의한 스토리라인이 워낙 풍부해 한층 복잡할 수밖에 없었다. 〈토이 스토리〉는 우디와 버즈에 주로 초점을 맞추었고 다른 캐릭터들은 부수적으로 다루면 되었지만, 이 영화에서는 주요 캐릭터가 여러 명이었고, 이들을 모두 깊이 있게 다루어야 했던 것이다. 이와 관련해서 〈벅스 라이프〉의 스토리 슈퍼바이저였던 BZ 페트로프는 당시의 상황을 다음과 같이 회상한다.

"그것은 스토리 팀에게 굉장한 과제였습니다. 일단 서커스단의 곤충들이 있고, 플릭과 개미 부락이 있고, 또 베짱이들이 있습니다. 이 캐릭터들은 각자 나름대로 독특한 개성을 가지고 있어야 합니다. 그런데 이들이 엮어내는 이야기를 우리는 80분 안에 담아내야 했어요. 80분이라는 길지 않은 시간 안에 그 많은 이야기들을 담아내기란 정말 어려운 일이었죠."[4]

캐릭터 디자인에도 쉽지 않은 과제가 대두되었다. 사람들은 일반적으로 고전적인 장난감들을 매력적이라고 생각하는데, 실제 곤충 캐릭터는 꾸물꾸물 기어 다니는 모습이었다. 미술 팀과 애니메이터들이 곤충들을 면밀하게 연구했지만, 사실적인 묘사보다는 영화라는 특성을 감안해 조정할 필요가 있다고 결론을 내렸다. 다음은 당시에 스탠튼이 했던 말이다.

"우리는 턱 부분이나 털이 난 부분들은 덜어냈다.

그러면서도 캐릭터 디자인의 퀄리티와 질감은 진짜 곤충을 보는 것처럼 느낄 수 있도록 만들려고 애를 썼다. 우리는 관객들이 이 캐릭터들을 좋아하길 바란다. 곤충 캐릭터들을 보고 소스라치게 놀라거나 징그럽다고 느끼게 하고 싶지 않다."[5]

미술 팀은 개미들이 곧추서는 것으로 디자인하고, 원래 여섯 개인 다리를 두 개의 다리와 두 개의 팔로 대체했다. 한편 베짱이들은 실제보다 덜 매력적으로 보이도록 하기 위해서 다리 한 쌍을 추가했다.

래스터는 이 영화를 데이비드 린 감독의 영화 〈아라비아의 로렌스〉의 전통을 잇는 서사물로 구상했다. 이런 이야기의 규모를 온전하게 담아내기 위해 소프트웨어 기술자들은 할 일이 많아졌다. 예를 들면 개미가 떼를 지어 한꺼번에 나타나는 쇼트들을 처리하는 문제를 기술자들은 해결해야 했다. 개미 부락에서의 이런 쇼트들이 적어도 400개는 들어갈 터였다. 일부 쇼트에서는 800마리도 넘는 개미들이 등장한다. 애니메이터들이 각각의 개미들을 개별적으로 제어한다는 건 불가능했다. 게다가 이들 개미 가운데 어느 하나도 가만히 서 있으면 안 되었다. 실제 살아 있는 모습 그대로 끊임없이 움직이도록 해야 했고, 그것도 동일한 동작이 되어서는 안 되었다. 이들의 움직임이 자연스럽지 않고 기계적으로 보이는 순간, 그 장면이 보여줄 수 있는 매력은 망가져버리기 때문이다.

슈퍼바이징 기술감독을 맡았던 두 사람 가운데 한 명인 빌 리브스는 개미들이 스스로 알아서 움직이도록 하는 소프트웨어를 개발함으로써 그 과제를 해결했다. 전체

개미들은 포괄적인 연기 지시를 받고는 배우들이 그러하듯이 초조함이나 기쁨 등 그 쇼트가 필요로 하는 감정을 표현해야 한다. 빌 리브스의 소프트웨어가 그것을 가능하게 해준 것이다. 개미들은 각각 조금씩 다른 행동으로, 서로 미세한 시차를 두고 반응할 수 있게 되었다.

이를 위해서 리브스는 애니메이터들에게 지시해서 이 소프트웨어가 활용할 수 있는 4,000개가 넘는 각기 다른 동작들을 만들어냈다. 그 결과 개미들은 비로소 각자 개별적으로 반응하는 것처럼 보일 수 있었다. 군중효과도 개념적인 측면에서 보자면 리브스가 15년 전에 개발했던 미립자 시스템*이 만들어내는 효과와 비슷했다. 이것이 있었기 때문에 애니메이터들은 독자적으로 움직이는 대량의 입자들을 사용해서 먼지나 눈이 소용돌이치는 것과 같은 효과를 만들어낼 수 있었다.

* 본문 79쪽 참조.

다른 영화들도 컴퓨터 애니메이션에서 떼를 지어 움직이는 동물들을 묘사하면서 독립적이고 자율적으로 움직이는 캐릭터들을 사용했다. 예를 들어 〈라이온 킹〉(1994년)에서 야생동물들이 떼를 지어 우르르 달아나는 장면에서 그랬고, 〈배트맨 2〉(1992년)에서 박쥐들이 한꺼번에 날아드는 장면에서 그랬으며, 〈스탠리 앤드 스텔라 인 브레이킹 더 아이스〉(1987년)의 새 떼가 날아가는 장면에서 그랬다. 픽사는 이들과 차별화하기 위해서 캐릭터들에게 감정을 부여했다. 자율적이고 독립적으로 움직이는 캐릭터들이 개별적으로 어떤 감정을 드러낼 수 있도록 만든 것이다.

목소리 캐스팅은 주로 텔레비전 시트콤에서 인기를

끌던 배우들을 대상으로 했다. 플릭 역은 〈뉴스라디오〉의 데이브 폴리, 아타 공주 역은 〈사인펠트〉의 줄리아 루이스-드레이퍼스, 호퍼의 둔한 동생 역은 〈스핀시티〉의 리처드 카인드, 서커스단의 자벌레 슬림 역은 〈프레이저〉의 데이비드 하이드 피어스, 풍뎅이 역은 〈내 사랑 레이몬드〉의 브래드 개럿이 각각 맡았다. 래스터는 아내인 낸시가 가편집한 필름에서 애벌레의 목소리로 임시 출연했던 조 랜프트의 목소리를 듣고는 훌륭하다고 칭찬하자, 정말로 랜프트에게 애벌레 하임리히 역을 맡겼다.

문제는 호퍼 역이었다. 래스터는 로버트 드 니로를 1순위로 꼽았다. 하지만 드 니로는 고사했고, 뒤이어 접촉한 다른 배우들 역시 손을 내저었다. 이들은 호퍼 역을 거절하는 이유에 대해서는 분명하게 말하지 않았다. 픽사의 몇몇 사람들은 아이들이 보는 영화에 소름 끼칠 정도로 무섭게 보이는 캐릭터를 연기하는 걸 꺼렸을지도 모른다고 생각했다. 결국 케빈 스페이시가 그 역을 맡아서 차갑고 자신감이 넘치는 호퍼의 목소리를 창조해냈다.

사업적인 관점에서 보자면 이 영화는 픽사와 디즈니가 새로운 관계로 만나는 계기가 된다. 〈토이 스토리〉가 개봉되고 몇 달 후 잡스는 1991년에 계약했던 '세 편의 영화'라는 조항을 고치자고 아이스너를 압박했다. 1991년 당시에 픽사는 자금 사정이 좋지 않아서 디즈니가 영화 제작비 전액을 대기만 하면 수익금의 10~15퍼센트를 받는 것만도 감지덕지였지만, 이제 상황이 달라졌다. 픽사는 기업공개 덕분에 영화를 제작하는 데 들어가는 돈을 디즈니와 동등한 자격으로 댈 수 있었다. 그랬기 때문에 수익 배분의 비율을 높여달라고 주장했다. 또 하나 중요한 요구 사항이 있었다. 많은 사람들이 〈토이 스토리〉를 디즈니가 만든 영화라고 알고 있었는데, 이런 일이 반복되지 않도록 픽사의 이름을 선명하게 전면에 표기한다는 조항을 계약서에 명시하기를 바랐다.

잡스는 그에 대한 대가로 아이스너에게 제시할 조건이 있었다. 세 편이 아니라 더 많은 영화를 디즈니와 함께 만들겠다는 조건이었다. 그 조건이면 충분했다.

1997년 2월 24일, 픽사의 최고재무책임자 로렌스 레비와 월트 디즈니의 최고재무책임자 로버트 무어Robert Moore는 총 42쪽의 새로운 계약서에 서명을 했다. 〈벅스〉에 처음으로 적용될 계약서였다(그때까지도 영화의 제목은 '벅스 라이프'가 아니라 '벅스'였다). 제작비는 디즈니와 픽사가 절반씩 부담하고, 박스오피스에서 (배급 비용을 정산하고) 받는 흥행 수입 그리고 홈비디오 판권과 옷이나 장난감 따위의 끼워 파는 상품 등에서 나오는 수입 등을 픽사와 디즈니가 절반씩 갖기로 한다는 게 새로운 계약서의 핵심적인 내용이었다. 그 밖에도 픽사는 영화와 광고, 끼워 파는 상품 등에 대한 청구서 관련 권한도 디즈니와 동등하게 가졌다.[6] 이런 내용을 잡스와 아이스너가 발표하자, 14달러로 떨어져 있던 픽사의 주식 가격은 그날 당장 21달러로 올라갔다.

잡스는 그해 여름 주주들에게 보내는 연차보고서에서 자신이 디즈니와의 계약을 통해서 회사 브랜드를 선명하게 드러낸 것은 픽사가 가지고 있는 야심찬 비전의 한 부분이라고 설명했다. 픽사를 또 하나의 디즈니로 부모들의 마음에 각인시키겠다는 것이었다.

영화 산업에서 의미 있는 브랜드를 꼽자면 '디즈니'와 '스티븐 스필버그' 둘뿐이라고 우리는 믿습니다. 여기에 우리는 세 번째의 브랜드로 '픽사'를 세우고자 합니다. 성공한 브랜드는 소비자의 신뢰가 반영된 것입니다. 소비자의 신뢰는 오랜 시간에 걸쳐서 소비자가 그 브랜드의 제품을 적극적으로 경험할 때만 비로소 형성됩니다. 예를 들어 부모들은 디즈니라는 브랜드가 붙은 애니메이션 영화는 만족스러우며 가족이 함께 즐거운 마음으로 볼 수 있다고 신뢰합니다. 디즈니가 여태까지 만들어왔던 훌륭한 애니메이션 영화들이 모두 그랬기 때문입니다. 이 신뢰는 부모들과 디즈니 모두에게 유익합니다. 부모들 입장에서는 어렵지 않게 선택할 수 있어서 좋고, 디즈니 입장에서는 좀 더 쉽고 확실하게 관객을 확보할 수 있기 때문입니다. 언젠가 픽사도 디즈니라는 브랜드와 동일한 신뢰 수준을 가진 브랜드로 성장하기를 우리는 바랍니다. 하지만 픽사가 이런 신뢰를 얻으려면 우선 소비자에게 픽사라는 회사가 영화를 만든다는 사실부터 알려야 합니다.

잡스가 픽사를 디즈니와 동등한 자격과 권한을 가진 동업자로 자리매김할 즈음에, 정말 있을 것 같지 않은 일이 일어났다. 잡스가 애플컴퓨터로 당당하게 귀환한 것이다.[7] 그것도 승리자로서.

애플의 경영진은 매킨토시의 차세대 운영체제를 개발하기 위해서는 회사 바깥으로 눈을 돌릴 필요가 있다고 결론을 내렸다. 애플이 선택할 수 있는 것들로는 마이크로소프트 윈도우의 사용권을 사거나 아니면 잡스의 넥스트가 개발한 소프트웨어인 오픈스텝을 사는 것이었다. 결국 애플은 넥스트를 4억 2,700만 달러에 매입했고, 이 결정은 1996년 12월에 발표되었다. 당시 애플의 최고경영자이던 질 아멜리오Gil Amelio는 잡스를 애플의 시간제 컨설턴트로 고용했다. '회사 바깥에 있으면서도 회사에 충실히 기여할 수 있는 매력적인 남자' 잡스가 얼굴 마담 노릇을 해줄 것이라고 보았던 것이다.[8]

하지만 아멜리오는 이 새로운 컨설턴트를 잘못 판단했다. 애플에 발을 들여놓은 잡스는 곧바로 애플 이사회에서 막강한 영향력을 행사하던 (듀퐁의 최고경영자 겸 이사회 의장이었던) 에드거 울라드 주니어Edgar Woolard, Jr.로부터 전폭적인 신뢰를 받았다. 아멜리오는 1997년 7월에 최고경영자 자리에서 물러났고, 잡스가 1997년 9월 16일에 '임시 최고경영자'가 되었다. 잡스의 연봉은 1달러였고, 스톡옵션도 받지 않겠다고 했다.

잡스에게 일어난 변화를 픽사의 간부들은 손뼉을 치며 환영했다. 이들은 애플이 잡스의 관심과 열정을 아무리 많이 빼앗아간다고 해도 전혀 걱정하지 않았다. 그 이유를 커윈은 다음과 같이 회상한다.

> 스티브는 지나칠 정도로 똑똑했습니다. 그리고 남에게 줄 게 정말 많았습니다. 에너지도 주체할 수 없을 정도였지요. 그랬기 때문에 그는 이런 것들을 쏟을 대상이 따로 필요했습니다. 사실 그가 픽사에 쏟고자 하는 것은 픽사가 실제로 필요로 하는 것보다 훨씬 더 컸습니다. ……그래서 스티브가 애플로 돌아갈 때 픽사의 반응은 굉장했습니다.

주체할 수 없을 정도로 넘치는 그의 열정을 애플이 흡수하고 소비해줄 테고, 그렇지만 픽사를 위해서 꼭 해줬으면 하는 일들, 즉 디즈니를 상대로 픽사가 더 나은 배급 조건을 확보하는 일은 여전히 해줄 테니까 말입니다.

잡스가 디즈니와 계약을 새로 맺음으로써 픽사는 애니메이션의 세계에서 디즈니와 동등하게 설 자리를 마련했다. 그런데 골치 아픈 문제가 생겼다. 제프리 카젠버그와 관련된 문제였다.

카젠버그는 디즈니 애니메이션의 부활을 이끌었지만 결국 디즈니에서 쫓겨났다. 카젠버그는 예전의 스승이자 상사이던 아이스너를 향한 적개심으로 부글부글 끓었다. 카젠버그는 6년 전에 픽사에게 장편영화를 시작할 수 있는 기회를 제공했던 사람이지만, 이제는 아이스너의 디즈니를 공격하기 위해 타격 대상을 〈벅스〉로 설정하고 있었다. 두 사람 사이의 불화는 벌써 여러 해 전에 시작되었다. 이야기는 네바다의 북동부 지역에 위치한 루비 산맥에서 일어난 사고로 거슬러 올라간다.

1994년 부활절 주말에 월트 디즈니 주식회사의 사장 겸 최고운영책임자 프랭크 웰스는 오래전부터 알고 지냈던 친구들과 함께하는 스키 여행을 주선했다. 웰스의 등산 동료이던 딕 베이스, 배우 클린턴 이스트우드, 부부가 함께 모험을 주제로 한 다큐멘터리 영화를 제작하던 마이크 후버와 비벌리 앤 존슨, 그리고 웰스의 아들 케빈 웰스가 여행에 참가했다. 웰스와 아이스너는 디즈니의 최고경영자

자리를 놓고 경쟁하던 사이였는데, 1984년에 웰스가 2인자로 자리 잡으면서 경쟁관계가 해소되었다. 로즈 장학생* 이었던 웰스는 차분하고 겸손하며 신중하고 외교적인 술수가 뛰어난 것으로 정평이 나 있었는데, 아이스너에게서는 찾아보기 어려운 자질이었다.

* 영국의 옥스퍼드 대학교에서 미국과 영국 그리고 영연방 국가 출신 학생에게 주는 장학금.

여행의 마지막 날인 4월 3일 일요일 오후, 눈폭풍이 다가온다는 소식에 스키를 타던 사람들은 오후 일정을 취소했다. 2시경에 루비 산맥 헬리스키 소속의 벨 206 헬리콥터 두 대가 이들을 태우기 위해 날아왔다. 이들은 숙소인 통나무집에 들러 짐을 챙긴 뒤에 다시 그 헬리콥터를 타고 공항까지 갈 예정이었다. 공항에는 월트 디즈니 소속의 제트비행기가 기다리고 있었고, 이들을 태우고 로스앤젤레스로 갈 계획이었다.

첫 번째 헬리콥터가 왔고 웰스, 후버 그리고 존슨은 다음 헬리콥터를 타겠다며 다른 사람들에게 양보했다. 웰스의 아들이 아버지와 함께 기다리겠다고 했다. 그러자 웰스는 아내 루앤이 주말여행 때 같은 비행기를 타지 말라고 당부했던 것을 아들에게 상기시켰다. 아들은 오래 걸리는 비행도 아닌데 무슨 걱정이냐고 했다. 웰스는 단호했다.

"아니다. 우리가 그렇게 하기로 했으니까 그게 좋겠다. 나는 남고, 너는 먼저 가거라."

첫 번째 헬리콥터가 베이스, 이스트우드, 케빈을 태우고 떠났다. 몇 분 뒤에 두 번째 헬리콥터가 도착했다. 웰스, 후버 그리고 존슨이 서둘러 스키를 신고 헬리콥터에 올라탔다. 이들 외에 스키 가이드 폴 스캐넬과 조종사 데이비드 월튼이 함께 탔다. 이륙하고 얼마 후 사방에서 안개가 빠르게

다가왔다. 폭풍의 한가운데로 들어선 것이었다. 월튼은 헬리콥터를 야산에 착륙시키고 날씨가 좋아지길 기다렸다.

한 시간쯤 뒤에 월튼은 잠시 시동을 켜고 엔진을 데우면서 헬리콥터 위의 눈을 쓸었다. 4시 30분이 조금 지나자 날씨가 좋아졌고, 월튼은 다시 사람들을 태우고 헬리콥터를 띄웠다.

그런데 몇 분 뒤에 헬리콥터 계기판 불빛들이 빨간색으로 바뀌었다. 곧이어 비상 사태임을 알리는 경고음이 들렸다. 엔진도 꺼져버렸다. 조종사는 무전으로 상황을 침착하게 알렸다.

헬리콥터가 하강하기 시작하자 후버는 자기 아내와 웰스에게 마음을 단단히 먹으라고 일렀다. 후버의 아내는 남편이 시키는 대로 했다. 웰스는 침착하게 앉아서 질문을 쏟아내기 시작했다. 마치 그 상황이 머리만 잘 쓰면 풀 수 있는 문제라도 되는 것처럼 말이다.

"마음을 단단히 먹어요!"

후버가 한 번 더 소리쳤다.

헬리콥터가 지면에 떨어지기 직전에 조종사는 '워어!'라는 말을 뱉었다. 좋지 않은 상황이 곧 일어난다는 걸 사람들에게 알리려는 듯이 말이다.

이 사고로 데이비드 월튼과 프랭크 웰스는 즉사했고, 비벌리 앤 존슨은 몇 분 후 사망했다. 가이드인 폴 스캐넬은 사고 때 당한 부상으로 열흘쯤 뒤에 사망했다. 마이크 후버는 유일한 생존자였지만 몸에서 부서지지 않은 곳이 없었다.

미국 연방교통안전위원회NTSB는 눈폭풍이 몰아치는 가운데 헬리콥터가 한참 동안 멈춰 있을 때 눈이 헬리콥터의 엔진 안으로 들어갔고, 그것 때문에 엔진이 꺼졌을 것이라고 사고 원인을 밝혔다. 특히 사고 헬리콥터의 앨리슨 엔진은 눈에 취약한 것으로 잘 알려져 있다고 했다.[9]

월요일, 카젠버그는 언론 보도를 통해서 웰스의 직책을 아이스너가 물려받는다는 소식을 접하고는 충격을 받았다.[10] 카젠버그는 웰스의 죽음으로 슬픔에 빠져 있는 가운데도 웰스가 떠나면 그 자리를 자기에게 주겠다고 한 아이스너의 약속을 떠올렸다. 43세이던 카젠버그는 지난 19년 동안 파라마운트를 거쳐 디즈니에 있으면서 오로지 아이스너를 위해서 일을 했다. 그의 반평생을 아이스너에게 바쳤다고 해도 과언이 아니었다. 그랬기에 아이스너가 자신의 충성심을 높이 사줄 것이라고, 뒤를 봐줄 것이라고 굳게 믿고 있었다. 그런데 이제 아이스너를 위해 바쳤던 모든 노력과 성과가 물거품처럼 허망하게 사라져버렸다고 느꼈다.

다음 날 카젠버그는 아이스너와 함께 점심을 먹으면서 그의 의중을 넌지시 떠보았다. 아이스너는 이야기를 슬쩍 피했고, 두 사람 사이에 어색한 분위기가 흘렀다. 마침내 카젠버그는 만일 자기에게 승진 기회가 오지 않으면 회사를 떠나겠다는 암시를 흘렸다.

아이스너는 2주 뒤에 그의 변호사에게 보낸 편지에서 다음과 같이 심경을 털어놓았다.

"무척 화가 납니다. 프랭크(웰스)가 세상을 떠난 지 얼마 되지도 않았는데 그(제프리 카젠버그)가 천박하고 무례하게도 프랭크의 자리를 요구하고 나섰거든요. 그 자리를 보장해주지 않으면 회사를 나가겠다고 했습니다. 솔직히 말해 지금으로서는 비어 있는 자리가 많지 않다고 봅니다.

제프리는 아주 잘 해낼 겁니다. 나중에는 최고경영자까지 하겠지요. 하지만 마지막에 가면 결국 실패할 겁니다."[11]

아이스너는 카젠버그를 자르기로 결심했다. 그러나 곧바로 실행에 옮기지 않고 만반의 준비를 한 다음에 그렇게 했다. 그날 카젠버그와 함께 점심을 먹은 뒤 아이스너는 카젠버그에게 디즈니에 계속 머물러 있으면 괜찮은 미래가 보장될 것이라고 말했고, 그로부터 넉 달 뒤에 카젠버그를 해고했던 것이다.

10월 12일, 카젠버그는 스티븐 스필버그, 데이비드 게펜David Geffen과 함께 새로운 영화사를 설립할 것이라고 발표했다. 이 영화사의 이름은 얼마 뒤에 '드림웍스 SKG'로 결정된다. 'SKG'는 공동 설립자 세 사람의 이니셜을 나열한 것이다. 그날 아침 비벌리힐스의 페닌슐러 호텔에서 가진 기자회견에서 세 사람은 자기들이 하고자 하는 사업을 개략적으로 설명하면서, 디즈니와의 경쟁에서 결코 밀리지 않을 것이라고 힘주어 말했다. 카젠버그는 아이스너에게 어떤 적의를 가지고 있지 않느냐는 질문을 받고는, 전혀 그렇지 않다고 말했다. 다음은 그가 했던 발언이다.

"마이클 아이스너와 함께했던 19년은 내 인생에서 가장 특별한 경험이었습니다. 그는 나의 스승이자 친구였습니다. 그가 없었다면 아마 나는 지금 이 자리에 앉아 있지도 못할 겁니다. 나도 그렇지만 그 역시 그 상처에 연연할 것이라고는 생각하지 않습니다. 상처는 이미 우리 뒤에 있으니까요."[12]

카젠버그가 떠난 뒤에 디즈니에서 애니메이션 분야를 맡은 로이 E. 디즈니Roy E. Disney는 드림웍스의 창립에 대해서 공식적으로는 무관심하고 태연한 모습을 보였다. 그는 며칠 뒤 〈뉴욕 타임스〉에 다음과 같이 말했다.

"누가 애니메이션 사업을 시작했다고 하는 게 이번이 처음이 아니잖아요. 그런데 애니메이션이라는 건 사람들이 기꺼이 내고자 하는 것보다 훨씬 많은 돈과 시간을 잡아먹는 일이에요."[13]

래스터와 카젠버그는 계속 연락을 하면서 지냈다. 래스터는 디즈니에서 다른 사업 부문의 책임자들이 다들 반대할 때, 디즈니가 컴퓨터 애니메이션에 대해서 전혀 관심을 갖지 않을 때 픽사와의 계약을 추진한 사람이 카젠버그였다는 사실을 잊지 않았다. 카젠버그가 없었다면 〈토이 스토리〉도 없었다. 래스터가 카젠버그에게 호의를 가진 건 단지 이것 때문만이 아니었다. 래스터는 그가 내리는 판단을 존중했으며, 창조적인 아이디어를 좇을 때 그가 하는 조언을 듣고 있노라면 어쩐지 마음이 편안해지기까지 했다.

1995년 10월에 래스터는 〈토이 스토리〉 후반 작업을 감독하기 위해 로스앤젤레스에 갔을 때 카젠버그의 사무실을 방문했고, 이 자리에서 〈벅스〉 이야기를 한껏 흥분해서 풀어놓았다. 래스터의 회상에 따르면 이때 카젠버그의 주된 관심은 〈벅스〉가 언제 개봉할 것인가였다.

그 무렵 카젠버그는 컴퓨터 그래픽을 전문으로 하는 영화사를 인수할 계획을 가지고 있었다(디즈니와 경쟁하겠다는 발언은 그냥 했던 말이 아니었다). 특수효과나 텔레비전 광고를 전문적으로 하는 영화사가 인수 대상이었다. 이 분야에서 이름을 떨치는 회사로는 우선 뉴욕의 화이트 플레인스에 있는 블루 스카이 스튜디오스Blue Sky Studios가 있었다. 이 영화사에는 두 편의 단편영화로 능력을 인정받은 크리스

웨지Chris Wedge 감독이 둥지를 틀고 있었다. 로스앤젤레스에 있던 리듬&휴스 스튜디오Rhythm & Hues Studios는 〈꼬마 돼지 베이브〉에서 동물의 다양한 표정을 만들어내는 성과를 올린 바 있었다. 캘리포니아의 서니베일에 있는 퍼시픽 데이터 이미지*도 있었다. 이 영화사는 마이클 잭슨의 뮤직비디오 〈블랙 오어 화이트〉, 필즈버리를 비롯한 전국 규모의 기업이 의뢰한 여러 편의 텔레비전 광고, 〈심슨 가족〉의 한 회에 호머 심슨의 3D 버전 제작 그리고 영화 〈배트맨 2〉와 디즈니의 〈외야의 천사들〉 등의 영화에서 특수효과 작업을 했다.

* 본문 182쪽 참조.

카젠버그가 선택한 것은 퍼시픽 데이터 이미지PDI였다. 그는 1996년 3월 초에 이 회사의 지분 40퍼센트를 드림웍스가 인수한다고 발표했다. 그런데 우연히도 픽사와 PDI는 형제 사이나 다름없는 회사였다.

PDI는 1980년에 설립됐는데, 픽사가 루카스필름의 컴퓨터 사업부로 있던 시기였다. 베이 에어리어에 있던 두 회사 사람들은 서로 친구처럼 지내면서 가끔 파티도 함께 열곤 했다. 1988년 시그래프 총회에서 함께 파티를 연 것만 보더라도 두 회사가 얼마나 가까운 사이였는지 알 수 있다. 픽사가 1989년에 텔레비전 광고 분야에 진출하여 PDI의 경쟁사가 된 뒤에도 두 회사의 관계는 변함없이 우호적이었다. 심지어 일감이 넘칠 때는 새로 주문하는 고객에게 서로를 추천해주기도 했다. 여전히 틈새로만 존재하는 시장의 개척자로서 두 회사를 이끌어나가던 사람들은 상대방 회사가 잘되면 시장도 커지고 궁극적으로 자기들에게도 이득이라고 믿었기 때문이다. PDI의 공동 창립자인 칼 로젠달Carl Rosendahl, 리처드 추앙Richard Chuang, 글렌

엔티스Glenn Entis는 픽사가 〈토이 스토리〉를 만들려고 PDI에서 사람들을 빼갈 때도 너그럽게 이해했다.

하지만 드림웍스가 PDI의 지분을 인수한 이후에 래스터를 비롯한 픽사 사람들은 PDI가 드림웍스와 손잡고 만드는 첫 번째 영화가 개미를 소재로 한다는 것을 알고는 실망을 금치 못했다(이 영화는 나중에 〈개미〉라는 제목으로 개봉된다). 카젠버그는 경영진 가운데 한 명인 니나 제이콥슨Nina Jacobson에게서 이 영화의 기획안을 듣고는 괜찮은 아이디어라고 판단했다. 그 무렵에 픽사가 〈벅스〉를 준비하고 있다는 것은 애니메이션 업계에서 이미 알 만한 사람들은 다 알고 있었다.

나중에 래스터는 카젠버그에게 전화를 해서 어떻게 그럴 수 있느냐고 항의했다. 다음은 그가 1998년에 한 주간지와 인터뷰를 하면서 당시를 회상한 발언이다.

"그때 제프리는 자기가 당한 일들을 온갖 음모들과 연결해서 장황하게 말했습니다. 디즈니가 교묘하게 자기를 곤경에 빠뜨렸다는 내용이었습니다. 그러니 자기도 뭐든 할 수밖에 없다고 했습니다. 그때 나는 제프리가 나를 노리는 게 아니라는 걸 알았습니다. 우리는 제프리가 디즈니와 벌이는 싸움에서 총알받이가 된 셈이었습니다."[14]

자신이 음모의 희생자였다는 카젠버그의 말은 틀린 게 아니었다. 카젠버그가 디즈니와 맺은 계약에 따르면 1억 달러가 넘는 보너스를 받기로 되어 있었지만, 아이스너는 카젠버그에게 이 돈을 주지 않기로 마음먹었다. 그러고는 디즈니 이사회를 설득해 카젠버그가 한 푼도 받지 못하게 했다. 영화판의 거칠디 거친 경쟁 속에서 아이스너는 드림웍스의 첫 번째 애니메이션 작품으로 예정하고 있던 〈이집트 왕자〉의 개봉 예정일과 같은 주에 〈벅스〉를 개봉하기로 일정을 맞추어놓고 있었다.

카젠버그와 통화를 한 뒤에 래스터는, 캣멀과 잡스가 함께 참석한 픽사의 정례 전체회의에서 이 소식을 전했다. 이 자리에서 래스터와 잡스는 임직원들에게 동요하지 말고 침착하게 하던 일을 하자고 말했다. "우리는 지금까지 나온 그 어떤 애니메이션보다 나은 최고의 작품을 만들 것입니다. 결국 승리는 최고의 영화가 차지할 것입니다"라고 그는 말했다. 하지만 개인적인 자리에서 래스터는 픽사의 경영진에게 솔직한 심정을 털어놓았다. 카젠버그가 훌륭한 지지자이며 창작이라는 차원에서는 형제와 다름없다고 믿었는데, 이번 일로 인해 자신과 스탠튼은 맥이 탁 풀린다고 했다.

카젠버그에 관한 문제는 그것으로 끝나지 않았다. 카젠버그가 개미를 소재로 애니메이션 영화를 만들 뿐만 아니라 이 영화를 〈벅스〉보다 두 달 앞당겨 개봉하기로 했다는 말이 포인트 리치먼드의 픽사 사무실까지 들려왔다. 1999년 3월로 잡았던 〈개미〉의 개봉일을 1998년 10월로 앞당긴 것이다. 픽사의 흥행을 방해하겠다는 노골적인 선언이었다. 픽사보다 출발이 늦은 〈개미〉를 먼저 완성할 욕심에 카젠버그가 PDI에 엄청난 인센티브를 제시했다는 소문도 돌았다. 이렇게 해서 〈이집트 왕자〉가 아니라 〈개미〉가 드림웍스의 첫 번째 애니메이션 장편영화가 되었다. 커윈은 당시를 다음과 같이 회상한다.

"우리가 들은 말로는…… 저쪽에서는 빠른 시간 안에

영화를 만들어야 하며, 품질이 좋고 나쁘고는 개의치 않는다고 했습니다. 그야말로 총력전이 벌어지는 것 같았습니다."[15]

잡스와 래스터는 나중에 드림웍스의 수장이 자기들에게 개별적으로 전화를 걸어 한 가지 제안을 했다고 말했다. 만일 디즈니를 설득해서 〈벅스〉 개봉일을 변경한다면 자기도 〈개미〉 작업을 중단하겠다는 내용이었다. 그 말만 하고 전화를 끊어버렸다고 했다. 하지만 카젠버그는 그 사실을 부인했다.

이런 일이 있은 직후에 '벅스'라는 제목은 '벅스 라이프'로 바뀌었다. 〈벅스 라이프〉 작업이 진행되는 동안 이 일에 매달려 있던 사람들은 개미 영화들 사이에 어떤 전쟁이 벌어지고 있는지 알지 못했다. 비록 카젠버그와 래스터 사이에 싸움이 벌어지고 있었지만, 픽사와 PDI의 직원들은 컴퓨터 애니메이션 분야에서 오랜 세월 다져온 우정을 계속 유지했다.

래스터와 스탠튼에게는 〈벅스 라이프〉를 감독하고 정밀하게 확인하는 슈퍼바이징 애니메이터 두 사람이 딸려 있었다. 리치 퀘이드와 글렌 맥퀸Glenn McQueen이었다(우연히도 맥퀸은 픽사가 PDI에서 빼온 사람들 가운데 한 명이었다). 첫 번째로 애니메이팅을 하고 렌더링을 할 시퀀스는 서커스 시퀀스였는데, P.T. 플리의 '불타는 죽음의 벽'에서 절정에 이르는 시퀀스였다. 서커스 시퀀스가 첫 번째 작업 대상이 된 이유는 이야기 전개가 나중에 수정된다 하더라도 거의 바뀌지 않을 것으로 예상됐기 때문이다.

애니메이터들은 래스터와 함께 작업하는 게 좋았다.

하지만 다른 측면에서 보자면, 즉 애니메이터의 관점에서 보자면 〈벅스 라이프〉는 〈토이 스토리〉에서 한 걸음 물러나는 작업이었다. 제작 과정은 〈토이 스토리〉 때보다 더 힘들고 더 지루했다. 모델들이 애니메이터 각자의 컴퓨터에서 굼뜨게 움직였기 때문이다.

문제는 곤충 캐릭터 모델들이 장난감 캐릭터들보다 훨씬 복잡하고, 캐릭터의 수도 〈토이 스토리〉보다 훨씬 많다는 데 있었다. 〈토이 스도리〉의 모델링 팀은 우디와 버즈를 최적화하는 데 많은 시간을 들여 작업했다. 달리 말하면, 애니메이터들이 가지고 있던 워크스테이션이 간단한 미리 보기 프레임들을 빠르게 생성할 수 있었던 것이다. 그러나 〈벅스 라이프〉 작업에서는 작업 양이 많아서 모델들을 정교하게 수정할 시간이 없었다. 그래서 애니메이터들은 신체의 움직임과 얼굴 표정 따위를 충분히 수정하지 못한 채 제작 일정에 맞춰 허겁지겁 진행해야 했다.

〈벅스 라이프〉에 등장하는 캐릭터들의 피부는 이전에 비해 한층 사실감이 높아졌다. 캣멀이 짐 클라크와 함께 유타 대학교 대학원생 시절에 개발한 기술 덕분이었다. 표층분할subdivision surfaces이라 불리는 이 기술은 3차원 표면을 묘사하고 렌더링하는 것으로, 이 기술을 적용하면 부드럽고 매끈하고 유연한 표면을 구현하기가 한층 쉬웠다.[16] 이보다 더 오래된 방식들(예를 들어 캣멀이 박사 논문을 쓰면서 탐구했던 바이큐빅 패치와 같은 것이 있다)은 플라스틱과 같은 비유기적인 물질의 사실적인 이미지를 만들어낼 수 있었다. 하지만 이 방식들을 쓰면 (인간의 피부든 곤충의 피부든 간에) 피부가 플라스틱처럼 보였다. 표층분할 방식은 좀 더 사실적인 피부를 만들고, 옷 따위의 표면처럼 주름이 지거나 접힌 표면도 더 잘 구현할 수 있었다.

픽사의 한 팀이 그동안 표층분할이 애니메이션에서 사용되지 못했던 원인을 밝혀냈다. 새롭게 탄생한 이 방식을 〈벅스 라이프〉에 적용하기 전에 캣멀은 이것을 시험해볼 생각으로 단편영화 한 편을 주문했다. 그 결과물이 1997년에 나온 4분 30초짜리 단편영화 〈제리의 게임〉이었다. 노인이 자기 자신을 상대로 체스를 두는 내용이다.

〈개미〉와 〈벅스 라이프〉의 개봉일이 다가오면서 디즈니의 경영진은 드림웍스에 대해 픽사가 아무런 대응도 하지 않는 전술을 택하도록 했다. 드림웍스의 영화에 대해 이러쿵저러쿵 이야기를 하고 싸워봐야 득이 될 게 없다는 판단이었다. 하지만 잡스는 가만히 입을 다물고 있기 어려웠다. 결국 그는 디즈니의 반대를 무릅쓰고 연이은 몇 차례의 언론 인터뷰에서 카젠버그와 드림웍스의 작품을 공격했다.

"악당이 이기는 경우는 거의 없습니다."[17]

잡스가 〈로스앤젤레스 타임스〉의 기자에게 한 말이다. 그러자 드림웍스의 마케팅 책임자 테리 프레스Terry Press는, 스티브 잡스는 약을 먹는 게 좋겠다는 말로 받아쳤다. 한편 래스터는 〈개미〉가 픽사 영화의 '짝퉁'이라며 공공연하게 드림웍스의 영화를 깎아내렸다.[18] 래스터는 어떤 인터뷰에서 이런 말도 했다.

"유감스러운 일입니다. 우리 아이디어를 훔쳐간 게 너무도 명백하니까요. 하지만 우리는 걱정하지 않습니다. 별로 신경 쓰지 않아요."

〈개미〉는 1998년 9월 19일에 토론토 영화제에서 특별 개봉을 했다. 일반 관객을 대상으로 한 개봉일은 10월 2일이었다. 래스터는 만일 드림웍스와 PDI가 곤충이 아닌 다른 것을 소재로 한 영화를 만들었다면, 픽사는 그날 하루 문을 닫고 모든 임직원이 그 영화를 보러 갔을 것이라고 말했다. 그리고 자기는 그 영화를 보지 않았다고 했다.

〈벅스 라이프〉는 11월 25일에 개봉했다. 처음에는 11월 20일을 개봉일로 잡았지만, 파라마운트가 제작한 애니메이션 영화 〈러그래츠 무비〉와 맞붙는 걸 피하기 위해서 닷새 뒤로 미루었던 것이다.

〈벅스 라이프〉와 〈개미〉는 둘 다 젊은 수개미를 주인공으로 내세웠다. 체제 순응적인 개미 사회에 적응하려고 애를 쓰고, 나중에는 개미 사회를 구원함으로써 공주의 사랑을 얻는 인물이었다. 이런 공통점에도 불구하고 두 영화의 차이점은 뚜렷했다.

유머라는 측면에서 보자면 〈벅스 라이프〉는 주로 시각적인 표현에 의존하는 데 비해 〈개미〉는 언어적인 표현에 의존했다. 시각적인 풍부함으로 따지자면 〈벅스 라이프〉가 〈개미〉보다 나았다. 〈개미〉의 대사는 성인 취향으로 무거웠지만, 〈벅스 라이프〉의 대사는 어린이들이 쉽게 접근할 수 있도록 가벼웠다. 또 카젠버그가 널리 확보하고 있던 할리우드의 인맥으로 〈개미〉에는 수많은 유명배우들이 목소리로 출연했다. 〈벅스 라이프〉의 플릭과 동일한 위상의 캐릭터인 일개미 제트 역은 우디 앨런이 연기했고, 〈벅스 라이프〉에서 필리스 릴러가 했던 여왕개미 역은 앤 밴크로프트가 연기했으며, 개미 공주는 샤론 스톤이 연기했다. 이 밖에도 〈개미〉에는 대니 클로버, 진 해크만, 제니퍼 로페즈, 실베스터 스탤론 등 쟁쟁한 배우들이 참여했다.

〈개미〉에 막강한 스타들이 출연했음에도 불구하고, 그리고 〈개미〉가 먼저 개봉했다는 이점에도 불구하고, 곤충을 앞세운 전쟁은 〈벅스 라이프〉의 완승으로 끝났다. 〈벅스 라이프〉의 미국 내 극장 수익은 1억 6,300만 달러로, 이는 〈개미〉의 9,000만 달러에 비해 80퍼센트나 더 많은 액수였다. 해외 수익도 〈벅스 라이프〉가 3억 5,800만 달러로, 〈개미〉의 1억 5,200만 달러의 두 배가 넘었다. 〈벅스 라이프〉의 미국 내 흥행은 〈토이 스토리〉보다 못했지만 해외 흥행까지 합치면 비슷했다. 픽사가 오락 영화를 만드는 데만 집중하면 아무 문제가 없을 거라고 했던 래스터의 말이 맞았다.

어쨌든 다른 영화사와 경쟁한다고 해서 특별히 달라질 필요는 없다는 사실을 래스터와 그의 팀은 새롭게 깨달았다. 이들은 〈벅스 라이프〉 이후로는 자기들이 추진하는 어떤 영화 작업이 상당한 수준으로 진행되기 전까지는 영화 내용을 여기저기 흘리고 다니지 않았다.

〈벅스 라이프〉가 제작되던 때 픽사에서는 이미 새로운 영화를 시작했다. 〈토이 스토리〉가 개봉되고 한 달 뒤, 캣멀과 래스터, 구겐하임이 월트 디즈니 스튜디오의 카젠버그 후임자인 조 로스Joe Roth를 방문했다. 이 자리에서 〈토이 스토리〉 속편 이야기가 시작되었다. 로스는 새로운 기획을 마음에 들어했다.[19]

디즈니는 최근에 성공한 애니메이션 장편영화를 기반으로 비디오 시리즈를 만드는 사업을 시작했고, 로스는 〈토이 스토리〉도 비디오 시리즈로 만들고 싶어했다. 비디오 시리즈는 적은 돈과 적은 인력을 들이고 만들 수 있었다. 가격도 충동구매를 자극할 수 있을 만큼 싸게 매길 수 있었다. 디즈니가 이런 시도를 처음 한 작품은 〈알라딘〉의 속편인 1994년의 〈알라딘 2 - 돌아온 자파〉였는데, 이것으로 수억 달러나 벌어들였다.[20] 뜻밖의 결과에 놀란 디즈니는 곧 비디오 〈미녀와 야수 2〉, 〈포카혼타스 2 - 세상 밖으로〉, 〈라이온 킹 2〉, 〈알라딘 3〉까지 마구 쏟아냈다.

처음에는 〈토이 스토리〉 속편에 대한 모든 것이 불확실했다. 톰 행크스와 팀 앨런이 출연할지 의심스러웠고, 이야기 설정이 어떻게 될지도 몰랐고, 픽사에서 컴퓨터 애니메이션으로 만들지 아니면 디즈니에서 셀 애니메이션으로 만들지도 정해지지 않았다.[21]

〈벅스 라이프〉 때 그랬던 것처럼 래스터는 이 프로젝트를 새로운 연출 역량을 양성할 기회라고 여겼다. 1996년 초에 로스는 픽사가 속편 제작을 담당하도록 결정했고, 래스터는 곧바로 연출진을 구성했다. 스탠튼은 〈벅스 라이프〉에 몰두하고 있었고, 래스터가 스탠튼 다음 주자로 생각하던 피트 닥터는 이미 괴물들을 소재로 하는 독자적인 장편영화(〈몬스터 주식회사〉)를 개발하는 작업을 하고 있었다. 그래서 래스터는 〈토이 스토리 2〉를 〈토이 스토리〉 때 디렉팅 애니메이터로 일했던 애시 브래넌에게 맡겼다. 〈토이 스토리〉 때 그가 한 작업의 결과를 높이 평가했기 때문이다. 브래넌은 칼아츠 출신으로, 1993년에 〈토이 스토리〉 작업을 하려고 픽사에 처음 발을 들여놓았다.

〈토이 스토리 2〉의 기본적인 이야기는 래스터가 장난감을 가장 절망적으로 만드는 게 무엇일까 곰곰이 생각하던 중에 나왔다. 〈토이 스토리〉의 세상에서 장난감에게 가장 큰 소원은 아이들이 자기와 놀아주는 것이었다. 그런데 이런 상황이 일어나지 않으면 어떻게 될까 하고 래스터는 생각했다. 그 상황은 다른 장난감에게 밀려나는 것보다 더욱 나쁜 상황일 터였다.

〈토이 스토리〉 초고에는 있었지만 나중에 삭제된 캐릭터들 가운데는 장난감 수집에 집착하는 사람도 있었다. 이제는 그 사람이 나와도 좋을 때라고 생각했다. 래스터는 사무실 선반에 장난감들을 올려두고는 아들들도 손대지 못하게 했다. 특히 톰 행크스의 사인이 들어 있는 우디 인형에 누가 손이라도 대려고 하면 기겁을 했다. 래스터는 그 정도로 인형을 애지중지했다. 그는 자신의 이런 모습을 문득 돌이켜보고는, 장난감 수집에 집착하는 캐릭터를 떠올렸다. 이 수집가는 장난감들을 장식장 안에 고이 모셔두는데, 장난감 입장에서는 그보다 더 불행한 일이 없다. 다시는 누군가와 함께 놀 수 없게 된 것이다.

그런데 브래넌이 새로운 내용을 추가하자고 제안을 했다. 앤디가 쓰지 않는 장난감 몇 가지를 집 앞에 내놓고 파는데, 장난감 수집가는 우디가 희귀한 인형이라는 것을 알아보고는 앤디 어머니를 정신 사납게 만든 뒤에 우디를 훔친다는 것이었다. 이런 몇 가지 핵심적인 이야기를 바탕으로 〈토이 스토리 2〉가 탄생했다.

우디가 세트 인형들 가운데 하나라는 설정은 〈틴 토이

크리스마스〉라는 미완성 소설에서 나온 것이다. 이 소설에서 티니는 어떤 장난감 가게에서 세트로 팔던 여러 인형들 가운데 하나다. 그런데 어느 날 함께 있던 다른 인형들과 헤어지게 된다. 우디가 포함된 세트의 다른 캐릭터들은 〈하우디 두디〉나 〈호파롱 캐시디〉 등 1950년대의 어린이물 카우보이 텔레비전 프로그램들에서 나왔다. 개발 단계의 처음 1년 동안 〈토이 스토리 2〉의 프로듀서로 일했던 구겐하임은 다음과 같이 회상했다.

"우리는 서부극에서나 볼 수 있는 이런 고전적인 캐릭터들에 주목하기 시작했습니다. 무뚝뚝한 늙은 예언자도 있었고, 애니 오클리*나 캘리미티 제인**과 같은 개척 시대의 거친 여성 캐릭터도 있었습니다."

카우걸 캐릭터인 제시를 발전시키는 작업은 래스터의 아내 낸시가 부추겼다. 낸시는 〈토이 스토리 2〉에는 전편에서 우디의 여자친구로 나왔던 보핍보다 비중이 큰 여성 캐릭터가 등장해야 한다고 주장했다. 제시는 전혀 다른 형태, 즉 광산업자 프로스펙터의 짝패인 세뇨리타 캑터스('선인장'이라는 뜻)라는 멕시코 여자로 발전했다. 제시는 여성적인 계략으로 우디를 뒤흔들어놓는 역할이었다. 제시의 캐릭터가 이렇게 설정되면서 여자 주연은 좀 더 거칠고 직접적인 성격으로 바뀌었다.

1997년 초에 제작 단계로 슬슬 접어들었지만 인력을 확보하는 문제가 여전히 남아 있었다. 픽사의 역량은 거의 〈벅스 라이프〉에 매달려 있었다. 이 문제를 해결해준 것은 컴퓨터 게임 분야를 다루던 사업부였다. 인터랙티브 프로덕트 그룹은 애니메이터들과 미술 팀 그리고 기술 팀을

* 19세기 말, 20세기 초에 살았던 미국의 전설적인 여자 명사수.

** 동명의 영화 주인공 캐릭터로, 뛰어난 승마 실력을 가진 명사수이자 최초의 여성 보병.

확보하고 있었다.

이들은 짧은 기간이라는 압박 속에서도 두 개의 시디롬 타이틀을 성공적으로 만들어낸 경험이 있었다. 1996년 4월에 출시된 〈토이 스토리 애니메이션 스토리북〉과 같은 해 10월에 출시되었으며, 우연하게도 〈토이 스토리〉의 비디오 출시와 시기적으로 맞아떨어졌던 〈토이 스토리 활동 센터The Toy Story Activity Center〉가 그것이다. 이 게임에서는 버즈 역을 팀 앨런 대신 팻 프렐리가 연기하고, 우디 역은 톰 행크스 대신 그의 동생 짐 행크스가 연기한 것을 제외하고는 대부분 영화 속 인물들의 목소리가 그대로 등장했다. 픽사는 〈토이 스토리 애니메이션 스토리북〉이 실사 영화 품질의 애니메이션을 가정의 컴퓨터에 풀스크린으로 구현하는 최초의 시디롬 타이틀이라고 선전했다. 이 두 개의 작업으로 인터랙티브 프로덕트 그룹은 〈토이 스토리〉 못지않은 오리지널 애니메이션을 창조했다는 평가를 받았다.

잡스는 이것이 베스트셀러 비디오처럼 1,000만 개 팔릴 것이라고 예상했다. 하지만 이 사업부의 수장이었던 커윈은 시장이 그렇게 크지 않다고 주장했다. 그러면서 그 시디롬 타이틀로 괜찮은 수익을 올릴 수 있긴 하지만(두 제품은 모두 합해서 100만 부 가까이 팔렸다) 〈토이 스토리〉처럼 대박을 치지는 못할 것이라고 말했다.

잡스는 그렇다면 그 인력을 다른 영화를 만드는 데로 돌리면 되지 않느냐고 했다. 이렇게 해서 커윈이 단편영화 제작 팀을 구성하는 과제를 수행하던 1997년 3월에 잡스는 컴퓨터 게임 부서를 없애고 거기에 있던 인력을 〈토이 스토리 2〉 제작 팀의 초기 핵심 인력으로 배치했다.

“팀 앨런과 톰 행크스가 ‘버즈 라이트이어’와 ‘우디’로 돌아온다”

(1997년 3월 12일)

월트 디즈니 스튜디오와 픽사 애니메이션 스튜디오는 오늘 아카데미상 후보작으로 올랐던 획기적인 장편영화 〈토이 스토리〉의 속편을 가정용 비디오판으로 진행하고 있다고 발표했다. 완전히 새로운 100퍼센트 컴퓨터 애니메이션 속편에는 팀 앨런과 톰 행크스가 목소리로 출연할 예정인데, 두 배우는 전편에서 우주 순찰대원 ‘버즈 라이트이어’, 카우보이 ‘우디’로 관객의 사랑을 받은 배역을 각각 연기한다. 〈토이 스토리 2〉는 디즈니의 피처 애니메이션 팀과 픽사의 노던캘리포니아 스튜디오가 함께 제작한다. (……)

브에나비스타 홈비디오의 사장인 앤 데일리는 이렇게 말했다.

“〈토이 스토리 2〉는 점점 성장하는 비디오 영화 분야에서 가장 최근에 제작이 발표된 작품이다. 〈알라딘 3〉 및 다음 주에 출시될 〈아빠가 줄었어요〉가 애니메이션 영화와 실사 영화 모두의 비디오 영화 분야에 커다란 활력을 불어넣고 있다. (……)”

하지만 디즈니는 곧 〈토이 스토리 2〉의 작업 속도가 더디다고 불만을 표시했고, 6월에는 커윈 대신 구겐하임을 프로듀서로 세워야 한다고 요구했다. 픽사는 디즈니의 요구를 받아들였다.

구겐하임은 루카스필름과 픽사에서 보냈던 17년 세월을 돌아보고는, 에딧드로이드 디지털 편집 프로젝트나 〈토이 스토리〉 프로젝트처럼 새로운 분야를 개척하는 일을 다른 사람들과 함께할 때 가장 즐거웠다는 사실을 깨달았다. 그리고 픽사가 오로지 장편영화에만 전력을 쏟으면서 새로운 일을 개척할 여지는 별로 없을 것 같다고 판단했다. 그래서 스톡옵션으로 받은 주식 덕분에 부자가 된 구겐하임은 미련 없이 픽사를 떠났다.●

● 그 뒤에 구겐하임은 게임 회사인 일렉트로닉 아츠에 들어가서, 온라인 게임 〈마제스틱〉(2001년)의 콘텐츠 개발 팀을 지휘했다. 그 뒤에는 독립 애니메이션 영화사인 앨리게이터 플래닛을 공동으로 창업했다.

속편의 협력 프로듀서이던 카렌 잭슨과 헬렌 플롯킨은 공동 프로듀서로 보직이 바뀌었다. 잭슨은 이때 작은 연못에서 거물 물고기로 행세할 수 있는 기회를 주겠다는 말로, 〈벅스 라이프〉로 가려는 사람들을 〈토이 스토리 2〉로 돌려놓았던 일을 다음과 같이 회상한다.

"〈벅스 라이프〉에서 200명 가운데 한 명이 될 수도 있고, 아니면 〈토이 스토리 2〉에서 50명이나 60명 가운데 한 명이 될 수도 있다는 얘기였습니다. 우리는 〈토이 스토리 2〉에 필요한 인력을 채우려고 바깥에서 사람들을 모았습니다. 하지만 〈토이 스토리 2〉에는 어떻게 보든 간에 핵심이라고 할 만큼 중요한 자리들이 있었습니다. 그 자리에는 경험이 많은 사람을 쓰고 싶었습니다. 그래서 우리는 그 자리를 맡아줬으면 하는 사람에게 가서 '당신을 팀장으로 임명하고 이 팀을 맡길 생각입니다'라거나 '당신을 디렉팅 애니메이터로 임명할 생각합니다'라고 했습니다."[22]

11월에 디즈니의 경영진 로스와 피터 슈나이더가 픽사의 시사실에서 〈토이 스토리 2〉의 스토리 릴을 보았다. 스토리 릴에는 일부 완성된 애니메이션도 포함되어 있었다. 두 사람은 영화의 품질에 깊은 인상을 받고는 〈토이 스토리 2〉를 극장에서 개봉해도 좋겠다는 생각을 했다.[23]

품질이 기대 이상으로 좋았다는 것 말고도 극장 출시를 신중하게 고려하게 된 이유가 몇 가지 있었다. 우선 비디오로 만든 픽사 영화가 기대만큼 좋은 결과를 내지 못했기 때문이다.[24] 비디오 영화의 성공 여부는 낮은 제작비에 달려 있었다. 하지만 픽사에서는 저예산 프로젝트와 고예산 프로젝트가 쉽게 공존할 수 없었다. 시각적으로 최고 수준에 미치지 못하는 영화를 만든다는 것은 픽사를 이끄는 핵심 집단의 창조적인 성향으로서는 도저히 용납할 수 없는 조건이었다. 예를 들어 모서리 자르기corner cutting*의 흔적이 스크린에 보인다거나 하는 문제를 절대 그냥 넘어가지 못했던 것이다. 컴퓨터 애니메이션도 실사 영화와 마찬가지로 제작비 투입 정도에 따라 품질이 결정된다.

* 다각형의 모서리 부분을 잘라 각진 도형을 곡면 도형으로 만드는 것.

좀 더 현실적으로 설명하자면, 픽사는 하나의 프로젝트에서 다음 프로젝트로 (그 프로젝트가 무엇이든 상관없이) 인력을 효율적으로 이동 배치하기를 바랐다. 그래서 캣멀과 래스터는 임금과 기능 수준이 낮은 인력을 데리고 저예산 영화를 만든다는 전략을 도저히 받아들일 수 없었다. 노동력에 들어가는 비용은 전체 제작비에서 최고 75퍼센트까지 차지했기 때문에 모든 영화가 동일한 임금을 받는 동일한 노동력 집단에서 생산되는 한, 제작비를 상당한 수준으로 낮추려고 해봐야 실질적으로 의미 있는 결과를 낼 수 없었던 것이다.

마지막으로 애니메이션 분야의 임금 수준이 전체적으로 상승한 상태였다. 〈토이 스토리〉를 제작할 때는 최초의 100퍼센트 컴퓨터 애니메이션 장편영화를 만들어 애니메이션의 역사를 새로 쓰는 작업에 동참한다는 기대치가 사람들에게 작용했기 때문에, 픽사는 비교적 싼 임금을 주고도 인력을 고용할 수 있었다.

〈토이 스토리〉의 품질과 래스터의 명성 덕분에 픽사는 여전히 잠재적인 입사 희망자들에게는 매력적인 회사였다. 그럼에도 불구하고 유능한 인력을 끌어들이기 위해서는 예전과 달리 경쟁이라는 관문을 통과해야 했다. 드림웍스만 전통적인 장르의 장편영화와 컴퓨터 애니메이션을 제작할 뿐만 아니라, 다른 영화사들도 〈라이온 킹〉의 성공 사례를 재연하려고 애니메이션 사업부를 만들고 나섰던 것이다.

잡스와 로스는 협상을 거쳐서 〈토이 스토리 2〉의 비용과 수익의 배분은, 다섯 편의 영화를 공동 제작한다는 내용으로 1997년에 체결한 새로운 계약을 따르기로 합의했다. 그러나 〈토이 스토리 2〉는 이 다섯 편의 영화에서 제외됐다. 디즈니는 다섯 편의 오리지널 영화로 계약을 했지 후속편을 계약한 게 아니었기 때문이다. 당시에 디즈니는 테마파크와 캐릭터 상품에 사용할 다섯 개 세트의 새로운 캐릭터 집단들이어야 한다고 주장했다. 잡스는 1998년 2월 5일에 직원들을 모아놓고 영화 제작의 계획 변경 사항을 발표했다.

래스터는 〈벅스 라이프〉 작업이 가을에 완료될 때까지 전적으로 여기에 매달렸다. 하지만 이 일에서 놓여나자마자 〈토이 스토리 2〉의 감독을 맡았고, 리 언크리치Lee Unkrich를 공동 감독으로 임명했다. 〈벅스 라이프〉에서 슈퍼바이저 편집자로 일하고, 막 〈토이 스토리 2〉로 넘어온 언크리치는 레이아웃과 촬영 부문에 집중하고, 이어서 브래넌도 공동 감독 대열에 합류한다.[25]

그때까지 〈토이 스토리 2〉 팀은 픽사의 다른 팀들과는 따로 놀았다. 문자 그대로 따로 떨어져 일했다. 기존의 픽사 건물이 아니라 철로 너머의 신축 건물에 입주해 있었던 것이다. 이와 관련해서 잭슨은 다음과 같이 회상했다.

"우리는 (픽사와 별도로 존재하던) 작은 회사였고, 우리끼리만 어울렸습니다."

하지만 이제 이런 모습은 바뀐다.

〈토이 스토리 2〉를 극장 상영 영화로 만들려면 분량을 12분 이상 늘려야 했고, 기존의 내용을 더 강화해야 했다. 그런데 새로 추가해야 하는 내용이 어려운 과제였다. 단순히 엿가락 늘이듯이 늘인다거나 아무거나 가져다 붙인다고 될 문제가 아니었기 때문이다. 새로운 부분은 나중에 추가됐다는 느낌이 들지 않도록 전체 속에 자연스럽게 녹아들어야 했다.

일정이 너무 촉박하다고 생각한 언크리치는 잡스에게 개봉을 늦출 수 있는지 물었다. 영화를 완성하기까지는 해야 할 일이 첩첩산중이었기 때문이다. 당시의 상황을 언크리치는 다음과 같이 회상한다.[26]

"스티브 잡스의 사무실에서 그와 마주 앉았습니다. 내가 말했지요. '진짜 엄청난 영화가 될 거라고 확신합니다. 그런데 우리에게 주어진 시간 안에는 해내기 어렵습니다'라고요. 그러자 잡스가 이러더군요. '글쎄요, 우리로서는 선택의 여지가 없어서 말이죠. 순서를 기다리는 일들이 줄줄이 있잖아요'라고요."

잡스가 언급한 일들이란 영화 판권 계약이나 마케팅 스폰서 문제를 의미했다. 잡스는 언크리치의 사기를 북돋았다.

"여태까지 일해온 과정을 돌아볼 때 내가 가장 자랑스럽게 생각하는 것은, 최상의 조건이 아닌 바로 이런 상황에서 거둔 성취와 성공입니다."

1년도 채 남지 않은 상황에서 이야기 전개 내용을 놓고 몇 달씩 주물럭거릴 여유가 없었다. 래스터는 스탠튼, 닥터, 랜프트 그리고 디즈니의 스토리 팀에 소속된 사람들 몇 명을 주말에 자기 집으로 불렀다. 래스터의 집은 소노마의 19세기 마을 광장에서 한 구역도 채 떨어지지 않은 곳에 있었다. 래스터가 '스토리 정상회담'이라고 불렀던 이 긴급 모임에서 이틀 만에 완성된 이야기가 나왔다. 래스터는 월요일에 출근해서 직원들을 시사회실에 모아놓고 〈토이 스토리 2〉의 새로운 줄거리를 처음부터 끝까지 자세하게 소개했다.

"모두가 완전히 매료되었습니다. 영화로 보자면 정말 극적인 반전이었습니다. 정말 위대한 작품이었고, 누구나 그 작업에 참가해서 그 영화를 만들고 싶어했습니다."[27]

애니메이터이던 마크 오프트달이 당시를 회상하면서 한 말이다.

정상회담 참가자들은 〈토이 스토리〉에서 폐기했던 몇몇 아이디어들을 가지고 〈토이 스토리 2〉의 새로운 이야기를 완성했다. 처음에 〈토이 스토리〉를 구상할 때, 버즈 라이트이어가 주인공으로 활약하는 장면을 영화의 첫 장면으로 설정했는데 래스터가 이 장면을 뺐다. 앤디와 우디의 관계를 보여주는 장면이 필요하다고 판단했기 때문이다. 그런데 버즈 라이트이어가 주인공으로 활약하는 텔레비전 애니메이션은 버즈 라이트이어 비디오게임으로 바뀌어 〈토이 스토리 2〉의 도입 장면이 되었다.

〈토이 스토리〉 초고에는 이런 장면이 있었다. 버즈가 앤디의 사랑을 독차지하자, 우디는 악몽을 꾼다. 버즈가 우디를 쓰레기통에다 던져버리고 바퀴벌레 수백 마리가 달려들어 우디의 몸을 새까맣게 뒤덮는 꿈이었다. 하지만 이 장면은 삭제되었는데, 〈토이 스토리 2〉에 새로 들어갈 때는 악몽이 좀 더 순화되었다. 바느질 솔기 부분이 터지자 우디가 앤디에게 버림을 받을까 봐 두려워하는 마음을 보여주기 위한 장치였다. 삑삑 소리를 내는 장치가 고장 난 펭귄 인형도 〈토이 스토리〉의 초기 버전에는 있었으나 삭제된 아이디어였다.

"존은 이야기 구성에 관한 한 뛰어난 감식안을 가지고 있었습니다."[28]

플로이드 노먼Floyd Norman이 한 말이다. 노먼은 〈잠자는 숲 속의 공주〉를 시작으로 디즈니에서 일했던 베테랑 화가였다. 픽사는 그를 고용해서 〈토이 스토리 2〉와 〈토이 스토리 3〉의 스토리 작업에 투입했다. 노먼은 계속해서 다음과 같이 말했다.

> 그(존 래스터)는 신선한 눈으로 영화에 또 하나의 강점을 부여하며 영화의 수준을 한층 높였습니다. 존의 연출력 덕분에 더 위대한 영화가 되었다고 생각합니다.
> 존은 어떤 장면에서 세상 물정 모르는 멍청이가 되는 우디처럼 사물을 바라보곤 했죠. 한번은 이런 적이 있었습니다.
> 우디가 자신이 소중한 수집 대상이 되어 칭송받는 꿈을 꾸는 시퀀스가 있었습니다. 리무진을 타고 등장하면 사람들이 앞을 다투어 사진을 찍고 법석을 떱니다. 이 시퀀스에서 우디는 영웅이라는 명성을 얻고 숭배를 받는 모습을 상상합니다.
> 그런데 존이 이 시퀀스를 놓고 이렇게 말했습니다. "예, 정말 재미있는 아이디어입니다. 하지만 이렇게 되면 우디 캐릭터가 덜 그럴듯해 보이지 않을까요? 왜냐하면 우디가 한층 더 허영심이 강한 인물이 되니까 말입니다"라고요. 그러면서 그 시퀀스를 잘라냈습니다.

그 밖에도 많은 부분이 바뀌었다. 우선 공항의 추격 장면 규모가 비디오 영화 버전에서보다 한층 더 커졌다. 광산업자 프로스펙터를 한 번도 개봉되지 않은 상태로 상자 속에만 줄곧 놓아둔다는 설정도 그랬다. 제시가 자기 심정을 노래로 말하는 장면도 새로 추가했다. 래스터는 또한 완성된 쇼트들을 꼼꼼하게 살펴보고 전면적인 수정을 지시했다. 예를 들어 어떤 쇼트에서는 인물의 표정을 다르게 바꾸라고 지시했고, 어떤 쇼트에서는 카메라의 각도나 조명을 바꾸라고 했으며, 또 어떤 쇼트에서는 프레임 수를 더 늘리라고 했다.[29]

〈토이 스토리 2〉는 〈토이 스토리〉를 만들 때 남겼던 디지털 요소들을 재사용했다. 그러나 〈토이 스토리〉 부분을 될 수 있으면 적게 쓰려고 노력했다. 캐릭터 모델들은 예전과 다르지 않았지만, 세밀한 부분에서는 엄청난 수준으로 정교하게 다듬어졌다. 당시의 제작 노트에서 캐릭터 모델링 슈퍼바이저로 일했던 에벤 오스비는 이렇게 적었다.

> 그들의 머리 부분은 가슴 부분과 더 잘 엇갈렸다. 덕분에 등장인물의 클로즈업 쇼트를 더 많이 쓸 수 있었다. 전작에서는 등장인물이 입을 완전히 벌릴 때 입모양을 둥글게 만들지 못했다. 모서리 부분에는 언제나 작은 주름이 잡히곤 했다. 하지만 이제 버즈와 우디는 얼굴 표정을 더 정밀하게 구사한다.[30]

표면의 외양을 결정하는 프로그램인 섀이더 역시 수정 과정을 거쳐 화면의 미묘한 부분이 예전보다 나아졌다. 예를 들어 〈토이 스토리〉와 〈토이 스토리 2〉의 우디가 입고 있는 격자무늬 셔츠와 청바지는 멀리서 보면 똑같지만, 클로즈업 상태로 보면 〈토이 스토리 2〉에서 천의 질감이 더 생생하고 사실적임을 알 수 있다.[31]

〈토이 스토리 2〉 팀은 다른 영화들에서 모델들을 자유롭게 빌려다 썼다. 예를 들어 버즈 라이트이어 비디오게임에 등장하는 외계 행성의 지형은 〈벅스 라이프〉에 나오는 앤트 아일랜드를 일부 수정한 것이다. 제시가 노래를 부르는 장면에서 제시와 제시의 주인이 타는 타이어 그네가 매달린 나무 역시 앤트 아일랜드에 나온 것이다. 클리너라는 캐릭터는 〈제리의 게임〉에 등장한 제리다. 또 돼지저금통 햄이 텔레비전 채널을 이리저리 바꿀 때 나오는 이미지들은 모두 픽사가 제작했던 광고나 단편영화들에서 나왔던 것이다.

〈토이 스토리 2〉에서는 전작에서 썼던 음악 '난 너의 친구가 될 거야'를 그대로 썼는데, 이번에는 톰 행크스와 로버트 굴레가 몇 개의 다른 지점들에서 불렀다. 랜디 뉴먼이 작곡한 노래 두 곡도 첨가했다. 하나는 타샤 위딘이 애니메이팅한 몽타주를 배경으로 사라 맥라클란이 부른 제시의 노래 '그녀가 나를 사랑했을 때'와 '우디의 가축몰이'였다. 미국에서 영화를 본 관객들은 〈토이 스토리 2〉에서 랜디 뉴먼의 네 번째 노래도 들을 수 있었다. 무슨 말이냐 하면, 버즈 라이트이어가 성조기 앞에서 연설을 하는 장면에서 미국 국가가 흘러 나온다. 하지만 미국이 아닌 다른 나라에서는 그가 빙글빙글 돌아가는 지구의와 불꽃놀이 앞에서 연설을 할 때 '하나의 세상 축가One World Anthem'라는 기악곡이 흘렀다. 다음은 잭슨이 한 말이다.

"비디오 영화에서 극장용 영화로 포맷이 바뀌고, 영화를 끝내야 하는 기한이 정해졌을 때, 우리가 받은 압박감은 엄청났습니다. 가족을 만날 생각도 말아야 했고 영화 작업 이외의 것을 모두 잊어야 했습니다. (일정과 관련된) 결정이 내려지자 '좋아, 이제 개봉 날짜가 잡혔어. 그러니 그 날짜를 맞춰야 한다. 그전에 무조건 영화를 완성한다'는 분위기였죠."

픽사에서 만든 장편영화들은 모두 막바지에 힘들었다. 영화를 완성해 넘겨야 하는 날짜가 서서히 다가오면서 압박은 점점 심해졌다. 빠듯한 일정으로 진행되던 〈토이 스토리 2〉 작업은 특히 고된 여정이었다. 장시간 힘든 노동을 하는 것은 어느 정도까지는 권장 사항이었다(래스터는 단편영화 작업을 하면서 숱한 날들을 꼬박 새웠고, 이것을 당연하게 여겼다). 하지만 한두 달도 아니고 몇 달 동안 내리 죽어라 일만 했으니, 부작용이 생길 수밖에 없었다. 몇몇 사람들이 컴퓨터 애니메이션 업계의 직업병이라 할 수 있는 수관근증후군*에 걸렸다.

* 손의 감각과 운동을 담당하는 정중신경의 압박이 원인으로 작용해서 나타나는 손의 통증과 감각 저하, 근력 저하 등의 증상.

픽사는 장시간 노동을 직접적으로 권장하지는 않았다. 잔업을 승인하거나 거부하는 방식을 통해서 일하는 시간의 상한을 설정하고, 이보다 더 오래 근무하지 못하게 했다. 그러나 남보다 뛰어나고 싶어하는 열정적인 직원들에게는 소용없었다. 잭슨은 특히 젊은 직원들이 그랬다고 회상했다.

"내가 어떤 과제를 이틀 안에 하라고 하면, 이 사람들은 그 과제를 수행하는 데 48시간을 꼬박 들이라는 뜻으로 알아듣기도 했으니까요."

감독인 래스터나 언크리치가 볼 때, 훌륭한 성과를 보이고 싶은 열망을 가진 사람들에게 시계는 아무런 의미가 없었다. 미술 팀이건 모델링 팀이건 혹은 애니메이팅 팀이건 모두 마찬가지였다. 과로와 스트레스에 지친 애니메이터가 출근길에 아기를 유아원에 맡기는 걸 까맣게 잊어버리고 젖먹이 아기와 함께 출근하는 일이 생길 정도였다. 이 애니메이터는 낮에 아내로부터 아기를 잘 맡겼느냐는 전화를 받고 나서야 아기를 차에 두고 내렸다는 사실을 깨달았다. 구급대원이 출동하는 소동이 벌어졌고 다행히 아기도 무사했지만, 이 일은 몇몇 직원들이 일에 지나치게 몰두해 있음을 보여주는 끔찍한 지표였다.

그러나 이것은 어디까지나 주관적인 문제였다. 영화의 품질을 평가하는 기준에 따라 반응은 각자 달랐다. 〈벅스 라이프〉를 마친 뒤에 〈토이 스토리 2〉에 합류한 오프트달은 다음과 같이 말했다.

"애니메이터들을 지치게 만드는 것은 몇 년이고 계속해서 언제 끝날지 모르는 일을 해야 하는 상황입니다. 특히 현재 하고 있는 작업이 좋은 영화가 될지 본인 스스로도 믿지 못할 때는 더욱 그렇습니다. 그러나 〈토이 스토리 2〉를 제작할 때는 시간이 빠르게 지나갔습니다. 영화가 잘될 거라는 확신이 있었거든요."

일정을 맞추는 일이 힘들긴 했지만, 그래도 뿌듯한 자부심을 느낀다고 언크리치는 말했다.

"〈토이 스토리 2〉 때문에 고생이 심했고 그야말로 죽을 맛이었지만, 영화를 생각하면 정말 기분이 좋습니다. 우리가 모두 하나가 되어 불가능한 일을 해냈으니까요."[32]

픽사는 완성된 〈토이 스토리 2〉를 1999년 11월 12일에 칼아츠에서 처음 선보였다.[33] 래스터를 비롯해서 영화 제작에 참가한 사람들 가운데 40명 이상이 칼아츠 출신이라는 점을 고려한 이벤트였다. 칼아츠의 학생들은 이 영화에 완전히 매료되었다. 〈토이 스토리 2〉는 〈토이 스토리〉 개봉 때와 마찬가지로 로스앤젤레스에 있는 엘캐피탄 극장에서 특별시사회를 열었다. 11월 24일부터는 미국 전역에서 관객을 맞았다.

온갖 우여곡절 끝에 탄생한 〈토이 스토리 2〉는 정서적인 감동과 오락적인 즐거움을 동시에 제공하는, 독창성이 뛰어난 작품이었다. 제시가 우디를 만났을 때 보여주는 활달함, 나중에 겪게 되는 힘든 경험에서 직접적으로 분출된 우디에 대한 제시의 분노 등이 감동과 즐거움을 주는 여러 요소들 가운데 하나였다. 우디가 제시에게 영향을 받았다고 설정함으로써, 앤디의 방에 머무르지 않기로 결심하는 우디의 모습은 더 이상 억지스럽게 보이지 않았다. 영화에는 슬픔도 쾌활함이나 즐거움과 함께 자연스럽게 녹아들었다. 이 유쾌한 코미디는 주로 악당 역을 하는 장난감 수집가 앨 맥휘긴과 장난감 가게 버즈 그리고 저그 황제 등을 중심으로 전개되며, 첫 부분의 비디오게임 장면과 엄청난 모험이 뒤따르는 도로를 건너가는 장면 등도 유쾌함을 한껏 고조시켰다.

관객들은 속편이 전편 못지않거나 혹은 전편을 능가하는 수작이라고 평가했다.[34] 예를 들어 〈할리우드 리포터〉는 다음과 같이 평가했다.

〈토이 스토리 2〉는 속편으로서는 거의 거두지 못하는 성과를 거두었다. 존 래스터 감독이 이끄는 제작진은 전편을 리메이크한다는 생각을 버리고, 전작의 유쾌한 정신을 그대로 간직하면서도 캐릭터들 속으로 깊이 파고든다.

〈버라이어티〉는 〈토이 스토리 2〉가 "더 풍부하고 더 만족스러운 영화"로서 전편을 능가한다고 했다.

재기가 넘쳐흐르는 이 영화에서 딱 하나 부족한 것은 속편이라는 속성 때문에 어쩔 수 없는 새로움의 충격이다. 4년 전에 컴퓨터 애니메이션이 정복한 개척지를 바라보고 애니메이션의 세계에서 무한한 가능성이 펼쳐질 수 있음을 깨달았던 경험은 놀라움 그 자체였다. 하지만 속편은 전편과 똑같이 가고 싶지 않았고 자기만족의 함정에 빠지지도 않았다. 속편을 만든 사람들은 기꺼이 안온한 전편의 방에서 뛰쳐나와 캐릭터들에게 통렬함과 필멸성을 생생하게 부여했다. 솔직히 이런 점을 놓고 보자면 요즘의 실사 영화들에 등장하는 대부분의 캐릭터들도 이 영화의 캐릭터들보다 못하다.

〈토이 스토리〉의 속편이 평범했다 하더라도 십중팔구 관객의 관심을 끌었을 것이다. 사람들이 〈토이 스토리〉 캐릭터들에게 느끼는 애정이 그만큼 컸기 때문이다. 하지만 래스터는 자기 자신을 뛰어넘고 싶었다. 이렇게 해서 나온 결과가 바로 전편을 능가하는 〈토이 스토리 2〉의 성공이었다. 이 영화는 상업적인 면에서도 전작 못지않은 성공을 거두었다. 국내와 해외에서 각각 2억 4,500만 달러와

4억 8,600만 달러의 흥행 수입을 기록함으로써 〈토이 스토리〉와 〈벅스 라이프〉의 기록을 상당한 규모로 넘어섰고, 애니메이션 영화로서는 그해 최고의 흥행작이 되었다. 역대 애니메이션 영화가 세운 흥행 기록으로 보더라도 〈라이온 킹〉에 이어 두 번째였다.

픽사는 드림웍스를 보기 좋게 꺾었다. 적어도 한동안은 그랬다. 카젠버그가 두 번째로 제작한 컴퓨터 애니메이션 영화 〈슈렉〉은 1년 6개월 뒤에나 나오기 때문이다. 픽사는 앞서 성공한 두 편의 영화가 결코 우연이 아니었음을 〈토이 스토리 2〉로 입증했다.

09 위기를 뛰어넘어

〈몬스터 주식회사〉

로리 마드리드Lori Madrid는 사회사업을 하는 대학원생 시절이던 1990년대 중반부터 어린이를 위한 노래를 작곡했다. 뉴욕의 할렘과 사우스브롱크스에서 학대받는 어린이들을 위한 치료 센터에서 근무하면서도 꾸준히 작곡을 했다. 그녀는 아이들에게 치료 효과가 있는 노래를 불러주는 것을 좋아했다. 문제를 겪는 아이들이 자기 자신을 긍정적으로 생각하거나 분노를 다스리는 데 도움을 주는 노래를 작곡하기도 했다. 예를 들어 '이상한 집Strange House'은 입양아가 가족과 떨어져서 다른 곳에서 사는 느낌을 표현하는 데 도움을 주었다. 치료 센터에 있던 동료들도 그녀가 작곡한 노래를 활용하기 시작했다.

고향인 와이오밍의 토링턴에 돌아온 뒤에 마드리드는 어린이를 주인공으로 한 이야기를 글로 쓰기 시작했다. 28행의 시 형태로 된 이 글의 제목은 '내 벽장 속의 소년There's a Boy in My Closet'이었다. 어린 괴물은 자기 침실 벽장에 인간 소년이 숨어 있는 걸 봤다면서 겁에 질린다. 하지만 어린 괴물의 어머니는 인간 소년 같은 건 없다고 우긴다.

1999년 10월 말, 마드리드는 자기가 쓴 글을 대여섯 개 출판사에 우편으로 발송했다. 이들 출판사 가운데는 샌프란시스코에 사무실이 있는 크로니클 북스도 있었다. 아동 서적과 미술, 건축, 사진 관련 서적을 내는 이 출판사는 마드리드에게 아무런 회신도 하지 않았다. 다른 출판사 하나가 관심을 표했을 뿐, 일은 더 진전되지 않았다. 나중에 마드리드는 이 글을 바탕으로 한 뮤지컬 〈내 벽장 속의 몬스터〉를 만들었다. 이 뮤지컬은 토링턴의 '빅 브라더스, 빅 시스터스'라는 프로그램이 제작하고 2001년 여름에 공연했다.

여름이 끝나갈 무렵에, 뮤지컬을 본 마드리드의 친구들과 동료들은 픽사가 만든 영화 〈몬스터 주식회사〉 예고편을 보라고 그녀를 재촉했다. 그 영화의 내용이 마드리드의 뮤지컬과 흡사하다는 것이었다. "픽사가 네 작품을 베낀 게 분명해"라고 사람들은 말했다.

마드리드는 노동절* 주말에 그 예고편을 보았다. 친구들의 말이 틀리지 않았다. 그녀는 당시를 다음과 같이 회상한다.

* 9월의 첫째 월요일.

"나는 스크린을 보면서 내가 쓴 이야기가 생생한 색깔을 입고 살아서 움직인다고 생각했습니다. 내 이름이 영화에 없다는 사실만 빼고 벽장이나 어린이나 괴물이나 표정이나 장면이나 어느 것 하나 내가 쓴 내용과 다르지 않았습니다."

그녀는 몹시 괴로웠다. 이제 누가 자기 뮤지컬을 만들겠다고 나설까? 다들 자기가 영화를 베꼈다고 생각할 게 아닌가?

픽사가 그 뮤지컬을 베꼈다고 볼 수는 없었다.

그러기에는 시일이 너무 촉박했다. 그렇다면 픽사의 누군가가 그녀가 쓴 글을 출판사로부터 받았을 게 분명했다. 인터넷으로 검색을 해본 그녀는 픽사가 크로니클 북스에서 《몬스터 주식회사 화보집》을 출판했다는 사실을 발견했다. 픽사는 영화와 관련된 책은 모두 디즈니의 계열 출판사인 하이페리온에서 냈는데, 그 책만은 어쩐 일인지 크로니클 북스에서 냈다는 게 의아스러웠다. 무슨 일이 어떻게 일어났는지 알 것 같았다. "크로니클 북스가 내 원고를 1999년에 픽사에게 넘겼고, 픽사는 그에 대한 보답으로 책을 그 출판사에서 냈을 것"이라고 마드리드는 추론했다.

로리 마드리드는 변호사를 선임하고 크로니클 북스, 픽사 그리고 디즈니를 상대로 와이오밍의 샤이엔에 있는 연방법원에 소송을 제기했다.[1]

그런데 이 소송에서 쟁점이 된 부분의 위법성이 모호했다. 괴물이 어린이를 무서워한다는 발상은 누구나 자유롭게 이용할 수 있는 생각이기 때문이다. 존 래스터가 학생 시절에 만든 〈악몽〉이라는 영화에도 소년을 무서워하는 괴물이 나온다. 풋내기 작가가 자발적으로 투고한 글이라면 출판사 직원들이 얼마든지 볼 수 있었다. 물론 이 과정에서 메이저 영화사가 원고를 낚아챌 수도 있었다.

어쨌든 로리 마드리드가 전혀 알지 못하는 상황에서 〈몬스터 주식회사〉가 제작에 들어간 이후 시점인 2000년 8월에 크로니클 북스와 픽사 사이에 계약이 이루어졌다. 그 과정은 다음과 같았다. 픽사는 일감이 떨어졌을 때 인력을 바쁘게 돌릴 생각으로 이들이 한 작업을 화보집으로 낼 계획이었다. 그래서 픽사의 담당 간부가 책의 출간을 맡아줄 출판사들을 알아보았다. 그러다가 일이 흐지부지되고 말았는데, 하이페리온이 이 책의 출판을 거절한 뒤인 2001년 봄에 크로니클 북스가 《몬스터 주식회사 화보집》을 발간했다.

마드리드가 주장하는 내용이 아무리 신빙성이 없다 하더라도, 영화사로서는 이 소송을 심각하게 받아들일 수밖에 없었다. 만일 이 사건이 배심 재판까지 가게 된다면 결과가 어떻게 될지 장담할 수 없었다.

픽사는 한때 루카스필름에 소속되어 있던 사업부였고, 크로니클 북스는 루카스필름으로부터 판권을 사서 《스타워즈》를 출판한 적이 있었다. 그리고 픽사와 크로니클 북스는 베이 에어리어라는 같은 지역에 있었다. 배심원들로서는 출판사와 영화사 사이에 모종의 관계가 형성되어 있으며, 1999년에 출판사의 누군가가 그 이야기를 영화사에 넘겼을 것이고, 이어서 〈몬스터 주식회사〉 제작팀의 손으로 들어간 것으로 결론을 내릴 가능성이 높았다. 결국 배심원들은 영화가 마드리드의 저작권을 침해했다는 평결을 얼마든지 내릴 수 있었다. 한편 마드리드가 고용한 변호사 베스 메리 볼링거는 원한다면 픽사의 파일과 이메일을 합법적으로 살펴볼 수 있고, 또 누군가 말 한 마디 잘못했다간 픽사에 결정적으로 불리한 진술이 될 수도 있었다.

볼링거는 우선 저작권 소송의 가장 강력한 무기를 배치해놓고 있었다. 소송이 끝날 때까지 픽사와 디즈니가 〈몬스터 주식회사〉를 상영하지 못하도록 해달라는 가처분신청을 법원에 낸 것이다. 한편 픽사와 디즈니는 판사에게 이 소송을 즉각 각하해달라고 강력하게 주장했다.

판사는 공판을 열어서 가처분신청에 대한 심리를 하겠다고 결정했다. 공판 날짜는 2001년 11월 1일이었다. 그런데 바로 그다음 날이 〈몬스터 주식회사〉를 전국의 3,200개 극장의 약 5,800개 상영관에서 개봉하기로 한 날이었다.

〈몬스터 주식회사〉의 감독인 33세의 피트 닥터, 월트 디즈니 모션 픽처스 그룹의 회장인 51세의 딕 쿡Dick Cook이 샤이엔의 연방법원으로 출두했다. 바람이 많이 불던 목요일이었다. 이들을 원고의 공격으로부터 지켜내기 위한 진용은 막강했다. 우선 로스앤젤레스의 법률회사 아이렐&마넬라 소속의 변호사들이 대거 법정에 나타났으며, 이들 외에도 그 지역의 피고 측 변호사인 테리 매키Terry Mackey도 함께했다.

볼링거가 모두 진술을 하고, 마드리드가 긴 시간 동안 증언을 했다. 매키는 자기 차례가 되자 자리에서 일어나 판사에게 말했다.

"존경하는 재판장님, 상영 금지 처분이 매우 심각한 조치라는 사실을 절대로 쉽게 넘겨서는 안 됩니다."

그는 상영 금지 가처분이라는 것은 "법원이 내릴 수 있는 가장 끔찍하고 독한 치료법"이 될지도 모른다고 하면서, 그 결과는 '재앙'이 될 수도 있다고 했다. 매키는 이 일을 막아야 할 막중한 책임을 지고 있었다. 매키는 계속해서 말을 이었다.

"우리는 증거에 대해서도 할 말이 있습니다. 원고가 주장하듯이 영화가 원고의 작품을 베꼈다는 증거는 어디에도 없습니다. 또 원고의 작품을 손에 넣으려고 했다거나 실제로 그렇게 했다는 증거 또한 어디에도 없습……."

이때 판사가 말을 끊었다.

"정황 증거는 있죠."

"네, 겨우 그것뿐입니다, 재판장님."

매키는 그렇게 대꾸하면서, 그런 건 정말 모호하기 짝이 없는 주장이라고 했다. 이어서 과연 마드리드가 저작권을 침해당했다고 볼 수 있는가의 문제로 넘어갔다.

"법정에서 두 작품을 나란히 놓고 비교해봐야 각각의 작품에서 구사하는 단어들을 대조하는 것밖에 할 수가 없습니다. 하지만 이게 무슨 소용이 있겠습니까?"

그러면서 매키는 마드리드가 저작권을 침해당했다고 볼링거가 지적하는 부분들, 즉 괴물이 인간 어린이를 무서워한다는 설정이나 인간 세상과 괴물 세상이 이어지는 통로가 벽장이라는 설정 등은 마드리드의 글에서 처음 나온 게 아니라고 강조했다.

닥터는 오후 3시가 지나서 증언대에 섰고, 매키가 닥터를 신문했다.

질문 : 이름을 말씀해주시겠습니까?

답변 : 피트 H. 닥터입니다.

질문 : 성의 철자를 부탁드립니다.

답변 : 디, 오, 시, 티, 이, 알입니다.

질문 : 직업이 뭡니까?

답변 : 픽사 애니메이션 스튜디오의 감독입니다.

질문 : 픽사 애니메이션 스튜디오에서는 언제 감독이 되셨습니까?

답변 : 대략 1997년입니다.

질문 : 괴물들을 다루는 영화를 픽사에서 개발할 때 어떤

역할을 맡았는지 말씀해주십시오.

답변 : 예. 감독으로서 저는 콘셉트에서부터 스토리, 목소리 캐스팅, 캐릭터 디자인과 최종 마무리까지 영화의 모든 부문을 관장했습니다.

매키는 영화의 이야기가 어떻게 전개되는지 설명하도록 유도했고, 닥터는 영화의 스토리 라인들은 독창적인 것이며 마드리드가 쓴 글을 포함해서 그 어떤 것들로부터도 영향을 받지 않았다고 말했다.

"그 스토리 라인들은 오로지 우리가 키운 우리 아이들입니다."

담당 판사는 클레어런스 브리머 주니어였다. 그는 주 정부의 법무부 장관을 역임한 적이 있으며, 포드 정부 때 판사로 임명된 79세의 점잖은 판사였다. 닥터가 존 굿맨과 빌리 크리스털이 중요한 배역의 목소리 연기를 했다고 말하자, 브리머 판사는 그의 말을 끊고 물었다.

"누가 그러던데, 그 사람들이 유명한 배우들이라면서요? 맞습니까?"

매키는 맞다고 확인했다.

볼링거는 〈몬스터 주식회사〉에 등장하는 '부'라는 어린 소녀의 캐릭터가 1999년 이후로 바뀌지 않았는지에 초점을 맞추어 닥터에게 반대심문을 했다(영화에서 부는 자기 방에 있던 벽장의 문을 통과해서 괴물들이 사는 도시인 몬스터폴리스로 들어간다). 1999년 초에는 부를 "대담하고 고집이 세며 (……) 강인한 생존 본능을 가졌으며 (……) 자기를 몬스터폴리스로 데리고 온 괴물들보다 더 괴물 같을 때가 많았다"고 묘사했다. 그런데 영화에서 (혹은 적어도 매키가 보여준 클립에서는) 부라는 캐릭터는 이런 묘사와 전혀 다르게 나타나지 않느냐고 볼링거는 추궁했다.

질문 : 그러니까 당신은 그 어린 소녀가 강인한 생존 본능을 가지고 있다고 묘사하는 겁니까?
답변 : 예, 어느 정도는요. 하지만 그건 우리가 방금 본 장면에서는 특별히 두드러지게 나타나지 않습니다.
질문 : 영화에서는 두드러지게 나타난다는 말입니까?
답변 : 그 소녀는 두려움을 모르고 투지만만한 성격으로 드러납니다.
질문 : 왜 그 소녀는 두려움을 모르고 투지만만하게 되었습니까? 그녀가 두려움을 모르고 투지만만하게 된 장면을 묘사할 수 있습니까?
답변 : 키가 2미터 40센티미터나 되고 몸무게가 900킬로그램이나 나가는 거대한 푸른색의 털북숭이 괴물과 맞닥뜨렸는데도 전혀 겁을 먹지 않는 장면이 바로 소녀의 성격을 잘 드러냅니다. 또 영화에는 소녀가 두 명의 괴물을 본 체 만 체 하며 아파트 주변을 뛰어다니는 시퀀스도 있습니다.

닥터가 증언을 마치고 물러날 때 브리머 판사가 닥터의 손을 들어주는 듯한 태도를 보였다.

"그 영화에 그러니까 당신은 5년 동안 힘들게 매달려 일을 했고, 그 영화로 엄청나게 많은 돈을 벌었다는 말이죠?"

"네, 그렇습니다. 하지만 돈은 내 것이 아니고……."

"그렇다면 많은 사람들, 아주 많은 사람들이 함께했다?"

"그렇습니다. 450명이 넘는 사람들이 이 영화에 매달렸습니다. 처음 제가 콘셉트를 생각하고 영화가 완성될 때까지 5년이 걸렸습니다. 우리 업계에서는 흔한 일입니다. 〈토이 스토리〉도 대략 4년 6개월이 걸렸으니까요."

"그러니까 이건 하룻밤 사이에 뚝딱 만들어질 수 없는 것이다, 그리고 다른 사람이 쓴 어떤 시 한 편을 읽고 갑자기 마음이 바뀌어서 내용을 바꿀 수 있는 그런 일이 아니라는 말이군요?"

"그렇습니다. 전혀 그런 일이 아닙니다."

디즈니와 픽사의 법률적인 문제를 대리하는 법률회사에서 나온 마렌버그는 딕 쿡을 증언대에 세웠다. 쿡은 30년 전에 증기기차와 모노레일을 가동하는 기술자로 디즈니에 들어왔지만, 꾸준히 승진해 지금은 월트 디즈니 회사가 만드는 모든 영화 및 비디오 제품을 제작하고 배급하고 전 세계에 판매하는 일을 책임지고 있었다. 마렌버그는 우선 상영 금지 가처분신청을 법정이 받아들일 때 어떤 결과가 일어날지 질문했다.

"디즈니는 그야말로 폐허가 될 것입니다"라고 쿡은 대답했다. 그러면서 〈몬스터 주식회사〉는 〈해리 포터와 마법사의 돌〉, 〈진주만〉과 나란히 성수기를 겨냥해서 만든 블록버스터 영화인 이른바 '텐트폴tent pole' 영화라고 했다.

디즈니는 〈몬스터 주식회사〉 개봉일을 무려 1년 전에 정했다. 이를 위해 예고편 약 4만 편을 제작해서 극장 관객들에게 선보였다. 2주일 전에는 닥터와 래스터 그리고 목소리 출연 배우들을 동원해서 대규모 언론 홍보 행사를 벌이기도 했다. 또한 디즈니는 여러 차례의 특별시사회를 치르는 데 약 350만 달러를 쓴 상태였다. 이 모든 것들이 바로 다음 날인 11월 2일에 맞춰 진행되었다. 캘리포니아와 오하이오에 있는 테크니컬러의 여러 창고들에서 보관하고 있던 프린트 5,800여 벌이 이미 극장에 배포된 상태였다. 하지만 가처분신청이 받아들여질 경우 극장 주인들은 깜깜한 스크린만 바라보게 될 터였다. 이런 사실을 나열한 뒤에 쿡은 개봉일 선정에 대해서도 다음과 같이 설명했다.

"우리가 11월 2일을 개봉일로 잡은 이유는, 추수감사절 때 〈해리 포터〉가 나오고 크리스마스 때도 다른 영화들이 나오는 등 경쟁 영화들이 수두룩하게 포진하고 있기 때문입니다. 그래서 우리는 이 영화가 가지는 중요성에 비추어볼 때 다른 영화들보다 먼저 개봉되었으면 하고 바랍니다."

질문 : 상영 금지 가처분신청이 받아들여져 개봉일이 늦춰진다면, 11월 2일이 첫 주말이라는 점을 고려할 때 첫 주말 개봉이 누릴 수 있는 모든 혜택을 잃을 수 있다는 것이 확실합니까?

답변 : 네, 아마 재앙이 될 겁니다.

질문 : 그렇다면 그 결과는 극장뿐만 아니라 미국의 다른 여러 시장들에도 미치겠죠?

답변 : 그렇습니다. 눈덩이 효과를 일으킬 겁니다. 비디오 시장이나 DVD 시장에 엄청난 피해를 끼칠 겁니다. 해외 시장도 영향을 받을 겁니다. 왜냐하면 해외 흥행 여부는 미국 흥행 성적에 크게 좌우되기 때문입니다.

> 만일 이런 일이 일어난다면, 우리 영화는 엄청나게 큰 충격을 받을 게 분명합니다.
> 더 나아가서, 이 영화에 따르는 부수적인 사업들도 영향을 받을 겁니다. 이 영화를 텔레비전 시리즈물로 제작할 수도 있고, 이 영화를 소재로 한 놀이공원이나 체험관을 만들 수도 있는데, 이런 사업들까지 위축될 테니까요.

계속해서 쿡은 영화의 라이프사이클은 과일이나 채소의 라이프사이클과 같다고 설명했다.

"우리는 어떤 식물을 심을지 미리 계획하고 씨를 뿌립니다. 그리고 퇴비를 주고 물을 줍니다. 식물이 잘 자랄 수 있도록 모든 노력을 기울입니다. 무엇보다도 제때 수확을 해야 합니다."

〈몬스터 주식회사〉는 이제 수확을 할 때라고 쿡은 말했다. 그리고 브리머 판사에게, 디즈니가 여론조사 회사인 내셔널 리서치 그룹에 의뢰해서 〈몬스터 주식회사〉의 인지도를 조사한 결과를 설명했다.

"압도적이었습니다. 이런 조사에서는 보통 30점대나 40점대가 나오는 데 비해 〈몬스터 주식회사〉는 80점대로 나왔습니다."

마렌버그가 쿡에게 물었다.

"〈몬스터 주식회사〉가 어떤 의미에서는 현재 시점에서 잘 익은 과일이라는 말인가요?"

쿡은 기다렸다는 듯이 대답했다.

"이 영화는 지금 여러분이 듣고 있는, 그리고 한 모금

베어 물고 싶은 마음이 저절로 드는 잘 익은 배와 같습니다. 그런데 만일 지금 먹지 않으면, 배는 금방 상하고 말 겁니다."

쿡이 말을 마치자 마렌버그는 브리머 판사를 바라보며 말했다.

"이상입니다."

볼링거와 매키가 마지막으로 하는 주장을 들은 뒤에 (볼링거는 딕 쿡에 대한 반대신문을 포기했다) 브리머 판사는 소송을 각하해달라는 피고 측의 요구를 거부하고, 〈몬스터 주식회사〉의 상영 금지 가처분신청을 받아들일지 여부를 판단할 네 가지 사항을 제시했다.

첫째, 만일 가처분신청이 받아들여지지 않으면 마드리드가 회복할 수 없는 손해를 보는가? 둘째, 마드리드가 결국에는 승소할 가능성이 높은가? 셋째, 영화가 개봉됨으로 해서 마드리드가 받을 수 있는 피해가 가처분신청을 받아들여 영화가 개봉되지 않음으로 해서 디즈니와 픽사가 받을 수 있는 피해보다 큰가? 넷째, 가처분신청을 받아들이는 것이 공공의 이익에 위배되는가? 브리머 판사는 각각의 사안을 하나씩 짚어가면서 〈몬스터 주식회사〉가 예정대로 개봉되어야 온당하다고 보는 자기 판단을 설명했다.

공공의 이익이라는 마지막 사안에 이르자 그는 진담 반 농담 반으로 다음과 같이 말했다.

"내 조수는 조카가 두 명 있다고 합니다. 두 살이고 일곱 살이랍니다. 그런데 만일 내가 이 가처분신청을 받아들인다면, 아이들이 화가 나서 펄펄 뛸 거라고 하더군요. (……) 이런 아이들이 전국에 엄청나게 많을 겁니다. 내가 가처분신청을 받아들이면 아이들은 아마 나를 최악의 괴물

판사라고 원망할 것 같군요."

상영 금지 가처분신청이라는 비장의 무기는 뇌관이 제거되었다. 디즈니와 픽사는 〈몬스터 주식회사〉를 예정대로 개봉할 수 있게 되었다. 하지만 재판은 계속 진행될 것이고, 마드리드가 저작권이 침해당했음을 입증할 경우 디즈니와 픽사는 엄청난 타격을 입을 게 분명했다.

민사소송에서는 소송을 제기한 쪽이 상대방과 관련된 사실을 찾아낼 권리를 행사할 수 있다. 그래서 상대방으로 하여금 선서를 한 상태에서 서면으로 된 질문에 답변하게 할 수 있다. 즉 볼링거는 픽사의 직원들 및 관련자들을 증언대에 세울 수 있었고, 픽사의 문서를 불시에 확인할 수도 있었다. 볼링거는 이런 권리를 최대한 활용해서 소송이 진행되는 동안 래스터와 〈몬스터 주식회사〉의 제작에 공동 디자이너로 참여했던 밥 폴리Bob Pauley를 법정에 불러 증언하게 했다. 그리고 볼링거가 '〈몬스터 주식회사〉의 스토리 라인과 관련이 있는 귀사 소유의 모든 문서'와 '〈몬스터 주식회사〉와 관련이 있는, 콘셉트 아트concept art*를 포함한 모든 그림'을 제출해달라고 요구했기 때문에, 픽사의 기록 담당 책임자인 크리스틴 프리먼Christine Freeman은 100상자가 넘는 분량의 자료를 모아야 했다.

* 영화의 기본 콘셉트를 드러내어 영화에 대한 이해를 돕고, 나아가 더 자세한 아이디어를 자극하는 그림.

브리머 판사는 2002년 6월 26일에 최종 판결을 내렸다. 〈몬스터 주식회사〉에는 저작권법의 보호를 받지 않는 일반적인 주제나 발상들을 제외하고는 28행짜리 로리 마드리드의 시와 일치하는 부분이 없다는 내용이었다.

"이 모든 발상들은 이런 캐릭터들, 나아가 일반적인 어린이 이야기에서는 표준적이며 또한 없어서는 안 되는 특성이다. 그렇기 때문에 이런 발상들을 저작권법으로 보호해야 한다면 (……) 어린이 이야기들이 자유롭게 유통되지 못하는 무서운 일이 벌어질 것이다. 또한 저작권 침해는 어린이들에게 악몽으로 자리 잡을 것이다."[2]

마드리드 사건은 지금은 과거의 일이 되었다. 픽사는 지루한 소송 과정을 견뎌내며 마침내 이겼다. 하지만 이 소송 사건은 곧이어 닥칠 또 하나의 거대한 소송의 전주곡일 뿐이었다. 물론 당시에는 아무도 알지 못했다.

피트 닥터는 다른 사람들이 〈벅스 라이프〉와 〈토이 스토리 2〉에 매달려 있던 1996년에 장차 〈몬스터 주식회사〉로 사람들 앞에 선을 보이게 될 영화 작업을 처음 시작했다.[3] 영화의 암호는 '숨겨진 도시Hidden City'였는데, 닥터가 자주 가던 포인트 리치먼드의 식당 이름에서 딴 것이었다.

처음에 이 영화의 인간 주인공은 32세의 남자였다. 이 남자는 다른 사람들은 보지 못하고 오로지 자기만이 볼 수 있는 괴물들을 처리하는 일을 했다. 나중에 이 주인공은 소년으로 바뀌었다가, 최종적으로 소녀로 바뀌었다.

1997년 2월 초에 닥터는 할리 제섭Harley Jessup, 질 컬턴Jill Culton, 제프 피전Jeff Pidgeon과 함께 트리트먼트 초고를 완성했다(이 트리트먼트에 담긴 여러 요소들은 완성된 영화에서도 비슷한 형태로 등장한다). 제목을 그저 '괴물들Monsters'로만 붙인 이 초고에서 설리(이 단계에서 괴물의 이름은 설리가 아니라 존슨이었다)는 자기 일을 열심히 하는 인물이었다. 그가 하는 일이란 어린이들에게 겁을 주어 비명을 지르게 하는 것이었다. 초고에서는 동료인 외눈박이 괴물 마이크 와조스키가 없었다.

> 한 아이가 잃어버린 양말 한 짝을 찾으려고 지하실로 들어간다. 그런데 빨래더미 아래에서 무시무시한 괴물 하나가 불쑥 튀어나오고, 아이는 비명을 지른다.
> 존슨이라는 이 거대한 털북숭이 괴물이 문을 열고 실내로 들어와서는 가짜 송곳니와 가짜 혹을 떼어낸다. 뾰족하게 위장한 코도 떼어낸다. 괴물은 겁을 주는 직무와 관련된 서류 작업을 모두 마친 뒤에, 동일한 세 통의 서류에 서명을 한다.
> (……)
> 존슨은 작업실에서 라운지로 걸어가서 서류를 우편 발송함에 넣는다. 서류 발송 담당자가 레버를 잡아당기면 그 문은 문서 보관 구역으로 이동한다. 존슨은 동료 괴물들 옆에 앉아서 새로운 업무가 떨어지기를 기다린다. 카드를 치거나 담배를 피우거나 혹은 잡담을 하는 동료들과 달리 존슨은 최근에 개발된 겁주기 기법들을 익히려고 부지런히 책을 읽는다. 〈아파트 열쇠를 빌려드립니다〉(1960년)의 잭 레먼처럼 자기 일에 집중하고 또 열심이다.

그런데 문제가 발생한다. 존슨이 뜻하지 않게 여섯 살 소녀를 라커룸으로 데리고 와버린 것이다(이 트리트먼트에서 소녀의 이름은 메리였지만, 나중에 앤드류 스탠튼의 제안에 따라 부라는 이름으로 바뀐다). 메리는 처음엔 존슨을 보고 비명을 지르지만, 곧 침착하게 집으로 데려다달라고 요구한다. 존슨은 자기가 이 소녀를 데리고 있다는 것을 다른 괴물들에게 들키지 않으려고 온갖 애를 쓴다. 괴물들이 사는 세상으로 인간 어린이를 데려오는 것은 엄격하게 금지되어 있었기 때문이다.

2월 4일에 닥터는 디즈니에 가서 이 스토리를 설명했다. 초기 그림 작업들을 함께 가지고 갔는데, 이때의 콘셉트는 존슨과 메리의 버디무비였다. 피터와 그의 스토리 팀은 디즈니로부터 몇 가지 제안을 듣고 돌아간 뒤에, 5월 30일에 수정된 내용을 가지고 다시 디즈니를 찾았다. 이날의 기획회의에는 디즈니 최초의 애니메이션 영화 〈백설공주와 일곱 난쟁이〉(1937년) 때부터 디즈니에서 애니메이터로 일했던 조 그랜트Joe Grant가 참석했다. 그랜트는 제목을 '몬스터 주식회사'로 하는 게 좋겠다고 제안했고, 이 제안이 받아들여졌다.

8월 8일에 다시 수정된 트리트먼트에서 메리는 오빠 4명이 하도 못된 장난을 치곤 해서 겁이라고는 찾아볼 수 없는 일곱 살 소녀로 바뀌었다. 존슨은 소심한 성격으로 바뀌었다. 존슨은 몬스터 주식회사의 사장이 대규모 구조조정을 한다고 발표한 뒤로는 어린이들에게 겁을 주며 비명을 지르게 만드는 직업을 잃게 될까 봐 안절부절못하며 걱정이 태산이다. 최고의 실적을 올리는 동료 네드가 부럽기 짝이 없다.

"존슨은 자기가 네드처럼 훌륭하게 업무를 수행할 수만 있다면 앞으로 남은 인생은 만사형통으로 술술 풀리고 행복하게 살 수 있을 것이라고 믿는다."

두 괴물이 등장하는 버디무비라는 발상은 1998년 4월 6일 디즈니와 픽사의 직원들이 함께 참석한 버뱅크의 '스토리 정상회담'에서 나왔다. 존슨이 자기가 처한 곤경을 털어놓고, 이것을 받아줄 인물이 필요하다는 것이었다. 닥터는 이 새로운 캐릭터의 이름을 마이크라고 불렀다. 감독이자 머펫Muppet*을 능숙하게 다루는 그의 친구 프랭크 오즈의 아버지 이름에서 딴 것이다.

* 팔과 손가락으로 조작하는 인형.

1996년에서 2000년 사이에 이야기 구성이 바뀜에 따라서, 우디와 버즈가 그랬던 것처럼 설리와 부의 캐릭터는 엄청나게 바뀌었다. 처음에 설리의 캐릭터는 건물의 문지기였다. 그러다가 제련공장 노동자로 바뀌었고, 다시 예전에 어린이에게 겁을 주는 일을 하다가 사고로 한쪽 눈을 잃은 뒤 제련공장에서 일하는 노동자로 바뀌었고, 최종적으로는 몬스터 주식회사에서 어린이에게 겁을 주는 일을 가장 잘해서 최고 실적을 올리는 직원으로 자리를 잡았다.

부도 처음에는 성인 남자였지만 소년으로 바뀌었고, 그 뒤에도 계속 바뀌어서 (오 헨리의 단편소설《붉은 추장의 몸값*The Ransom of Red Chief*》에 나오는 납치된 소년과 비슷한) 뭐든 자기 멋대로 하고 도무지 통제할 수 없는 소녀가 되었다. 최종적으로는 온순하고 순진하며 아직 말을 할 줄 모르는 소녀로 자리를 잡았다. 소녀로 바뀐 뒤에 부는 아일랜드 출신이었다가 픽사의 첫 번째 흑인 캐릭터가 되기도 했다.

설리의 목소리 연기는 〈로잔〉이라는 코미디 방송물에서 오랫동안 인기를 누렸으며 코언 형제의 영화에 단골로 출연했던 존 굿맨이 맡았다. 굿맨은 설리라는 캐릭터를 미식축구 선수와 같은 인물로 잡았다. 그는 제작 당시에 이런 말을 했다.

* 미식축구에서 공격을 담당하는 포지션.

"설리는 10년 경력의 노련한 라인맨* 과 같다. 온몸을 던지는 진짜 프로 선수다."[4]

버즈 라이트이어 역을 거절한 것을 두고두고 후회했던 빌리 크리스털은 설리의 외눈박이 친구인 마이크 와조스키 역을 수락했다. 부는 스토리 작가의 딸이 연기했다. 아직 학교에도 안 다니는 어린아이였다.

〈몬스터 주식회사〉의 제작 초기 단계이던 2000년 11월, 픽사는 두 번째로 이사를 갔다. 대략 500명쯤 되던 픽사의 직원들은 통행량이 많은 고속도로를 사이에 두고 세 개의 건물에 분산돼 일하고 있었다. 그래서 사무실을 찾아오는 사람들에게 "제련공장에서 왼쪽으로 돌면 바로"라고 하던 농담도 처음에는 재미있었지만 곧 시들해졌다. 포인트 리치먼드의 사무실을 떠나기 전 열린 파티에서 한 직원은 당시 개봉된 지 얼마 안 된 영화 〈뛰는 백수 나는 건달〉의 한 장면에서처럼 관습에 따라 의식을 치러야 한다면서 커다란 쇠망치로 컴퓨터 한 대를 박살냈다.

잡스는 회사가 이사 갈 새로운 공간으로 처음에는 샌프란시스코에 있던 한 창고 공간을 생각했다. 하지만 잡스나 픽사 직원들에게 불편할 것 같았다. 이스트베이와 북쪽의 마린카운티와 소노마카운티에 사는 직원들이 많았기 때문이다. 버클리 인근에 있던 에머리빌이라는 인구 6,900명의 마을이 새로운 보금자리로 정해졌다. 그곳에는 델몬트의 통조림 공장이 있던 6만 4,750제곱미터의 넓은 부지가 있었다.

래스터는 할리우드의 전통적인 방식에 따라 제작 중인 영화별로 건물을 따로 하나씩 쓰도록 하고, 작품을 개발하는 팀은 단층 목조집을 쓰게 할 계획이었다. 하지만 스승이던 디즈니의 애니메이터 프랭크 토머스의 조언을 듣고 생각을 바꾸었다. 월트의 생각에 따라 디즈니의 애니메이터들은 로스앤젤레스의 하이페리온가街에 있는 북적대던 빌딩에서 버뱅크에 있는 널찍하고 낙원처럼 보이는 버뱅크의 복합단지, 즉 개인 사무실이 있고 각 사업부마다 따로 독립적인 건물을 갖춘 곳으로 이사를 했는데, 그것은 결코 축복의 시작이 아니었다고 토머스는 말했다. 그렇게 따로 건물을 쓰다 보니 사람들이 서로 접촉할 기회도 사라지더라는 것이다.[5]

잡스와 래스터는 픽사가 들어갈 공간은 커다란 단일 건물이어서 사람들이 넓고 긴 뜰에서 심심찮게 서로 마주칠 수 있도록 해야 한다고 원칙을 정했다(그런데 우연의 일치인지, 그 건물은 시애틀 인근에 호수를 끼고 있는 빌 게이츠의 거대한 저택을 공동으로 설계한 회사가 맡아서 설계했다). 직원들은 건물에 입주하자마자 실내를 변화무쌍하고 별난 공간으로 장식했다. 그래서 깃발과 우편함과 위성 안테나 등을 갖춘 도시적이고 세련된 건축물 옆에 폴리네시아풍의 오두막을 만들기도 했다.

애니메이터 한 명이 캐릭터를 하나씩 전담했다는 점에서 〈몬스터 주식회사〉는 이전의 픽사 영화들과 제작 과정이 달랐다. 설리와 마이크, 부는 존 카스와 앤드루 고든, 데이브 데반이 각각 맡았다.[6] 카스는 굿맨의 목소리가 곰처럼 묵직하다는 점이 설리의 캐릭터와 딱 맞아떨어진다고 생각했다. 그런데 어려운 문제가 하나 있었다. 설리의 거대한 덩치를 어떻게 그릴 것인가 하는 문제였다. 전통적으로 애니메이터들은 덩치가 큰 캐릭터는 동작이 굼뜨게 처리했다. 하지만 중심인물의 동작이 굼뜨면 영화가 처지는 느낌을 줄 수 있었다.

카스는 굿맨과 마찬가지로 설리를 미식축구 선수로 생각했다. 운동선수라면 덩치가 아무리 커도 동작이 민첩하기 때문이었다. 픽사는 설리를 비롯해 덩치 큰 괴물들의 이미지를 잡아야 하는 애니메이터들을 위해 버클리의 대형 포유류 수송 전문가인 로저 크램을 초빙해서 강의를 하도록 주선했다.

설리의 외모가 실제처럼 생생하게 보이게 하려면 기술팀이 털의 렌더링을 정교하게 하는 게 관건이었다.[7] 털을 렌더링하는 문제는 이미 다른 영화사들이 겪은 과제였다. 리듬&휴스가 1993년에 코카콜라 광고에서 북극곰을 등장시켰고, 〈꼬마 돼지 베이브〉에서는 말을 하는 동물들의 얼굴을 처리한 사례가 있었다. 그러나 〈몬스터 주식회사〉는 이런 사례들보다 훨씬 많은 털을 처리해야 했다. 기술자의 관점에서 보자면 털을 처리하는 문제는 여러 가지 중대한 과제를 안고 있었다.

첫 번째 과제는 엄청나게 많은 수의 털을 어떻게 효율적인 방식으로 렌더링할 것인가였다(예를 들어 설리의 털은 232만 413개였다). 두 번째 과제는 각각의 털이 다른 털에 드리우는 그림자를 만들어내는 것이었다. 그림자 효과가 없으면 털이나 머리카락은 비현실적이고 평면적으로 보인다(〈토이 스토리〉에서 앤디의 어린 여동생의 머리카락이 이런 그림자 효과가 들어가지 않은 사례다). 애니메이터들이 엄청난 수고를 들이지 않고도 털의 방향과 움직임을 통제할 수 있도록 하는 것도 커다란 과제였다. 털 팀에서 일했던 톰 로코빅Tom Lokovic은 다음과 같이 말했다.

> 머리카락이나 옷이나 액체 따위가 드러내는 복잡하고 물리적인 움직임을 나타내려고 애니메이터가 세부적인 모든 것들을 일일이 손으로 처리한다는 것은 사실상 불가능하다. 머리카락이든 옷이든 혹은 뭐든 간에 어떤 것이 자연적이고 물리적으로 움직이길 바란다면, 이것이 어떤 물리적인 모델에 따라서 움직이도록 하는 시뮬레이션을 구동시켜야 한다(그것 말고는 다른 방법이 없다).
>
> 어떤 시뮬레이션이 올바르게 보이도록 하려면 여러 가지 변수들을 선택하는 지루하고 힘든 작업이 필요하다. 어떤 변수를 지나치게 낮게 설정하면 머리카락은 고무밴드로 만든 것처럼 축축 처지고, 반대로 지나치게 높게 설정하고 수치가 불안정하게 변하면 머리카락은 '폭발'하고 만다.
>
> 시뮬레이션이 중요하긴 하지만, 그렇다고 해서 물리학에 모든 것을 기댈 수는 없다. (……) 예를 들어 어떤 극적인 상황을 드러내기 위해서, 비록 물리학적으로는 도저히 그런 일이 일어날 수 없다고 하더라도, 머리카락이 얼굴의 특정 지점에 놓이게 해야 하는 경우가 있다. 이런 경우에는 예를 들어 보이지 않는 충돌 물체나 외부의 또 다른 힘들과 같은 물리적인 효과를 추가해서, 그 시뮬레이션이 애니메이터가 원하는 대로 진행될 수 있도록 하거나 혹은 그 시뮬레이션의 결과를 무시하도록 해서, 겉으로 보이는 모습이 애니메이터가 바라는 그대로 이루어질 수 있도록 한다. 실제 작업에서는 시뮬레이션과 시뮬레이션의 왜곡이 적절하게 결합해서

진행되는 것이다.[8]

털 시뮬레이션 기법들은 '피즈트(Fizt: 물리적 도구라는 뜻의 physics tool의 줄임말)'라 불리는 새로운 프로그램의 한 부분이 되었다. 설리가 등장하는 쇼트가 애니메이팅 과정을 거친 뒤에, 피즈트가 이 쇼트와 관련된 자료를 받아서 바람과 중력뿐만 아니라 설리의 움직임까지 고려해서 그의 털을 추가했다.

피즈트 프로그램은 부가 입은 헐렁한 티셔츠가 접히거나 구겨지는 복잡한 움직임까지도 제어했다. 예전의 픽사 영화들에서 사람이 입고 있던 옷은 언제나 매끈한 모습을 유지해서 자연스럽지 못했다. 옷을 입고 있는 사람의 몸과 독립적으로 움직이지도 않았다. 어떤 경우에 옷은 그저 등장인물의 피부에 색칠을 한 정도로밖에 보이지 않았다. 피즈트가 부의 티셔츠를 마치 실물처럼 움직이도록 하는 데 채용한 기술의 핵심은, 마이클 카스Michael Kass가 〈제리의 게임〉에서 제리가 입은 재킷을 표현하기 위해서 고안했던 옷 시뮬레이터에서 비롯되었다.[9]

옷을 애니메이팅하는 건 무척 쉬울 것 같지만 결코 그렇지 않다. 예를 들어 등장인물이 허리나 무릎 혹은 팔꿈치를 굽히는 동작에 따라 옷의 어떤 부분들이 교차하거나 겹칠 때 옷이 엉키지 않고 자연스럽게 구겨지도록 하는 것은 정말 복잡한 문제였다. 데이비드 배러프David Baraff와 앤드루 윗킨Andrew Witkin이 〈몬스터 주식회사〉에 합류시킨 카스는 옷과 옷 사이의 부딪힘을 제어하기 위해서 '전역 교차 분석global intersection analysis'이라고 이름 붙인 알고리듬을 개발했다.

〈몬스터 주식회사〉에 나오는 여러 쇼트들(설리의 머리카락이나 부의 셔츠뿐만 아니라 50만 개의 문이 줄줄이 있는 공간을 포함한 쇼트들)을 표현하기 위해서는 픽사가 이전에 만든 영화들에서보다 더 많은 컴퓨터 용량이 필요했다. 〈토이 스토리〉의 렌더 팜*과 〈토이 스토리 2〉의 렌더 팜은 선마이크로시스템스의 프로세서 각각 200개와 1,400개로 구성되었지만, 〈몬스터 주식회사〉의 렌더 팜은 무려 3,500개로 구성되었다(렌더 팜을 구성하는 각각의 컴퓨터는 일반적으로 두 개 혹은 네 개의 프로세서들을 직렬로 연결해서 구동된다. 그렇기 때문에 렌더 팜에서 컴퓨터의 수는 프로세서의 수보다 훨씬 적다고 보면 된다). 실제로 픽사가 프로세서의 수뿐만 아니라 처리 속도까지 고려해서 각각의 영화에 들어간 컴퓨터 역량을 조사해보니, 〈몬스터 주식회사〉에 들어간 컴퓨터 역량은 이전의 세 영화를 모두 합한 것보다 많다는 결론이 나왔다.[10]

* 본문 233쪽 참조.

2001년 11월 2일에 개봉된 〈몬스터 주식회사〉는 애니메이션 부문에서 〈라이온 킹〉에 이어 역대 두 번째의 흥행 기록을 가지고 있던 〈토이 스토리 2〉를 세 번째로 밀어내며 그 자리를 차지했다.

한편 드림웍스는 〈몬스터 주식회사〉에 쏟아지는 관심을 희석시키려고, 이 영화의 개봉일에 맞춰 〈슈렉〉의 DVD를 출시했다. 그 주말에 〈슈렉〉 DVD가 거둔 수입은 〈몬스터 주식회사〉의 극장 수입보다 더 많았다. 이것은 DVD 시장이 그만큼 커졌으며 아울러 〈슈렉〉의 인기가 얼마나 대단했는지를 보여준다.

〈슈렉〉은 다음 해 3월에 〈몬스터 주식회사〉를 누르고 아카데미상에서 새로 제정된 장편 애니메이션 부문 최우수작품상을 받았다. 제프리 카젠버그의 만족감은 한껏 고조되었다. 〈슈렉〉이 〈몬스터 주식회사〉를 제치고 최우수작품상을 받은 것은 〈슈렉〉이 좀 더 성인 취향인 데다 냉소적인 유머를 담고 있었기 때문에 아카데미상 투표자들에게서 더 많은 표를 얻은 결과라고 볼 수 있다.

2002년 10월 1일, 〈몬스터 주식회사〉가 개봉된 지 11개월에서 딱 하루 모자라는 바로 이날에 두 번째 저작권 침해 소송이 제기되었다. 이번에도 픽사와 디즈니, 크로니클 북스를 상대로 한 소송이었다. 원고인 스탠리 밀러Stanley Miller는 62세의 전문 화가이자 일러스트레이터로서, 록밴드 그레이트풀 데드의 여러 콘서트 포스터와 앨범 재킷으로 유명한 사람이었다. 밀러는 자기가 한 작업에 언제나 스탠리 마우스라는 이름으로 서명했다.

1950년대 후반에 10대 소년이었던 밀러는 괴물 개조 자동차 만화로 입문했고, 그 뒤로 포스터와 티셔츠, 달력 등에 들어가는 만화 그림을 꾸준히 그리고 팔았다. 1960년대 초반부터 그가 주로 그렸던 캐릭터는 두 가지였다. 하나는 털이 많고 덩치가 큰 괴물이었고, 다른 하나는 덩치가 작은 외눈박이 괴물이었다. 두 캐릭터는 수십 년의 세월을 거치는 동안 다양하게 진화했다.

1997년에 밀러는 애니메이션 영화 〈내 먼지를 용서해줘〉의 견본 그림, 트리트먼트 그리고 대본을 준비했다. 여기에서 큰 괴물은 프레드 플라이포거라는 이름으로 등장하고, 작은 괴물은 와이즈 가이라는 이름으로 등장한다. 두 괴물은 몬스터시티에 살고, 이 도시를 운영하는 것은 몬스터 코퍼레이션 오브 아메리카라는 곳이다(밀러가 현실에서 실제로 운영하던 회사의 이름이기도 했다). 밀러는 다음 해에 이렇게 준비한 자료들을 여기저기 돌리며 제작하겠다고 나설 영화사를 찾았다.

일반인이 별 생각 없이 보면 〈몬스터 주식회사〉의 설리와 밀러가 그린 프레드 플라이포거는 털이 많고 두 발로 걸어 다닌다는 것 말고는 공통점이 거의 없는 것 같다. 하지만 마이크와 와이즈 가이의 디자인 내용을 살펴보면 공통점이 보였다. 둘 다 거대한 외눈과 부실해 보이는 두 다리로까지 찢어지는 커다란 입으로 된 머리를 가지고 있다는 것이었다. 또 와이즈 가이에게는 자기보다 키가 큰 여자친구 루크레시아가 있었는데, 두 사람이 나란히 서면 와이즈 가이의 머리는 루크레시아의 허리께밖에 닿지 않았다. 마이크와 그의 여자친구 실리아도 마찬가지였다.

소송이 진행되면서 픽사의 미술 팀이 밀러의 그림들을 수집했다는 사실이 밝혀졌다. 물론 수집 대상에 프레드 플라이포거나 와이즈 가이도 포함되었다는 증거는 없었다. 또 밀러가 〈내 먼지를 용서해줘〉를 준비하면서 만든 자료들을 여러 영화사에 돌린 뒤에 마이크라는 캐릭터가 만들어지기 시작했으며, 래스터의 친구 가운데 한 사람이 밀러가 그린 견본 그림을 받았다는 사실도 드러났다(그 친구는 증언대에서 자기는 래스터에게 〈내 먼지를 용서해줘〉와 관련된 자료를 단 하나도 주지 않았다고 주장했다).

그런데 어떤 점에서 보면 이런 소송은 당연한 결과라고

할 수도 있었다. 괴물을 소재로 하는 애니메이션 영화를 만들고자 하는 사람이라면, 자기가 높이 평가하는 그림을 그린 사람이나 괴물 묘사를 흥미롭게 한 사람으로부터 필연적으로 영향을 받기 때문이다. 다른 장르도 마찬가지이지만 특히 그림이나 드라마는 아무것도 없는 무의 상태에서 새로운 게 나타나는 경우는 거의 없다. 셰익스피어도 로마의 비극을 다루는 작품들을 쓸 때 그리스의 철학자이자 저술가인 플루타르크의 영향을 받았다는 것은 잘 알려진 사실이다.

특히 픽사에서 다른 화가들이 그린 그림을 참조하는 것은 래스터가 회사 초창기부터 꾸준하게 키워온 일종의 기업 문화였다. 〈몬스터 주식회사〉가 나오기 전이나 나온 뒤에나 픽사가 만든 영화들은 다른 영화들이나 문학 작품들의 영향을 받았음이 선명하게 드러난다. 물론 영화에 따라 정도의 차이가 있긴 하지만, 이 사실을 부정할 사람은 많지 않다.

래스터는 자신이 미야자키 하야오에게서 영향을 받았다는 말을 자주 했다. 또 〈토이 스토리〉 팀은 인기 있는 미국 버디무비들을 두루 참고하면서 영감을 얻었다. 〈토이 스토리〉는 사람이 보고 있지 않을 때 장난감들이 살아나서 움직인다는 기본적인 설정을 그대로 채용했으며, 자기가 장난감인 줄 모르는 장난감이 생일선물로 누군가의 집에 갔다가 길을 잃고 구조된다는 구성은 한때 래스터의 상사였던 리처드 윌리엄스가 1977년에 연출한 영화 〈누더기 앤과 앤디〉에서 채용했다.

〈벅스 라이프〉도 고전적인 서부 영화 〈황야의 7인〉과

이 영화의 일본판 원조인 〈7인의 사무라이〉를 코믹하게 비튼 것인데, 이런 점에서는 존 랜디스의 1986년 영화인 〈쓰리 아미고〉의 연장선이라고 할 수 있다. 〈카〉는 1991년 마이클 J. 폭스가 만든 영화 〈할리우드 의사〉의 구성을 그대로 따랐고, 〈카〉의 캐릭터는 1952년에 디즈니가 만든 단편영화 〈수지, 귀여운 파란색 쿠페〉에서 빌 피트가 했던 자동차 디자인들의 영향을 받았다. 〈라따뚜이〉에서 결정적인 장면이라고 할 수 있는 장면, 즉 음식 비평가가 소박한 시골 음식에 매료되는 장면은 마르셀 프루스트의 〈잃어버린 시간을 찾아서〉에 나오는 마들렌 사건과 유쾌하게 이어진다. 알프레드 히치콕의 〈이창〉도 픽사의 애니메이션 영화 두 편에 8년이라는 시간차를 두고 그대로 재현되는데, 〈토이 스토리 2〉에서 카메라 플래시가 무기로 사용되는 장면과 〈라따뚜이〉의 스타가 아파트에서 일어나는 장면이 바로 그것이다.

그림은 절대로 무無에서 창조되지 않는다. '밀러 대 픽사 애니메이션 스튜디오 소송'이 제기한 풀기 어려운 문제는, 만일 〈몬스터 주식회사〉가 밀러의 캐릭터들을 바탕으로 해서 그림을 그렸다면, 경의 혹은 예술적 영향이 언제 적절하지 못한 영역으로 넘어갔는지 따지는 것이었다.

원고 측과 피고 측은 전문가 진술과 보고서를 2004년 8월에 법정에 제출했다. 피고 측 전문가 증언을 한 사람 가운데 한 명이었던 제프리 코언Jeffrey Cohen은 워싱턴 D. C.에 있는 조지 워싱턴 대학교의 영문학 교수였으며 문학 및 문화 일반에서 드러나는 '괴물성'의 역사에 관한 권위자였다. 코언은 이 주제를 다룬 저서를 출간하기도 했는데, 《괴물

이론 : 문화를 읽다》, 《피의 이야기들 : 중세 영국에서의 괴물, 유태인 그리고 인종》, 《거인에 대해서 : 성, 괴물 그리고 중세》 등이 그것이다.

코언은 외눈박이 괴물은 문학 속에서 오래전부터 존재해왔다고 설명했다. 미국 지폐에 있는 프리메이슨의 진리의 눈, 소설 《반지의 제왕》에 나오는 사악한 마법사 사우론의 영묘한 눈, 그리스 신화에 나오는 거인 키클롭스의 눈, 텔레비전 애니메이션 시리즈물인 〈퓨처라마〉에 나오는 외계인 릴라의 눈은 모두 마이크나 와이즈 가이처럼 외눈이라고 코언은 썼다. 그리고 마지막으로 이렇게 정리했다.

"밀러도 역시 오랜 세월 동안 쌓인 전통 위에서 작업을 했다."

버디무디에서 두 등장인물의 체구가 과장되게 대조적인 양상은 스티브 마틴과 존 캔디가 출연하는 존 휴스 감독의 영화 〈자동차 대소동〉과 소설 및 영화 〈생쥐와 인간〉 등 수도 없이 많은 곳에서 찾아볼 수 있다는 주장도 덧붙였다.

하지만 스탠리 밀러는 자신이 외눈박이 괴물이나 특이한 두 등장인물의 이야기를 처음으로 만들었다는 주장을 하는 게 아니었다. 밀러가 만든 캐릭터인 와이즈 가이가 픽사의 캐릭터 마이크에게 영향을 미쳤을까 하는 점과 관련해서 코언은 구체적인 설명 없이 단순히 이렇게 결론을 내렸다.

"근본적으로 그 괴물들은 비슷하다고 볼 수 없다."

피고 측의 또 다른 전문가인 스티브 비세트Stephen Bissette는 만화 스토리 작가이며 일러스트레이터이자 공포 영화와 판타지 영화 비평가였고, 아울러 버몬트의 브래틀보로에 있는 유명한 비디오 가게의 공동 점장이었다. 비세트도 코언과 마찬가지로 역사 속에서 나타난 외눈박이 괴물에 대해서 인상적인 조사 내용을 제시했다. 와이즈 가이와 마이크는 "본질적으로 그리고 동시에 특수한 측면에서 동일하지 않으며, 이들의 유전적인 원형은 확연하게 다르다"라고 결론을 내렸다.

코언과 비세트는 밀러의 털북숭이 캐릭터는 이른바 '큰발'로 불리는 새스콰치Sasquatch* 이야기나 히말라야 산맥에 산다는 설인雪人 이야기 등에 비해서도 훨씬 역사가 짧다는 점을 지적했다.

* 북아메리카 북서부 지역의 산중에 산다는 손이 길고 털이 많은, 사람과 비슷한 동물.

밀러 측이 전문가로 내세운 증인 제리 리 브라이스Jerry Lee Brice는 피고 측과 전혀 다른 전술을 택했다. 〈몬스터 주식회사〉의 주된 등장인물들이 어떻게 바뀌어왔으며, 마이크와 와이즈 가이가 어떻게 서로 비교되어왔는가에 초점을 맞춘 것이다. 브라이스는 칼아츠 출신으로 디즈니 피처 애니메이션과 다른 여러 영화사에서 일한 경력이 있으며, 샌디에이고에 있는 칼아츠의 교수였다. 그는 보고서에서 〈몬스터 주식회사〉 작업을 한 화가 가운데 10명이 자기와 함께 일을 한 적이 있다고 했다. 그중에는 닥터도 포함되어 있었다. 그는 이렇게 덧붙였다.

"나는 이분들을 무척 존경한다. 그리고 이분들과 함께 일했던 시간이 나에게는 무척 소중하다."

그러나 그가 내린 결론은 냉담했다. 브라이스는 픽사가 제공한 문서와 그림들을 검토한 결과 다음과 같은 사실을 확신한다고 썼다.

"마이크 와조스키라는 캐릭터는 스탠리 밀러가 만든

캐릭터인 와이즈 가이와 너무도 비슷하다. (……) 캐릭터 디자인과 개성은 밀러의 창작물에 영향을 받았을 뿐만 아니라, 거의 그대로 베꼈다고 볼 수 있다."

또한 "같은 화가들이 작업을 했음에도 불구하고 마이크는 같은 영화에 나오는 다른 등장인물들과는 전혀 다른 과정을 거쳐 완성되었다"고 썼다. 설리와 부가 수많은 단계를 거치는 전형적인 과정을 통해 완성된 데 비해 마이크는 처음부터 거의 그 모습 그대로였다고 지적한 것이다. 아울러 초기 스케치에서 마이크의 모습은 "1963년까지 거슬러 올라가는 버전, 즉 밀러가 펜과 잉크로 그렸던 버전과 거의 정확하게 일치한다"는 점을 주목해야 한다고 지적했다.

> 나는 어떤 대상을 놓고 화가 두 명이 스케치를 할 때 두 그림이 똑같은 경우를 평생 동안 단 한 번도 보지 못했다. 화가가 스케치를 한다는 것은 서명을 하는 것이나 마찬가지다. 사람마다 독특한 서명과 필체를 가지고 있듯이 화가들마다 독특한 스케치를 가지고 있다. 그런데 어떤 두 화가의 스케치가 비슷하게 나타나는 경우가 유일하게 있기는 하다. 한 사람이 다른 사람의 그림을 그대로 베끼려고 의식적으로 노력할 때 그렇다.

브라이스는 두 캐릭터는 비슷하다 못해 하나가 다른 하나를 베낀 것이라고 주장했다. 머리이자 몸통이 둥글다는 점이나 입과 눈의 위치가 같다는 점이나 초록색 피부의 명암이 같다는 점도 명백하지만, 두 캐릭터에서 통상적으로 눈썹이 있을 곳의 피부가 접혀 있다거나, 귀가 있을 곳에 어깨가 툭 튀어나왔다거나, 어깨 바로 앞에 악관절이 있다는 점까지 일치한다고 브라이스는 주장했다. 마이크와 와이즈 가이는 둘 다 팔이 가늘고 특이하게도 이 팔이 거의 발까지 닿을 정도로 길다는 점도 똑같지 않느냐고 반문했다.

디즈니, 픽사 그리고 크로니클 북스 측은 밀러는 자기가 그린 초기 그림들에 대한 저작권을 확보해두지 않았으며, 픽사가 〈내 먼지를 용서해줘〉의 사본을 입수했다는 명백한 증거가 없음을 들어 무혐의를 주장하며 약식재판을 요청했다.

2005년 5월 2일, 법원은 이 사건을 캘리포니아 북부 지구의 연방지방법원의 제임스 웨어 판사에게 할당했다. 웨어 판사는 첫 번째 쟁점에 대해서는 피고 측의 손을 들어주었다. 즉 밀러가 1960년대 초부터 40년 동안 저작권 보호 신청을 하지 않았다는 점을 인정한 것이다. 밀러는 사업가라기보다는 화가였다. 그는 자신이 생산한 작품에 대한 저작권 보호 신청을 하지 않았고, 또 했다 하더라도 갱신일에 맞춰 그 권리를 갱신하지 않았던 것이다. 그 결과 오로지 픽사가 〈몬스터 주식회사〉를 만들 무렵의 〈내 먼지를 용서해줘〉만 저작권 보호를 받을 수 있었다.

그러나 두 번째 쟁점에 대해서 웨어는 밀러의 손을 들어주었다. ILM에 있던 래스터의 친구가 〈내 먼지를 용서해줘〉의 와이즈 가이의 그림을 가지고 있었을 개연성이 있다고 말했다. 이것은 사실 여부를 규명해야 하는 쟁점이었다. 그렇다면, 이제 어느 편이 옳은지 판단하는 것은 배심원의 몫이었다. 게다가 설령 픽사가 〈내 먼지를 용서해줘〉의 자료를 손에 넣었다는 직접적인 증거를 찾아내지 못한다 하더라도, 만일 배심원이 와이즈 가이와 마이크 사이의 '놀라운 유사성'을 발견할 경우 배심원은 픽사가 와이즈 가이를 베꼈다고 추론할 가능성이 높았다. 웨어 판사는 자신은 두 캐릭터 사이에 상당한 유사성이 있다고 판단하기 때문에 이 사건은 공판 절차를 거치게 될 것이라고 말했다.

그런데 이 사건은 결론이 나지 않은 채로 끝이 났다. 공판이 시작되기 전인 2006년 1월에 픽사와 디즈니 그리고 크로니클 북스는 밀러와 합의를 했고, 합의의 구체적인 내용은 공개되지 않았다. 재판 과정에서 공개되었던 픽사의 그림과 문건들은 재판 과정에서 있었던 진술과 함께 비밀에 부쳐졌다.

사건이 이렇게 매듭지어진 직후에 코언 교수는 다른 교수들과 함께 운영하는 블로그에 눈을 크게 뜬 외눈박이 괴물 마이크 와조스키의 이미지를 바탕으로 해서 이 사건에 대한 신중한 견해를 올렸다.

> 환각제와 개조 자동차 묘사로 유명한 한 일러스트레이터는 마이크가 자기가 창조한 캐릭터 가운데 하나와 매우 유사하다고 생각했던 것 같다. 사건은 마무리되었고, 법률적으로 볼 때 나는 이 문제에 대해서 많은 걸 이야기할 수 없다. 그래도 때로 중재자가 기업에는 매우 유용할 수 있다는 점은 충분히 말할 수 있을 것 같다.
>
> 나는 전문가의 관점에서 인류 역사 속에 나타난 외눈박이 괴물에 대한 보고서를 작성해달라는 요청을 받았다. 솔직히

언제나 제멋대로 놀려고 하는 신체의 각 부분에 대해서 상상력을 통해서 인간이 얼마나 두려움을 안고 살아왔고 또 살아가는지 보여주는 증거를 수없이 발견하고는 깜짝 놀랐다. 어쩌면 이보다 더 강력한 주장도 나올 수 있을 것이다. 괴물성의 핵심은 신체의 각 부분, 즉 통일적인 영혼의 지배를 받지 않은 채 예측할 수 없는 방향으로 자기 의지를 고집하기만 하는 육체가 아닐까 하는 주장이 바로 그것이다. 재미있는 경험이었다. 5억 달러가 걸려 있는 세계를 나는 잠시나마 목격했다. 나는 어떤 진술을 해야 했고, 라임 초록색 피부와 아보카도 초록색 피부가 가지는 의미에 대해서 심문을 받았다. 하지만 이제 모든 것은 끝났다.

괴물은 자기가 가지고 있는 출몰이라는 권력을 결코 포기하지 않는 것 같다는 생각이 강하게 든다.[11]

10 아는 만큼 창조한다

〈니모를 찾아서〉와 〈인크레더블〉

〈토이 스토리〉 작업이 한창 진행되던 1992년에 앤드류 스탠튼은 마린월드의 한 시설에 갔다. 동물원과 해양수족관을 함께 갖춘 곳이었다. 거기에서 스탠튼은 장차 픽사의 다섯 번째 영화이자 자신이 두 번째로 감독하게 될 영화의 실마리를 발견했다. 수족관을 바라보다가 한 가지 생각이 떠올랐던 것이다. '바다 생물의 세계를 컴퓨터 애니메이션으로 만들면 어떨까?' 스탠튼은 또한 어린 아들과 자기 사이의 관계에 대해서도 어떤 영감이 퍼뜩 떠올랐다. 나중에 〈니모를 찾아서〉 제작 노트에서 그는 이렇게 말한다.

> 아들이 다섯 살 때 녀석을 데리고 공원에 간 적이 있다. 나는 일에 매달리느라 녀석과 많은 시간을 함께 보내지 못하는 것에 대한 미안함과 죄책감을 늘 가지고 있었다. (……) 그런데도 아들과 함께 공원을 걷는 동안 내내 이거 하지 마라, 저거 하지 마라, 그러다가 거기 빠진다, 따위의 말만 하고 있었다.
> 어느 순간에 어떤 목소리가 내 머릿속에서 들렸다. 그 목소리는 이렇게 말했다. "너는 모처럼 아들과 함께 나온 귀한

시간을 아주 망치기로 작정했구나." 그때 나는 아무리 좋은 아버지라도 어떤 두려움이 좋지 못한 아버지로 만들 수 있다는 사실을 깨달았다.[1]

〈벅스 라이프〉 제작 기간 중에 스탠튼은 시간을 내서 이 영화의 구성안 초고를 만든 뒤 래스터에게 한 시간 동안 설명했다. 설명이 끝나자 스탠튼은 녹초가 된 상태에서 래스터의 반응을 기다렸다. 이윽고 스쿠버다이버 경력이 풍부한 래스터가 이렇게 말했다.

"나는 수족관의 물고기니까 언제든 필요하면 나를 가져다 써."

〈니모를 찾아서〉의 줄거리는 이렇다. 흰동가리 말린은 아내를 잃은 뒤 유일하게 남은 아들인 니모가 조금이라도 다칠까 봐 늘 전전긍긍하면서 산다. 그러니 자연히 니모를 과보호하게 된다. 그런데 학교에 첫 등교하는 날 니모는 아빠의 말을 듣지 않고 보트를 구경하러 가다가 갑자기 튀어나온 스쿠버다이버에게 잡혀 아무도 모르는 곳으로 붙잡혀간다. 말린은 아들 니모를 찾는 모험을 떠나게 된다. 도리라는 푸른색 쥐돔이 모험을 함께하면서 말린을 돕는다. 한편 치과병원의 수족관에 갇힌 니모는 탈출을 모색한다.

이야기가 전개되는 과정을 살펴보면 영화가 관객에게 어떤 정보를 줄 때와 주지 않을 때 영화의 톤이 완전히 바뀔 수 있음을 알 수 있다. 처음 나왔던 스토리에서는, 말린이 여행을 하는 동안 과거에 경험했던 비극, 즉 가족을 잃은 아픔을 회상 형식으로 군데군데에 작은 조각으로 배치했다.

구체적으로 설명하면 이랬다. 영화 초반에 관객들은

말린의 회상 장면을 본다. 말린이 아내를 처음 보고 반하는 장면, 그리고 두 사람이 만나는 장면이다. 나중에 영화는 다시 회상 장면으로 들어가서 말린과 아내가 새집으로 이사하는 장면을 보여준다. 아네모네 말미잘들이 있는 천국처럼 안전한 곳이다. 뒤에 나오는 회상 장면에서는 예비 아빠 말린이 아내의 출산을 돕는 모습이 나온다. 말린과 아내는 수백 개의 알을 흐뭇하게 바라본다. 그런데 3막으로 구성된 영화의 3막인 고깃배 시퀀스에서는 창꼬치의 습격으로 말린의 아내가 죽는 모습이 나온다. 이런 장면의 설정으로 관객들은 말린이 왜 그렇게 니모를 과보호하는지 알게 된다.

하지만 스토리 작업을 하던 스탠튼은 회상 구조가 마음에 들지 않았다. 너무 꼬이고 복잡하다고 느꼈다. 관객이 말린을 좋아하지 않을 것 같다는 생각도 들었다. 말린이 폭군 기질을 갖게 된 사연을 거의 마지막에 가서야 깨달을 것이기 때문이다. 말린의 과보호를 지켜보는 관객들은 짜증스러울 수 있었다. 그래서 스탠튼은 다섯 개의 회상 장면을 과감하게 수정하기로 했다. 도입부에서 창꼬치의 공격을 언급하는 (그러나 직접적으로 그 장면을 보여주지는 않는) 짧은 시퀀스 하나로 축약한 것이다.

당시를 회상하면서 스탠튼은 다음과 같이 말했다.

"이렇게 하니까 갑자기 말린에게 정이 가는 겁니다. 대사를 바꿀 필요도 없었어요. 상황 묘사를 바꿀 필요도 없었고요. 말린을 봐도 짜증이 나지 않더라 이겁니다. 연민의 정을 느낄 수 있는 인물로 바뀌어 있지 뭡니까."[2]

말린의 목소리 연기는 원래 윌리엄 H. 메이시가 맡을 예정이었다. 〈매그놀리아〉에서 공동 주연을 맡은 배우였다.

하지만 메이시가 대사를 녹음한 것을 들었을 때 스탠튼은 목소리에 조금 더 가벼운 느낌이 들어가면 좋겠다고 판단했다. 결국 코미디 배우 앨버트 브룩스가 말린 역을 맡게 되었다.[3] 말린을 돕는 도리 역에는 대본을 쓸 때부터 엘런 드제너스를 염두에 두고 있었다. 드제너스를 캐스팅하게 된 배경은 이렇다.

어느 날 스탠튼은 아내가 보고 있는 텔레비전을 보게 되었다. 드제너스가 진행하는 〈엘런〉이라는 프로그램이었다. 그때 드제너스의 캐릭터가 '문장 하나가 끝나기도 전에 마음이 다섯 번이나 바뀌는 것'임을 알아보았다. 그 순간부터 스탠튼의 머릿속에서 도리와 드제너스는 동일한 인물이었다(나중에 스탠튼이 드제너스에게 전화를 걸어 그 배역을 맡아달라고 부탁하면서, 만일 거절하면 자기는 '엿이 될 것'이라고 하자, 그녀는 이렇게 말했다. "좋아요, 그럼 내가 하는 게 좋겠네요.")

도리의 캐릭터는 단순히 코믹한 것 이상이었다. 스탠튼이 간파했듯이, 건망증 때문에 도리는 마치 어린아이처럼 순진했다. 모험 여행을 하는 동안 말린에게는 자식이나 다름없는 존재였다. 도리를 상대하려면 어쩔 수 없이, 무모하게 위험을 무릅쓰는 그녀를 너그럽게 받아들이고 참아야 했다. 이 과정은 아들을 찾았을 때 더 나은 아빠가 될 수 있는, 또 그렇게 되기 위한 준비 과정이었다.[4]

스탠튼은 말린과 도리의 관계에 대해서 정신적인 측면을 이야기한 적이 있다. 도리는 그야말로 천사 같은 물고기다. 스탠튼은 2004년에 기독교 관련 기관의 한 매체와 했던 인터뷰에서 다음과 같이 말했다.

"주인공이 벌이는 투쟁의 내용은 신념을 발견함으로써 두려움을 이겨내는 것이었습니다. 도리는 확실히 천사를 상징하는 인물, 다시 말하면 주인공이 걱정만 하다가 제풀에 무너지지 않고 힘차게 나아갈 수 있도록 방법을 가르쳐주는 조력자의 역할을 하는 인물입니다."

픽사의 작품들과 같은 영화에 정신적이거나 종교적인 요소를 부여하는 데는 그런 미묘함이 중요하다고 스탠튼은 보았다. 그는 계속해서 이렇게 말했다.

"개인적인 견해로는, 만일 어떤 과제를 안고 설교단에 올라가거나 혹은 창작의 세상에 나아갈 때, 그 과제는 오히려 창조성과 작품의 품질에 방해가 될 수 있습니다. (……) 자기가 하는 모든 일에서 예수처럼 되어야죠. 괜히 일이 더 나빠지지나 않을까 걱정해서는 안 된다는 겁니다."[5]

〈니모를 찾아서〉에서 설정된 물속 세상은 픽사로서는 처음 해보는 작업이었다.[6] 그동안 작업을 하면서 쌓았던 노하우, 즉 걷거나 어떤 몸짓을 하는 동작을 애니메이팅하는 일이나 실내 혹은 실외에서의 빛과 그림자의 교차 따위와 관련된 노하우는 거의 소용이 없었다. 모든 것을 새로 시작해야 했다. 제작진은 영감을 떠올리기 위해서 〈피노키오〉, 〈아더왕 이야기〉, 〈인어공주〉 등 디즈니 영화에 나오는 수중 장면들을 참고했다.

스탠튼과 총제작자executive producer인 래스터는 가장 현실적인 접근법을 선택했다. 화가와 애니메이터, 기술자가 전체적인 느낌을 잡을 수 있도록 아이맥스 다큐멘터리 영화 〈블루 플래닛〉 그리고 〈죠스〉와 〈어비스〉는 물론이고 프랑스 해양학자 자크 쿠스토가 만든 다큐멘터리 작품들을 보게 했다. 또한 95리터짜리 수족관을 들여놓은 후 여기에다 온갖 종류의 바닷물고기들을 풀어놓고 관찰하게 했다. 몇몇 직원은 래스터의 지시를 받고 하와이에 가서 스쿠버다이빙을 하기도 했다. 수면 아래의 세상을 조금이라도 더 이해하기 위해서였다. 물론 경비는 회사에서 댔다.

픽사의 내부 교육기관인 픽사 대학교Pixar University가 활동을 하기 시작했다. 통상적으로 이 조직은 그림과 컴퓨터 기술에 관한 일반적인 교육을 통해 직원들이 각자의 기능 수준을 개선하고, 영화와 세상을 바라보는 눈을 넓히도록 도우며, 회사의 여러 기록과 자료를 관리하는 일을 했다. 가끔 영화를 개발하는 단계에서 제기되는 의문들을 풀어주기도 했다. 〈니모를 찾아서〉 개발 초기에 픽사 대학교의 간부이던 엘리스 클레이드먼Elyse Klaidman은 물고기 전문가를 초빙해서 여전히 헤매고 있는 팀에게 강의를 하게 하라는 지시를 받았다.

우연히도 클레이드먼의 집에 세 들어 살던 사람이 바로 이 방면에 관한 지식이라면 걸어 다니는 백과사전이나 다름없는 학자였다. 버클리 대학교에서 박사과정을 마친 애덤 서머스Adam Summers였다. 클레이드먼은 서머스에게 픽사에 와서 한 시간만 강의를 해달라고 부탁했다. 서머스가 물고기에 대해 관심을 갖는 이유를 궁금하게 여기자 그녀는 이렇게만 말했다.

"그 이야기는 해줄 수 없어요."

(픽사는 〈개미〉와 〈벅스 라이프〉 사이에 일어났던 싸움이 다시는 일어나지 않도록 미연에 방지하려고 했다.)

서머스는 픽사에서 스탠튼을 포함해 7~8명을 앉혀놓고

강의를 했다. 2시간 30분 뒤에 서머스는 거의 탈진 상태가 되어 돌아갔다. 그렇게 녹초가 되었던 이유는 그가 픽사 영화의 팬이어서가 아니라 (사실 그는 애니메이션 영화는 한 편도 본 적이 없었다), 강의를 듣는 사람들이 엄청난 집중력을 보였기 때문이다. 서머스는 다음과 같이 회상한다.

"그렇게 집중해서 듣는 학생들은 보질 못했거든요. 내가 강의했던 대학원생 수업 가운데서 최고였습니다. 어떤 주제에 대해 3~4분 이상 얘기할 수가 없을 정도였어요. 누가 번쩍 손을 들고 질문을 했고, 그러면 이야기는 원래 주제에서 한참 벗어난 곳으로 마구 달려갔거든요. 그렇게 이리저리 온갖 영역으로 마구 달려갔죠."[7]

2주일 뒤에 클레이드먼은 서머스에게 정기적으로 픽사에 와달라고 요청했다. 픽사는 서머스에게 이 영화에 대해 밖에 나가 누구에게도 말하지 않겠다는 동의서에 서명하게 한 다음, 영화에 대해 설명하고 시험적으로 제작한 장면을 보여주었다. 이렇게 해서 서머스는 해양 생물에 관한 수석 컨설턴트가 되어 영화에 등장하는 온갖 물고기의 외형이나 행동 특성에 대해 조언을 했다. 다시 서머스의 회상이다.

"그들은 자기들이 하는 작업에 대해서 내가 지적하는 말을 열심히 귀담아 들었어요. 어떤 물고기의 행동을 제대로 묘사한 건지 진심으로 알고 싶어했습니다."

가끔 기술적인 정확성에서 벗어나는 설정이 있었지만 그것은 이야기 전개상 반드시 필요하다고 판단한 경우였다. 처음에 도리는 꼬리를 흔들지 않고 헤엄을 쳤다.[8] 이런 모습은 종의 특성으로 보자면 틀린 게 아니었다. 쥐돔은 지느러미로만 헤엄을 치기 때문이다. 그러나 관객들의 눈에는 이런 모양이 자연스럽지 않게 비칠 것이라며 래스터가 반대를 했다. 그래서 영화에서 도리는 꼬리를 흔들면서 헤엄을 친다.

서머스는 수컷 흰동가리는 지배적이던 암컷이 죽으면 성별을 바꾸어서 암컷이 된다고 설명했지만, 영화에서 말린은 끝까지 수컷으로 남는다. 한번은 서머스가 물고기의 어떤 행동을 놓고 말도 안 된다면서 강력하게 반대를 했는데, 캐릭터 디자인의 아트디렉터였던 리키 니어바Ricky Nierva는 이렇게 말했다.

"애덤(애덤 서머스), 물고기는 말을 하지 않잖아요."

실제 물고기는 얼굴 표정이 없다. 하지만 〈니모를 찾아서〉에서 얼굴 표정은 결정적이리만치 중요했다. 왜냐하면 물고기 캐릭터는 어떤 몸짓을 할 팔도 없고 어깨도 없기 때문이다. 물고기가 어떤 행동을 하고 감정을 과장되게 표현할 수 있게 하려면, 물고기가 가지고 있는 기본적인 외모의 특성을 유지하면서도 얼굴에 인간과 비슷한 특성을 부여할 필요가 있었다. 물고기의 눈을 앞부분에 있는 것으로 설정하고, 눈썹이 있는 것처럼 악센트를 주고, 입술이 사람처럼 유연하게 움직이는 것으로 설정했다.

하지만 전체적으로 볼 때, 물고기의 사실성은 놀라울 정도였다. 말린과 도리가 고래에게 잡아먹혀 고래 뱃속에 갇히는 장면을 준비하기 위해서 미술 팀 두 명은 마린 반도 북쪽에서 해안가로 떠밀려와서 죽은 쇠고래의 몸 안으로 기어 들어가기도 했다.[9] 제작진은 물고기를 해부해 근육, 심장, 아가미, 부레 등을 관찰하기도 했다.

서머스는 또 해양 분야의 세계적인 권위자들을

초빙하기도 했다. 예를 들어 스탠퍼드 대학교의 마크 데니 교수는 파도에 대해서 강의를 했고, 산타크루즈 캘리포니아 대학교의 테리 윌리엄스 교수는 고래의 생태를, 버클리 대학교의 매트 맥헨리 교수는 해파리의 추진력을, 역시 버클리 대학교의 미미 코엘 교수는 해초의 움직임을 상세하게 묘사했다. 바다에서는 많은 물체가 반투명하게 보이기 때문에, 듀크 대학교의 손케 존센 교수는 바닷속의 투명도에 대해서 강의를 했다. 모스 랜딩 해양연구소의 마이크 그레이엄이 산호초에서는 켈프Kelp*가 자라지 않는다고 했을 때, 스탠튼은 산호초 시퀀스에서 켈프를 빼고 다시 작업하라고 지시했다.

* 대형 갈조류의 총칭.

바다는 그 자체만으로도 픽사에게는 새로운 과제였다. 이 영화의 기술 개발 과정 초기에 슈퍼바이징 기술감독 오렌 제이콥Oren Jacob 휘하의 팀은 사실적인 해양 장면을 표시하는 시각적 신호visual cue들을 분리하는 작업에 착수했다. 관객의 관점에서 볼 때 이 신호들은 수면 아래에서 뚜렷하게 보이는 광선 형태로 반짝거리는 빛, 해저에서 일렁거리는 빛, 물속에 떠다니는 작은 부유물들, 깜깜한 물빛 속의 거리감 때문에 희미하게 지워지는 여러 가지 색깔들 그리고 파도로 물이 굽이침에 따라 끊임없이 일렁거리는 수초라는 결론을 내렸다. 그리고 물의 움직임을 시뮬레이션하려고 피즈트**를 변용한 것을 비롯한 일련의 소프트웨어를 만들어 자신들이 파악한 다양한 효과들을 구현할 수 있도록 했다.

** 본문 336쪽 참조.

스탠튼은 시험적으로 제작한 장면을 보았을 때 그림이 지나치게 사실적임을 깨달았다. 기술 팀이 물속 세상을 너무도 충실하게 재현해 컴퓨터 애니메이션 결과물과 실제 이미지를 구분하기가 어려울 정도였다. 이런 배경에서 물고기가 말을 한다는 설정은 우스꽝스럽게 비칠 게 분명했다. 기술자들은 해당 도구들을 조정해서 이른바 '가상현실hyper-reality' 수준으로 맞췄다(픽사에서 '가상현실'이라는 용어는, 실제 현실과 정확하게 일치하지 않지만 실제 같은 느낌을 주는 양식화된 현실을 가리킨다).

실제 제작 과정을 효율적으로 관리하기 위해서 기술감독들은 여섯 개의 팀으로 나누었다. 각 팀은 모델링 작업, 그림자 작업, 조명 작업, 물의 효과 작업 등을 나누어서 맡았다.

이 여섯 개 팀을 구체적으로 설명하면 다음과 같다. 암초 단위는 영화의 초반부에 설정된 산호초를 맡았고, 상어/시드니 단위는 물속 장면, 말린과 도리가 갇히는 고래 뱃속 장면 그리고 시드니 항의 물 바깥 장면을 맡았다. 수족관 단위는 치과병원에 놓인 수족관 장면을 맡았고, 해양 단위는 동오스트레일리아 해류를 헤엄치는 거북이, 해파리 시퀀스 그리고 심해 아귀의 추격 장면을 맡았다. 군중 단위는 물고기 떼와 새 떼가 나오는 장면을 만들었고, 거북이의 질주 장면을 다른 신scene과 함께 만들었으며, 마지막으로 캐릭터 단위는 120개에 가까운 해양 생물, 인간 그리고 새의 캐릭터를 만들어냈다.

〈니모를 찾아서〉는 2003년 5월 30일에 개봉되었고, 흥행 수익 기록에서 디즈니의 〈라이온 킹〉을 밀어내고 최고의 자리에 올랐다(그러나 인플레이션을 고려하면 〈라이온 킹〉이 미국 및 해외에서 여전히 1위였다).[10] 그리고 그해 아카데미에서 장편 애니메이션 최우수 작품상을 받았다. 〈로스앤젤레스

타임스〉의 케네스 튜란은, 픽사가 "다섯 개 작품을 만들어서 다섯 번 모두 성공했다"는 점을 들어 "할리우드에서 가장 신뢰할 수 있는 회사"라고 했다.[11] 〈슬레이트 매거진〉의 크리스 스웰렌트로프는 픽사가 다시 한 번 흥행에 성공함으로써 픽사의 기록은 그 자체로 경이로운 현상이라고 했다.

"〈니모를 찾아서〉는 픽사의 500번째 홈런이고, 3,000번째 안타이며, 3연속 우승이다."[12]

2002년 9월, 일본의 애니메이션 감독 미야자키 하야오가 픽사를 방문했다. 이 일로 〈니모를 찾아서〉 제작 작업은 잠시 중단되었다. 미야자키는 〈루팡 3세 : 칼리오스트로 성의 비밀〉, 〈이웃집 토토로〉, 〈원령공주〉 등으로 일본에서 인기가 높은 감독일 뿐만 아니라 전 세계의 애니메이션 종사자들 사이에서도 매우 유명한 인물이었다.

래스터는 젊은 시절에 어린이뿐만 아니라 어른까지 포함한 모든 연령층의 관객들의 마음을 사로잡는 그의 작품에서 많은 영감을 얻었다. 20년 전에 미야자키가 디즈니 피처 애니메이션의 스튜디오를 방문했을 때 만난 적도 있었다. 1987년, 애니메이션 영화제에 참석하기 위해 일본에 갔을 때는, 미야자키의 영화사인 지브리 스튜디오를 찾아가서 그에게 〈룩소 주니어〉와 〈레드의 꿈〉을 보여주기도 했다. 당시 미야자키는 컴퓨터 애니메이션을 회의적인 눈으로 바라보았는데, 막상 래스터가 만든 단편영화를 보고는 강한 인상을 받았다. 2000년에 래스터가 〈토이 스토리 2〉 홍보 여행차 일본에 다시 갔을 때, 래스터와

미야자키 사이에는 동료로서의 우정이 쌓여 있었다.[13]

2002년, 래스터는 디즈니 이름으로 나올 미야자키의 〈센과 치히로의 행방불명〉의 영어 더빙판 프로듀서 일을 하고 있었다. 래스터는 이 영화가 미국 관객들에게 깊은 관심을 불러일으키길 기대했다. 〈센과 치히로의 행방불명〉이 엘캐피탄 극장에서 특별 개봉된 지 여러 날 뒤인 9월 13일 아침, 래스터는 미야자키를 픽사로 초대했다. 이른바 '미야자키의 날'을 기념하기 위해서였다. 영화사 건물의 벽면 곳곳에는 〈센과 치히로의 행방불명〉의 거대한 포스터들이 나붙었다. 래스터가 픽사 건물의 설계 의도를 설명할 때, 회색 정장을 입은 백발의 감독은 젊은 직원들이 스쿠터를 타고 휙휙 지나가는 모습을 무감각하게 바라보았다.

이어서 래스터는 미야자키와 통역사를 데리고 애니메이터들이 작업을 하는 공간, 무궁무진한 상상력으로 꾸며진 애니메이터들의 작업실들로 차례로 안내했다. 이 순례의 마지막 정점은 557호, 앤드루 고든의 작업실이었다. 워너브라더스의 루니툰 출신인 고든은 그 방을 처음 배정받자마자, 작은 골방이 하나 딸려 있는 것을 알았다. 비어 있는 방이었다. 그는 그 방을 특별한 공간으로 바꾸었다.

미야자키가 557호 안에 있는 작은 문을 유심히 바라보자, 고든이 안락의자를 치웠다. 557-1호로 이어지는 낮은 쪽문이 드러났다. 호기심이 생긴 미야자키가 기어서 그 문 안으로 들어갔다. 래스터가 따라 들어가서, 그 비좁은 실내 공간은 복고풍 라운지로 개조된 것이라고 설명했다. 작은 네온사인은 그곳이 '러브 라운지'임을 알려주었다. 벽에는 표범과 얼룩말 무늬의 직물, 파란색의 가느다란 불빛들,

* 백포도주에 향초 등으로 가미한 술.

아름다운 여성 사진들, 베르무트vermouth* 홍보 포스터 등으로 장식되어 있었다. 방 안에는 초기 로큰롤이 흘러나왔다. 미야자키는 자기가 순수한 상상의 세계 속에 있음을 알고서는 그제야 긴장을 풀고 기분 좋게 웃었다.

이어 래스터는 방문객들을 자기 방으로 데리고 갔다. 바닥에서 천장까지 꽉 들어찬 선반에는 온갖 장난감들로 빼곡하게 채워져 있었다. 한쪽 벽의 어떤 구획에는 래스터가 직접 이름을 붙인 '미야자키 전당'이 있었다. 미야자키가 창조한 캐릭터의 커다란 인형과 〈이웃집 토토로〉의 포스터가 먼저 눈에 띄었다. 점심을 먹은 뒤에 래스터는 회사 안에 있는 극장에서 미야자키의 단편영화 〈메이와 고양이버스〉 기념 시사회를 가졌다. 픽사의 전 직원들은 웃음과 환희 속에서 영화를 보았고, 극장에 불이 들어올 때는 위대한 감독을 향해 기립박수를 보냈다.

다음 날 아침, 오래된 자동차를 열렬하게 좋아하는 두 사람은 소노마 주차장에서 만났다. 거기에서 래스터의 1952년식 재규어 XK120 로드스터 무개차를 타고 번갈아가며 운전을 했다. 그런 뒤에 래스터는 미야자키를 소노마밸리 공항으로 데리고 갔다. 빈티지 에어크래프트 컴퍼니가 보잉 사의 쌍엽기** 스티어맨 2대에 사람들을 나누어 태우고 시골 상공을 비행할 예정으로 두 사람을 기다리고 있었다. 미야자키와 그의 프로듀서는 주홍색 비행기에 탔고, 래스터는 초록색과 노란색이 섞인 비행기에 탔다. 이들을 태운 비행기는 수백 피트 상공으로 날아 올라가 그 지역의 포도밭 위를 느긋하게 날았다.

** 날개가 아래위로 쌍을 지어 달려 있는 비행기.

그날 오후 래스터는 미야자키와 그의 프로듀서, 통역사를 데리고 인근의 글렌 엘런에 있는 포도밭으로 데리고 갔다. 그곳에는 래스터의 부모가 1년 전부터 살고 있었다. 래스터의 84세 된 어머니 제웰은 30년 동안 미술 교사로 일하다가 은퇴하여 노후를 보내고 있었는데, 미야자키의 손을 어찌나 세게 잡았던지 미야자키가 깜짝 놀랄 정도였다(그러자 래스터는 "어머니는 아칸소 출신이라서 힘이 아주 셉니다"라고 말했다). 래스터에게 싹싹한 성정을 물려준 게 분명한 그의 아버지 폴은, 그 일본인이 아들에게 가장 많은 영향을 준 감독이라는 것을 알고 무척 반가워했다.

"정말이야? 그렇게 중요한 사람을 만나다니 정말 기쁘구나!"

다음 날 래스터와 미야자키는 다시 픽사에 갔다. 이번에는 자선 행사에 참가하기 위해서였다. 청소년당뇨연구재단의 기금 마련을 위한 〈센과 치히로의 행방불명〉 시사회가 열릴 예정이었다. 래스터는 아들 하나가 당뇨병 진단을 받은 뒤로 청소년 당뇨에 관심을 기울이게 되었다. 시사회가 끝난 뒤 리셉션에서 픽사의 감독 한 명이 미야자키에게 다가갔다. 머리를 짧고 단정하게 깎아 20대 중반으로 보였지만, 사실 그보다 스무 살은 더 먹은 사람이었다. 브래드 버드였다.

"감독님께서 어제 제 스토리 릴을 조금 보셨다고요?"

래스터는 봄에 개봉할 〈니모를 찾아서〉 이후 차기 작품이 될 버드의 영화 스토리 릴 가운데 한 부분을 미야자키에게 보여주었고, 이런 사실을 버드에게도 알렸던 것이다. 버드는 평소와는 다르게 잔뜩 긴장한 목소리로 말을 이었다.

"말이 되겠습니까? 아니면, 말도 안 되는 또 하나의 미국 영화가 되겠습니까?"

그러자 미야자키는 통역을 통해서 친절하게 말했다.

"내 생각에는 미국 영화에서 그런 시도는 매우 모험적인 게 아닐까 싶군요."

미야자키 하야오 감독은 발언을 신중하게 하는 경향이 있었다.

연이은 성공으로 픽사는 명성을 쌓고 돈도 많이 벌었지만, 래스터는 여섯 번째 영화에서는 새로운 도전을 하고 싶었다. 할리우드의 시나리오 작가 윌리엄 골드먼*의 "그 누구도 아무것도 알지 못한다"는 유명한 말이 있듯이, 할리우드에서 성공과 실패를 가늠하기란 모든 논리를 초월할 정도로 불가능하다. 그렇기 때문에 한 번 성공을 하면 관객이 질릴 때까지 그 방법을 우려먹는 게 정석이다.

* 〈내일을 향해 쏴라〉의 작가.

그러나 〈몬스터 주식회사〉가 한창 제작 중이고, 〈니모를 찾아서〉가 제작 초기 단계에 들어간 2000년 봄, 래스터는 픽사의 성공 방정식 두 가지를 버렸다. 외부 감독을 영입했으며(그때까지 픽사가 제작한 영화의 감독은 모두 픽사에서 잔뼈가 굵은 사람들이 맡았다), 영화의 모든 등장인물이 인간 혹은 초인적인 힘을 지닌 인물이라는 새로운 감독의 콘셉트를 받아들인 것이다.

픽사가 영입한 외부 감독은 바로 브래드 버드였다. 버드는 1957년 몬태나의 칼리스펠에서 태어났으며 오리건의 카발리에서 어린 시절을 보냈다. 어릴 때부터 애니메이션에 관심이 많았던 그는 11세 때 아마추어 작품을 만들기 시작해서 12세가 되기 전에 완성했다. 이솝우화

〈토끼와 거북이〉를 다른 형태로 바꾼 내용이었다. 그 뒤에 월트 디즈니 스튜디오에 연락을 취했다. 그리고 코발리스 고등학교에 다닐 때 칼아츠에서 진행하는 새로운 캐릭터 애니메이션 프로그램에 참가하라는 초대장을 받았다.

칼아츠에서 래스터와 버드는 같이 공부를 하며 앞으로 애니메이션의 관객은 어린이를 넘어 성인으로까지 확대될 것이라고 믿었다. 래스터는 다음과 같이 회상했다.

"브래드는 밤이 새도록 마틴 스코세이지 감독과 프랜시스 포드 코폴라 감독 이야기를 하면서, 두 사람이 이룬 업적을 애니메이션에서 자기가 어떻게 이룰 수 있을지 이야기하곤 했습니다."[14]

래스터와 마찬가지로 버드는 칼아츠를 졸업한 뒤에 디즈니에 취직했으나 자신이 정작 하고 싶었던 일은 디즈니에서 할 수 없다는 걸 깨닫고 실망했다. 그리고 결국 디즈니에서 쫓겨났다. 1980년대 초에 한동안 루카스필름의 컴퓨터 사업부에 들락거리다가 거기에서 일자리를 얻었다. 하지만 디즈니에서 나온 이후로 앞길이 막막했던 그는 모아놓은 돈을 털어 애니메이션 영화를 만들려고 준비해두고 있던 여러 가지 아이디어들을 보여줄 시험용 필름을 만들었다. 그가 만들고 싶었던 애니메이션 영화 가운데 하나가 〈패밀리 도그〉였다. 문제 가정에서 괴롭힘을 당하며 사는 개를 주인공으로 하는 이 영화는 스티븐 스필버그의 눈에 들었고, 그리하여 그가 연출하던 TV 시리즈물 〈어메이징 스토리〉의 대본을 쓰게 했다. 버드는 1990년대에 〈킹 오브 더 힐〉, 〈비평가〉, 〈심슨 가족〉 등의 애니메이션 프로그램 제작에도 참여했다.

TV 프로그램 작업을 하는 동안에도 그는 극장 영화에 대한 열망을 여전히 가슴에 품고 있었다. 하지만 할리우드에서 제작을 시작했다가는 곧 엎어버리는 일은 다반사였고, 그것은 피를 말리는 싸움이었다. 1993년에는 뉴 라인 시네마의 실사 코미디 영화인 〈범죄의 형제들〉의 감독으로 잠깐 참여했다. 1990년대 중반에는 여러 편의 영화 기획안을 테드 터너의 미디어 제국의 애니메이션 사업부에 들이밀었다. 이곳은 물론 그가 〈심슨 가족〉 작업 이후에 자기 영화를 받아주면 좋겠다고 기대한 여러 영화사들 가운데 하나였다. 그는 미래적이며 누아르 필름의 영향을 받은 이야기를 생각하고 있었다. 제목은 '레이 건Ray Gunn'으로 정해두었다. 그는 또 윌 아이스너의 만화 〈스피릿〉을 영화로 만들 생각도 가지고 있었다. 다음은 당시를 회상하는 버드의 말이다.

"나는 이런 영화들을 쉬지 않고 계속 활주로로 내보냈지만, 하나같이 이륙을 하지 못했다. 번번이 잘리고 엎어지곤 했다. 새로운 녀석을 활주로로 내보낼 때는 예전에 실패한 녀석과 비슷한 내용은 담지 않았음에도 불구하고 말이다. 그런 와중에도 내가 구상하고 있던 것과 비슷한 영화들이 극장에서 마구 터지고 있었다."[15]

칼아츠에서 함께 공부하던 친구들은 다들 버드보다 잘되었다. 〈패밀리 도그〉는 〈어메이징 스토리〉의 한 회의 바탕이 되었고 속편이 여러 편 만들어졌다. 하지만 〈패밀리 도그〉에서 버드가 참가한 부분은 빠진 채 공동 프로듀서이던 팀 버튼의 이름만 언론 매체에 요란하게 오르내리자 아예 그 시리즈물은 쳐다보지도 않았다.[16]

1995년에 버드가 그토록 기다리던 기회가 온 것 같았다. 터너 픽처스와 계약을 하게 된 그는 연출 작업을 할 수 있을 거라는 기대를 가졌다. 하지만 그의 경력은 너무 짧고 부족했다. 다음 해 터너 픽처스가 워너브라더스에 합병되면서 모처럼 찾아온 기회마저 허망하게 날아갔다. 터너 픽처스에서 함께 일하던 프로듀서들도 일자리를 찾아서 다른 회사로 가버렸다.

하지만 드디어 쥐구멍에 볕이 드는 날이 왔다. 워너브라더스가 영국 시인 테드 휴스가 쓴 어린이 책《아이언맨*The Iron Man*》의 영화 판권을 가지고 있었는데, 이것으로 영화를 만들라는 제안을 버드에게 한 것이다.[17] 1968년에 출간된 이 책은 쇠를 먹는 거대한 로봇과 농부 아들 사이의 우정을 통해서 반전 메시지를 전달하는 내용이었다. 록밴드 더후의 피트 타운센드는 이 책 내용을 바탕으로 해서 1989년에 앨범을 냈는데, 이것을 보고 워너브라더스가 영화 판권을 계약했던 것이다(1993년에 휴스는 공해에 반대하는 메시지를 담은《아이언 우먼》이라는 책을 냈지만, 이 책은 많이 팔리지 않았다).

"터너 픽처스, 작가 겸 감독 브래드 버드와 계약"

1995년 1월 16일

터너 픽처스(TP)가 브래드 버드와 비독점적인 제작 계약을 맺었다고 TP의 사장 데니스 밀러가 발표했다.
2년 안에 버드는 애니메이션 장편영화를 개발하고 제작하기로 했다. (……)
버드는 이렇게 말했다. "터너는 나에게 예전에 있었던 것과 전혀 다른 이야기와 스타일을 원하는 대로 마음껏 동원해도 좋다는 제안을 했다. 우리는 기존의 애니메이션 영역에서 벗어나는 새로운 작품을 만들자는 데 의견을 함께했다."
버드는 최근에 폭스의 〈심슨 가족〉의 컨설턴트 및 감독으로 일을 했으며, 그가 작업한 뮤직비디오 〈두 더 바트먼Do The Bartman〉은 싱글 및 뮤직비디오 부문에서 동시에 1위에 올랐다.
버드는 또한 스티븐 스필버그가 NBC 방송국에서 연출한 〈어메이징 스토리〉의 원작이 되었던 〈패밀리 도그〉를 직접 쓰고 연출하고 제작하기도 했다.
버드는 프랜시스 포드 코폴라 및 조지 루카스와 함께 마이클 잭슨이 출연하는 70밀리미터 3D 뮤지컬 영화 〈캡션 EO〉의 각본을 썼다. 또한 스필버그가 제작한 영화 〈8번가의 기적〉에 공동 시나리오 작가로 참가했다.

버드는 감독직을 수락하고 전통적인 셀 애니메이션과 로봇의 3D 애니메이션을 결합했다. 냉전 시대인 1950년대 후반의 미국을 배경으로 설정하고 악당을 미국 정부 관리로 바꿈으로써 반전이라는 주제를 한층 강화했다. 비록 디즈니에서 애니메이션을 만들 때 통상적으로 쓰는 예산의 절반만을 워너브라더스로부터 받았고 제작 기간도 1년이나 짧았지만, 원작의 제목을 바꾼 그의 영화 〈아이언 자이언트〉는 대단한 수작으로 평가받았다.

하지만 버드로서는 불행하게도 이 영화가 개봉될 시점에 워너브라더스의 애니메이션 사업부에서 장편영화들이 한꺼번에 쏟아져 나왔고, 그 바람에 그의 영화 홍보는 뒷전으로 밀렸다. 〈아이언 자이언트〉 상영관은 거의 텅텅 비다시피 했다. 무척 가슴 쓰린 경험이었다.

하지만 버드는 여전히 할리우드의 문을 두드리던 시기에 준비해뒀던 이야기들을 많이 가지고 있었다. 그중 하나가 초능력을 가진 일가족이 자기 능력을 숨기고 평범한 시민으로 살아가는 이야기였다. 버드는 이 영화를 2D 셀 애니메이션으로 만들어 그가 즐겨 보았던 1960년대의 만화책 및 첩보영화에 대한 오마주가 되기를 바랐다. 이 이야기에는 버드의 개인적인 문제들이 함께 녹아들었다.

1990년대 중반에 이 이야기를 가지고 시나리오를 쓸 때 그는 이미 30대 후반이었고, 얼마 전에는 셋째 아이까지 태어나서 영화 일을 계속해야 할지 아니면 가장으로서의 책임을 다해야 할지를 두고 고민하던 중이었다.

버드는 영화에 대해 누구 못지않은 높은 이상과 열망을 가지고 있었다. 하지만 그 꿈을 이루려고 가족과 가정생활을 희생해야만 한다면, 그건 파우스트가 메피스토펠레스에게 영혼을 판 것보다 더 고약한 거래가 아닐까 하는 생각에 괴로워했다. 가장으로서 한 가족을 책임져야 하는 나이가 되도록 직업과 일에서 성공하지 못했다면, 성공이 가지는 의미를 애써 축소해야 할까? 아니면 직업과 일을 아예 포기해야 할까? 이 모든 내용들이 이야기 속에 녹아들었던 것이다.

〈아이언 자이언트〉의 흥행에 참패했다는 사실이 명백해졌을 때 버드는 래스터에게 연락을 해서 이 초능력자 가족 이야기를 했다. 얼마 뒤인 2000년 5월 4일에 픽사는 앞으로 버드에게 여러 편의 영화를 맡길 것이라고 발표했다.[18]

버드는 이미 이야기 속에 등장하는 가족의 면면을 구성해둔 상태였다. 중년의 위기로 고통을 받는 남자와 그의 아내가 있다. 그들에게는 수줍음을 많이 타는 10대 소녀, 고집이 세고 잘난 척하는 열 살 된 소년 그리고 갓난아기가 있다. 버드는 가족의 전형적인 모습을 바탕으로, 가족 구성원 각자가 가지고 있는 초능력의 특성을 설정했다.

아빠는 가정에서 강한 사람이 되어야 한다는 기대가 있습니다. 그래서 나는 아빠를 엄청나게 힘이 센 사람으로 만들었습니다.

엄마는 늘 가족들 사이에서 이리저리 잡아당김을 당합니다. 그래서 엄마를 몸이 엿가락처럼 쭉쭉 늘어지게 만들었습니다. 10대 소녀는 불안정하고 방어적입니다. 이 딸을 투명하게 보이게 하고 방탄 능력을 가지도록 했습니다. 열 살 소년은 힘이 펄펄 넘치기 때문에 엄청난 속도로 달릴 수 있게 만들었고, 갓난아기는 아직 구체적으로 특성화되지 않은 잠재적인 힘을 지닌 것으로 설정했습니다.[19]

* 흔히 '슈퍼히어로'라는 표현을 쓴다.

버드가 구성한 이야기에서 초능력자 영웅* 들이 황금기를 누리던 시대, 즉 슈퍼맨과 슈퍼우먼이 평범한 시민을 재난으로부터 안전하게 지켜주고 신문과 잡지가 이들의 활약을 대서특필하며 칭송하던 시대는 이미 과거가 되어 있었다. 정부가 모든 초능력자들에게 평범한 시민처럼 살도록 강제조치를 했기 때문에, 영화에 등장하는 가족들은 (갓난아기만 빼고) 정체성의 혼란을 겪는다.

예전에 '미스터 인크레더블'이라고 불렸던 아빠 밥 파는 화려했던 영광의 날들을 곱씹으며 과거에 묻혀서 산다. 그래서 가정에서나 지루하기 짝이 없는 직장인 보험회사에서나 맥이 풀린 채 심드렁한 나날을 보낸다. 예전에 '엘라스티걸'이라고 불렸던 엄마 헬렌 파는 남편과는 정반대로, 초능력자로 살았던 과거의 일을 잊고 살면 모든 게 잘될 것이라고 믿으며, 오로지 현재만 생각하며 산다. 딸 바이올렛과 아들 대시엘(대시)은 초능력을 쓰면 절대 안 된다는 가르침을 받고 성장했다. 심지어 이들 부부가 성을 '파Parr'로 바꾼 것도 다른 평범한 시민들처럼 살겠다는 다짐이었다.**

** '평균, 표준'이라는 뜻의 'par'를 변형한 것이다.

이들 가족이 새로 뭉치게 만드는 사람이 둘 있다. 그중 한 사람이 예전에는 초능력자들의 의상 디자이너로 일했지만 지금은 슈퍼모델들의 의상 디자이너로 살고 있는 에드나 모드다(그녀는 "왕년엔 신들을 위해서 디자인을 했었는데……"라고 투덜거린다). 버드는 모드가 과학 및 공학에 조예가 깊은 여성으로, 독일인과 일본인 부부 사이에서 태어난 것으로 설정했다. 독일과 일본이 기술 방면에서 탁월하다고 보았던 모양이다.[20]

버드는 에드나 모드의 목소리를 연기해줄 배우를 구하려고 노력했지만 여러 차례 퇴짜를 맞은 뒤, 그 역을 자기가 직접 했다. 가편집한 필름에 픽사 직원의 목소리를 임시로 입혔을 때 특히 잘 맞아떨어지면 그 사람으로 목소리 역이 정해지는 게 픽사에서는 일종의 전통이 되었다.

스토리 작가인 밥 피터슨Bob Peterson은 〈몬스터 주식회사〉에서 참견하기 좋아하는 로즈의 목소리와 〈니모를 찾아서〉에서 노래를 부르는 선생 미스터 레이의 목소리를 연기했다. 앤드류 스탠튼은 〈니모를 찾아서〉에서 서핑을 하는 멋쟁이 거북 크러시를, 〈토이 스토리 2〉에서 저그 황제를, 〈벅스 라이프〉에서 애벌레 하임리히를, 〈토이 스토리 2〉에서 펭귄 휘지의 목소리를 연기했다. 〈인크레더블〉에서는 버드뿐만 아니라 브렛 파커와 버드 럭키라는 애니메이터가 각각 보모 카리와 공무원 관리인 릭 디커의 목소리를 연기했다.

초능력자 가족이 다시 초능력을 쓸 수 있도록 도와주는 또 다른 인물은 버디 파인이었다. 소년 시절에 그는 천재적인 발명가였고 미스터 인크레더블을 우상으로 섬겼다. 그런데미스터 인크레더블이 자기를 냉정하게 대하자, 그 뒤로 그에 대한 존경심은 모든 초능력자에 대한 경멸과 증오로 바뀌었다. 성인이 된 파인은 신드롬이라는 가명으로 나타나서 파 가족을 위협한다. 그 때문에 밥과 헬렌은 어쩔 수 없이 현재와 과거 가운데 어느 하나에만 속하는 게 아니라 이 둘을 동시에 껴안게 된다(버드가 작성했던 초기 원안에는, 점잖은 악당 세렉이 주된 악당이었고 신드롬은 그다지 중요하지 않은 악당으로 등장했다가 영화 초반에 죽는다. 그런데 래스터는 세렉보다 신드롬을 더 마음에 들어했다. 이렇게 해서 신드롬이 중요한 캐릭터로 바뀌었다).[21]

버드는 픽사의 여느 감독들과는 다른 점이 많았다. 그는 픽사에서 이방인과 같은 존재였고 감독 개인의 개성이 작품에 크게 반영되었다. 픽사 영화는 보통 감독이 2~3명이었고 작가들도 여럿이 작업에 참여했지만, 〈인크레더블〉은 감독도 한 명이고 작가도 한 명이었다. 감독과 작가는 모두 버드였다. 심지어 스토리보드를 사용하는 데도 독단적이었다.

다른 감독들은 어떤 장면의 대사와 감정을 연결한다는 점에서만 스토리보드에 의존하고, 등장인물들의 여러 움직임을 화면에 어느 크기로 담아낼 것인가, 혹은 조명과 카메라 움직임을 어떻게 설정할 것인가 하는 세세한 부분은 다른 팀에 맡겼다. 하지만 〈인크레더블〉에서 버드는 〈아이언 자이언트〉에서 그랬던 것처럼 스토리보드에 모든 내용을 담아야 하며, 다른 팀들은 이 스토리보드의 내용을 그대로 수행해야 한다고 주장했다.

기술 부문을 맡은 사람들에게 〈인크레더블〉에 등장하는

인간 캐릭터들은 매우 어려운 과제였다. 〈토이 스토리〉나 〈토이 스토리 2〉, 〈니모를 찾아서〉, 〈몬스터 주식회사〉에서 인간 캐릭터들은 보조적인 역할을 하는 데 머물렀지만 이번에는 달랐다.

〈인크레더블〉은 픽사에서는 처음으로 인간 캐릭터들만 등장하는 영화였다. 게다가 버드는 기술적인 문제를 이유로 대충 타협해서 넘어가는 걸 허용하지 않았다. 미스터 인크레더블은 근육질이어야 했다. 〈몬스터 주식회사〉에서 기술 팀은 피트 닥터를 설득해서 부의 머리카락을 양쪽으로 짧게 묶도록 했지만, 〈인크레더블〉의 바이올렛은 얼굴을 가릴 정도로 머리카락을 길게 기른 모습이어야 한다는 버드의 요구를 실행해야 했다. 그래야 바이올렛의 캐릭터를 드러낼 수 있다는 것이었다.

각 등장인물들의 피부에는 새로운 수준의 사실성이 구현되었다. 이른바 '표면 산란 subsurface scattering'이라는 것을 만들어내는 기술 덕분이었다. 사람의 피부는 완전히 불투명하지 않고 어느 정도 광택이 있다. 사람의 피부가 자연스럽게 보이는 것은, 빛이 피부 안의 여러 층까지 도달해서 산란이 되기 때문이다. 그런데 사람의 피부를 다른 고체의 표면처럼 렌더링을 하면, 어쩐지 부자연스러운 느낌을 주게 된다. 스탠퍼드 대학교의 헨릭 완 젠센이라는 연구원이 개발한 표면 산란 알고리듬 덕분에 기술 팀은 사람의 피부를 더욱 생생하게 구현할 수 있었다.

그러나 사람의 피부를 너무 사실적으로 표현해서는 안 되었다. 사람을 흉내 낸 물체에 사람들은 호감을 가지지만, 그 유사성이 지나쳐서 일정한 수준을 넘어서면 사람들은 오히려 혐오감을 느낀다는 이론이 있다. 이 현상을 '불쾌한 골짜기uncanny valley'라고 하는데, 일본의 로봇공학자 모리 마사히로 박사가 1970년대에 주장했다. 왜 이런 현상이 일어나는지는 모르지만, 인간과 너무 닮은 형상이 어떤 원시적인 혐오감을 유발하는 듯하다. 그래서 사람 피부의 땀구멍이나 두피의 털구멍과 같은 극히 세밀한 부분은 만화의 느낌을 살리기 위해 일부러 묘사하지 않았다.

〈인크레더블〉에 등장하는 캐릭터들은 토니 푸실레Tony Fucile와 테디 뉴턴Teddy Newton이 설계했다. 이들은 버드가 워너브라더스에서 데리고 온 사람들이었다. 그들이 그린 인물을 컴퓨터 모델로 옮기고, 이 모델에 이들의 움직임을 규정하는 컨트롤 포인트들을 장착해야 하는 기술 팀 사람들에게는 등장인물들의 해부학적인 특성을 이해하는 게 중요했다. 〈니모를 찾아서〉를 만들 때는 모델을 완성하기 위해 물고기를 해부했지만, 〈인크레더블〉에서는 의학 교과서인《그레이 아나토미*Gray's Anatomy*》를 참고하는 것으로 만족해야 했다.

〈인크레더블〉의 과제는 사람을 모델링하는 것에 그치지 않았다. 슈퍼바이징 기술감독이었던 릭 세이어Rick Sayre는 다음과 같이 회상했다.

"〈인크레더블〉에서 가장 힘들었던 일은 뭐든 확실한 게 전혀 없었다는 점이었다. 브래드는 말하자면 메뉴판에 나와 있는 음식을 죄다 주문했다. 불, 물, 연기, 증기, 폭발, 사람들 등등. (……) 머리카락이 알아서 움직이도록 해야 했고, 등장인물의 모든 게 조화를 이루도록 해야 했다. 픽사에서 늘 그렇듯이……."[22]

제작이 진행되면서 버드는 (버드의 표현을 빌리면) "픽사의 창백함"을 보는 데 익숙해졌다.

"내가 어떤 걸 요구하면, 흠잡을 데 없이 완벽한 이 천재적인 사람들은 얼굴이 창백하게 질리면서 마치 '저 인간이 자기가 무슨 말을 하는지 알고나 지껄이는 건가?'라고 말하는 듯한 표정으로 서로의 얼굴을 바라보곤 했다."[23]

때로 버드의 손길은 픽사 바깥으로까지 뻗어나갔다. 버드는 영화 끝부분에 있는 한 장면, 즉 갓난아기 잭잭이 다섯 차례의 변신을 겪는 장면에서 찐득한 반죽 덩어리로 변하는 쇼트가 들어가야 한다고 주장했다. 그가 요구하는 쇼트를 만들어내려면 기술감독 여러 명이 두 달 동안 매달려야 했다.

그 시기에 두 달은 엄청나게 소중한 시간이었다. 세이어는 제작자인 존 워커John Walker에게 하소연을 했다. 워커는 버드가 워너브라더스에서 데리고 온 사람이었다. 워커가 버드에게 잭잭이 네 차례만 변신을 하고 〈인크레더블〉을 반죽 덩어리 아기 장면 없이 만들자고 하자, 버드는 격렬하게 이의를 제기했다. 이들은 이 문제를 놓고 무려 두 달 동안이나 온갖 욕설을 퍼부으며 싸웠고, 결국 버드가 항복했다. 워커는 나중에 다음과 같이 회상했다.

"내가 버드에게 그랬습니다. '나도 자네에게 반죽 덩어리를 정말 주고 싶어. 진짜 주고 싶단 말이야. 하지만 네 번만 변신해도 충분하잖아! 제발 좀!'이라고요."[24]

〈인크레더블〉은 2004년 11월 5일에 개봉했다. 픽사 영화로서는 처음으로 PG 등급*을 받았다. 액션 장면 때문이었다. 관객과 비평가들은 버드의 완벽주의에 찬사를 보냈다. 〈버라이어티〉는 다음과 같이 평했다.

* 어린이는 보호자를 동반해야 영화를 볼 수 있는 등급.

"이 영화는 픽사의 혁신적이고 무지막지할 정도로 성공적인 컴퓨터 애니메이션 영화의 진용 가운데서도 가장 야심찬 작품이며 장르 확장의 선두에 선 작품이다. (……) 놀랄 만큼 똑똑한 오락영화인 〈인크레더블〉은 정말 잘 만든 수작이다."

만화책 팬들은 〈인크레더블〉이 기본적으로 앨런 무어의 만화 〈왓치맨〉에서 영향을 받았다고 여겼다. 〈왓치맨〉에서는 독특한 의상을 입은 초능력자들이 불법적인 존재로 낙인찍힌 채 살아가는데, 누군가가 이들을 차례로 살해한다. 〈왓치맨〉에 나오는 붉은 머리카락의 악당 로르샤흐는 어린 시절에 사랑하던 피규어로부터 거절당한 아픈 기억이 있는데, 〈인크레더블〉의 악당 신드롬과 비슷하다. 비록 로르샤흐가 신드롬과 같은 순수한 악당이 아니라 자경단원이긴 해도, 버드의 이 캐릭터가 무어의 만화를 바탕으로 한 게 아닐까 하는 생각을 충분히 할 수 있다. 또 〈인크레더블〉에서도 〈왓치맨〉에서처럼 등장인물 하나가 망토의 어리석음을 격렬하게 비난한다.**

** 미스터 인크레더블이 망토를 달고 싶다고 하자, 의상 디자이너 에드나 모드가 망토 때문에 망해버린 초능력자들을 줄줄이 나열한다. 〈왓치맨〉은 2009년에 잭 스나이더 감독의 영화로 개봉되었다.

〈왓치맨〉 말고도 〈인크레더블〉이 영향을 받은 것으로 보이는 작품이 또 있다. 초능력을 사용해서 남보다 앞서지 않겠다고 대시가 맹세하는 장면은 한눈에 봐도 커트 보네거트의 단편소설《해리슨 버거론*Harrison Bergeron*》을 떠올리게 한다. 하지만 버드는 여러 인터뷰에서 이것들은 모두 우연의 일치일 뿐이며, 자신은 〈왓치맨〉을 보거나 《해리슨 버거론》을 읽은 적도 없다며 사람들의 의심을 일축했다.

〈인크레더블〉은 아카데미에서 드림웍스의 두 작품 〈슈렉 2〉와 〈샤크 테일〉을 물리치고 장편 애니메이션 최우수 작품상을 받았다. 픽사가 이 부문에서 2년 연속으로 수상한 것이다. 영화 팬들은 버드가 초능력을 가진 영웅 이야기의 전통을 신선하게 되살린 점을 높이 평가하며 열광했다.

특이한 사항은 전 세계인이 읽는 영화 웹사이트인 에인트잇쿨닷컴AintItCool.com의 반응이었다. 당시 33세의 영화광 해리 놀스Harry Knowles가 운영하던 사이트였다. 그런데 놀스의 열혈 감정은 어린 시절의 버디 파인을 닮았고, 그의 치렁치렁한 붉은 머리카락은 신드롬의 가족과 비슷했다 (놀스는 9월 중순에 이 영화의 예고편이 인터넷에 나오자, "브래드 버드는 슈퍼천재다. 우리는 그를 숭배해야 한다. 그를 위한 기념비가 당연히 있어야 한다. (……) 러시모어 산*에 그의 아름답고 우아한 머리를 새로 조각해야 한다!"고 썼다).

* 이 산에는 미국의 대통령 네 명의 얼굴을 조각한 바위 조각상이 있다.

이 사이트에 상주하는 비평가 가운데 한 명인 '모리아티(드류 맥위니)'도 다음과 같이 격정적인 글을 썼다.

"나는 그 영화를 여러 번 봤다. 몇몇 장면들은 내 기억 속에 각인되어 있다. 이 영화를 미칠 듯이 사랑할 수밖에 없는 소름이 돋는 그런 순간들이었다."

그는 버드의 대본이 "빌리 와일더와 I. A. L. 다이아몬드가 함께한 최고의 작품** 만큼이나 날카롭고 통렬하다"며 버드의 "흠잡을 데 없는 대사와 가족이 보여줄 수 있는 행동들"을 특히 높게 평가했다. 또 '퀸트(에릭 베스프)'는 이렇게 썼다.

** 〈아파트 열쇠를 빌려드립니다〉와 〈뜨거운 것이 좋아〉는 둘이 함께 쓰고, 와일더가 연출했다.

"이 영화는 당신이 기대하던 모든 것이다. (……) 이 영화는 엄청나게 많은 돈을 긁어모을 것이다. 과연 할리우드에 이 영화가 벌어들이는 돈을 다 셀 수 있을 정도로 회계사가 많이 있을지 모르겠다."

그런데 정작 이 사이트 운영자인 놀스는 평소와 달리 거의 2주일 동안 침묵을 지키다가 마침내 토론에 끼어들었다.

> 내가 이 영화에 대해 글을 쓰지 않은 이유는 간단하다. 이상하게도 무슨 말을 해야 할지 도무지 생각이 나지 않았기 때문이다. 이 영화는 완벽하다. 절대적으로 완벽한 영화다. (……) 그리고 나는 (이 영화에 등장하는 캐릭터인) 신드롬이 바로 나라는 내용의 이메일을 받고 있다. 이 말이 맞다고 판단할 수 있는 단서가 나에게는 없다. 하지만 신드롬이 자기가 이상한 행동을 하는 괴짜라고 주장할 때, 나는 그런 지적이 사실이라고 인정할 수밖에 없다. 나 역시 이상한 행동을 했기 때문이다. (……) 브래드 버드는 지금까지 최고의 애니메이션 영화 두 편을 만들었다. (……) 그 10년이라는 기간 동안에 나온 영화들 가운데 최고로 꼽히는 두 편이다.

픽사가 〈인크레더블〉로 여섯 번째 성공을 즐길 때 잡스는 배급 동업자인 월트 디즈니 컴퍼니의 수장과 반목하면서 속을 끓였다. 두 사람 사이의 반목은 픽사의 미래와 디즈니 애니메이션의 미래를 바꾸어놓는다.

11 디즈니로의 화려한 귀환

〈카〉와 〈라따뚜이〉

1990년대 말이 되면서 월트 디즈니 컴퍼니의 최고경영자 마이클 아이스너는 픽사와 드림웍스의 흥행 기록에 놀라며, 애니메이션의 미래는 3D 컴퓨터 그래픽에 있다고 믿었다. 그래서 디즈니는 버뱅크 공항 인근에 있던 록히드 항공기 공장을 개조해서 최첨단 컴퓨터 애니메이션 및 특수효과를 전문으로 하는 스튜디오를 세우고 '비밀실험실The Secret Lab'이라고 이름 붙였다.

이곳에서 만든 첫 번째 작품은, 컴퓨터로 창조했으며 말을 할 줄 아는 공룡을 실제 풍경 속으로 집어넣는 〈다이너소어〉였다. 2000년에 개봉할 때만 해도 꽤 괜찮았다. 그러나 막대한 제작비에 비하면 수익은 형편없는 수준이었다. 컴퓨터 애니메이션 분야에서 픽사의 도움 없이 처음으로 독립적으로 만든 영화였기 때문에 디즈니의 입장에서는 불길한 징조였다.

비밀실험실의 두 번째 프로젝트는 〈와일드 라이프〉였다. 밤이면 클럽에 모여서 춤을 추며 파티를 즐기는 청소년들을 다룬 영화로서, 디즈니의 기준으로 보자면 상당히 눈에 거슬리는 작품이었다. 영화사는 수백만 달러를 사전 제작비로 내놓아, 시나리오의 연이은 수정 작업과 어마어마하게 많은 스토리보드 작업, 정교하게 공들인 시험용 필름 제작 작업 등을 했다.[1]

디즈니의 원로인 플로이드 노먼이 〈와일드 라이프〉의 스토리 팀에 들어갔고, 주제를 선정하는 데 애를 먹었다. 시험용 필름은 기술적인 측면에서는 무척 인상적이었다. 그러나 이야기 내용이 디즈니가 표방하는 가족 영화에서는 한참 벗어났다. 대사는 성적인 농담으로 범벅이 되어 있었다. 도대체 프로듀서들이나 감독들이 자기를 고용한 회사가 어떤 곳인지 알고나 있는지 의심스러울 정도였다. 노먼은 곰곰이 생각했다. 거긴 드림웍스가 아니었고, 워너브라더스도 아니었고, 콜롬비아도 아니었다. 월트 디즈니였다.

2000년 8월, 월트 디즈니의 부회장이자 디즈니 피처 애니메이션의 회장이 된 지 15년이 된 로이 E. 디즈니가 아일랜드에 있는 그의 성에서 비행기를 타고 스토리 릴을 보려고 날아왔다. 그러고는 화들짝 놀라 이 프로젝트를 엎어버렸다. 다음 해에 디즈니는 비밀실험실의 문을 닫았다.

디즈니는 2D 셀 애니메이션에서도 별로 재미를 보지 못했다. 〈쿠스코? 쿠스코!〉(2000년), 〈아틀란티스 : 잃어버린 제국〉(2001년), 〈보물성〉(2002년) 등을 연달아 내놓았지만 흥행 성적은 저조했다. 픽사와 함께 만든 영화들만이 〈진주만〉 등의 실사 영화와 함께 월트 디즈니 스튜디오를 떠받쳐주고 있었다.

디즈니와 픽사가 함께 손을 잡고 번성을 누리긴 했지만, 두 회사의 최고경영자 사이에는 긴장이 점점 커져갔다. 이런 결과는 필연적이었다. 두 사람이 살아온 배경은 그야말로 극과 극이라고 할 정도로 뚜렷하게 대비되었다.

아이스너는 부유한 집안의 아들로 태어나서 모든 걸 누리며 자랐지만, 잡스는 가난한 부부에게 입양된 아들이었다. 아이스너는 전문 경영인이었지만, 잡스는 한때 히피였다. 그러나 갈등의 원천은 성장 배경도 아니었고 함께 일을 할 때 사사건건 의견이 맞지 않는다는 점도 아니었다. 사실 두 사람이 꼭 닮았다는 점이 문제였다. 자기 회사의 이익을 대변할 때 공세적이라는 점, 서로 고집을 부리다 끝내 성을 낸다거나 일단 반대부터 하는 점이 꼭 닮아 있었다.

아이스너와 잡스는 두 회사의 사업적인 요구에 따라서 그 갈등을 용케 제어하면서 1990년대를 별문제 없이 보냈다. 적어도 서류상으로는 그랬다. 잡스는 영화에 대한 공동 소유권과 더 높은 수익 배분을 요구했고, 아이스너는 1997년에 그의 요구를 받아들였다. 그 뒤에는 아이스너가 〈토이 스토리 2〉는 속편이므로 함께 제작하기로 한 다섯 편의 오리지널 영화에 포함할 수 없다고 주장했고, 잡스는 내키지 않았지만 받아들였다.

그런데 두 사람 사이의 관계에 전환점이 생겼다. 〈토이 스토리 2〉를 개봉한 뒤였다. 아이스너는 속편의 흥행에 고무되어 〈토이 스토리 3〉를 만들고 싶었다. 그러자 잡스는 보너스는 한 번이면 족하지 두 번째 보너스까지 챙길 생각은 하지 말라며 못 박았다. 속편을 공동 제작 편수에 포함시키지 않는 것은 속편이 비록 안전하긴 하지만 전편보다는 흥행에서 한 수 접고 들어갈 수밖에 없다는 이유였다.

〈토이 스토리 2〉는 전편보다 흥행 성적이 좋았기 때문에 애초 근거를 〈토이 스토리〉의 경우에 그대로 적용할 수 없다는 게 잡스의 입장이었다. 하지만 아이스너는 계약서의 문구를 자기에게 유리하게 해석하며, 픽사가 만드는 오리지널 영화의 캐릭터들을 더 많이 만들어내서 캐릭터 사업 및 놀이공원 사업에 활용하고 싶어했다. 만일 픽사가 〈토이 스토리 3〉를 만든다면 이 영화 역시 〈토이 스토리 2〉와 마찬가지로 공동 제작하기로 한 다섯 편의 목록에서 제외해야 하며, 따라서 1997년에 두 회사가 함께 만들기로 계약했던 다섯 편의 영화는 당연히 일곱 편으로 늘어나야 한다는 게 아이스너의 입장이었다. 잡스는 분통을 터뜨렸다. 아이스너의 요구는 잡스만 화나게 한 게 아니었다. 또 한 편의 〈토이 스토리〉를 만들고 싶었던 래스터까지도 적으로 만들었다.[2]

그런데 아이스너와 잡스의 관계를 더욱 악화시키는 일이 벌어졌다. 2002년 2월 28일에 아이스너는 상원의 통상과학교통위원회에 참석해서 인터넷에서 벌어지는 영화 저작권 침해와 관련해서 증언을 했다.[3] 아이스너가 증언을 하려고 미리 준비해간 원고는 두루뭉술한 내용으로 첨예한 쟁점을 요리조리 피하고 있었다. 그런데 질의응답이 이어질 때 아이스너는 방심을 하고 이렇게 말했다.

"컴퓨터 산업에서 '킬러 애플리케이션killer app'* 은 바로 불법 다운로드의 해적질입니다. 그 사람들은 자기들이 단기간에 성장한 배경이 해적질을 한 콘텐츠에 있다고 생각합니다."

* 등장하자마자 경쟁 제품들을 몰아내고 시장을 완전히 장악할 정도로 인기를 누리는 제품이나 서비스.

아이스너가 생각하기에는, 어떤 기술 관련 회사 하나가 특히 해적질을 조장하는 데 뻔뻔하기 그지없었다.

> 여러 회사들이 있습니다. 컴퓨터 회사들 말입니다. 이 회사들이 신문에 전면광고를 내고 샌프란시스코나 로스앤젤레스의 거리를 도배하다시피 하면서 뭐라고 하는지 아십니까? '찾아라, 섞어라, 구워라'라고 말합니다. (……) 이 회사들은 누구나 찾아서 섞고 구울 수 있다고 선전을 하면서 컴퓨터를 팔아먹습니다. 컴퓨터만 사면 얼마든지 도둑질을 할 수 있고 장물을 친구들에게 무한정 나눠줄 수 있다고 떠드는 거나 다를 게 하나도 없습니다.

누가 봐도 애플과 애플이 (인터넷 음악 서비스업체인 계열사 아이튠즈를 위해) 했던 광고 "찾아라, 섞어라, 구워라Rip. Mix. Burn"를 공격하는 발언이었다. 아이스너는 음악이나 동영상을 CD나 DVD에 있는 컴퓨터에 복사하는 행위를 가리키는 'rip'이라는 용어를 훔친다는 뜻의 'rip off'와 혼동을 했던 게 분명하다. 곧 디즈니 피처 애니메이션의 사장 토머스에게 전화가 한 통 걸려왔다. 스티브 잡스였다.

"방금 마이클이 나한테 뭐라고 했는지 압니까?"[4]

잔뜩 흥분한 잡스는 아이스너가 한 발언을 법적으로 문제 삼겠다고 했다. 잡스는 계속해서 〈토이 스토리 3〉와 아이스너의 증언 내용 그리고 픽사를 대하는 아이스너의 고압적인 태도에 대해서도 울분을 쏟아냈다. 그해 여름에 잡스는 딕 쿡의 주선으로 로이 E. 디즈니와 함께 식사를 하면서 아이스너에 대한 불만을 털어놓았다.

로이는 눈치가 빠른 사람이었다. 그는 1984년에 이사회에서 쿠데타를 주도해 아이스너를 권좌에 올려놓았던 장본인이었다. 그리고 10년 동안 프랭크 웰스와 제프리 카젠버그를 수하로 거느리며 회사를 재건한 아이스너의 업적을 높이 평가했다. 하지만 그 이후로 아이스너에 대한 그의 존경심은 점점 식어갔다. 로이는 아이스너의 세세한 부분까지 통제하는 경영방식과 디즈니의 여러 테마파크들, 특히 새로 지은 디즈니 캘리포니아 어드벤처의 짠돌이 경영, 그리고 전반적으로 단기 수익에 집착하는 태도가 마음에 들지 않았다. 게다가 아이스너가 그의 행동을 주시하려고 디즈니 피처 애니메이션에 첩자를 심어두었다는 사실을 알고 난 이후로는 아이스너를 신뢰하지 않았다.[5]

잡스는 로이에게 아이스너에 대한 불만을 서슴없이 털어놓았고, 이윽고 결정타를 날렸다. 1997년에 맺었던 계약을 모두 이행한 뒤에 더 이상 디즈니와 함께 일하지 않겠다고 선언한 것이다.

"아이스너가 있는 한 절대로 디즈니와 계약하지 않을 겁니다."[6]

로이와 그의 사업 파트너인 스탠리 골드는 월트 디즈니 컴퍼니의 이사회 구성원이었다(골드는 로이의 개인 투자회사인 샴록 홀딩스를 운영하고 있었다). 두 사람은 다른 이사들에게 디즈니와 픽사의 관계가 흔들리고 있다고 말했다. 물론 이런 결과는 잡스가 로이를 찾아갈 때 이미 계산했던 것이다. 한편 로이와 골드는 잡스를 만난 사실을 숨겼다.

아이스너는 전혀 걱정 없다는 듯 태연했다. 8월 22일에 이사회 구성원들에게 보낸 편지에서 아이스너는 앞으로 개봉될 영화들을 설명하면서 이런 인상을 주려고 애를 썼다. 다음 해 여름으로 개봉일이 잡혀 있던 〈니모를 찾아서〉를 탐탁지 않게 평가하면서, 그것이 픽사의 한계라고 했다.

"어제 내년 5월에 나올 픽사의 영화 〈니모를 찾아서〉를 두 번째로 보았습니다. 이 영화는 그 친구들의 능력을 점검하고 확인하는 기회가 될 겁니다. 괜찮은 영화입니다만 예전 영화들에 비하면 한참 떨어집니다. 물론 그 친구들은 굉장하게 생각하고 있습니다."[7]

하지만 〈니모를 찾아서〉는 애니메이션 부문 역대 최고의 흥행작이 되었고, 아카데미에서 장편 애니메이션 최우수 작품상을 받았다.

2003년 봄에 잡스는 아이스너에게 계약을 새로 체결하자고 제안했다. 그런데 제안 내용이 워낙 일방적이어서 결별의 전주곡이라는 게 훤히 보였다. 계약 내용대로라면 디즈니는 픽사가 만드는 영화에 대한 공동 소유권을 행사할 수 없었다. 디즈니는 픽사가 앞으로 만들 영화에서 발생하는 수익을 나누어 가질 수 없고, 다만 7.5퍼센트의 배급 수수료를 받아야 했다. 디즈니의 독점적인 배급권 시한도 5년밖에 되지 않았다.[8]

게다가 잡스는 1997년의 계약에 따른 마지막 남은 두 작품, 즉 아직 만들지 않은 〈카〉와 〈라따뚜이〉에도 새로운 계약 내용을 적용할 것을 주장했다. 그렇게 되면 디즈니는 두 영화에 대해서 10~15퍼센트의 배급 수수료만 받고 수익은 한 푼도 가질 수 없었다. 디즈니는 픽사가 앞으로 만들 영화의 배급권을 독점적으로 소유하는 대신, 두 영화에 대해서 이미 가지고 있던 권리, 즉 수백만 달러를 포기해야 했다. 잡스가 유일하게 디즈니에게 양보한 것은 픽사가 앞으로 만들 영화의 캐릭터들을 (기존의 픽사 캐릭터들과 마찬가지로) 디즈니의 테마파크에서 마음대로 사용할 수 있게 한다는 조건이었다.

픽사가 그때까지 네 편의 영화를 연달아 성공시키면서 미국과 해외의 극장에서 벌어들인 돈은 17억 달러였고, DVD 및 비디오테이프 매출액도 1억 달러가 넘었다. 관객들은 픽사라는 브랜드를 신뢰했다(1997년에 계약을 하면서 잡스가 영화의 공동 제작사로 픽사의 이름을 넣어야 한다고 주장했던 전술은 성공한 셈이었다).

픽사는 믿을 만한 흥행 기록을 가지고 있었고 부채도 없었으며, 5억 달러가 넘는 현금을 가지고 있었기 때문에 디즈니 없이도 잘 해나갈 수 있는 상태였다. 디즈니가 아니더라도 픽사가 손을 내밀기만 하면 메이저 영화사에서 선뜻 그 손을 잡아줄 것이라고 잡스는 판단했다. 5월까지 잡스는 소니 픽처스 엔터테인먼트, 워너브라더스와 20세기 폭스의 각 모회사 경영진을 만났다.[9] (폭스가 컴퓨터 애니메이션 영화 〈아이스 에이지〉를 만든 픽사의 경쟁사 블루 스카이 스튜디오를 계열사로 거느리고 있다는 점을 고려한다면, 픽사와 폭스가 손을 잡을 가능성은 가장 적었다.)

하지만 아이스너에게는 아직도 사용할 수 있는 카드가 남아 있었다. 1991년과 1997년 계약에 따르면, 디즈니는 〈토이 스토리〉와 이 영화의 캐릭터를 전적으로 소유하며, 픽사가 만든 영화들의 속편을 제작할 권리를 가지고 있었다. 디즈니가 〈토이 스토리 3〉나 〈니모를 찾아서 2〉 등을 계속해서 만들 수 있다는 사실에 래스터는 미칠 것만 같았다. 〈토이 스토리〉나 〈니모를 찾아서〉는 래스터에게는 자식이나 마찬가지였다. 그런데 아이스너가 이 영화들의 속편을 제대로 만들어줄 리는 만무했다. 아이스너의 디즈니가 만드는 속편은 오로지 흥행만 생각할 게 뻔했다. 래스터는 2002년에 나온 속편 비디오영화를 언급하며 이렇게 빈정거렸다.

"그들이 어떤 사람들이냐 하면 〈신데렐라 2〉를 낸 사람들입니다."[10]

잡스는 로이 디즈니와 접촉하는 한편 다른 통로로 디즈니의 이사에게 영향력을 미치는 작업을 계속했다. 2003년 어름, 부사장이었던 앨 고어Al Gore는 애플컴퓨터의 이사진으로 들어간 뒤에 디즈니의 이사회 구성원인 조지 미첼George Mitchell에게 연락을 해서 잡스가 아이스너에게 얼마나 분개하는지 전하게 했다.[11] 미첼은 아이스너에게 픽사와의 논의가 어떻게 진행되는지 물었다. 나중에 아이스너는 고어가 그 일에 개입했다는 사실을 알고는 펄쩍 뛰었다.

이 일은 지나가는 에피소드로 끝나지 않았다. 아이스너는 이사회로부터 신뢰와 충성을 받고 있었다. 아이스너를 못마땅하게 여기는 사람은 로이 E. 디즈니와 스탠리 골드뿐이었고 이따금씩 아이스너가 너무 많은 급료를 받는다느니 실적이 좋지 않다느니 하는 말을 다른 이사들에게 했다. 하지만 로이는 머지않아 회사를 떠나게 된다. 이 소식을 전한 사람은 여러 해 전부터 이사회에 참석하던 중역인 존 브라이슨John Bryson이었다.

추수감사절 일주일 전이었다. 브라이슨은 와인바에서 로이와 함께 술을 마시면서, 현재의 임기가 끝나면 로이가 다시 이사로 선임되지 않을 것이라고 일러주었다. 72세라는 이사 정년을 넘겼기 때문이라고 했다.

그러나 로이는 그 규정은 사외이사들에게 적용되는 것이라며, 자기는 여전히 디즈니 피처 애니메이션의 이사회 의장을 유지할 자격이 있다고 주장했다.

그러자 브라이슨은 자기가 위원장으로 있는 이사회 산하 관리위원회를 언급하면서 그 문제는 이미 위원회에서 처리되었다고 했다.[12]

로이는 기가 막혔다. 로이는 아내와 자식들 그리고 골드를 비롯해서 샴록 홀딩스의 여러 자문 인사들과 상의한 뒤, 2003년 11월 30일에 이사회 및 현재 직책에서 사임했다. 로이는 사직서를 아이스너에게 직접 전달했다. 바로 그 시각 각 언론사에서도 그의 사직서를 팩스로 받아볼 수 있었다. 로이가 취한 조치였다. 사직서의 내용은 이랬다.

> 당신은 프랭크 웰스와 함께 처음 10년 동안은 아주 성공적으로 업무를 수행했습니다. 거기에 나는 경의를 표합니다. 하지만 1994년에 프랭크가 세상을 떠난 뒤로 회사는 구심점과 창조적인 힘과 회사의 유산을 잃어버렸습니다.

특히 픽사와의 관계를 처리하는 과정에서 아이스너는 큰 실수를 저질렀다고 로이는 말했다. 그의 사임서는 다음과 같이 이어졌다.

> 내가 예전에도 말을 했고, 스탠리 골드가 당신과 이사회의 다른 구성원들에게 보낸 여러 통의 편지에서도 적었듯이, 당신이 최고경영자로 있는 이 회사는 여러 가지 점에서 지난

7년 동안 실패를 거듭해왔습니다. 하나씩 설명하면 다음과 같습니다.

1. ABC 프라임 타임의 시청률을 여러 해 동안 끌어올리지 못한 점, 그리고 ABC 패밀리 채널을 성공적으로 운영하지 못한 점입니다.
2. 당신 주변에 있는 모든 사람들에 대해서 세부적인 것까지 간섭하는 마이크로 매니지먼트입니다. 이것 때문에 회사 전체의 사기가 떨어졌습니다.
3. 테마파크 사업에 어리석을 만큼 쩨쩨하게 투자한 점입니다. 디즈니 캘리포니아 어드벤처, 파리와 홍콩에 있는 테마파크를 당신은 '싸게만' 지으려고 했는데, 이곳을 찾는 관람객 수가 당신이 실패했다는 사실을 증명합니다.
4. 우리 회사와 이해를 함께하는 모든 사람들(즉 소비자, 투자자, 직원, 공급업자)이, 우리 회사가 탐욕스럽고 영혼이 없으며 장기적인 가치가 아닌 단기적인 수익만 추구해서 공신력이 떨어졌다고 생각하게 만든 점입니다.
5. 지난 몇 해 동안 창조적인 두뇌가 회사를 떠난 점입니다. 계속해서 이런 현상이 진행되면서 우리 회사는 재능 있는 직원들을 잃고 있습니다.
6. 창작 분야의 파트너들, 특히 픽사와 미라맥스 그리고 우리 제품을 공급하는 케이블 회사들과 건설적인 관계를 맺지 못한 점입니다.
7. 당신이 물러난 뒤를 생각하는 후계 계획을 명확하게 확립하길 거부한 점입니다.

로이는 마지막으로 "마이클, 회사를 떠나야 할 사람은

내가 아니라 당신입니다"라는 말로 글을 맺었다.

로이의 사직서가 공개된 뒤에 디즈니 피처 애니메이션 소속의 여러 직원들(애니메이터, 작가, 감독 각각 한 명)이 곧바로 로이를 지지하는 공동성명서를 인터넷에 올렸다. 그 후 몇 달 사이에 디즈니의 애니메이션 사업부 전·현직 직원 수천 명이 이들의 주장에 동조한다는 뜻을 밝혔다. 이들은 다음과 같이 불만을 터뜨렸다.

"(아이스너 아래에서는) 월트 디즈니가 오랜 세월 번영을 누릴 수 있었던 특유의 영상적인 스토리텔링과 유머, 인성 중심의 애니메이션은 사라지고 정치적인 구호, 낡아빠진 짤막한 농담 그리고 뻔한 영화 공식만 남았고, 관객들은 이런 것들에 반응을 보이지 않았다."

골드 역시 로이가 사직서를 내고 며칠 뒤에 사직했다. 이제 로이의 아버지가 공동으로 창업했던 회사에서 이방인이 된 로이와 골드는 자기들이 19년 전에 내세웠던 경영진을 어떻게 내칠 것인지 고민했다.

한편 배급권을 둘러싸고 디즈니와 픽사의 입장 차이는 조금도 좁혀지지 않고 있었다. 잡스가 아이스너에게 새로운 계약을 제안한 지 약 10개월이 지난 시점인 2004년 1월 29일 목요일 오후, 잡스는 협상을 중단한다고 발표했다. 딕 쿡은 디즈니의 입장을 〈월스트리트 저널〉에 다음과 같이 발표했다.

"그 누구도 자기 재능이 성공할 것이라 확신할 수 없다. 그 누구도 자기 창조성이나 기술이나 스토리텔링이 성공할 것이라고 확신할 수는 없다."[13]

이것은 틀린 말이 아니었지만, 디즈니가 자체적으로 제작한 영화들은 최근 몇 년 동안 연달아 흥행에 실패했으며, 2002년의 〈릴로와 스티치〉가 유일하게 어느 정도 성공을 거두었을 뿐이다.

아이스너는 셀 애니메이션은 한물갔다고 믿었다. 이런 믿음을 근거로 해서 디즈니 피처 애니메이션은 애니메이션 화가들을 거의 대부분 해고했으며, 〈릴로와 스티치〉를 만든 플로리다 올랜도 스튜디오를 포함해서 자체 애니메이션 사업부들의 문을 닫았다. 컴퓨터 애니메이션에 초점을 맞추고 있던 나머지 애니메이션 역량은 〈치킨 리틀〉과 〈로빈슨 가족〉에 집중했다(〈로빈슨 가족〉의 원래 제목은 '윌버 로빈슨과 함께한 하루A Day with Wilbur Robinson'였다).

잡스의 갑작스러운 태도 변화에 대해 아이스너가 보인 공식적인 반응은 온화했다. 같은 날 오후에 그는 다음과 같은 성명서를 발표했다.

"우리는 지금까지 픽사 및 스티브 잡스와 환상적으로 호흡을 맞춰왔다. 스티브 잡스와 존 래스터가 이끄는 놀라운 창작 역량이 앞으로도 계속 성공을 거두길 바란다. 비록 지금까지 우리는 서로가 받아들일 수 있는 조건 아래에서 협력했고 연이어 성공을 거두는 즐거움을 누렸지만, 이제 픽사는 독립 회사로서 독자적으로 자기 길을 가기로 선택했다."

이 성명서는 또한 다른 컴퓨터 애니메이션 영화사들, 구체적으로 말하면 2차 세계대전 때의 통신 비둘기를 소재로 한 영화 〈발리언트〉를 작업하고 있던 뱅가드필름과 〈와일드〉를 제작하고 있던 컴플리트 팬더모니엄과 C. O.

R. E 피처 애니메이션, 자체 제작 중인 컴퓨터 애니메이션 영화들 그리고 개봉일이 다가오고 있던 2D 애니메이션 〈카우 삼총사〉 등도 언급했다.

결별을 발표하던 날, 잡스는 먼저 딕 쿡에게 전화를 걸어 자기가 결심한 내용을 통고한 다음 로이 E. 디즈니에게 전화를 했다. 잡스는 아이스너가 디즈니에 있는 한, 디즈니와는 절대 거래하지 않을 것임을 다시 한 번 천명했다. 협상을 시작하고 또 협상 테이블을 박차고 나온 잡스의 행위는 디즈니의 최고경영자 아이스너를 곤란하게 만들기 위한 연극이었을 뿐이다.

로이의 마음속에서 아이스너는 이미 〈오즈의 마법사〉에 나오는 사악한 마녀를 상징하는 존재로 자리 잡고 있었다. 그랬기에 로이는 잡스에게 다음과 같이 말했다.

"사악한 마녀가 죽고 나면, 그때 다시 봅시다."[14]

픽사의 4분기 실적 발표[15]가 다음 주로 예정되어 있었다. 모건 스탠리나 도이체 방크와 같은 회사에 소속된 투자분석가들에게는 잡스와 최고재무책임자 앤 매서로부터 브리핑을 듣고 픽사의 재무 상태를 파악할 수 있는 기회였다.

2000년에 증권거래위원회가 회사의 관리자와 투자분석가가 회사와 관련된 소식을 소재로 일대일 대화를 하지 못하도록 규정한 이후로, 이런 자리는 최고경영자가 투자자들에게 메시지를 전달하고 또 투자자들이 관심을 갖는 내용에 어떤 식으로든 반응을 보일 수 있는 중요한 수단으로 자리 잡았다.

잡스와 매서가 픽사의 탄탄한 재정 상태를 상세하게

설명한 뒤, 잡스는 디즈니와의 관계로 화제를 돌렸다. 우선 그는 아이스너가 〈니모를 찾아서〉를 비판한 〈로스앤젤레스 타임스〉의 기사를 인용했다. 잡스는 픽사가 폭포를 향해 떠내려간다고 믿는 아이스너의 견해를 인용하는 부분을 읽었다. 그러고는 자신을 비롯하여 픽사의 여러 직원들이 디즈니에 있는 사람들로부터 똑같은 이야기를 들었다고 말했다. 그러면서 이렇게 덧붙였다.

"다들 아시다시피, 일은 조금 다르게 진행되었습니다."

(〈니모를 찾아서〉는 역대 애니메이션 부문 흥행 기록을 갱신했다.)

잡스는 디즈니 말고도 픽사의 영화를 마케팅하고 배급하는 일을 멋지게 해줄 메이저 영화사가 적어도 네 개는 된다고 말했다.

"지난 닷새 동안 이들 영화사의 수장들로부터 전화를 받았습니다. 이들은 모두 픽사와 함께 일을 하는 데 아주 큰, 아주 아주 큰 관심을 가지고 있다고 했습니다."

그러면서 디즈니가 창작 분야에 기여하는 것을 가치로 따지자면 거의 없다는 말을 덧붙였다.

"솔직히 말씀드리자면, 지난 몇 년 동안 창작과 관련해서 디즈니와 협력한 사례는 거의 없었습니다. 제 말이 의심스럽다면, 픽사의 최근 영화 세 편과 디즈니의 최근 애니메이션 영화 세 편의 품질을 비교해서 점수를 매겨보면 쉽게 알 수 있을 겁니다."

마케팅 문제로 화제를 옮긴 뒤에는 디즈니가 최근에 선보인 두 영화를 놓고서도 디즈니를 깎아내렸다.

"마케팅은 중요합니다. 우리는 지금까지 디즈니의 덕

쿡과 재능이 넘치는 그의 팀과 함께 일을 하면서 재미를 많이 봤습니다. 하지만 아무리 마케팅에 돈을 쏟아 붓는다 하더라도, 되지도 않는 영화를 대박 나게 할 수는 없습니다. 디즈니라는 브랜드가 아무리 훌륭하고 마케팅을 잘한다 하더라도, 디즈니가 최근 개봉한 〈보물성〉과 〈브라더 베어〉를 흥행시키지는 못할 겁니다."

잡스가 쿡을 높이 평가한 것은 진심이었다. 그러나 이런 발언 역시 빈틈없이 정치적이었다. 쿡은 픽사가 아직도 디즈니에 매여 있는 영화 두 편의 마케팅을 책임지고 있었던 것이다. 잡스는 걱정스럽고 아쉬운 점이 한 가지 있다고 했다. 디즈니에서 픽사가 만든 영화들의 속편을 제작할 수도 있다는 것이었다.

"우리는 디즈니가 속편을 만들 것이라는 걸 생각만 해도 속이 불편합니다. 그 이유는 〈라이온 킹〉이나 〈피터팬〉의 속편을 보면 잘 아실 겁니다. 정말 황당합니다."

월스트리트가 잡스의 행보를 지지할 때, 픽사에 투자한 사람들은 낙관적이었다. 다음 날 픽사의 주가는 3퍼센트 오른 반면에 디즈니의 주가는 2퍼센트 내렸다. 하지만 여전히 몇몇 애널리스트들은 가족 영화 마케팅 분야에서 세계 최고인 디즈니와 여태까지 잘 해오다가 지금 시점에서 디즈니의 손을 놓음으로써 픽사가 어떤 이익을 볼 수 있는지, 잡스가 왜 그토록 자신만만해하는지 알아내려고 애를 썼다. 프루덴셜 에쿼티 그룹에서 오랜 세월 동안 엔터테인먼트 분야 회사들을 분석해온 케이시 스티포니아스는 다음과 같은 의견을 제시했다.

> 내가 보기에 픽사는 디즈니를 상대로 '노'라고 말할 수 있는 처지가 전혀 아닌 것 같다. (……) 과연 총수익이라는 측면에서 독자적인 배급으로 50 대 50이라는 수익 배분 비율보다 더 많은 걸 얻어낼 수 있을까? 어떻게 해서 픽사가 생각하는 수치가 나오는지 이해하기가 정말 어렵다. (……) 어떻게 숫자의 균형이 맞춰지는지 도무지 알 수가 없다.

해답의 실마리는 어쩌면 쉽게 찾을 수 있을지도 모르겠다. 잡스의 결정에 중요하게 작용한 것은 '숫자'가 아니었다. 언제나 그랬다. '숫자'보다는 오히려 마이클 아이스너에 대한 반감이 더 크게 작용했다.

한편 아이스너는 갑자기 두 개의 전쟁을 치르게 되었다. 하나는 2월 11일에 660억 달러로 적대적 인수를 하겠다고 발표한 케이블 방송사 컴캐스트와 벌이는 전쟁이었다. 컴캐스트는 디즈니의 주가가 6년 동안 맥을 못 추었다는 사실과 로이의 퇴출을 놓고 주주들 사이에 불화가 일어난 것을 기회로 보고 적대적 인수에 나선 상태였다.

또 하나는 로이 E. 디즈니와 스탠리 골드가 선전포고를 하면서 시작된 전쟁이었다. 두 사람은 이 전쟁을 '세이브 디즈니(Save Disney: 디즈니를 구하는 전쟁)'라고 불렀다. 이 전쟁은 컴캐스트가 시작한 전쟁에 비하면 겉으로 보기에 별로 위협적이지 않았다. 두 사람의 목표는 마이클 아이스너를 디즈니에서 쫓아내는 것이었다. 3월에 있을 차기 주주총회에서 두 사람이 이사회 이사 후보를 내기에는 너무 늦었다. 로이가 할 수 있는 일은 주주들에게 호소해서, 아이스너가 이사회 의장 재임 선거에 후보로 나설 때 반대표를 던지게 하는 것뿐이었다. 희망이 있다면 이사회에도 반대할 사람이 몇 명은 있다는 사실이었다.

20년 전에 로이가 당시 디즈니의 최고경영자이던 론 밀러를 내칠 때와는 상황이 전혀 달랐다. 1984년에 로이를 지지했던 디즈니의 주요 주주인 배스 가문은 이미 자기들이 가지고 있던 주식을 팔아버렸다(지금은 아이스너가 디즈니 주식을 가장 많이 소유한 대주주였다). 또한 아이스너는 현직 최고경영자라는 이점도 가지고 있었다. 회사의 온갖 자원들을 자신의 재임에 유리하게 배치할 수 있다는 얘기다. 이에 비해 세이브 디즈니가 가진 것이라고는 세이브디즈니닷컴SaveDisney.com이라는 웹사이트 하나와 로이 E. 디즈니와 스탠리 골드, 두 사람의 목소리뿐이었다. 게다가 대규모 공공기업들이 세이브 디즈니처럼 개별 주주들이 벌이는 활동에 등을 돌리는 것은 일상적인 관례였다.

하지만 로이 진영은 아이스너가 알지 못하는 것을 알고 있었다. 즉 로이가 디즈니 창업자의 직계 자손이라는 사실과 인터넷을 적극적으로 활용하면 세이브 디즈니가 주장하는 내용을 디즈니의 고객들과 소액 투자자들에게 전달할 수 있다는 사실이었다. 샴록 홀딩스는 세이브디즈니닷컴이라는 도메인을 곧바로 등록했다. 이 사이트를 방문한 사람은 아이스너가 월트 디즈니의 유산을 파괴했다는 내용으로 로이가 작성한 공개 편지를 읽을 수 있었다. 열정으로 가득 찬 편지였다.

전국 규모의 언론 매체들이 로이의 활동을 기사로 다루었고, 이 사이트는 방문자가 그런 기사들에 곧바로 연결될 수 있도록 링크를 설정했다. 이렇게 함으로써 결국에는 로이 측이 이기고, 아이스너는 쫓겨날 거라는 분위기를 조성했다. 한편 디즈니의 웹사이트는 로이의 활동을 무시한 채 아무런 대응도 하지 않았다. 대응을 하면 오히려 로이 측의 목소리를 더 키울 수 있다고 판단했기 때문이다. 그래서 해당 문제에 대한 정보를 인터넷에서 찾고자 하는 사람은 로이가 주장하는 내용만 볼 수 있었다.[16]

또한 로이와 스탠리 골드는 위임장 쟁탈이라는 전통적인 전술을 활발하게 구사하며, 기관투자가 주주들과 투자자문 회사들을 공략했다. 이들에게서 첫 번째 아군이 나왔다. 2월 11일, 영향력이 막강한 투자자문 회사인 인스티튜셔널 셰어홀더 서비스가 픽사와 디즈니의 결별을 주된 이유로 내세우며 자기 고객들은 아이스너에게 반대할 것임을 천명했다. 몇 주 뒤에는 뮤추얼펀드 업계의 거물들인 피델리티와 T. 로우 프라이스가 로이와 스탠리 골드 편이 되었다. 캘리포니아를 비롯해서 7개 주의 종업원연금신탁기금도 합류했다.

디즈니의 주주총회가 예정된 3월 3일 아침, 수천 명의 주주들이 필라델피아 컨벤션센터로 몰려들었다. 아이스너와 로이 그리고 골드가 각각 연설을 했고, 이어서 디즈니의 최고재무책임자와 각 부문의 책임자들이 회사가 가지고 있는 활력을 주주들에게 설명했다. 뒤이어 투표가 실시되었다. 놀라운 결과가 나타났다. 아이스너의 재임에 반대하는 표가 무려 43퍼센트나 나왔던 것이다. 이것은 대기업의 최고경영자에 대한 반대 투표율로서는 역대 최고였다[17](나중에 다시 표를 계산해보니, 반대표는 45퍼센트가 조금 넘었다).

같은 날 저녁, 투표 결과에 정신이 번쩍 든 이사회는 한 사람이 최고경영자와 이사회 의장을 겸임하는 것을 금지하기로 결정했으며, 조지 미첼이 아이스너 대신 이사회 의장으로 선임됐다고 발표했다. 하지만 이사회는 거기에서 더 나아가려 하지 않았다. 아이스너를 최고경영자로 유임하기로 '만장일치로' 결정했다고 발표한 것이다.

한편 컴캐스트는 4월에 입찰을 포기했고 적대적 인수의 위협은 사라졌다. 하지만 세이브 디즈니는 쉽게 사라지지 않았다. 로이와 골드는 웹사이트를 이용해서 계속 아이스너를 압박하며 다음 번 주주총회 때 다시 돌아올 것이라고 천명했다.

주주총회가 열린 지 여섯 달 뒤인 2004년 9월, 아이스너는 2년 뒤 임기가 끝나는 대로 물러나겠다고 밝혔다. 그리고 다음 해 3월에 이사회의 압력을 받고 1년 일찍 물러나기로 합의했다. 아이스너의 후계자로 이사회는 이베이의 최고경영자 멕 휘트먼Meg Whitman과 아이스너의 오른팔이자 디즈니의 최고운영책임자이던 밥 아이거Bob Iger, 두 사람을 놓고 저울질을 했다. 2005년 3월 13일, 조지 미첼은 아이거가 10월 1일자로 월트 디즈니 컴퍼니의 차기 최고경영자가 될 것이라고 발표했다.

1951년 2월 10일에 태어난 밥 아이거는 고등학생 시절에 월터 크롱카이트와 같은 뉴스 앵커가 되겠다는 꿈을 가졌다. 이타카 대학에서 방송을 전공하면서 〈환상 특급〉의 작가 로드 설링 밑에서 방송 극작을 공부했다. 1973년에 우등으로 졸업한 뒤에는 지역 텔레비전 방송국에서 기상 캐스터와 기자로 1년을 보냈다. 하지만 그는 카메라 앞에 서서 일하는 게 싫었고, 자신이 과연 방송기자 자질이 있는지 의심했다. 그래서 1974년에는 ABC에서 방송 제작 분야의 말단 일을 시작했다. 2년 뒤에는 ABC스포츠에 입사했고, 승진을 거듭했다.

ABC에서 일을 하면서 아이거는 뉴스 및 방송연예 사업에서 어떻게든 자기 힘으로 살아남아야 한다는 철학과 그를 위한 처세를 익혔다. 디즈니가 ABC의 모회사인 캐피털 시티/ABC를 1996년에 인수할 때 아이거는 캐피털 시티의 사장 겸 최고운영책임자였다. 인수 뒤에 아이스너는 아이거를 계속 그 자리에 두고 디즈니의 해외 사업을 맡겼고, 2000년 초에는 2인자의 자리로 승진시켰다.

54세의 아이거는 학생 시절 그가 꿈꾸었던 신뢰받는 앵커맨의 인상을 풍겼다. 아이거는 줄곧 외교적인 수완과 정치적인 기민함을 발휘해왔으며, 특히 최근에는 중국 정부와 협상을 해서 홍콩 디즈니랜드 건설 사업을 이끌어내는 성과를 보였다. 홍콩 디즈니랜드는 중국 시장에 진출하기 위한 전략적인 돌파구로서 디즈니로서는 매우 중요한 사업이었다. 디즈니의 경영진은 중국과 인도에서 중산층이 빠른 속도로 성장하고 있는 것에 주목하여 두 나라를 가장 중요한 시장으로 보고 있었다. 2005년 주주총회에서는 타지마할의 돔을 빼고 그 자리에 미키마우스의 두 귀를 넣은 합성 사진이 슬라이드로 비춰졌는데, 이것은 이들 시장에 대한 디즈니의 야망을 상징적으로 보여주는 것이었다.

아이거는 중국을 상대로 한 협상을 성공적으로 이끌었다. 하지만 스티브 잡스를 상대로 해서도 성공할지는 불투명했다. 잡스는 중국의 지도자들보다도 훨씬 더 독단적이었기 때문이다. 그럼에도 불구하고 아이거는 아이스너가 실패한 배급권 계약을 따낼 수 있을 것이라고 확신했다. 이런 믿음에는 근거가 있었다. 잡스는 디즈니에 대한 나쁜 감정의 근원이 월트 디즈니라는 회사가 아니라 아이스너라는 말을 여러 차례 했던 것이다. 아이거가 디즈니의 최고경영자가 될 거라는 발표가 있던 그날, 아이거는 잡스와 래스터에게 전화를 걸었다. 어떤 제안을 하기 위해서가 아니라 (아이스너가 물러나려면 6개월이 남아 있었다), 월트 디즈니 최고경영자로서 자신의 존재를 두 사람에게 알리고 또 그들에게 경의를 표하기 위해서였다.

아이스너는 픽사가 만든 영화들의 속편 작업을 계속 밀어붙이고 있었다. 딕 쿡은 2004년 3월에 있었던 주주총회에서, 우디와 버즈는 디즈니가 만드는 속편을 통해 '영원히 살 것'이라고 했다. 속편 제작 작업은 〈토이 스토리 3〉부터 시작되었으며 이미 개발 단계에 들어가 있었다. 아이스너는 또 몇 달 뒤에 〈몬스터 주식회사〉와 〈니모를 찾아서〉의 속편들도 개발하고 있는 단계임을 내비쳤다. 그러면서 드림웍스 애니메이션이 그해 여름에 〈슈렉〉 속편을 내는 것이 "상당히 당혹스러운 일"이라면서, "어떤 이유에서든 간에 우리는 그것과 똑같은 내용으로 발표할 게 없다"고 했다.[18]

그때 이후로 디즈니는 또 하나의 디지털 애니메이션 제작 사업부를 만들었다. 이 사업부는 픽사가 만든 영화들의 속편을 만들기 위한 곳으로, 비밀실험실의 후계자인 셈이었다. 창고로 쓰던 공간을 개조하여 이곳이 위치한 글렌데일가街의 주소를 따서 '서클 세븐circle 7'이라는 이름을 붙였다.

2005년 3월, 서클 세븐 소속 30~40명의 인력이 〈토이 스토리 3〉 작업을 하고 있었다. 버즈 라이트이어가 처음 제조된 곳인 타이완의 한 장난감 공장으로 리콜된다는 내용이었다. 어떤 사람들은 서클 세븐이 잡스를 압박하여 다시 협상 테이블에 앉히려는 수단이라고 생각했다. 이런 소문이 떠돌자 디즈니 경영신은 즉각 부인했나. 디즈니가 서클 세븐의 인력을 다음 해까지 4배 수준으로 늘리자, 이런 소문의 신빙성은 그만큼 떨어졌다.[19]

아이스너가 물러나고 최고경영자 자리에 앉은 아이거는 아이스너가 잡스에게 접근하던 방식을 따르지 않겠다는 신호를 보냈다. 마침 잡스가 애플컴퓨터로 당당하게 복귀하던 때였고, 그 덕분에 기회가 생겼다. 잡스가 애플의 최고경영자로 복귀한 것은 놀라운 역전이었고, 세상 사람들에게 유명한 이야기가 될 수밖에 없었던 데는 이유가 있었다. 잡스가 1997년에 임시 최고경영자로 복귀하기 한 해 전에 애플은 10억 달러 이상의 적자를 보았다. 당시에 델컴퓨터의 창업자 마이클 델은 다음과 같은 농담을 했다.

"나라면 회사 문을 닫고 돈을 주주들에게 돌려줄 겁니다."

하지만 잡스는 애플의 매출액을 두 배로 끌어올리고 지속적으로 수익을 낼 수 있도록 했다. 게다가 멋진 회사라는 이미지를 전혀 손상하지 않은 채로 말이다(잡스는 애플에 돌아온 지 1년 남짓한 시기에 '임시'라는 딱지를 떼고 온전한 최고경영자가 된다).

놀랍게도 2005년에 애플이 기록한 매출액 가운데 약 40퍼센트는 4년 전에는 존재하지도 않았던 제품에서 나왔다. 바로 아이팟이라는 MP3 플레이어였다.[20]

2001년 10월 23일에 출시된 아이팟은 부품들을 거의 대부분 규격품으로 조립한 제품이었고, 고도로 세련된 소비자 인터페이스를 갖추고 있었다. 아이팟은 최초의 디지털 음악 플레이어가 아니었다. 하지만 그 어떤 것보다도 직관적이고 맵시가 있었다. 아이팟을 구입한 수백만 명의 소비자들이 이전 세대가 첫 차를 사서 애지중지하던 방식 그대로 아이팟을 사랑하고 찬양했다. 잡스는 또한 주요 음반사들을 설득해서 그들이 판권을 소유한 음악을 애플이 온라인에서 팔 수 있게 해달라고 했고, 이렇게 해서 아이튠즈 뮤직 스토어는 20만 곡이 넘는 노래를 갖추고 2003년 4월 28일에 문을 열었다.

아이거가 결정적인 역할을 하게 되는 시기는 2005년 가을이었다. 영상 스크린을 탑재한 음악 플레이어라는 발상에 대해 많은 사람들이 비웃고 있을 때, 잡스는 최초의 비디오 아이팟을 출시할 준비를 마쳤다. 그런데 여기에 담을 영상 콘텐츠가 문제였다. 이 콘텐츠를 과연 어디에서 가져올 수 있을까? 음반 회사들은 음반 CD의 매출액이 감소하고 불법 다운로드가 활개칠 것을 우려했다. 할리우드의 영화사들도 자사가 판권을 소유한 영화나 TV 드라마를 디지털 버전으로 인터넷에서 파는 일에는 몸을 사렸다.

잡스는 거래를 성사시키려고 영화사들을 상대로 닥치는 대로 달려들지 않는다는 전략을 세우고 있었기에 무척 갑갑했다. 하지만 다른 애플 제품을 출시할 때처럼 정보가 미리 새어나가는 것을 막고 싶었다. 실제로 내부자의 발설을 통해서 애플의 열광적인 팬들이 운영하는 웹사이트로 정보가 흘러 들어가는 일이 종종 있었다. 정보의 사전 유출에 잡스가 얼마나 불안해하고 신경을 썼는지는 실제로 애플이 한 사이트 운영자를 고소했다는 사실에서 잘 알 수 있다. 고소를 당한 사람은 19세의 하버드 대학교 학생이었다. 이 학생이 운영하던 싱크시크릿닷컴ThinkSecret.com은 그가 13세 때 만든 사이트였다. 그 밖에도 잡스는 두 개의 사이트 책임자를 고소했다.

잡스는 최초의 비디오 아이팟에 관한 모든 것을 철저히 비밀에 부쳤다가 어느 한순간에 제품을 선보여 사람들을 깜짝 놀라게 할 생각이었다. 10월 12일 비디오 아이팟 제품 설명회가 열렸을 때, 잡스는 산호세의 캘리포니아 극장을 가득 메운 사람들에게 비디오 아이팟을 소개했다. 설명을 마친 뒤에 그는 문득 생각난 듯이 한 마디를 덧붙였다.

"그리고 오늘 한 가지 더 말씀드릴 게 있군요……."

아이거였다. 아이거가 비디오 아이팟 제품 설명회에 깜짝 손님으로 등장한 것이다. 이런 프레젠테이션 방식은 잡스의 고전적인 쇼맨십을 잘 보여주는 것이었다. 잡스는 아이튠즈 온라인 가게에서는 ABC와 디즈니 채널의 5개 TV 프로그램을 제공할 것이라고 발표했다. 여기에는 인기리에 방송되던 〈로스트〉와 〈위기의 주부들〉도 포함되어 있었다. 이미 방영된 프로그램을 광고가 없는 상태로 돈을 주고 보는 최초의 방식이 될 것이라고 했다.

"우리 디즈니가 애플과의 관계를 한층 넓힌다는 사실을 발표하니, 기분이 최고입니다."

아이거가 사람들에게 한 말이다. 그는 유쾌하게 한 마디 더 붙였다.

"픽사가 아니고 애플과 말입니다."[21]

이 발표가 나간 뒤에 애널리스트들은 놀라움을 금치 못했다.[22] 잡스와 아이거가 이런 합의에 도달하기까지는 일주일도 채 걸리지 않았다. 아이거의 관점에서 보면 이 거래는 홍콩 디즈니랜드의 경우처럼 일종의 돌려치기인 셈이었다.

홍콩의 테마파크는 (홍콩에 이어서 상하이에도 테마파크를 세울 수 있는 가능성이 매우 높은 상황에서) 중국에서의 디즈니 캐릭터 수요를 한껏 끌어올릴 수 있었다. 그리고 디즈니로서는 가장 이상적인 전망이긴 하지만, 홍콩의 테마파크를 계기로 중국 정부가 세계에서 가장 인구가 많은 시장에서 디즈니 소유의 텔레비전 채널을 승인해줄 수도 있었다. 디즈니가 판권을 소유하고 있는 방송 프로그램을 애플에 제공하게 되면 잡스와의 관계는 한층 돈독해질 것이고, 또 일이 잘만 진행되면 픽사와 계약을 새로 체결하는 것도 한결 쉬워질 터였다. 하지만 아직까지는 희망사항일 뿐이었다.

존 래스터는 1960년대와 1970년대 초에 남부 캘리포니아의 자동차 문화의 세례를 받으면서 성장했다. 아버지 폴 래스터는 시보레 매장에서 부품 담당 책임자로 일을 했고, 덕분에 래스터는 16세 때 아버지가 일하던 곳에서 부품 재고 관리 아르바이트를 했다. 그리고 자동차라면 죽고 못 사는 전형적인 로스앤젤레스 사람이 되었다. 수입이 변변찮던 1990년대 초에도 자동차를 두 대나 가지고 있었다. 하나는 출퇴근용이었고, 또 하나는 순전히 즐기기 위한 목적의 중고 스포츠카였다.

픽사가 기업공개를 하면서 부자가 된 뒤로 그는 자동차를 수집하기 시작했다. 이 가운데 특히 진기한 자동차는 퇴역한 나스카 경주용 자동차였다. 그가 평생 동안 장난감을 사랑했기에 〈틴 토이〉와 〈토이 스토리〉가 탄생할 수 있었듯이 래스터는 결국 자동차 캐릭터들이 등장하는 영화를 만들게 된다. 자동차를 사랑했던 래스터에게 이 영화는 자연스러운 선택이었다고도 할 수 있다.

래스터가 자기 휘하의 스토리 팀 수장인 조 랜프트와 처음 이 이야기를 나눈 것은 1999년이었다. 〈토이 스토리 2〉 작업이 모두 끝난 뒤였다. 다음 해에 래스터는 낸시와 다섯 명의 아들을 데리고 자동차로 국토를 횡단하는 여행을 했는데, 이 여행을 계기로 한층 구체적으로 생각하게 되었다. 여행을 하는 두 달 동안 래스터는 아무런 계획도 없었고 아무런 일도 하지 않았으나 여행에서 돌아왔을 때는 자동차 영화의 실마리를 잡았다고 믿었다. 주인공이 우정을 나누고 하루하루의 일상을 느긋하게 즐기는 것이 얼마나 소중한지를 배운다는 이야기를 해볼 참이었다.

래스터는 전국의 자동차 경주장을 찾아다녔으며 자동차 경주 교육도 받았다. 그리고 조 랜프트, 요르겐 클루비엔과 함께 트리트먼트를 작성하는 작업에 매달렸다. 이야기 속에 사람은 등장하지 않는다. 대신 의인화된 자동차들이 직업을 가지고 우정과 사랑을 나누며 자동차 경주를 즐긴다.

주인공은 경주용 자동차다. 이 주인공의 이름은

라이트닝(번개) 맥퀸이다. 라이트닝은 거만하기 짝이 없는 신인 레이서인데, 견인차에 실려 다음 경기가 있는 캘리포니아로 가던 도중에 길을 잃고 헤매다가 라디에이터 스프링스라는 도시에 도착한다. 한때는 번성했지만 지금은 고속버스도 정차하지 않는 시골 도시로 퇴락한 곳이다. 이 영화의 제목은 단순하게 '카Cars'라고 지었다.

2001년, 라디에이터 스프링스에 등장하는 캐릭터들과 이 도시의 모습을 만들어내는 데 도움을 얻고자 래스터와 랜프트, 프로듀서 다를라 앤더슨Darla Anderson, 제작 팀 소속 여섯 명이 오클라호마시티로 날아갔다. 오클라호마시티는 9일 동안 66번 도로*를 따라서 이어질 탐사 여행의 출발 지점이었다. 미술 디자이너 윌리엄 콘William Cone과 밥 폴리Bob Pauley도 이들 일행에 속해 있었다. 사람들은 4대의 흰색 캐딜락에 나누어 탔고, 역사가 마이클 월리스가 선두에 서서 워키토키로 66번 도로에 얽힌 역사를 들려주었다. 사람들은 길에서 사진을 찍고, 스케치를 하고, 지역 사람들을 만나고, 심지어 흙까지 표본으로 챙겼다. 그림을 그릴 때 색을 정확하게 맞추기 위해서였다. 폴리는 제작 노트에서 다음과 같이 회상한다.

"우리는 길을 가다가 마을이 나오면 안으로 들어가서 주민들을 만나 온갖 멋진 이야기들을 들었다. 이발소에서 이발을 하면서도, 아이스크림을 먹으면서도, 심지어 빅 텍산에서 2킬로그램이나 되는 거대한 스테이크를 먹는 일에 도전할 때도 스펀지가 물을 빨아들이듯이 사람들이 하는 이야기를 하나도 남기지 않고 들었다."[23]

애머릴로에 있는 식당 겸 모텔인 빅 텍산 스테이크

* 미국을 동서로 가로지르는 길. 예전에는 마찻길이었다.

랜치는 한 시간 안에 2킬로그램짜리 스테이크를 먹어치우는 사람에게는 스테이크 값을 받지 않았다. 이 도시 외곽에는 캐딜락 랜치라는 야외 미술품 전시장이 있었다. 모래에 반쯤 파묻힌 채 꼬리만 바깥으로 내밀고 있는 캐딜락들을 전시해놓은 곳이었다. 이 풍경에 영감을 받은 장면이 영화에도 나온다. 꼬리지느러미처럼 생긴 꽃에서부터 머리 위로 뿜어져 나오는 수증기가 타이어 자국처럼 나오는 장면 등 많은 풍경이 66번 도로 주변에서 찾아낸 것이다.

랜프트는 중요한 캐릭터 하나를 캔자스의 도로를 달리다가 발견했다. 길가에 녹이 슨 채 버려져 있던 견인차에서 나온 캐릭터가 바로 메이터다. 메이터는 정 많은 가난한 백인으로 라이트닝과 친구가 되며, 그 도시의 다른 사람들과 마찬가지로 래스터의 인생 교훈을 전한다('메이터Mater'라는 이름은 어떤 자동차 경주 열혈팬의 별명을 딴 것이다. 더글러스 키버라는 이 열혈팬은 건축 노동자다. 래스터가 노스캐롤라이나의 샬럿에 있는 나스카 경기장 로우스 모터 스피디웨이 안에 있는 야영장에서 만난 사람이었다).

래스터는 아내의 생일을 기념하려고 2002년 9월에 싫다는 아내를 부추겨서 소노마에 있는 인피니언 레이스웨이에서 아내와 둘이서 야간 드래그레이스drag race ** 를 펼쳤다. 낸시는 1960년대의 세단을 개조한 모터 홈 ***을 탔고, 래스터는 로시 레이싱 팀 ****에게서 구입한 자극적인 노란색의 치리오스라는 브랜드의 나스카 경주용 자동차를 탔다. 비록 래스터가 봐줘서 출발을 조금 늦게 하긴 했지만, 낸시는 구경꾼들의 열광적인 응원에 힘입어 래스터보다 조금 먼저 결승선을 통과했다.

** 특수하게 개조한 자동차로 짧은 구간을 달리는 경주.

*** 주거 기능을 갖춘 자동차.

**** 나스카 경주의 참가팀.

래스터는 철저한 사전 조사의 중요성을 신봉했고, 그래서 사전 조사의 영역은 캐릭터들의 외관으로까지 확대되었다. 래스터는 캘리포니아의 페블 비치에서 열린 콩쿠르 드 엘레강스 고전 자동차 전시회와 디트로이트에서 열리는 북미자동차쇼NAIAS를 둘러보았으며, 포드자동차와 제너럴모터스의 디자인센터를 방문했다. 디자인 팀은 픽사에서 그리 멀지 않은 곳에 있는 이국적인 자동차 전시관에서 많은 시간을 보내며 연구를 했다. 자동차 도색 전문점인 마누엘스 보디숍에 가서 한때 잘나갔던 자동차들의 표면을 꼼꼼하게 살피기도 했다. 명암 아트 디렉터 티아 크래터Tia Krater는 다음과 같이 회상한다.

“어느 날 우리는 마누엘스 보디숍에서 낡고 오래된 크롬 범퍼를 발견했다. 우리는 그걸 살 수 있는지 물었다. 그러자 마누엘은 그 범퍼를 닦기 시작했다. 그 순간 우리는 이구동성으로 외쳤다. ‘안 돼요, 잠깐! 잠깐!’ 그건 바로 우리가 기대하던 것이었다. (……) 우묵하게 들어간 곳, 긁힌 곳, 부풀어 오른 곳, 녹과 얼룩이 진 곳…… 우리가 바라던 바로 그런 범퍼였다.”[24]

라이트닝의 목소리 연기는 오언 윌슨에게 맡기기로 했다. 윌슨은 래스터의 아들들이 〈상하이 눈〉을 본 이후로 팬이 된 배우였다. 라이트닝 맥퀸과 메이터 및 악당 역의 칙 힉스는 전적으로 픽사가 만들어낸 캐릭터였다. 다른 자동차들은 대부분 고전적인 옛날 자동차를 모델로 했다. 예를 들어 폴 뉴먼이 연기한 라디에이터 스프링스의 의사이자 판사인 독 허드슨은 1951년식 허드슨 호넷이고, 치치 마린이 연기한 보디페인트 예술가인 라모네는 1959년식 임팔라이며, 토니 샬호브가 연기한 타이어 장수 루이지는 1959년식 피아트 500이고, 조지 칼린과 폴 둘리가 호흡을 맞춘 괴짜 커플 히피 필모어와 사지는 각각 1960년식 폴크스바겐 마이크로버스와 1942년식 윌리스 지프였다. 존 라첸버거John Ratzenberg가 일곱 번째로 픽사의 영화에 참여해서 연기한 견인차 맥은 1985년식 맥 슈퍼라이너였다.

라디에이터 스프링스에 사는 캐릭터들 가운데 딱 하나만 당대의 자동차를 모델로 했다. 여주인공인 샐리 카레라였다. 보니 헌트가 목소리 연기를 한 샐리는 2002년식 포르쉐 911이다. 샐리 캐릭터를 만드는 과정에서는 북아메리카 포르쉐 자동차의 로스앤젤레스 영화 사무소인 스튜디오 서비스로부터 도움을 받았다.

포르쉐는 911을 픽사에 여러 차례 빌려주었다. 한 번은 모델링 팀이 빌렸고, 한 번은 애니메이터들이 빌렸고, 마지막으로는 루카스필름의 스카이워커 사운드가 사운드트랙에 넣을 엔진 배기음을 녹음하기 위해 빌렸다. 포르쉐는 또한 픽사가 실물 크기의 샐리 복제품을 만들 수 있도록 911 한 대를 주었다. 이 샐리 복제품은 나중에 라이트닝 맥퀸 복제품과 함께 여행에 나선다. 샐리의 성을 '카레라Carrera'로 제안한 사람은 스튜디오 서비스의 책임자 하워드 벅Howard Buck이었다.[25] *

* '카레라'는 포르쉐의 등록상표로, '경주'를 뜻하는 스페인어다.

많은 캐릭터들이 실제 모델을 바탕으로 한 것이라고 해도 실제 자동차와 똑같지는 않았다. 영화에 등장하는 자동차에는 눈과 입이 있어야 했고, 성별 구분도 있어야 했다. 래스터는 자동차의 눈을 전조등에 배치하지 않았다. 영혼의 창인 이 눈을 앞 유리창에 배치했다. 이렇게 할 때 자동차의 표정을 더욱 풍부하게 살릴 수 있으며, 아울러 자동차가 더 사람을 닮은 형상이 될 것이라고 믿었기 때문이다. 눈을 전조등 위치에 놓을 때 자동차는 어쩐지 뱀처럼 보인다는 점도 이런 판단을 하는 데 작용했다. 여성 자동차들은 차체를 좀 더 둥글게 만들고 입술도 여성 특유의 느낌을 살리도록 디자인했다(하지만 모델 T의 수척한 캐릭터 리지는 예외였다).

모델링 팀은 모든 자동차에 지정한 차대(車臺, 새시)와 현가장치 콘트롤 포인트 지점들을 각 캐릭터의 크기를 고려하여 동일하게 설정했다. 자동차가 이동할 때는 자동차의 움직임이 땅 표면의 상태와 일치하도록, 즉 애니메이터들이 따로 작업을 하지 않더라도 땅의 표면 상태에 따라서 달리는 자동차의 움직임이 자동으로 적절하게 나타날 수 있도록 프로그래밍했다.

또 물리학의 법칙이 정확하게 관철되도록 프로그래밍을 했기 때문에, 구부러진 길에서는 자동차가 한쪽으로 쏠렸고 울퉁불퉁한 길에서는 덜거덕거렸다.[26] 덕분에 애니메이터들은 이런 작업들을 소프트웨어에 맡기고 캐릭터들의 움직임에 더욱 집중할 수 있었다.

래스터는 픽사에서는 처음으로 렌더링 과정에 광선 추적법ray tracing을 적용하기로 함으로써 영화의 사실성을 한 차원 더 높였다.[27] 픽사를 비롯한 여러 영화사에서 사용하는 다른 렌더링 기법들을 사용하면, 어떤 물체의 매끈한 표면은 곁에 있는 다른 물체의 거울처럼 비추지 않았다. 또한 표준적인 기법들은 복잡한 장면에서는 사실적인 그림자를 만들어내지 못했다. 빛이 유리나 물과 같은 물질을 통과할 때 정확하게 굴절하지도 않았다. 물론 관객이 받아들일 수 있을 정도의 이미지는 기술감독들도 충분히 만들어낼 수 있었다. 예를 들어 〈토이 스토리〉에서 버즈의 헬멧이 빛을 반사하는 장면이 여러 차례 나오는데, 이것은 특수효과 작업으로 한 것이지 컴퓨터의 소프트웨어 프로그램으로 만든 것이 아니다.

하지만 광선 추적법은 빛의 효과를 정확하게 재현했다. 광선 추적법이란 광원과 카메라 사이에 있는 개별 광선들의 경로를 추적하는 것이다. 가상 광선이 어떤 물체의 표면(즉 자동차의 도색)에 부딪힐 때, 렌더링을 하는 사람은 표면에서 반사되거나 혹은 표면을 투과하는 빛을 따라간다. 그 결과 화면의 사실성은 컴퓨터가 구현할 수 있는 최상의 수준에 도달했다. 이 기술은 무려 25년 전에 나왔지만, 컴퓨터의 용량을 엄청나게 잡아먹기 때문에 영화 제작에서는 거의 사용하지 않았다. 1990년의 시그래프 총회에서 패널 한 사람이 다음과 같은 농담을 할 정도였다.

"문제: 전구 하나를 렌더링하는 데 얼마나 많은 광선이 필요할까? 답: 하나. 하지만 8시간이 걸린다."[28]

광선 추적법 덕분에 〈카〉의 한 프레임, 즉 영화에서 24분의 1초에 해당하는 양을 렌더링하는 데 평균 17시간이 걸렸다(어떤 프레임은 일주일이 걸리기도 했다). 하지만 이런 노력에 대한 보상은 놀라웠다. 컴퓨터 애니메이션 영화 역사에서 전례가 없을 정도로 시각적 사실성이 돋보였던 것이다.

길고 긴 작업이 끝난 뒤에 영화사는 오클랜드에 있는 한 극장을 빌려서 〈카〉의 완성을 자축하는 파티를 벌였다. 2006년 3월 11일이었다. 직원들은 밤을 지새워가며 다음 날

아침까지 진탕 마셨다. 그리고 기다렸다. 개봉일까지는 몇 달이 더 남아 있었기 때문이다.

〈카〉 제작이 끝나갈 무렵, 유례가 없을 정도로 제작 기간이 길게 늘어지고 복잡한 진화 과정을 거치던 또 다른 영화 한 편이 격정의 소용돌이 속에 놓여 있었다. 〈라따뚜이〉였다. 픽사의 감독 잔 핀카바Jan Pinkava가 처음 이 영화의 콘셉트를 생각했을 때부터 따지자면 이미 엄청나게 많은 시간을 잡아먹은 셈이었다. 그때가 2000년 초였다. 당시를 핀카바는 다음과 같이 회상한다.

"생생하게 기억합니다. 그때 나는 아내와 함께 부엌에 있었고, 우리는 이 이야기를 놓고 의견을 나누었습니다. '쥐는 요리사가 되고 싶어한다'는 발상이 퍼뜩 떠올랐고, 그 순간 멋진 아이디어라는 생각이 들었습니다."[29]

핀카바는 1963년 프라하에서 태어났다. 소련이 체코슬로바키아를 침공한 사건이 일어난 다음 해인 1969년에 가족을 따라서 영국으로 이주했다. 런던에 있던 컴퓨터 애니메이션 영화사에서 여러 해 동안 일을 했으며, 픽사에는 1993년에 입사해서 텔레비전 광고를 연출했다. 핀카바가 만든 리스테린 광고는 픽사에게 처음으로 (광고계의 아카데미라고 불리는) 클리오 광고제에서 금상을 안겨주었다. 또한 핀카바는 〈제리의 게임〉(1997년)으로 아카데미 단편 애니메이션 최우수 작품상을 픽사에 안겼다. 그 뒤로는 〈벅스 라이프〉와 〈토이 스토리 2〉의 애니메이팅 작업 및 스토리 작업을 했다.

〈라따뚜이〉 콘셉트는 대담했다. 위험하기까지 했다.

그때까지 영화에 등장하는 쥐는 대부분 더럽고 천박한 이미지였다. 1970년대 초기에 나왔던 영화 〈윌러드〉와 〈벤〉 그리고 1989년에 나온 〈인디아나 존스 : 최후의 성전〉에서 그랬다. 월트 디즈니가 만든 〈레이디와 트램프〉에서도 쥐는 위협적인 침입자였고, 주인공들은 아기를 보호하기 위해서 이 쥐를 죽여야만 하는 것으로 설정됐다. 쥐를 주방을 책임지는 주인공으로 설정한다는 발상은 엄청난 비약이고 모험이었다.

핀카바는 이 이야기의 1차 줄거리를 3월 말에 완성하고, 픽사의 스토리 팀에 속해 있던 짐 카포비안코Jim Capobianco와 함께 대본 작업을 했다. 2003년 2월, 픽사는 이 이야기를 픽사의 여덟 번째 장편영화이자 디즈니와의 계약으로부터 자유로운 첫 번째 영화로 만들기로 결정했다. 이 영화의 암호명은 '프로젝트 2006'이었다. 2006년에 개봉하겠다는 계획에서 붙인 이름이었다. 핀카바는 시나리오 작가인 에밀리 쿡Emily Cook, 캐시 그린버그Kathy Greenberg와 함께 대본을 다듬는 작업을 계속했다. 다음은 핀카바의 회상이다.

"2004년 여름까지 이어진 작업만 해도 대단한 일이었습니다. 내게는 도움이 필요했죠."

10월에 다행히도 동료인 밥 피터슨Bob Peterson이 공동 감독으로 합류했고, 핀카바는 안도의 한숨을 쉬었다. 피터슨은 픽사에서는 목소리 배우와 작가 등으로 만능선수 역할을 하고 있었으며, 최근에는 앤드류 스탠튼이 〈니모를 찾아서〉 대본을 다시 쓰는 작업을 돕고 있었다.

그런데 핀카바로서는 실망스러운 결정이 내려졌다. 이야기 구성의 전권을 피터슨에게 맡기고, 핀카바는 캐릭터나 세트 디자인 등을 맡으라는 것이었다.

2005년 6월, 피터슨은 회사의 두뇌들이 모인 회의에서 자신이 구성한 이야기를 내놓았다. 회사 내 최상급에 속하는 감독 및 스토리 작가들이 모인 이 집단을 사람들은 '브레인 트러스트brain trust'라는 풍자적인 이름으로 불렀다. 래스터, 스탠튼, 피트 닥터, 조 랜프트 등이 여기에 속했으며, 이들은 정기적으로 모여서 진행 중인 영화를 평가하고 수정 방향을 제시했다. 이 회의에서 피터슨이 제출한 이야기는 혹평을 받았다. 래스터는 새로 나온 이야기는 완전히 실패한 것으로 바라보았다.

피터슨은 프로젝트에서 손을 뗐다. 핀카바는 이 영화를 자기가 생각하는 방향대로 추진하려고 했지만 뜻대로 되지 않았고, 1년 뒤에 픽사를 떠났다.

브래드 버드는 브레인 트러스트의 일원으로, 처음부터 이 영화에 관여해오다가 본격적으로 맡게 되었다. 2005년 7월의 일이었다. 버드는 기다리고 기다리던 휴가를 떠났는데, 휴가 이틀째 되던 날에 전화 한 통을 받았다. 잡스와 래스터, 캣멀이 함께 건 전화였다. 얼른 돌아와서 〈라따뚜이〉를 맡으라는 것이었다.

영화 개봉은 2007년 여름으로 조정된 상태였다. 버드가 줄거리를 수정해서 제작을 마칠 때까지 남은 시간은 18개월이었다. 래스터가 〈토이 스토리 2〉를 만들 때보다는 긴 시간이었다. 하지만 충분하지는 않았다. 버드는 몇몇 유용한 자산을 기존의 작업 팀으로부터 물려받았다. 캐릭터들을 형상화할 디지털 모델들과 중요한 몇 개의 세트는 이미 완성되어 있었다. 버드는 야심만만한 쥐 레미, 레미와 손을 잡는 보조 요리사 알프레도 링귀니, 악명 높은 음식 평론가 안톤 이고 등 핀카바가 설정했던 주요 캐릭터들을 그대로 가져갔다. 어릿광대 같은 면모, 즉 레미가 링귀니의 주방모자 안에 숨어서 머리카락을 잡아당겨 링귀니의 움직임을 조종하는 설정도 그대로 유지했다.

하지만 버드는 레미가 영웅으로 바라보던 요리사 오귀스트 구스토라는 캐릭터는 거의 폐기하다시피 했다. 영화에서 이 인물은 텔레비전 재방송 프로그램과 레미의 상상 속에서 〈스타워즈〉의 오비완 케노비처럼 정신적인 스승으로만 등장한다. 버드는 또 레미의 형과 아버지는 그대로 두었지만, 어머니와 다른 형제들과의 관계를 싹 걷어내어 이야기 전개를 단순하게 만들었다. 다음은 여기에 대한 핀카바의 의견이다.

> 원래 이야기에서 설정한 정서적인 핵심이 (브래드 버드의) 취향에 맞지 않았거든요. 레미라는 캐릭터는 진행하는 과정에서 엄청나게 바뀌었습니다. 좀 더 확신에 찬 인물이 되었죠. 요리에 대한 자신의 재능과 열정을 믿고서 아무런 망설임도 없이, 꿈을 이루는 데 방해가 되는 온갖 장애물을 넘어서려고 뛰어듭니다.
>
> 레미라는 캐릭터가 담고 있던 복잡한 요소들은 모두 제거되었습니다. 예를 들면 이런 것들입니다. 쥐라는 자기정체성과 투쟁하고, 가족이 소중하게 여기는 가치를 배반한 것에 대해 자책하고, 적일 수밖에 없는 세상의 일원이 되고자 하는 자기 행위가 미친 짓임을 잘 알고, 남에게 훌륭한 요리사로 인정받고 싶지만 숨기고 살아야 하는 성격들

말입니다. 이 모든 것들이 마지막 '커밍아웃'에서 절정에 이른다는 게 애초에 생각했던 이야기였습니다.

버드는 핀카바가 설정한 이야기에서 작은 비중으로 나온 콜레트라는 여성 캐릭터에 강하게 이끌렸다. 콜레트는 남자들만 있는 주방에서 홍일점 요리사였다. 버드는 이런 설정이 과연 가능한지 고민했으나 충분히 가능하다는 결론을 내렸다. 프랑스에서는 진정한 요리의 세계는 남자들의 영역이라고 생각하기 때문에 오히려 여자들에게는 높은 장벽이 된다고 했다. 버드의 손길에 의해 콜레트는 높은 이상을 품고 있다가 쓰라린 좌절을 겪지만 마침내 레미, 링귀니와 뜻을 함께하는 캐릭터로 탄생했다.

영화를 제작하는 과정 내내 제작진은 픽사의 원칙으로 자리 잡은 현장 조사를 끊임없이 수행했다. 나파 밸리에 있는 고급 식당 프렌치 론드리의 주방을 비디오로 엄청나게 많이 찍었으며, 핀카바와 프로듀서 브래드 루이스Brad Lewis는 심지어 이 식당에서 견습생으로 일을 하기도 했다. 나중에는 영화 속 장면의 정확성을 기하기 위해서 버드와 몇몇 사람들이 귀중한 시간을 쪼개어 파리로 날아가서 6일 동안이나 도시와 음식점들의 풍경을 담았다. 특수효과 팀은 영화 초반에 나오는, 쥐들이 빗물 배수관에 흐르는 물을 타고 빠르게 이동하는 시퀀스를 준비하기 위해 새크라멘토 인근에 있는 아메리칸 강에서 급류를 타기도 했다.

부분적으로 보면, 버드가 수정한 이야기는 〈인어공주〉 이후로 장편 애니메이션의 고정 요소가 된 몇 가지 주제들, 예를 들면 자기 자신을 믿으라거나 가족을 존중하라는 등의 주제를 담았다. 하지만 버드는 〈인크레더블〉에서 그랬던 것처럼 〈라따뚜이〉의 아이디어들을 좀 더 모험적인 요소에서 찾으려 했다. 예컨대 누구나 재능 하나씩을 가지고 있는 것은 아니라는 설정이 그랬다. 몇몇 사람들은 (그리고 몇몇 쥐들은) 타고난 재능이 없기 때문에 자기 자신을 믿으면 안 되는 것으로 그는 설정했다.

〈라따뚜이〉의 대본이 담고 있는 가장 중요한 메시지는 이것이었다. 재능이 있다면 그 재능이 어디에서 나왔든 간에 소중하게 여겨라. 그렇지 않으면 퇴보할 수밖에 없다는 주장이었다. 예를 들면, 과거의 관행만 되풀이하는 식당은 반드시 몰락하며 창업자의 명성에 먹칠을 할 수밖에 없다.

이런 내용은 래스터와 버드가 칼아츠를 졸업한 뒤에 취직해서 경험했던 월트 디즈니 스튜디오와 마이클 아이스너가 오랜 세월 자기 색깔로 지배했다고 믿는 월트 디즈니를 염두에 둔 상징이기도 했다. 그래서 아이스너의 뒤를 이은 후계자는 래스터와 그가 이끄는 팀을 다시 디즈니라는 주방으로 불러들이려고 엄청난 돈을 지불하고 또 엄청난 위험을 감수해야만 했다.

월트 디즈니 컴퍼니가 픽사를 인수한다는 이야기는 오랫동안 여러 차례 나왔다. 하지만 이런 말은 늘 나오자마자 쏙 들어가곤 했다. 픽사가 루카스필름 소속으로 있을 때 제프리 카젠버그는 이런 계획이 있었으나 포기했다. 〈토이 스토리〉와 〈벅스 라이프〉의 중간 시점이던 1997년 초, 카젠버그의 후임 조 로스Joe Roth는 아이스너에게 픽사를 인수하라고 설득했으나 허사였다. 더 나아가 애플로 복귀하기 전인 잡스를 영입해서 디즈니의 사장 겸 최고운영책임자로 밑에 둘 것을 조언했다.[30] 하지만 아이스너는 별로 관심을 두지 않았다.

2003년 10월, 〈배런스〉는 픽사의 주식과 관련된 기사를 표지 기사로 실으면서, 디즈니는 결코 픽사를 인수하지 못할 것이라고 썼다. 그렇게 추정한 이유는 "50억 달러가 넘는 인수 비용이 디즈니의 재정 상태를 어렵게 만들 뿐만 아니라 수익률을 떨어뜨릴 것이기 때문"이었다.[31]

밥 아이거는 2005년 9월에 홍콩 디즈니랜드의 개장식에 다녀온 뒤에 픽사 인수를 진지하게 고민하기 시작했다. 다음은 이 문제와 관련해서 아이거가 회상한 말이다.

"(홍콩 디즈니랜드에서) 캐릭터 퍼레이드가 지나가는 걸 보았는데, 온통 픽사가 만든 영화 속 캐릭터였습니다. 디즈니가 지난 10년 동안 만든 애니메이션에 나온 캐릭터는 하나도 없었습니다."[32]

이 일로 아이거는 월트 디즈니가 장편 애니메이션 분야에서 심각하게 뒤처져 있다는 사실을 절실하게 깨달았다. 아이거가 보기에 장편 애니메이션 분야는 디즈니에게 가장 중요한 사업 분야이며, 과거 디즈니가 지금까지 고전으로 남은 영화를 만들어낸 분야이고, 디즈니 테마파크와 캐릭터 상품에 온갖 캐릭터를 제공해온 원천이며, 음악 사업부에 수많은 노래들을 공급했던 원천이었다. 무엇보다 장편 애니메이션은 디즈니를 디즈니답게 만들어준 사업 분야였다.

아이거에게는 또 다른 걱정거리가 있었다. 시장조사팀이 내놓은 결과가 끔찍했던 것이다. 12세 미만의 자녀를 둔

어머니들은 디즈니라는 브랜드보다 픽사라는 브랜드를 더 높이 평가하고 있다는 것이었다.[33]

홍콩 디즈니랜드 개장식이 있고 몇 주 뒤인 10월 2일에 월트 디즈니 컴퍼니의 정기 이사회가 열렸다. 이 자리에서 아이거는 처음으로 픽사 인수에 관한 이야기를 꺼냈다.[34] 이사회의 승인이 떨어졌고, 아이거는 얼마 뒤에 잡스에게 연락을 취했다. 10월과 11월 두 달 동안 인수합병과 관련된 세세한 사항들이 논의되었다. 두 사람은 에드 캣멀과 존 래스터를 비롯한 두 회사의 고위 경영진들과 함께, 만일 두 회사가 합쳐질 경우 애니메이션 사업부를 어떻게 운영할지에 대해 논의했다. 특히 픽사의 창조적인 문화를 보존하는 데 초점을 맞추었다. 그리고 이런 논의가 모두 마무리된 뒤에야 비로소 인수 가격 이야기가 나왔다.

홍콩에서 경험했던 갑작스러운 통찰 이후 넉 달이 지난 2006년 1월 24일 화요일의 늦은 시각, 아이거는 마침내 그 통찰에 따른 타개책을 실현했다. 픽사 인수 가격은 디즈니의 주식 2억 8,750만 주(당시 가격으로 약 74억 달러)에 서로 합의를 봤다는 발표가 이날 나왔다. 픽사 측은 이 안건에 대해 주주의 승인을 받아야 했지만, 잡스가 픽사의 주식 49.8퍼센트를 소유하고 있었기 때문에 잡스만 동의하면 되었다. 로스앤젤레스의 투자회사인 TCW 그룹이 잡스에 이어 두 번째로 픽사의 주식을 많이 가지고 있었으나 15퍼센트를 밑도는 정도였다.

디즈니와 픽사의 애니메이션 조직은 지금처럼 버뱅크와 에머리빌에 둔 채 캣멀이 새로운 통합 조직의 사장이 되기로 했다. 래스터는 두 조직을 관장하는 최고창작책임자가 되고, 아울러 월트 디즈니 이미지니어링의 수석 자문관을 겸임하기로 했다. 월트 디즈니 이미지니어링은 월트가 1952년에 디즈니랜드의 설계와 운영을 목적으로 세운 조직으로, 전 세계의 테마파크 및 기타 재산을 관리하고 있었다. 후자의 역할은 래스터의 바람을 존중한 결정임이 분명했다. 래스터는 학생 때 아르바이트로 놀이공원에서 '정글 크루즈'를 몰았던 경험이 있었고, 앞으로 나올 영화들에 테마파크의 새로운 놀이기구를 접목시키고 싶어했기 때문이다.

인수합병 발표 다음 날, 캣멀과 래스터는 버뱅크로 날아가서 디즈니의 7번 방음 스튜디오로 갔다. 스튜디오 안에는 500명 가까운 직원들이 나와서 미래의 상사를 기다리고 있었다. 두 사람이 앞으로 나서자 박수갈채가 쏟아졌다. 아이거와 쿡이 두 사람을 소개하자 다시 한 번 우레와 같은 박수소리가 터졌다. 래스터는 22년 전에 자기를 내쫓았던 바로 그곳으로 돌아가 그 영화사를 구원해줄 영웅으로 환영을 받았다.

거기 모인 사람들은 래스터의 눈과 손길이 닿으면 영화가 흥행에 성공할 것이라고 기대했다. 그렇게만 된다면 지난 몇 년 동안 지긋지긋하게 이어졌던 인원 감축이 다시는 없을 터였다. 하지만 그들의 박수는 단지 그런 경제적인 이유에서만 나온 게 아니었다. 랠프 구겐하임이 1990년대에 〈토이 스토리〉 작업에 참여하면서 인식했듯이, 창조적인 일을 하는 노동자들은 어떤 '중요한 일'에 함께한다는 것에 높은 의미를 부여했다. 장편 애니메이션에서 중요한 일이란 칭송을 받는 영화, 다른 동료들로부터 존경을 받는 영화,

친구와 가족들에게 사랑받는 영화, 기억에 오래 남는 영화 그리고 나중에 한 시대의 획을 그은 작품으로 평가받는 영화를 만드는 것이었다. 래스터가 디즈니의 애니메이션 영화를 다시 한 번 중요한 지위에 올려놓을 것이라고 다들 믿었던 것이다.

여러 해 전에 로이 E. 디즈니를 지지하는 공동성명서를 집필했던 데이브 프루익스마Dave Pruiksma는 인터넷에 새로운 편지를 올려 새로운 시대의 열정을 제창했다.

> '공포의 탑Tower of Terror'*의 벽은 분명 무너져 내려앉았다. '장화 신은 고양이의 국왕'은 이제 더는 월트 왕국에 위협이 되지 않는다! 사람들이 다시 자기 왕국의 지배권을 장악했으며, 새롭고 관대한 지도자들이 권좌에 올라 강력하고 건강한 미래를 약속한다. 행복한 작은 왕국에 다시 새로운 햇살이 비치는 것 같다.[35]

* 디즈니 테마파크의 놀이기구 이름이기도 하다.

실제로 인수합병이 이루어지려면 아직 몇 달을 더 기다려야 했지만, 캣멀과 래스터는 곧바로 디즈니의 조직에 손을 대기 시작했다. 우선 최근에 해고된 디즈니의 애니메이션 실력파들을 다시 고용했다. 이들 가운데는 〈헤라클레스〉, 〈알라딘〉, 〈인어공주〉의 공동 감독이었던 론 클레멘츠Ron Clements와 존 머스커, 〈포카혼타스〉의 공동 감독이었던 에릭 골드버그Eric Goldberg도 포함되어 있었다. 그리고 서클 세븐과 함께 〈토이 스토리 3〉 제작진을 해산시켰다. 이 작업에 매달려 있던 168명의 화가 및 스태프 대부분은 디즈니의 다른 애니메이션 영화에 투입됐다.

인수합병은 픽사 주주들의 투표를 거치고 공식적으로 5월 5일에 이루어졌다. 픽사는 10억 달러가 넘는 현금을 가지고 있었기 때문에, 순수한 판매 가격은 63억 달러였다. 픽사의 수익을 고려할 때 터무니없는 것은 아니라 해도 엄청난 금액이었다. 테마파크, ABC나 ESPN과 같은 공중파 및 케이블 방송국, 소비자 제품 판권, 영화 등 디즈니 제국 전체의 자산을 시가 총액으로 따진 금액의 10퍼센트가 넘었다. 디즈니가 기존 픽사의 영화 및 캐릭터에 대한 권리까지 고려한다면, 63억 달러를 주고 디즈니가 사들인 것은 존 래스터를 비롯한 픽사의 재능 있는 인력들이 가지고 있는 능력이었다. 래스터는 유일하게 고용 계약으로 묶여 있는 사람이었다. 일반적인 상식으로만 보면 잡스는 아이거와 디즈니의 주주들을 홀랑 벗겨먹은 것 같았다.

그러나 일반적인 상식만으로는 픽사가 월트 디즈니에 얼마나 소중한 존재인지 파악할 수 없다. 인수 혹은 합병을 합리화할 때 보통 '시너지'라는 말을 쓴다. 픽사와 디즈니의 관계에서는 시너지라는 말이 결코 수사가 아니었다. 애니메이션은 단지 월트 디즈니 컴퍼니의 심장만이 아니었다. 피였고 혈관이었다. 픽사와 디즈니의 인수합병이 최종적으로 완료되고 몇 주 뒤, 아이거는 CNBC 프로그램에서 아이스너와 인터뷰를 하면서 그 일을 추진한 배경을 설명했다.

> 아이스너 : 내가 못한 일을 당신이 스티브 잡스를 상대로 결국 해냈군요. 애니메이션이 미래의 핵심 사업이라고 봤기 때문이겠죠. 내 생각이 맞습니까?

아이거 : 네. 잘 아시다시피 애니메이션은 회사에 엄청난 부가가치를 만들어줍니다. 당신도 제일 높은 자리에서 경험하셨을 겁니다. 〈인어공주〉에서부터 〈라이온 킹〉에 이르기까지 말입니다. 〈라이온 킹〉이 대단했죠. 그 밖에 다른 영화들도 있고요. 〈라이온 킹〉은 여러 가지 측면에서 정말 최고였죠. 그런 영화들에서 창출되는 가치가 어마어마하다는 것은 잘 아시지 않습니까. 게다가 이런 가치는 우리 당대에 끝나는 게 아니라 앞으로도 여러 세대를 거쳐 계속 이어지니까요.

우리는 작년에 1950년에 나왔던 〈신데렐라〉의 DVD를 발매했습니다. 55년이나 된 영화를 말입니다. 그것으로 전 세계에서 1,000만 달러를 벌어들였습니다.

당신과 (캐피털 시티/ABC의 이사회 의장이자 최고경영자인) 톰 머피 그리고 다른 여러 사람들에게서 나는 자신이 지닌 능력의 강점을 알아야 한다는 교훈을 배웠습니다. 이런 점에서 볼 때 우리는 애니메이션에 강점을 가지고 있다고 느꼈습니다. 하지만 우리에게는 위대한 리더십이 필요했습니다. 애니메이션에서의 리더십을 내가 제공할 수 있다고는 생각하지 않았거든요. 픽사 사람들이 그 부분을 해결해줄 것이라고 확신합니다. 게다가 그들은 리더십뿐만 아니라 엄청난 재능도 함께 가지고 있으니까요.

이런 점들까지 따진다면, 월트 디즈니 컴퍼니의 주주들을 위해서도 장기적으로 올바른 길이라고 생각합니다.[36]

아이거는 곧 관객들이 픽사의 새로운 영화 〈카〉에 어떤 반응을 보이는지 목격한다. 〈카〉는 두 회사의 인수합병이 완료되고 한 달 남짓 지난 시점인 6월 9일에 개봉되었다. 영화는 상업성이나 작품성 측면에서 썩 만족스럽지는 않았다. 물론 이것은 픽사의 기존 영화들과 비교했을 때의 이야기다. 첫 주말에 거둬들인 수익은 6,000만 달러로, 〈토이 스토리 2〉 이후로 가장 낮은 수준이었다. 〈카〉가 상업적인 성공을 거두지 못하는 픽사의 첫 번째 영화가 될 것이라는 예측도 나왔다. 어떤 점에서 보자면 이런 예측은 빗나가지 않았다. 미국 내 수익이나 해외 수익 모두 〈벅스 라이프〉와 〈토이 스토리 2〉 이후의 다른 영화들보다 못했다.

래스터의 주관적인 집착이 이런 결과를 낳는 데 한몫했음이 분명했다. 자동차 경주는 여자아이보다 남자아이들이 좋아하는 이야기였고, 특히 미국 바깥의 관객들은 포뮬러1 경주는 알아도 나스카 경주는 잘 알지 못했다. 하지만 실망은 순전히 상대적인 것이었다. 비록 픽사의 다른 영화들에 비해 흥행 성적이 좋지는 않았지만, 〈카〉는 여전히 디즈니의 〈캐리비안의 해적 : 망자의 함〉 뒤를 이어 그해 흥행 수익 2위 자리를 굳건하게 지켰다.

그런데 중요한 사실은 〈카〉가 픽사의 장편 애니메이션으로는 처음으로 온라인과 오프라인의 많은 평자들로부터 부정적인 평가를 받았다는 점이다. 자동차 경주가 펼쳐지는 장면의 박진감이나 사막 장면의 아름다움이나 흠잡을 데 없는 합성은 누구도 부인할 수 없는 이 영화의 미덕이었다. 하지만 대사들은 생기 넘치는 재치가 부족했다(예를 들어 라이트닝 맥퀸이 샐리를 처음 봤을 때 사랑을 느끼며 외치는 대사는 '성스러운 포르쉐!'였다).

영화 평을 소개하는 썩은토마토닷컴RottenTomatoes.com이라는 웹사이트에서 〈카〉는 픽사 영화로서는 처음으로 지지율이 90퍼센트에 못 미쳤다(〈카〉의 지지율은 76퍼센트였다). 실리콘밸리에 본사를 둔 〈산호세 머큐리 뉴스〉의 평자도 "픽사의 영화를 보면서 내가 처음으로 지루함을 느낀 영화"라며 아쉬워했다. 〈필라델피아 인콰이어러〉는 "픽사가 마침내 형편없는 영화를 만들어냈다"고 평했다. 〈인크레더블〉의 팬이었던 애니메이션 비평가 마이클 배리어는 〈카〉에 대해 "진부한 표현, 엉터리 논리, 뻔한 내용, 인종적 및 기타 문제"로 "픽사의 영화들 가운데서 어렵지 않게 꼴찌 자리를 차지했다"고 주장했다. 하지만 이런 부정적인 평가에도 불구하고 〈카〉는 여전히 그해의 다른 컴퓨터 애니메이션 장편영화들에 비해서는 높은 점수를 받았다.[37]

한편 컴퓨터 애니메이션 영화 및 이런 영화를 만드는 영화사가 점점 늘어났다. 〈토이 스토리〉 이후 10년 동안 미국에서 한 해에 주요 컴퓨터 애니메이션 장편영화가 다섯 편 이상 개봉된 적은 한 번도 없었다(미국의 컴퓨터 애니메이션 장편영화는 주로 픽사와 드림웍스 애니메이션 그리고 블루 스카이 스튜디오가 만들었다).

그런데 2006년이 되면서 컴퓨터 애니메이션 영화가 쏟아졌다. 대부분 어린이 관객을 대상으로 했으며, 이들 사이에 교통정리가 필요해 보였다. 이해에 나온 작품은 다음과 같다. 픽사의 〈카〉, 애니멀 로직의 〈해피 피트〉, 블루 스카이 스튜디오의 〈아이스 에이지 2 : 멜트다운〉, DNA프로덕션의 〈앤트 불리〉, 드림웍스 애니메이션의 〈헷지〉, 드림웍스와 아드만의 〈플러쉬〉, 니켈로디언의

〈신나는 동물농장〉, 소니 픽처스 이미지웍스의 〈몬스터 하우스〉와 〈부그와 엘리엇〉, C. O. R. E. 피처 애니메이션이 만들고 디즈니가 배급한 〈와일드〉. 2007년에는 컴퓨터 애니메이션 영화를 제작하는 영화사가 더 많이 생기면서 제작 편수도 더욱 늘어났다.

그 결과 상업주의가 판을 치게 되었다. 할리우드의 모든 영화사들이 컴퓨터 애니메이션에서 돈 냄새를 맡았다. 그것은 분명한 사실이었다(어떤 신생 영화사의 사장은 〈패스트 컴퍼니〉라는 잡지에서 "위험은 낮고, 잘될 가능성은 엄청 높다"라고 말했다[38]). 하지만 이런 현상은 에드 캣멀과 앨비 레이 스미스, 존 래스터 및 그 밖에 픽사에 몸담고 있던 사람들이 이미 20년 전에 예견했던 일이다. 그 예견대로 한때 거들떠보지도 않았던 3D 컴퓨터 애니메이션 영화가 이제는 가족 오락영화의 주류가 된 것이다(물론 전통적인 셀 애니메이션 장편영화도 부흥기를 누리며 컴퓨터 애니메이션과 공존할 수 있었다).

컴퓨터 애니메이션 영화의 증가는 예술적 표현과 기업가 정신을 자극하기도 했다. 디지털 생산 과정에서의 기술 발전이 실사 영화 제작의 문턱을 좀 더 낮춤으로써, 컴퓨터 애니메이션 기술은 해가 다르게 쉽게 접근할 수 있는 대상으로 바뀌어갔다.

하지만 컴퓨터 애니메이션은 여전히 재능과 집중을 요구하는 장르였다. 어중이떠중이 누구나 다 할 수 있는 게 아니었다. 하지만 이 분야에서 개발된 여러 도구들은 새로운 가능성을 열었다. 픽사의 초기 단계에서는 돈이 많은 후원자들을 끊임없이 필요로 했고, 그래서 알렉산더 슈어와 조지 루카스, 스티브 잡스가 차례로 이들을 후원했지만, 21세기 초의 기업가 정신으로 충만한 예술가들은 이제 옛날처럼 돈 많은 후원자에게 절대적으로 의존하지 않는다. 애니메이터들이 사용하는 하드웨어와 소프트웨어는 예전에 메이저 영화사나 음향효과 회사만이 갖출 수 있었지만, 지금은 괜찮은 중고 자동차를 사는 돈으로 얼마든지 구입할 수 있게 되었다.

비록 픽사가 월트 디즈니 컴퍼니의 황태자로 제2의 인생을 시작했지만, 새로운 경쟁자를 물리치기 위해 개봉일을 놓고 진지하게 고민할 날이 오지 않는다고 장담할 수 없다. 머지않아 이런 날이 올 것이다. 픽사가 30년 전에 그랬듯이, 지금 어느 작은 차고에서 컴퓨터 애니메이션을 꿈꾸는 사람들이 바로 픽사의 경쟁자로 우뚝 설 수도 있다는 말이다.

그 후 이야기

픽사의 행진은 계속된다

하지만 아직까지 픽사를 위협할 만한 경쟁자는 없는 듯하다. 〈라따뚜이〉를 선보인 이후 픽사는 〈월-E〉(2008년), 〈업〉(2009년)을 연달아 히트시키면서 세계 최대의 애니메이션 스튜디오임을 증명해 보였다.

〈니모를 찾아서〉로 오스카 최우수 애니메이션 상을 거머쥔 앤드류 스탠튼은 〈월-E〉로 또 한번 전 세계인들의 박수갈채를 받았다. 〈월-E〉는 픽사의 아홉 번째 작품으로, "만약 인류가 지구를 떠나면서 마지막 로봇의 전원 끄는 것을 잊어버렸다면?"이라는 누군가가 장난처럼 던진 하나의 문장에서 시작되었다.

1994년 픽사의 초창기 멤버였던 존 래스터, 피트 닥터, 앤드류 스탠튼은 함께 점심식사를 하다가 자유로운 난상토론을 벌였다. 이 자리에서 그들이 내놓은 아이디어들이 단초가 되어 이후 〈벅스 라이프〉, 〈몬스터 주식회사〉, 〈니모를 찾아서〉가 탄생되었다. 당시 스탠튼을 사로잡은 건 '마지막 로봇'이었고, 7년이 지난 후 〈월-E〉가 만들어진 것이다.

월-E의 디자인은 픽사의 로고 '룩소 주니어'를 뼈대로 만들어졌다. 스탠튼이 최초로 구상했던 것은 사각형 몸체에 전구 한 알짜리 램프를 얹는 것이었다. 하지만 야구 경기를 보러 갔다가 그는 "유레카!"를 외쳤다. 야구장에서 망원경을 본 순간, 월-E의 눈을 찾아낸 것이다. 스탠튼은 이렇게 회상한다.

"똑바로 보면 슬퍼 보이고, 뒤집어보면 행복해 보이고……. 그 안에 모든 것이 있었어요. 비록 눈도 입도 없었지만 말이죠."

볼트와 너트가 노출된 월-E의 투박한 모습과 달리, 월-E가 사랑에 빠지는 이브는 애플의 디자인에 영감을 받은 결과물이었다.

〈월-E〉를 만드는 과정에서 픽사의 제작진과 애니메이터들은 로봇에 관해 다양한 연구를 진행했다. 이들은 실제 로봇을 설계하는 전문가들과 NASA의 과학자들을 만나고 로봇 학회에도 참석했으며, 로봇을 몇 개씩이나 구입하기도 했다. 또 우주 공간에서 인간들이 수백 년 동안 살면 어떤 모습이 될지 알아내기 위해 NASA의 전문가를 만나 무중력 상태가 인체에 어떤 영향을 미치는지에 대해 공부하기도 했다.

스탠튼이 특히 신경을 많이 쓴 부분 중 하나가 '사운드'였다. 주인공 월-E는 몇 마디 단어 이상을 말하지 않는 로봇이었다. 캐릭터가 말을 하지 못하면 "재앙이 될 것"이라는 반대에도 불구하고 그는 벤 버트Ben Burtt를 찾아가 손을 내밀었다.

벤 버트는 R2-D2의 음성, 쉿쉿거리는 에일리언의

음성을 만든 장본인이자, 〈E.T.〉를 포함해 오스카를 네 차례나 수상한 전설적인 사운드 디자이너였다. 스탠튼의 제안에 버트는 그의 손을 잡았다. 그리고 〈월-E〉를 위해 2,400개의 사운드 라이브러리를 만들었으며, "충분히 기계적이면서도 마치 영혼을 지닌 듯한" 소리를 탄생시켜 〈월-E〉의 완성도를 한층 더 높여주었다.

개봉 후 〈월-E〉는 주말 3일 동안 6,309만 달러의 엄청난 수입을 벌어들임으로써 개봉 주말 박스오피스 1위에 올랐고, "픽사 영사상 가장 계몽적인 영화"라는 찬사를 받았다.

한편 2009년에 개봉한 〈업〉은 칸 국제영화제에서 애니메이션 사상 처음으로 개막작의 영광을 얻었다. 〈업〉은 '꿈'과 '모험'이라는 애니메이션 본연의 영역에 가장 충실한 작품이다. 죽은 아내 엘리가 생전에 원했던 꿈을 이루어주기 위해 남아메리카로 여행을 떠난 노인 칼이 소년 러셀을 만나 잃어버렸던 세상과의 관계를 회복해간다는 내용이다.

〈몬스터 주식회사〉를 연출하고 〈월-E〉의 각본을 쓰기도 한 피트 닥터 감독은 인간이 세상을 살아가면서 느끼는 기쁨, 슬픔, 두려움, 외로움, 행복, 절망 등의 감정들을 완벽하게 이야기 속에 녹여냈다. 이 영화는 픽사의 열 번째 애니메이션이자, 디즈니 디지털 3D 극장에서 상영되는 첫 디즈니-픽사 작품이었다.

피트 닥터와 밥 피터슨은 공동 감독이자 시나리오 작가로, 주요 제작 스태프들과 일명 테푸이Tepui라 불리는 탁상 모형의 산을 보기 위해 베네수엘라로 답사 여행을 떠나기도 했다. 제작진은 로라이마 산 정상까지 1마일을 걸어 올라간 뒤 헬리콥터를 타고 쿠케난으로 이동했는데,

개미, 독사, 전갈 등에 시달렸지만 이 여행으로 사실감 넘치는 영화를 완성할 수 있게 되었다. 결국 이 영화의 엔딩 크리딧에는 '스토리 스태프' 명단만 18명이었고, 제작에 어떤 식으로든 참여한 스태프의 수는 총 375명이라는 기록을 세웠다.

칼은 픽사에서 만든 사람 캐릭터 중 가장 복합적 특성을 지닌 인물인데, 콧구멍이나 땀구멍, 귓구멍이 없다. 이 영화에는 복잡한 캐리커처를 단순화시켜 표현하는 일명 단순화 기법Simplexity이 사용되었기 때문이다.

미국 개봉시 평론가들은 "작품성과 상품성을 고루 갖춘 영화"라며 이번 영화에 대해서도 만장일치의 열광적인 반응을 보였다. 〈업〉은 주말 3일 동안 6,820만 달러를 벌어들였고, 시카고 비평가협회와 골든글러브 시상식에서 애니메이션상과 음악상을, 영국 아카데미 시상식, 미국 아카데미 시상식에서도 장편 애니메이션 작품상을, 그리고 크리스틱 초이스 시상식까지 휩쓸면서 평론가들의 말을 입증해 보였다.

에필로그
픽사와 함께한 사람들, 그 후의 이야기

픽사는 1990년에 픽사 이미지 컴퓨터의 생산 라인을 다른 회사에 팔았다. 하지만 새로운 주인은 제품을 생산하지 않았다. 그 이후로 픽사 이미지 컴퓨터는 개인용 컴퓨터에 줄곧 밀렸고, 지금은 누가 이것을 사용한다는 이야기는 들어볼 수 없게 되었다. 캘리포니아의 마운틴뷰에 있는 컴퓨터 역사박물관은 픽사 이미지 컴퓨터 한 대를 소장품으로 전시하고 있다.

픽사는 지금도 포토리얼리스틱 렌더맨을 팔고 있다. 이 제품을 사람들은 '렌더맨'이라고 줄여 부른다. 비록 픽사 전체에서 차지하는 매출은 5퍼센트에도 미치지 못하지만, 이것이 발휘하는 영향력은 5퍼센트라는 비율을 무색하게 만든다. ILM이나 웨타 디지털과 같은 회사들이 만들어내는 디지털 특수효과는 렌더맨이나 렌더맨의 얼마 안 되는 경쟁 제품으로 렌더링을 한 컴퓨터 애니메이션의 한 형태다.

디지털 효과는 워낙 광범위한 영역으로 파고들어서, 〈스타워즈〉 영화들에 동작 제어 모델motion controlled model*을 만드는 것으로 처음 일을 시작했던 ILM조차도 지금은 수요

* 동작 제어란, 기계 장치가 원하는 위치 및 대상으로 정확한 힘과 속도로 움직이게 만드는 것을 말한다.

부족으로 물리적 형상을 갖춘 모델 작업을 중단한 상태다. 2006년 6월, 루카스필름도 모델을 기반으로 한 특수효과 사업 단위를 직원에게 판다는 발표를 했다.

〈라따뚜이〉는 2007년 6월 29일에 개봉했고, 평자들은 열광했다. 〈월스트리트 저널〉의 조 모겐스턴은 "이 영화는 〈인크레더블〉 이후로 가족 영화에서 볼 수 없었던 새로운 차원의 즐거운 상상력을 보여준다"고 썼다.[1] 하지만 애니메이터이자 블로거인 마이클 스폰과 같은 소수의 사람들은 쥐가 주방을 휩쓸고 다닌다는 발상 자체가 불편해서, 비록 애니메이션이나 이야기 수준이 높다고는 해도 영화를 즐겁게 볼 수는 없었다고 했다.

그해 가을에 픽사는 회사가 걸어온 발자취를 담은 책 《무한 세계를 넘어, 비상飛上! *To Infinity and Beyond!*》을 크로니클 북스에서 냈다.** 한마디로 픽사의 역사를 담은 책이었다. 사진과 그림이 많이 들어가 있는 이 책의 원고는 픽사에서 직접 썼다. 그래서인지 픽사가 현재에 이르기까지 등장하는 수많은 인물들과 사건들 대신, 스티브 잡스가 픽사를 인수한 직후부터 픽사는 컴퓨터 애니메이션 장편영화를 만드는 영화사로 확고히 자리 잡았다는 식으로 기술하고 있다.

** 이 제목은 〈토이 스토리〉에서 버즈 라이트이어가 자주 했던 대사다.

또한 드림웍스 애니메이션의 수장인 제프리 카젠버그에 대해서는 그가 디즈니에 있을 때 〈토이 스토리〉 개발 과정에서 스토리상의 여러 문제를 일으킨 당사자라며 비난을 퍼붓고 있다. 당시에 디즈니가 픽사에서 만든 애니메이션 영화들을 다른 영화들과 차별하면서 〈토이 스토리〉를 푸대접하는 데 카젠버그가 적지 않은 역할을 했던 점을 고려해서 내린 평가인 것 같다.

〈카〉를 제작 중이던 2005년 8월 16일에 조 랜프트가 사망했다. 그는 〈토이 스토리〉 이후 스토리 팀의 수장이었으며, 픽사에서 만든 처음 일곱 편의 영화에 성우로 빠짐없이 출연했던 사람이다. 그런데 그가 조수석에 앉아 타고 가던 자동차가 해안도로의 급커브 길을 달리다가 절벽 아래 태평양에 떨어지는 사고를 당한 것이다. 다문화재단의 수련회에 참가하러 가던 길이었다. 그는 오랜 기간 이 단체의 자원봉사자로 활동하면서 문제 청소년들과 함께 수련회 등의 행사에 참가해왔다. 이 단체에서 랜프트와 함께 봉사 활동을 했던 루이스 J. 로드리게스는 다음과 같이 말했다.

"때로 이런 활동은 무척 어렵습니다. 온갖 문제에 얽힌 청년들이 워낙 많거든요. 도시의 흑인 갱이나 라틴 갱과 관련된 젊은이들도 많고요. 조는 우리와 함께 힘든 고통을 나누어 짊어졌던 사람입니다."

45세의 랜프트는 두 아이의 아버지이자 늘 따뜻한 격려의 말을 잊지 않았던 좋은 동료였다. 래스터는 〈카〉를 그에게 헌정했다.

2007년에 〈포브스〉는 스티브 잡스를 애플에서 받은 주식 가치의 상승을 감안하여 미국 500대 기업의 최고경영자 가운데 가장 많은 연봉을 받은 인물로 선정했다.[2] 또한 잡스는 월트 디즈니 컴퍼니의 이사회 임원이었다. 그러나 우드사이드에 있는 그의 옛집, 한때 캣멀이나 스미스를 만나서 이야기를 나누었으며 루카스필름의 컴퓨터 사업부를 인수할지 말지 고민했던 바로 그 집은, 여전히 그의 소유이긴 했지만 돌보지 않고 방치해둔 탓에 흉물이 되어 있었다.

잡스는 이 집을 철거하고 싶었다. 예전부터 줄곧 해온

생각이었다. 그러나 이웃사람들이 반대해 계획대로 안 되자 집을 돌보지 않고 그냥 내버려두다시피 했다. 실내에는 물이 샜고, 담쟁이덩굴이 벽을 타고 안으로까지 기어들어갔다.

그 집에는 잡스가 가장 어려운 시기를 겪었을 때의 기억이 어려 있었다. 잡스는 그 집을 구입한 지 불과 몇 달 만에 애플에서 쫓겨났다. 픽사와 넥스트 때문에 돈에 쪼들리던 시기에도 그 집에서 살았다. 마침내 행운의 수레바퀴가 돌아서 운이 다시 트이려고 할 무렵에 그 집에서 나왔다. 픽사를 자신이 반드시 가지고 있어야 할 소중한 회사라고 생각하고 마이크로소프트에 팔지 않기로 결심하던 무렵이었다.

이 집을 허물겠다는 청구를 판사가 기각하자, 잡스는 2006년과 2007년에 캘리포니아에서 연이어 항고했다. 하지만 대법원에서도 그의 청구를 받아들이지 않았다. 재산권 소유자들이 잡스에게 그 집을 해체해서 다른 곳에다 복원하는 게 어떠냐고 제안했다. 잡스는 제안을 거절했다. 그 집을 없애버리고 싶은 마음뿐이었다.[3]

앨비 레이 스미스는 픽사를 떠나서 알타미라라는 컴퓨터 그래픽 소프트웨어 회사를 세웠다. 나중에 회사를 마이크로소프트에 매각하고 마이크로소프트의 '그래픽스 펠로Graphics Fellow'로 6년 동안 있었다. 2000년에 은퇴했을 때 그는 마이크로소프트로부터 받은 스톡옵션으로 엄청난 부자가 되어 있었다. 은퇴한 뒤로는 시애틀과 베인브리지 아일랜드에 있는 두 집을 오가며 살았으며, 2006년 2월에는 미국 공학한림원National Academy of Engineering 회원이 되었다.

에드 캣멀은 70대에 접어들었지만 엄청난 일을 하나도

아니고 두 개씩이나 맡았다. 디즈니의 애니메이션 사업부와 픽사를 합친 조직의 대표였을 뿐만 아니라, 아내 수전과 함께 어린 남자아이를 입양해서 다시 한 번 아버지가 되었던 것이다.

존 래스터는 2007년에 미국 예술과학아카데미American Academy of Arts and Science 회원이 되었다. 지금은 캘리포니아의 글렌 엘런에 있는 저택 마당에 철로가 깔리고 그 위에 1901년식 증기기관차가 놓이기를 기다리고 있다. 래스터는 오랜 세월 동안 기차를 사랑했고, 그런 마음을 디즈니의 전설적인 애니메이터들인 올리 존스턴, 워드 킴볼과 함께 나누었다. 래스터는 존스턴에게서는 기관차를 샀고, 킴볼에게서는 그의 집에 있던 철도 정거장 시설을 샀다.

만일 래스터의 과거 기록이 어떤 의미를 가지고 있다면, 장차 픽사에서 만들 영화는 인생의 교훈들을 발견하는 기관차를 묘사하는 것이 되지 않을까? 물론 래스터가 스토리를 제대로 잡아야 하겠지만 말이다. 래스터는 디즈니에서 리더십을 발휘해야 한다는 책임을 지고 있긴 하다. 하지만 그럼에도 불구하고 〈아더왕 이야기〉를 보고 나서 세상의 새로운 빛을 보게 된 그 소년이 어느새 자신의 마지막 영화를 연출하고 뒷자리로 물러난 모습을 상상하기는 어렵다.

감사의 글

이런 종류의 책을 쓰면서 누릴 수 있는 즐거움 가운데 하나는 똑똑하고 창조적이며 엄청난 업적을 남긴 사람들을 알게 된다는 것이다. 우선, 지나간 일들과 관련된 이야기를 기꺼이 들려준 픽사의 전·현직 임직원들, 아울러 픽사와 관련된 일에 관여했으며 일부러 시간을 내서 친절하게 이야기를 해준 사람들에게 고맙다는 말을 하고 싶다.

일일이 꼽자면 다음과 같다. 로넨 바젤, 낸시 바이만, 로렌 카펜터, 제시카 도노호, 빌 페르난데스, 랠프 구겐하임, 팻 핸러핸, 카렌 잭슨, 앨런 케이, 파멜라 커윈, 척 콜스태드, 톰 로코빅, 네이선 미어볼드, 플로이드 노먼, 로키 오프너, 마크 오프트달, 프레드 파크, 브루스 페런스, BZ 페트로프, 플립 필립스, 잔 핀카바, 루이스 J. 로드리게스, 앨비 레이 스미스, 애덤 서머스, 톰 윌하이트. 또 해리슨 프라이스는 칼아츠의 배경과 관련해서 도움을 주었다. 루카스필름이 픽사를 분리 매각할 때 루카스필름의 외부 컨설턴트였던 리 밴 보벤은 거래와 관련된 상세한 이야기를 들려주었다(당연한 말이지만, 이 책에 기술한 사실이나 어떤 사실의 해석이 잘못되었다면 그것은 전적으로 나의 책임이다).

발표되거나 발표되지 않은 수많은 문건들도 원고 집필에 큰 도움이 되었다. 이 점에 대해서는 사무실의 자료들을 내준 앨비 레이 스미스에게 거듭 고맙다는 인사를 하고 싶다.

또한 미국 컴퓨터협회 산하의 컴퓨터 그래픽스 및 쌍방향 기술과 관련된 조직인 컴퓨터 그래픽스 분과(시그래프)의 자료들도 특별히 언급하고 싶다. 컴퓨터 그래픽 일반, 특히 컴퓨터 애니메이션의 발전 과정에 대한 문서 기록과 관련해서는 이 조직의 정기간행물 및 회의 자료가 큰 도움이 되었다.

증권거래위원회 직원들에게도 많은 도움을 받았다. 이들은 픽사와 디즈니가 체결한 계약 및 픽사와 마이크로소프트가 체결한 계약 등과 관련된 문건들이 더는 비밀 사항이 아니라고 판단하고, 편집하지 않은 생생한 원자료 형태로 열람할 수 있게 해주었다(다른 문건들의 출처는 주와 참고문헌에서 밝혔다).

에밀리 스펜서는 2006년 로스앤젤레스에서 열린 극작 엑스포Screenwriting Expo에서 있었던 픽사 스토리텔링의 날을 맡아서 취재를 해주었고, 주디스 해글리와 조너선 롤러는 편집과 관련해서 유익한 도움말을 해주었다.

앨프리드 A. 크노프 출판사 편집자인 비키 윌슨은 기업과 기술과 영화 제작에 대한 책을 집필할 기회를 주었으며 아울러 날카로운 지도와 도움말을 들려주었다. 출판사 식구들인 캐슬린 프리델라, 로메오 엔리케즈, 아이리스 웨인스타인, 애비 와인트로브, 카멘 존슨도 빼놓을 수 없다. 모두에게 고마움을 전한다. 대리인 일을 맡아 격려와 도움말을 아끼지 않았던 글렌 하틀리와 린 추도 잊을 수 없다.

1980년대 후반의 한 총회 자리에서 〈틴 토이〉의 미완성 버전을 시작으로 해서 수많은 시간 동안 영화를 보는 즐거움을 누릴 수 있도록 해준 픽사의 모든 사람들에게 감사한다.

나와 함께 픽사 영화 팬인 두 아들 카메론과 코울은 내가 이 책을 쓰는 동안 적당한 끈기와 적당한 조바심의 적절한 균형을 유지해주었다.

마지막으로 살아 있는 '엘라스티걸'인 아내 수전에게 고마움을 전한다. 아내의 우정은 가장 큰 힘이 되어주었다.

데이비드 A. 프라이스

옮긴이의 글

세계 최고의 애니메이션 스튜디오가 되기까지

기업은 살아 움직이는 생명체다. 어떤 기업은 화려한 축복을 받으며 태어나지만, 얼마 가지 않아 죽고 만다. 또 어떤 기업은 태어날 때의 영광 그대로 탄탄대로를 걷기도 한다. 하지만 많은 기업은 온갖 시련을 겪으면서 성공과 실패의 오르막길과 내리막길을 오르내리면서 연륜을 쌓아간다. 그러다가 적대적 인수라는 형태로 다른 기업에 강도를 당하기도 하고, 또 서로 좋아서 합치기도 한다. 어떤 기업의 행로를 보면 사람이 사는 모습과 비슷하다는 생각이 든다. 《픽사 이야기》는 픽사라는 회사가 걸어온 길을 긴 세월을 놓고 조망하는 이야기다. 일종의 전기인 셈이다. 이런 맥락에서 저자는 이 책을 다음과 같이 설명한다.

> 이 이야기는 예술과 기술과 사업이라는 세 가지 측면의 투쟁이 한데 얽혀 있으며, 예술과 기술과 사업 차원에서 거둔 성공에 내재된 불확실성과 우연성에 대한 탐구다.
>
> -본문 중에서

한 사람의 일생을 담은 전기를 읽을 때 (그 사람이 저명 인사였건 아니면 무명 인사였건 간에, 그리고 그 사람이 사는 동안 세상 사람들로부터 욕을 먹었건 아니면 칭송을 받았건 간에) 독자들은 그 사람이 살았던 치열한 삶에서 감동을 받는다. 그 사람이 세상에 던지고 싶은 말이 무엇인지 알고, 그 사람이 세상을 바꾸고 싶은 염원이 얼마나 간절한지 알고, 그 일을 위해서 얼마나 큰 용기를 내야 했는지 알고, 그의 바람을 가로막는 (때로는 예정되어 있지만, 대부분 느닷없이 닥쳐오는) 장애와 시련이 얼마나 혹독한지 알고, 또 그 일로 그 사람이 얼마나 큰 좌절을 느끼는지 알기 때문에, 독자들은 그 사람이 투쟁하는 과정을 읽으면서 박수와 응원을 보내고, 그 사람이 최종적으로 맞는 운명의 기쁨 혹은 슬픔에 함께 기뻐하고 슬퍼하며 인생의 소중한 가치를 되돌아본다. 《픽사 이야기》도 그와 똑같다.

이 기업 전기에서 주인공은 물론 '픽사'라는 회사다. 이 회사는 차츰 성장해서 컴퓨터 애니메이션 영화사가 되었지만, 태동기에는 자기가 무엇이 될지도 알 수 없었다. 그저 컴퓨터로 애니메이션을 만들고 싶다는 꿈만 있을 뿐이었다. 〈인크레더블〉의 갓난아기 잭잭이 그런 것처럼 (초능력의) 어떤 가능성으로만 존재할 뿐이었다.

처음에는 픽사라는 이름도 없었다. 사람이 인생을 살다 보면 온갖 우연들이 작용해서 그 사람의 행로를 결정하듯이, 처음에는 돈 많은 갑부의 후원을 받아서 대학교의 부설 연구소로 출발했다. 에드 캣멀은 이 연구소를 기반으로 삼아 컴퓨터 애니메이션으로 영화를 만들겠다는 꿈을 가진 사람들을 하나 둘 불러 모았다. 하지만 당시에 세상 사람들이 보기에 이들의 꿈은 미친 발상이었다.

> 불빛이 내는 펜과 컴퓨터 화면을 이용해서 흑백의 기계 제도 시스템을 개발했다. (……) 그것은 그야말로 그림의 떡일 뿐이었다. (……) 한 사람이 방 하나 크기의 컴퓨터를 하루 종일 독점한다는 '미친 발상'을 전제로 했던 것이다.
>
> -본문 중에서

컴퓨터 애니메이션 영화를 만들려면 기술도 기술이지만 예술적인 재능을 가진 사람이 있어야 했다. 그리고 우연 하나가 작용해서 장차 픽사의 창작 부문 브레인이 될 존 래스터가 진취적이고 천재적인 발상을 수용하지 못하는 디즈니에서 자의 반 타의 반으로 쫓겨난 뒤, 이들 집단에 합류한다.

그리고 또 다른 우연이 결정적으로 작용한다. 조지 루카스를 거쳐서 애플컴퓨터의 공동 창업자이던 스티브 잡스가 이 집단을 인수해 운영하기 시작한 것이다.

마침 잡스는 괴팍한 성정 때문에 자기가 세운 회사에서 쫓겨나서 할 일 없이 빈둥거리다가 이 집단의 후원자가 되었다. 물론 잡스는 이 회사 사람들이 가지고 있던 컴퓨터 애니메이션을 향한 예술적인 고집과 기술적인 집착을 높이 사서 훌륭한 컴퓨터 애니메이션 영화를 만들려고 한 것이 아니었다. 이 집단이 컴퓨터 애니메이션을 만들기 위해 개발한 소프트웨어와 하드웨어 시스템에서 수익을 낼 수 있다고 보았던 것이다.

하지만 모두가 실망스럽게도, 픽사가 만든 수준 높은 컴퓨터 그래픽 소프트웨어와 컴퓨터 애니메이션 단편영화는 사람들로부터 갈채를 받지만, 회사는 적자를 면치 못했다. 결국 잡스는 넌더리를 내며 픽사를 팔아치우려고 했다. 만일 그랬다면 픽사는 영영 컴퓨터 애니메이션 영화사로 역사에 이름을 남기지 못했을지도 모른다.

픽사 직원들의 노력으로, 그리고 그때까지 픽사가 있도록 했던 많은 사람들이 정리해고의 아픔 속에 희생되는 과정을 거친 끝에, 픽사는 디즈니와 손을 잡고 〈토이 스토리〉를 만들어 대박을 터뜨리게 된다. 마침내 픽사가 숱한 고난 끝에 성공한 것이다.

그 뒤로 픽사는 월트 디즈니 컴퍼니를 비롯한 컴퓨터 애니메이션 분야의 여러 회사들과 경쟁을 하면서 더욱 성장한다. 이 과정에 음모도 있고, 배신도 있고, 저작권 침해 소송과 같은 송사訟事도 있었다. 하지만 마침내 픽사는 성공한 기업으로 우뚝 서서 디즈니와 합병을 한다. 이 합병은 비록 픽사가 덩치는 작았지만 디즈니에게 잡아먹히는 과정이 아니라 디즈니의 왕관을 쓰는 과정이었다. 이 합병으로 잡스는 디즈니의 최대 주주가 되었고, 존 래스터는 22년 전에 쫓겨났던 바로 그 영화사로 돌아가, 그 영화사를 구원해줄 영웅으로 환영을 받는다.

거기 모인 사람들은 래스터의 눈과 손길이 닿으면 영화가 흥행에 성공할 것이라고 기대했다. 그렇게만 된다면 지난 몇 년 동안 지긋지긋하게 이어졌던 인원 감축이 다시는 없을 터였다. 하지만 그들의 박수는 단지 그런 경제적인 이유에서만 나온 게 아니었다. (……) 한 시대의 획을 긋는 영화를 만드는 작업에 함께 참여할 수 있기 때문이었다. 래스터가 디즈니의 애니메이션 영화를 다시 한 번 중요한 지위에 올려놓을 것이라고 다들 믿었던 것이다.

-본문에서 일부 수정

이 책에서는 이처럼 예술art과 기술technology과 사업business이 긴박하게 교직된다. 1970년대 초반부터 컴퓨터 기술의 발달로 영화의 지형이 송두리째 바뀌는 환경에서, 이 변화의 흐름을 타고 (때로는 그 흐름을 주도하면서) 픽사가 어떻게 사업적인 성공을 거두었는지를, 이 흥미진진한 기업 전기《픽사 이야기》에서 확인할 수 있다.

부록 1

픽사의 장편 애니메이션 소개

● 〈토이 스토리〉(1995년)

최초의 컴퓨터 애니메이션 장편영화를 만드는 작업은 엄청난 도박이었다. 여러 메이저 영화사들이 고개를 저었고, 마침내 디즈니가 이 도박을 하기로 결정했다. 그런데 제작비가 예상보다 많이 들어가자, 심시어 픽사의 소유주이던 스티브 잡스조차도 어떻게든 픽사를 팔아보려고 인수 희망자를 찾아다녔다. 영화가 개봉되기 한 해 전의 일이었다.

하지만 〈토이 스토리〉는 그해 최고의 흥행 수익을 올렸고, 관객으로부터 가장 많은 사랑을 받은 작품이 된다. 〈토이 스토리〉의 대사는 장난감 캐릭터들에게 생생한 인격을 부여했으며, 유머에서 페이소스와 모험에 이르는 다양한 감정을 담았다. 2005년에 미국의 국립영화보존위원회National Film Preservation Board는 〈토이 스토리〉가 갖는 역사적인 의미를 고려해서 이 영화를 의회도서관에 보존하는 작품으로 선정했다.

● 〈벅스 라이프〉(1998년)

이솝우화 〈개미와 베짱이〉에서 영감을 얻은 픽사의 두 번째 장편영화다. 〈벅스 라이프〉는 동일한 소재를 다룬 드림웍스의 애니메이션 〈개미〉와 정면으로 맞붙어 어렵지 않게 승리를 거두었다. 〈벅스 라이프〉의 작가들은 주인공 개미 플릭, 개미 여왕과 개미 공주, 서커스단의 곤충들, 악당 베짱이 등 주요 캐릭터들을 엮어서 상영 시간 90분이라는 제약 속에서 유기적이고 완결적인 이야기를 만들어내느라 무척 애를 먹었다.

● 〈토이 스토리 2〉(1999년)

처음에는 비디오영화로만 출시할 계획이었던 이 속편을 만드는 데 들어간 제작진의 땀과 노고는 엄청났다. 하지만 놀라운 성공을 거두었다. 〈토이 스토리 2〉는 원작보다 더 훌륭한 보기 드문 속편으로 평가된다.

이 영화는 한때 유명인사로 행세했으며 또 다른 인형들과 함께 하나의 세트로 존재했던 우디의 과거를 파헤쳐서 새로운 영화 무대를 만들어냈다. 우디가 여러 개의 다른 인형들과 세트였다는 발상은 픽사가 1990년대에 계획했던 (그러나 만들지는 못했던) 30분짜리 텔레비전 특별 기획물이던 〈틴 토이 크리스마스〉로 거슬러 올라간다.

● 〈몬스터 주식회사〉(2001년)

픽사의 네 번째 장편영화로, 특이한 세상을 무대로 삼았다. 괴물들은 인간 어린들에게 겁을 주어 에너지를 얻는다. 하지만 괴물들은 인간 세상의 것은 모두 유독하기 때문에 그것들이 자기들의 세상에 들어오지 못하게 막아야 한다고 생각한다. 픽사의 그래픽 기술자들은 설리라는 캐릭터의 털을 생생하게 구현하기 위해서 '자기 그림자 효과'라는 렌더링 기법을 개발함으로써 컴퓨터 애니메이션의 사실성을 새로운 차원으로 끌어올렸다.

그런데 픽사는 이 영화 때문에 두 차례 저작권 침해 소송을 당했다. 그중 하나는 로리 마드리드가 제기한 것이었다. 그녀의 글을 바탕으로 만든 뮤지컬 〈내 벽장 속의 소년〉과 〈몬스터 주식회사〉의 내용(괴물이 어린이를 무서워한다는 발상)이 매우 흡사하다는 게 그녀의 주장이었다. 개봉일을 하루 앞둔 시각까지도 법정은 〈몬스터 주식회사〉를 예정대로 개봉하도록 할 것인지, 아니면 개봉하지 못하도록 막아야 할 것인지 결정을 내리지 못하다가 저작권법이 보호하지 않는 일반적인 주제나 발상을 제외하고는 일치하는 부분이 없다고 최종 판결을 내렸다. 또 다른 사건은 〈몬스터 주식회사〉의 와이즈 가이 캐릭터가 일러스트레이터 스탠리 밀러가 그린 캐릭터를 모방한 것이 아닌가 하는 것이었다. 이 소송 역시 치열한 논쟁이 오가긴 했지만 결론이 나지 않은 채 끝이 났다. 그러다 2006년 1월에 픽사와 디즈니 그리고 크로니클 북스가 밀러와 합의하는 것으로 마무리되었다.

● 〈니모를 찾아서〉(2003년)

픽사의 다섯 번째 장편영화인 〈니모를 찾아서〉는 영상 면에서 최고 수준의 경지를 개척했다. 이 영화가 다루는 어두운 주제와 선명하게 대비되면서 강한 인상을 관객에게 주었다. 아내와 자식들을 잃은 아빠 물고기 말린은 마지막 남은 아들 니모가 스쿠버다이버에게 잡혀가자 니모를 찾아 나선다. 이 영화는 부모가 자식에게 가질 수 있는 최악의 걱정스러운 일을 일깨운다. 하지만 픽사라는 브랜드는 관객들에게 충분한 신뢰를 확보하고 있었기 때문에, 픽사로서는 얼마든지 감행할 수 있는 모험이었다.

제작진은 해양 생물에 대한 방대한 지식을 쌓아야 했다. 하지만 앤드류 스탠튼 감독은 영화의 이야기를 살리기 위해 몇몇 부분은 실제와 다르게 설정했다. 예컨대 흰동가리 수컷은 지배적인 지위를 갖던 암컷이 죽으면 자신도 암컷으로 변하는 속성이 있지만, 영화에서 말린은 끝까지 수컷으로 남는다.

● 〈인크레더블〉(2004년)

작가 겸 감독인 브래드 버드는 네 명의 핵심 인물을 깊이 있고 현실적으로 울림이 큰 캐릭터로 창조해냈다. 그래서 영화를 본 관객들은 어른 아이 할 것 없이 모두 자기 이야기라고 느끼게 된다. 버드는 초능력 영웅 장르를 활용해서 액션 영화의 스릴을 고스란히 담으면서도 가족 사이의 긴장 및 중년 남성의 위기를 그렸다. 버드는 2000년 픽사에 오기 전에 이미 이야기 구성을 짜놓고 있었고, 이것을 2D 애니메이션으로 제작할 계획이었다.

월트 디즈니 컴퍼니는 〈인크레더블〉이 개봉되던 해에, 2D 장편 애니메이션 부서를 없앴다. 당시 디즈니의 최고경영자였던 마이클 아이스너가 이제 관객들은 전통적인 방식의 애니메이션에는 관심을 가지지 않는다고 믿었기 때문이다.

● 〈카〉(2006년)

성인의 관점에서 볼 때 그리고 기존 영화들에 비해 좋지 않은 평을 받았다는 점에서 볼 때 〈카〉는 픽사의 작품 가운데서 가장 취약하다고 할 수 있다. 하지만 어린이가 친근감을 가질 수 있는 대사가 영화 전편에 흐르며, 고도의 기술을 동원해서 얻은 놀라운 시각적 효과가 관객을 압도한다. 그해의 흥행수익 2위를 기록했다. 〈토이 스토리〉 시리즈 때도 그랬지만 이 영화의 소재, 즉 나스카 경주나 초라한 시골 도시는 존 래스터 감독의 개인적인 취향에서 나왔다.

주인공 '라이트닝(번개)' 맥퀸의 성은, 이 영화가 제작에 들어가기 전에 암으로 사망한 픽사의 애니메이터 글렌 맥퀸에게서 딴 것이다.

● 〈라따뚜이〉(2007년)

픽사의 여덟 번째 장편영화로, 요리사가 되고 싶은 쥐의 이야기를 담았다. 픽사가 배급 계약을 맺고 있던 디즈니와 상관없이 독립적으로 배급할 계획으로 만든 영화였다. 처음 이 영화의 아이디어를 제시했고, 처음 감독을 맡았던 잔 핀카바는 2004년에 이 영화에서 손을 뗐다. 9개월 뒤에 래스터는 핀카바 대신 브래드 버드를 새로운 감독으로 내세웠다. 버드는 거의 완성된 무대와 캐릭터들 그리고 자기 마음에 드는 기본 설정을 그대로 유지하면서 대본을 새로 썼다.

● 〈월-E〉(2008년)

픽사의 아홉 번째 장편영화로, 인간들이 오염된 지구를 떠나면서 텅 빈

지구에 홀로 남게 된 폐기물 수거/처리용 로봇 월-E의 이야기를 다루고 있다. 〈니모를 찾아서〉의 작가 겸 감독 앤드류 스탠튼의 작품으로, 스탠튼 감독은 1990년 픽사에 세컨드 애니메이터로 입사해 픽사의 첫 단편 애니메이션의 시나리오를 썼고, 〈벅스 라이프〉, 〈몬스터 주식회사〉의 공동 감독, 기획 등을 맡았으며, 〈니모를 찾아서〉로 아카데미상을 수상하기도 했다.

이 영화는 개봉 당시 "역시 픽사"라는 열광적인 반응을 끌어냈고, 픽사는 이해에도 장편 애니메이션 작품상을 놓치지 않았다. 〈시카고 선타임즈〉는 별 넷 만점에 세 개 반을 주면서 "이 영화는 매력적인 애니메이션enthralling animated film으로서, 시각적 경이로움visual wonderment으로서, 또 훌륭한 공상과학 스토리decent SF story로서 세 가지 면에서 모두 성공했다"고 침이 마르도록 칭찬해댔다.

● 〈업〉(2009년)

성격 까칠한 할아버지 '칼'과 귀여운 8살 탐험가 '러셀'의 이야기를 그린 영화로 픽사의 열 번째 장편영화이자 디즈니 디지털 3D 극장에서 상영되는 첫 디즈니 · 픽사의 작품이다. 개봉 당시 주말 3일 동안 6,811만 달러를 벌어들임으로써 〈인크레더블〉,〈니모를 찾아서〉에 이어 주말 흥행수입 3위를 기록했다.

칼의 집이 하늘을 떠다니는 장면에서는 10,297개의 헬륨 풍선이 선보였고, 집이 땅에서 뽑혀 하늘로 솟아오르는 장면에서는 풍선의 수가 무려 20,622개였다. 〈업〉에서는 픽사의 전 작품에 등장하는 소품들을 찾는 재미도 있는데, 러셀과 칼이 먼츠에게 만찬을 대접 받을 때 나온 요리는 영화 〈라따뚜이〉에 나왔던 가리비 요리였고, 칼의 집이 처음으로 하늘로 날아오를 때 한 소녀의 방을 지나치는 장면에는 단편 애니메이션 〈룩소 주니어〉에 나왔던 공이 등장한다.

〈업〉의 영화감독 피트 닥터는 디즈니의 스토리 작가 겸 시나리오 작가인 조 그랜트 부부에게 이 영화를 헌정한다고 했다. 조 그랜트는 수많은 영화인들의 정신적 멘토이자 친구로, 2005년 97회 생일을 일주일 앞두고 죽기 전까지 월트 디즈니 스튜디오에서 계속 일했다. 개봉 당시 평론가들은 픽사의 다른 영화들과 마찬가지로 〈업〉에 대해서도 호평을 쏟아냈다. 〈엔터테인먼트 위클리〉는 "사랑스럽고, 생각이 깊으며, 기분을 끌어올리는('up'lifting) 작품"이라 평했으며, 〈타임〉지는 "픽사의 전매특허인 유머와 따뜻한 마음을 조합시킨 이 영화는 지금까지의 픽사 영화들 중 가장 감성적이고 감동적인 작품"이라고 극찬했다.

부록 2

픽사의 아카데미 수상작 및 후보작

아카데미상 시상식이 있었던 연도별로 구분했으며, 따옴표 안의 내용은 상장에 기록된 내용을 그대로 인용한 것이다. 기술 부문의 수상에서 픽사에 소속된 사람과 다른 회사에 소속된 사람이 함께 상을 받은 경우, 다른 회사의 이름은 { } 안에 표기했다.

1987년 • 단편 애니메이션 최우수 작품상, 후보작 : 〈룩소 주니어〉

1989년 • 단편 애니메이션 최우수 작품상, 수상작 : 〈틴 토이〉

1992년 • 과학기술상 수상 "수상자는 랜디 카트라이트{디즈니}, 데이비드 B. 쿤스{디즈니}, 렘 데이비스{디즈니}, 토머스 핸, 제임스 휴스턴{디즈니}, 마크 킴볼{디즈니}, 딜런 W. 콜러{디즈니}, 피터 나이, 마이클 샌치스, 데이비드 F. 울프{디즈니} 그리고 월트 디즈니 장편 애니메이션 사업부. 장편 애니메이션 영화를 위한 'CAPS'라는 제작 체계를 설계하고 발전시킨 공로를 인정함."

1993년 • 과학기술상 수상 "수상자는 로렌 카펜터, 롭 쿡, 에드 캣멀, 톰 포터, 팻 핸러핸, 토니 아포다카, 다윈 피치. 형태와 외관의 3D 컴퓨터 묘사에서 영화에 사용되는 이미지들을 제작하는 소프트웨어 '렌더맨'의 개발한 공로를 인정함."

1995년 • 과학기술상 수상 "수상자는 인포메이션 인터내셔널의 개리 데모스와 댄 캐머론, 픽사의 데이비드 디프란시스코, 개리 스타크웨더 그리고 ILM의 스콧 스콰이어스. 필름 인풋 스캐닝 부문에서 수행한 개척자적인 작업의 성과를 인정함."

1996년
- 음악상(음악상 혹은 음악편집상), 후보작 : 〈토이 스토리〉 (랜디 뉴먼)
- 주제가상, 후보작 : 〈토이 스토리〉의 "나는 이제 너의 친구야You've Got a Friend in Me" (작사 및 작곡 : 랜디 뉴먼)
- 각본상, 후보작 : 〈토이 스토리〉 (각본 : 조스 웨든, 앤드류 스탠튼, 조엘 코엔, 알렉 소콜로; 원안 : 존 래스터, 피트 닥터, 앤드류 스탠튼, 조 랜프트)
- 특별공로상 수상 "수상자는 존 래스터. 픽사의 〈토이 스토리〉 팀에서 탁월한 리더십을 발휘해서 최초의 장편 컴퓨터 애니메이션 영화를 탄생시킨 공로를 인정함."
- 과학기술상 수상 "수상자는 앨비 레이 스미스, 에드 캣멀, 토머스 포터, 톰 더프. 디지털 이미지 합성 분야에서 개척적인 작업을 한 성과를 인정함."

1997년
- 과학기술상 수상 "수상자는 윌리엄 리브스. 영화에서 컴퓨터 기반 영상 효과를 생성하는 데 사용되는 미립자 시스템 개념을 고안하고 발전시킨 성과를 인정함."
- 기술 공로상 수상 "수상자는 브라이언 냅{ILM}, 크레이그 헤이어스{티펫 스튜디오}, 릭 세이어, 토머스 윌리엄스{ILM}. 디렉트 인풋 디바이스{일명 디노사우르 인풋 디바이스}를 창안하고 개발한 공로를 인정함."

1998년
- 단편 애니메이션 최우수 작품상, 수상작 : 〈제리의 게임〉
- 과학기술상 수상 "수상자는 에벤 오스트비, 윌리엄 리브스,

새무얼 J. 레플러, 톰 더프. 마리오네트 3차원 컴퓨터 애니메이션 시스템을 개발한 성과를 인정함."

- 과학기술상 수상 "수상자는 리처드 샤우프{제록스 팰러앨토 연구센터}, 앨비 레이 스미스, 토머스 포터. 영화 제작에 사용되는 디지털 페인트기 시스템 개발 분야에 선구자적인 노력을 기울인 공로를 인정함."

1999년
- 음악상(음악상 혹은 음악편집상), 후보작 : 〈벅스 라이프〉 (랜디 뉴먼)
- 기술 공로상 수상 "수상자는 데이비드 디프란시스코, 밸라 S. 메이니언{디지털 옵틱스} 그리고 토머스 L. 노글. 레이저 필름 기록 기술 개발 분야에 선구자적인 노력을 기울인 공로를 인정함."

2000년
- 주제가상, 후보작 : 〈토이 스토리 2〉의 "그녀가 나를 사랑했을 때When She Loved Me" (작사 및 작곡 : 랜디 뉴먼)

2001년
- 아카데미 공로상 수상 "수상자는 롭 쿡, 로렌 카펜터, 에드 캣멀. 픽사의 '렌더맨'으로 구체화된 렌더링 기법 발전에 상당한 기여를 한 공로를 인정함. 관련 산업에 끼친 폭넓고도 전문가적인 영향력은 영화의 컴퓨터 기반 이미지 발전을 끊임없이 고무하며 또 여기에 기여함을 높이 평가함."

2002년
- 장편 애니메이션 최우수 작품상, 후보작 : 〈몬스터 주식회사〉
- 음악상, 후보작 : 〈몬스터 주식회사〉 (랜디 뉴먼)
- 주제가상, 수상작 : 〈몬스터 주식회사〉의 "널 가질 수 없다면If I Didn't Have You" (작사 및 작곡 : 랜디 뉴먼)

- 음향편집상, 후보작 : 〈몬스터 주식회사〉 (개리 리드스트롬과 마이클 실버스)
- 단편 애니메이션 최우수 작품상, 수상작 : 〈새들을 위하여〉

2003년 • 단편 애니메이션 최우수 작품상, 후보작 : 〈마이크의 새 자동차〉

2004년 • 장편 애니메이션 최우수 작품상, 수상작 : 〈니모를 찾아서〉
- 음악상, 후보작 : 〈니모를 찾아서〉 (랜디 뉴먼)
- 음향편집상, 후보작 : 〈니모를 찾아서〉 (개리 리드스트롬과 마이클 실버스)
- 각본상, 후보작 : 〈니모를 찾아서〉 (각본 : 앤드류 스탠튼, 밥 피터슨, 데이비드 레이놀즈 ; 원안 : 앤드류 스탠튼)
- 단편 애니메이션 최우수 작품상, 후보작 : 〈바운딘〉

2005년 • 장편 애니메이션 최우수 작품상, 수상작 : 〈인크레더블〉
- 음향편집상, 후보작 : 〈인크레더블〉 (마이클 실버스와 랜디 솜)
- 음향믹싱상, 후보작 : 〈인크레더블〉 (랜디 솜 S. 개리 A. 리초, 독 케인)
- 각본상, 후보작 : 〈인크레더블〉 (각본 : 브래드 버드)

2006년 • 단편 애니메이션 최우수 작품상, 후보작 : 〈원 맨 밴드〉
- 과학기술상 수상 "수상자는 데이비드 배러프, 마이클 카스, 앤드루 윗킨. 영화에서 옷을 사실적으로 구현하는 데 사용되는 컴퓨터 기반 기술 개발 분야에 선구자적인 성과를 거둔 점을 인정함."
- 기술 공로상 수상 "수상자는 에드 캣멀과 토니 드로즈, 조스 스탬{앨리어스}. 캣멀은 영화 제작에서 모델링 기술

표층분할 subdivision surfaces을 창안하고, 드로즈와 스탬은 이것을 과학적이고 실용적으로 보완한 공로를 인정함. 이 기술은 현재 영화 컴퓨터 그래픽의 여러 유형에 가장 근본적이며 또한 가장 선호하는 모델링 방식으로 자리를 잡았다."

2007년
- 장편 애니메이션 최우수 작품상, 후보작: 〈카〉
- 단편 애니메이션 최우수 작품상, 후보작: 〈리프티드〉
- 주제가상, 후보작: 〈카〉의 "우리 도시Our Town" (작사 및 작곡 : 랜디 뉴먼)

2008년
- 장편 애니메이션 최우수 작품상, 수상작: 〈라따뚜이〉
- 음악상, 후보작: 〈라따뚜이〉 (마이클 지아치노)
- 음향편집상, 후보작: 〈라따뚜이〉 (랜디 솜과 마이클 실버스)
- 음향믹싱상, 후보작: 〈라따뚜이〉 (랜디 솜과 마이클 세매닉, 독 케인)
- 각본상, 후보작: 〈라따뚜이〉 (각본 : 브래드 버드, 원안 : 잔 핀카바, 짐 카포비안코, 브래드 버드)

2009년
- 장편 애니메이션 최우수 작품상, 수상작: 〈월-E〉
- 각본상, 후보작: 〈월-E〉
- 음향편집상, 후보작: 〈월-E〉(벤 버트 외 1명)
- 주제가상, 후보작: 〈월-E〉
- 음악상, 후보작: 〈월-E〉(토머스 뉴먼)

2010년
- 장편 애니메이션 최우수 작품상, 수상작: 〈업〉
- 음악상, 수상작: 〈업〉(마이클 지아치노)

- 각본상, 후보작 : 〈업〉(밥 피터슨, 피트 닥터 외 1명)
- 음향편집상, 후보작 : 〈업〉(마이클 실버스)

부록 3

픽사의 필모그래프

아래 목록에서는 예고편(예고편 가운데는 픽사의 독창적인 작품들도 있다), 광고용 애니메이션, 인터스틸, 특수효과 작업 그리고 제작 과정을 담은 다큐멘터리 등의 작품은 제외되었다.

장편영화

〈토이 스토리〉(1995년)

〈벅스 라이프〉(1998년)

〈토이 스토리 2〉(1999년)

〈몬스터 주식회사〉(2001년)

〈니모를 찾아서〉(2003년)

〈인크레더블〉(2004년)

〈카〉(2006년)

〈라따뚜이〉(2007년)

〈월-E〉(2008년)

〈업〉(2009년)

〈토이 스토리 3〉(2010년) ●

〈뉴트〉(2011년) ●

〈곰과 활〉(2011년) ●

〈카 2〉(2012년) ●

●: 픽사의 예정 작품으로 추후 변경될 수도 있습니다.

단편영화

〈 앙드레와 월리 비와의 아침 식탁〉(1984년, 루카스필름의 컴퓨터 사업부로 작업)

〈룩소 주니어〉(1986년)

〈깃발과 파도〉(1986년)

〈비치 체어〉(1986년)

〈레드의 꿈〉(1987년)

〈틴 토이〉(1988년)

〈장식품〉(1989년)

〈'서프라이즈'와 '가벼움과 무거움' 속의 룩소 주니어〉(1991년)

〈제리의 게임〉(1997년)

〈새들을 위하여〉(2000년)

〈마이크의 새 자동차〉(2002년)*

〈암초 탐사〉(2003년)* †

〈바운딘〉(2003년)

〈원 맨 밴드〉(2005년)

〈잭잭의 공격〉(2005년)*

〈미스터 인크레더블과 친구들〉(2005년)*

〈메이터와 유령〉(2006년)*

〈리프티드〉(2007년)

〈여러분의 친구 생쥐〉(2007년)*

* DVD 제작

† 실사와 컴퓨터 애니메이션 혼합

부록 4

본문에 나오는 영화 작품 목록

순서는 가나다 순이며, 본문에 소개된 영화의 목록 및 영어 제목입니다.

〈개미〉 Antz

〈개미와 베짱이〉 The Grasshopper and the Ants

〈꼬마 돼지 베이브〉 Babe

〈곰돌이 푸〉 Winnie the Pooh and Tigger

〈공룡시대〉 The Land Before Time

〈괴물들이 사는 나라〉 Where the Wild Things Are

〈그들만의 리그〉 A League of Their Own

〈깃발과 파도〉 Flags and Waves

〈남자는 다 돼지다〉 Men Are Pigs

〈내가 깜짝 놀랐을 때 신은 어디에 있는가?〉 Where's God When I'm S-Scared?

〈내 먼지를 용서해줘〉 Excuse My Dust

〈내 벽장 속의 소년〉 There's a Boy in My Closet

〈내 사랑 레이몬드〉 Everybody Loves Raymond

〈내셔널 램푼〉 National Lampoon

〈노틀담의 꼽추〉 The Hunchback of Notre Dame

〈'서프라이즈'와 '가벼움과 무거움' 속의 룩소 주니어〉 Luxo Jr. in "Suprise" and "Light and Heavy"

〈누더기 앤과 앤디〉 Ragged Ann and Andy

〈뉴스라디오〉 NewsRadio

〈늑대의 거리〉 To Live and Die in L. A.

〈니모를 찾아서〉 Finding Nemo

〈다이너소어〉 Dinosaur

〈덤보〉 Dumbo

〈델마와 루이스〉 Thelma & Louise

〈뛰는 백수 나는 건달〉 Office Space

〈라따뚜이〉 Ratatouille

〈라이온 킹〉 The Lion King

〈라이온 킹 2〉 The Lion King II : Simba's Pride

〈러그래츠 무비〉 The Rugrats Movie

〈레드의 꿈〉 Red's Dream

〈로빈슨 가족〉 Meet the Robinsons

〈로스트〉 Lost

〈루팡 3세 : 칼리오스트로 성의 비밀〉 Rupin Ⅲ : The Castle of Caliostro

〈룩소 주니어〉 Luxo Jr.

〈리프티드〉 lifted

〈릴로와 스티치〉 Lilo & Stitch

〈마우스 킹〉 The Secret of NIMH

〈마이애미 보이스〉 Miami Voice

〈마이크로코스모스〉 Microcosmos

〈마이크의 새 자동차〉 Mike's New Car

〈마이티 마우스의 새로운 모험〉 Mighty Mouse, the New Adventure

〈매그놀리아〉 Magnolia

〈메이와 고양이버스〉 Mei ant the Kittenbus

〈메이터와 유령〉 Mater and the Ghostlight

〈몬스터 주식회사〉 Monster, Inc.

〈몬스터 하우스〉 Monster House

〈미녀와 야수〉 Beauty and the Beast

〈미녀와 야수 2〉 Beauty And The Beast II : The Enchanted Christmas

〈미드나이트 런〉 Midnight Run

〈미스터 인크레더블과 친구들〉 Mr. Incerdible and Pals

〈미인계〉 Looker

〈미키의 크리스마스캐럴〉 Mickey's Christmas Carol

〈바운딘〉 Boundin'

〈발리언트〉 Valiant

〈배트맨 2〉 Batman Returns

〈백설공주와 일곱 난쟁이〉 Snow White and the Seven Dwarfs

〈뱀파이어 해결사〉 Buffy the Vampire Slayer

〈벅스 라이프〉 A Bug's Life

〈벅스 버니〉 Bugs Bunny

〈벅스와 그의 친구들〉 Bugs and His Buddies

〈범죄의 형제들〉 Brothers in Crime

〈벤〉 Ben

〈보물성〉 Treasure Planet

〈볼 리브레〉 Vol Libre

〈부그와 엘리엇〉 Open Season

〈불릿〉 Bullit

〈브라더 베어〉 Brother Bear

〈블루 플래닛〉 Blue Planet

〈비치 체어〉 Beach Chair

〈빈센트〉 Vincent

〈사도〉 The Apostle

〈사인펠트〉 Seinfeld

〈상하이 눈〉Shanghai Noon

〈새들을 위하여〉For the Birds

〈생쥐와 인간〉Of mice and Men

〈센과 치히로의 행방불명〉The Spiriting Away Of Sen And Chihiro

〈셀러리 괴물의 줄기〉Stalk of the Celery Monster

〈수지, 귀여운 파란색 쿠페〉Sugie, the Little Blue Coupe

〈숙녀와 램프〉Lady and the Lamp

〈스타워즈 : 새로운 희망〉Star Wars : A New Hope

〈스타워즈 : 제국의 역습〉Star Wars : The Empire Strikes Back

〈스타트렉 2 : 칸의 분노〉Star Treck Ⅱ : The Wrath of Khan

〈스탠리 앤드 스텔라 인 브레이킹 더 아이스〉Stanley and Stella in Breaking the Ice

〈스핀시티〉Spin City

〈쓰리 아미고〉Three Amigos!

〈신나는 동물농장〉Barnyard

〈신데렐라〉Cinderella

〈심슨 가족〉The Simpsons

〈아더왕 이야기〉The Sword in the Stone

〈아빠 뭐하세요〉Home Improvement

〈아빠가 줄었어요〉Honey We Shrunk Ourselves

〈아이스 에이지〉Ice Age

〈아이스 에이지 2 : 멜트다운〉Ice Age : The Meltdown

〈아이언 자이언트〉The Iron Giant

〈아틀란티스 : 잃어버린 제국〉Atlantis : The Lost Empire

〈아흐메드 왕자의 모험〉Die Abenteuer Des Prinzen Achmed

〈악몽〉Nitemare

〈알라딘〉 Aladdin

〈알라딘 2 - 돌아온 자파〉 The Return of Jafar)

〈알라딘 3〉 Aladdin and the King of Thieves

〈암초 탐사〉 Exploring the Reef

〈앙드레와의 아침 식탁〉 My Breakfast with Andre

〈앙드레와 월리 비와의 아침 식탁〉 My Breakfast with Andre and Wally B.

〈앤트 불리〉 The Ant Bully

〈어메이징 스토리〉 Amazing Stories

〈에일리언〉 Alien

〈여러분의 친구 생쥐〉 Your Friend the Rat

〈오즈의 마법사〉 The Wizard of Oz

〈와일드〉 The Wild

〈와일드 라이프〉 Wild Life

〈외야의 천사들〉 Angels in the Outfield

〈용감한 토스터의 모험〉 The Brave Little Toaster

〈원령공주〉 Princess Mononoke

〈원 맨 밴드〉 One Man Band

〈위기의 주부들〉 Desperate Housewives

〈곰돌이 푸〉 Winnie the Pooh and Tigger

〈위대한 명탐정 바실〉 The Great Mouse Detective

〈윌러드〉 Willard

〈이웃집 토토로〉 My Neighbor Totoro

〈이집트 왕자〉 The Prince of Egypt

〈이창〉 Rear Window

〈인디아나 존스 : 최후의 성전〉 Indiana Jones and the Last Crusade

〈인어공주〉 The Little Mermaid

〈인크레더블〉 The Incredibles

〈자동차 대소동〉 Planes, Trains & Automobiles

〈잠자는 숲 속의 공주〉 Sleeping Beauty

〈장식품〉 Knick Knack

〈잭잭의 공격〉 Jack-Jack Attack

〈정글북〉 The Jungle Book

〈제리의 게임〉 Geri's Game

〈진주만〉 Pear Harbor

〈천공의 성 라퓨타〉 Laputa : Castle in the Sky

〈최후의 스타파이터〉 The Last Starfighter

〈치킨 리틀〉 Chicken Little

〈카〉 Cars

〈카우 삼총사〉 Home on the Range

〈캐리비안의 해적 : 망자의 함〉 Pirates of the Caribbean : Dead Man's Chest

〈코디와 생쥐 구조대〉 The Rescuers Down Under

〈쿠스코? 쿠스코!〉 The Emperor's New Groove

〈크리스마스 캐럴〉 A Christmas Carol

〈킹 오브 더 힐〉 King of the Hill

〈타란의 대모험〉 The Black Cauldron

〈터너와 후치〉 Turner & Hooch

〈터미네이터2 : 심판의 날〉 Terminator 2 : Judgement Day

〈토니 드 펠트리〉 Tony de Peltrie

〈토드와 코퍼〉 The Fox and the Hound

〈토이 스토리〉 Toy story

〈토이 스토리 2〉 Toy story 2

〈토이 스토리 3〉 Toy story 3

〈토이 스토리 트리츠〉 Toy Story Treats

〈톰과 제리〉 Tom and Jerry

〈투비 더 튜바〉 Tubby the Tuba

〈트론〉 Tron

〈틴 토이〉 Tin Toy

〈틴 토이 크리스마스〉 Tin Toy Christmas

〈판타지아〉 Fantasia

〈패밀리 독〉 Family Dog

〈펜슬 테스트〉 Pencil Test

〈포인트 레이즈로 가는 길〉 The Road to Point Reyes

〈포카혼타스〉 Pocahontas

〈포카혼타스 2 - 세상 밖으로〉 Pocahontas II : Journey to a New World

〈폭소 기마 특공대〉 Dudley Do-Right

〈퓨처라마〉 Futurama

〈프랑켄슈타인〉 Frankenstein

〈프렌치 커넥션〉 The French Connection

〈플러쉬〉 Flushed Away

〈피노키오〉 Pinocchico

〈피라미드의 공포〉 Young Sherlock Holmes

〈피터팬〉 Peter Pan

〈피블의 모험〉 An American Tail

〈필라델피아〉 Philadelphia

〈핑크 팬더〉 Pink Panther

〈할리우드 의사〉 Doc Hollywood

〈해리 포터와 마법사의 돌〉 Harry Potter and the Sorcerer's Stone

〈해피 피트〉 Happy Feet

〈헤라클레스〉 Hercules

〈헷지〉 Over the Hedge

〈환상 특급〉 Twilight Zone

〈황야의 7인〉 The Magnificent Seven

〈흑과 백〉 The Defiant One

〈2010 우주 여행〉 2010

〈7인의 사무라이〉 Seven Samurai

〈48시간〉 48 Hours

저자의 주

이 책을 집필하기 위해서 필자는 2005년부터 2007년까지, 픽사의 역사와 어떤 식으로든 관련이 있었던 사람들을 만나서 인터뷰를 했으며, 저자 주의 양이 지나치게 많아지는 게 싫어서 인용 사실을 최소한으로 줄여 적었음을 밝혀둔다. 아울러 본문에서 인플레이션을 감안한 조정을 할 때는 미국 노동부의 노동통계국에서 작성한 도시근로자 소비자물가지수를 바탕으로 삼았음을 밝혀둔다.

아래에 나오는 '인명(연도)'는 다음에 나오는 '참고문헌'을 참조하면 된다.

01 그들은 한결같이 패배자였다

1. 로버트(밥) 아이거가 베어스턴스 앤 컴퍼니의 2006년 2월 27일 연차 미디어 컨퍼런스에서 한 발언 가운데서.
2. 조셉 슘페터Joseph Shumpeter, "자본주의의 불안정성The Instability of Capitalism", 〈이코노믹스 저널*The Economics Journal*〉38(1928년 9월), pp.379~80.
3. 조셉 슘페터Joseph Schumpeter, 〈경제학 발전 이론*The Theory of Economics Development*〉(1912년, 재발행, New Brunswick, N.J.), p.93.

02 차고에서 시작하다

1. 서덜랜드Sutherland(1963년).
2. ARPA의 정보처리기술국IPTO은 1968년부터 1975년 사이에 유타 대학교의 컴퓨터 그래픽스 연구 사업에 1,000만 달러를 지원했다. 국립연구회의National Research Council(1999년), p.228.
3. 앨비 레이 스미스와의 인터뷰.
4. 앨런 케이의 개인적인 통신.

5. 매슨Masson(1999년), p.350.

6. 프레드 파커와의 인터뷰; 캣멀Catmull(1972년)

7. 프레드 파커와의 인터뷰; 리블린Rivlin(1986년), p.78; 루빈Rubin(2006년), p.131.

8. 페리Perry(2001년), p.44.

9. 캣멀Catmull(1974년), picture 22.

10. 〈테크놀러지 오디세이*Odysseys in Technology*〉(2005년).

11. 매슨Masson(1999년), p.351.

12. 스미스Smith(2001), p.16; 매슨Masson(1999년), p.406; 데모스Demos(2005년), p.963.

13. 오젠Auzenne(1994년), p.80.

14. 루빈Rubin(2006년), p.105.

15. Ibid.; 스미스Smith(2001년), p.15.

16. 스미스Smith(2001년), p.15.

17. 앨비 레이 스미스와의 인터뷰.

18. 앨비 레이 스미스와의 인터뷰; 스미스Smith(2001년), pp.10~11.

19. 스튜어트 브랜드스튜어트Stewart Brand, "우주전쟁:컴퓨터 붐 속의 광적인 삶과 상징적인 죽음Spacewar: Fanatic Life and Symbolic Death Among the Computer Bums", 〈롤링 스톤*Rolling Stone*〉, 1972년 12월 7일, pp.50~58.

20. 스미스Smith(2001년), p.11.

21. 스미스Smith(2001년), pp.8~9; 리블린Rivlin(1986년), pp.72~75.

22. 스미스Smith(2001년), pp.11~13.

23. 앨런 케이의 개인적인 통신.

24. 스미스Smith(2001년), p.16.

25. Ibid.

26. Ibid.

27. 앨비 레이 스미스와의 인터뷰; 랠프 구겐하임과의 인터뷰;

스미스Smith(2001년), pp.18~19; 블린Blinn(1989년), pp.132~34.

28. 토머스 B. 런던과 존 F. 라이스터Thomas B. London and John F. Reister, 〈DEC VAX-11/780 컴퓨터를 위한 유닉스 운영 체제A Unix Operating System for the DEC VAX-11/780 Computer〉(1978년 7월 7일, Bell Labs meme).

29. 미국소비자가격지수를 1983년을 기준으로 삼아 100으로 잡으면 1978년은 65.2이고 2006년은 201.6이다.

30. 앨비 레이 스미스와의 인터뷰; 블린Blinn(1998년), p.134.

31. 〈테크놀러지 오디세이*Odysseys in Technology*〉(2005년).

32. 앨비 레이 스미스와의 인터뷰.

33. Ibid.

34. 배리어Barrier(1999년). pp.50, 166~68. 아이웍스는 1940년에 머리를 조아리고 디즈니로 돌아왔다. 그리고 여러 영역에서 의미 있는 기술적인 기여를 했다. 디즈니의 라이브액션 애니메이션*에 기여한 공로로 1960년과 1965년에 아카데미상을 받았다. 그는 또한 알프레드 히치콕 감독의 영화 〈새The Birds〉(1963년)에 특수효과 작업을 했는데, 이 작업으로 아카데미상 후보에 오르기도 했다.

*실제 풍경과 배우의 연기를 먼저 촬영한 다음에 그 필름에 애니메이션의 등장인물을 넣어 장면을 완성하는 방식의 애니메이션.

35. 앨비 레이 스미스와의 인터뷰.

36. 랠프 구겐하임과의 인터뷰.

37. 앨비 레이 스미스와의 인터뷰.

38. 루빈Rubin(2006년), p.139.

03 루카스필름과 손잡다

1. 앨비 레이 스미스와의 인터뷰.

2. 로렌 카펜터와의 인터뷰; 페리Perry(2001년), pp.44~46; 루빈Rubin(2006년), pp.154, 173~74.

3. 페리Perry(2001년), pp.46.

4. 오젠Auzenne(1994년), p.84.

5. 블루멘탈Bloomenthal(1998년), p.48.

6. 오젠Auzenne(1994년), p.76.

7. 스미스Smith(1982년); 블루멘탈Bloomenthal(1998년), pp.48~49; 앨비 레이 스미스와의 인터뷰.

8. 앨비 레이 스미스와의 인터뷰. 제네시스 시뮬레이션에서의 미립자 시스템 사용에 대한 기술적인 설명은 다음을 참조, 리브스Reeves(1983년), pp.97~103.

9. 매슨Masson(1999년), p.413.

10. 리블린Rivlin(1986년), pp.231~32.

11. 로렌 카펜터와의 인터뷰.

12. 리브스Reeves(1983년), pp.99~100.

13. 루빈Rubin(2006년), p.126.

14. 리블린Rivlin(1986년), pp.230~32, 239~40; 매슨Masson(1999), p.407; 데모스Demos(2005년), pp.965, 969.

15. 앨비 레이 스미스와의 인터뷰.

16. 스미스Smith(1984년), p.2.

17. Ibid., pp.1~2.

18. 쉴렌더Schlender(2006년), p.145.

19. 앨비 레이 스미스와의 인터뷰.

20. 쉴렌더Schlender(2006년). p.145.

21. 토머스Thomas(1958년), p.134.

22. 래스터Lasseter(2004년), p.46.

23. 해리슨 프라이스와의 인터뷰. 알몸 시위자가 참석한 회의 자리에서 칼아츠의 이사회 이사이던 스탠리 고티코브Stanley Gortikov는 이 시위자를

보며 다음과 같이 말했다. "당신은, 빌어먹을, 도대체 뭘 믿고 그렇게 자랑스러워하는 거요?"

24. 버튼과 솔즈베리Burton and Salisbury(2000년), p.7. 존 래스터와 팀 버튼이 동급생이었다고 수없이 자주 언급되고 있지만, 이건 사실이 아니다.

25. 코언Cohen(1995년), p.68.

26. 낸시 바이먼의 개인적인 통신

27. 버튼과 솔즈베리Burton and Salisbury(2000년), p.8.

28. 조쉬 게들린Josh Getlın, "칼 아츠의 손에 달린 차기 '스노우 화이트' 테스트의 운명Fate of Next 'Snow White' Tests in CalArts' Hands", 〈로스앤젤레스 타임스*Los Angeles Times*〉, 1979년 10월 21일, p. V1.

29. Ibid.

30. 어윈 로즈Irwin Ross, "디즈니가 내일에 대한 희망을 품다Disney Gambles on Tomorrow", 〈포춘*Fortune*〉, 1982년 10월 4일, p.63.

31. 배리어Barrier(1999년), p.229. 〈백설공주〉가 가지고 있는 역사적인 의미는 엄청나게 크다. 그러나 일반적으로 사람들이 생각하는 것과 다르게 〈백설공주〉는 최초의 장편 애니메이션 영화가 아니다. 아르헨티나에서 제작된 퀴리노 크리스티아니의 〈사도The Apostle〉와 독일에서 제작된 로테 라이니거의 〈아흐메드 왕자의 모험Die Abenteuer Des Prinzen Achmed〉를 포함해서 적어도 두 개 이상이 〈백설공주〉보다 앞선다.

32. 톰 윌하이트와의 인터뷰.

33. 시토Sito(1998년), p.14.

34. 래스터Lasseter(2004년), p.46.

35. 〈트론〉 제작 과정에 컴퓨터 이미지 작업으로 참가한 업체는 인포메이션 인터내셔널(트리플아이. Informational International, Inc.)과 MAGIMathematics Application Group, Inc., 로버트 아벨Robert Abel 그리고 어소시에이츠 앤 디지털 이펙츠Associates, and Digital Effects였다.

36. 존 래스터가 2006년 2월 16일에 시각효과협회Visual Effects Society에서 한 연설.

37. 톰 윌하이트와의 인터뷰.

38. 버튼과 솔즈베리Burton and Salisbury(2000년), p.15.; 톰 윌하이트와의 인터뷰.

39. 쉴렌더Schelender(2006년), p.145.

40. 앨비 레이 스미스와의 인터뷰.

41. 스미스Smith(1984년); 앨비 레이 스미스와의 인터뷰; 존 래스터의 2006년 2월 16일 연설.

42. 플립 필립스와의 인터뷰; 앨비 레이 스미스와의 인터뷰.

43. 래스터Lasseter(1987년), pp.38, 40.

44. 앨비 레이 스미스와의 인터뷰.

45. 토머스Thomas(1984년), p.20.

46. 토머스Thomas(1984년), pp.24~25.

04 새로운 선장, 스티브 잡스

1. 솔닛Solnit(2003년), pp.186~87.

2. 레빈탈과 포터Levinthal and Porter(1984년).

3. 1984년 시그래프 총회에서 〈앙드레와 월리 비와의 아침 식탁〉만이 루카스필름의 공식적인 얼굴은 아니었다. 컴퓨터 그래픽스 집단은 해마다 그랬던 것처럼 그해에도 연구 결과를 논문 형식으로 그 총회에 제출했다.

4. Ibid., p.81. 기술적인 관점에서 보자면 픽사 이미지 컴퓨터Pixar Image Computer는 SIMD(Single Instruction, Multiple Data) 아키텍처의 초기 사례였다.

5. 로렌 카펜터와의 인터뷰; 앨비 레이 스미스와의 인터뷰; 매슨Masson(1999년), p.300.

6. 잡스Jobs(1995년), p.18.

7. 린즈마이어Linzmayer(1999), p.71.

8. Ibid., p.72.

9. 앨런 케이 개인적인 통신.

10. "포브스 400The Forbes Four Hundred", 〈포브스*Forbes*〉, 1986년 10월 27일, p.228.

11. 이 집에 관한 몇몇 자세한 사항은 다음에서 참조했다. 마리 S. 와이너의 판결이유, 다음 사건의 판결물. *Uphold Our Heritage v. Town of Woodside*, 2006년 1월 27일(캘리포니아 대법원, 산 마테오 카운티, 사건번호 444270).

12. 랠프 구겐하임과의 인터뷰; 플립 필립스와의 인터뷰.

13. 앨비 레이 스미스 개인적인 통신.

14. 스튜어트Stewart(2005년), p.57.

15. Ibid., p.55.

16. Ibid.

17. Ibid.

18. 앨비 레이 스미스의 제목 없는 문건, 1984년 11월 14일.

19. 스튜어트Sewart(2005년), p.85.

20. Ibid.

21. 패트릭 핸래티와의 인터뷰. 패트릭 핸래티의 지휘 아래 개발된 GM의 선구자적인 시스템은 DAC-1로 불렸다. 'DAC'는 'Design Augmented by Computer(컴퓨터로 강화한 디자인)'의 약자이다.

22. 앨비 레이 스미스와의 인터뷰.

23. 도론 P. 레빈Doron P. Levin, 《좁힐 수 없는 차이들*Irreconcilable Differences; Ross Perotversus General Motors*》(Boston: Little, Brown, 1999년), pp.255~61.

24. 루빈Rubin(2006년), p.414.

25. Ibid.

26. 허츠펠드Hertzfeld(2005년), p.29.

27. 스미스Smith(2001년), p.8

28. 잡스Jobs(1995년), p.3.

29. Ibid., p.4.

30. 모리츠Moritiz(1984년), p.40.

31. Ibid., p.64.

32. 빌 페르난데스 개인적인 통신.

33. 룬델과 하우겐Lundell and Haugen(1984년); 모리츠Moritz(1984년), pp.70~77; 프라이버거와 스웨인Freiberger and Swaine(1984년), pp.207~8.

34. 모리츠Moritz(1984년), p.75.

35. 모리츠Moritz(1984년), pp.86~87.

36. 스티브 잡스가 2005년 1월 12일에 스탠퍼드대학교 졸업식에서 한 연설.

37. Ibid.

38. 모리츠Moritz(1984년), pp.89~93, 95~101.

39. Carl Helmer, "What is BYTE?", 〈바이트*BYTE*〉, 1975년 9월, p.6.

40. 워즈니악Wozniak(1984년), p.74.

41. Ibid., p.75.

42. 워즈니악Wozniak(1984년); 프라이버그와 스웨인Freiberger and Swaine(1984년), pp.211~13; 모리츠Moritz(1984년), pp.123~27, 136~45.

43. 모리츠Moritz(1984년), p.278.

44. 마이클 모리츠 개인적인 통신.

45. 모리츠Moritz(1984년), pp.276~77; Steve 워즈니악Wozniak, "편지들Letters", n.d., woz.org/letters/pirates/02.html.

46. 포스트스크립트PostScript와 데스크탑 출판의 역사는 다음에 서술되어 있다. 파멜라 파이프너Pamela Pfiffner, 《출판 혁명:어도비 이야기*Inside*

the Publishing Revolution: The Adobe Story》(Berkeley, Calif.: Peachpit Press, 2003년)

47. 로버트 레버링, 마이클 케이츠 그리고 밀턴 모스코위츠Robert Levering, Michael Katz, and Milton Moskowitz, 《컴퓨터 기업가들*The Computer Enterpreneurs*》(New York: New American Library, 1984년), p.61.

48. 빌 페르난데스 개인적인 통신.

49. Steve 워즈니악Wozniak, "우리는 애플에서 어떻게 실패했나How We Failed Apple", 〈뉴스위크*Newsweek*〉, 1996년 2월 19일, p.48.

50. 존 W. 윌슨John W. Wilson, "스티브 잡스가 영화에서 본 것에 주목하라Look What Steve Jobs Found at the Movies", 〈비즈니스 위크*Business Week*〉, 1986년 2월 17일, p.37.

51. 앨비 레이 스미스 개인적인 통신.

05 픽사주식회사의 탄생

1. 앨비 레이 스미스와의 인터뷰.

2. 로버트슨(1986년), p.61.

3. "그 10년 동안의 기업가The Entrepreneur of the Decade", 〈주식회사*Inc.*〉, 1989년 4월, p.114.

4. 케이티 해프너Katie Hafner, "영원으로To Infinity and Beyond", 〈업사이드*Upside*〉, 1997년 10월 1일, p.90.

5. 래스터Lasseter(1987년), pp.39, 43.

6. 블린Blinn(1998년), p.44. 〈룩소 주니어〉는 아카데미에서 단편 애니메이션 최우수 작품상 후보작으로 선정되었다. 이 성과는 래스터의 재능에서 비롯되었지만, 쇠톱 역시 결정적인 기여를 했다. 픽사는 12월 1일까지 로스앤젤레스의 아카데미상 시상식 준비위원회로 〈룩소 주니어〉의

프린트 한 벌을 보내야 했다. 자격 심사를 받아야 했기 때문이다. 그런데 추수감사절 휴가 동안 다른 곳에 가 있던 래스터는 누군가가 그 프린트를 제대로 보내지 않았을지도 모른다는 생각을 했다. 래스터가 의심한 대로 그 프린트는 어떤 직원의 파일 캐비닛 안에 들어 있었고, 이 직원은 그 캐비닛을 잠그고 외출해 다른 도시에 있었다. 이 문제를 해결한 사람은 크레이그 굿이었다. 굿은 처음 수위 겸 보안요원으로 루카스필름에 입사했다가 프로그래머로 자리를 바꾸면서 픽사와 운명을 함께하게 되었는데, 그가 마침 휴일에 사무실에 나가 있었던 것이다. 굿은 길 건너편에 있던 철물점에서 쇠톱을 사서 파일 캐비닛을 열고 프린트를 참가 신청서와 함께 아카데미상 시상식 준비위원회에 발송했다.

7. 래스터Lasseter(1987년), pp.42~43.
8. 배리어Barrier(1999년), p.121.
9. 앨비 레이 스미스와의 인터뷰; 랠프 구겐하임과의 인터뷰; 낸시 바이먼 개인적인 통신; 로버트슨(1994년).
10. 토머스와 존스턴Thomas and Johnston(1981년), p.317.
11. 로버트슨(1994년), p.60, 당시 디즈니 장편 애니메이션Disney Feature Animation의 사장이던 피터 슈나이더의 말을 인용.
12. 앨비 레이 스미스 개인적인 통신.
13. 렌더맨이 나타나게 된 배경에 대해서는, 팻 핸러핸과의 인터뷰; 업스틸Upstill(1990년), pp.xviii~xix; 아포다카와 그리츠Apodaca and Gritz(2000년), pp.507~9.
14. "픽사가 새로운 사장을 발표하다Pixar Announces New President, Chairman", 〈비즈니스 와이어*Business Wire*〉, 1988년 12월 1일.
15. 마틴 마샬Martin Marshall, "픽사는 도스와 유닉스 개발자용 툴킷을 출시했다Pixar Ships Developer's Toolkit for DOS and Unix", 〈인포월드*InfoWorld*〉, 1989년 12월 11일. p.101.

16. 브라이언 두메인Brian Dumaine, "미국의 거친 사장들America's Toughest Bosses", 〈포춘*Fortune*〉, 1993년 10월 18일, p.39.

17. 래스터Lasseter(2004년), p.47.

18. 래스터Lasseter(1989년), p.234.

19. 래스터Lasseter(2004년), p.48.

20. 로렌스 M. 피셔Lawrence M. Fisher, "전성기를 맞은 컴퓨터 애니메이션Computer Animation Now Coming of Age", 〈뉴욕 타임스*New York Times*〉, 1989년 4월 12일, p.D-1.

21. Ibid.

22. 엘렌 울프Ellen Wolff, "래스터:과자 가게의 아이Lasseter: Kid in Candy Store", 〈데일리 버라이어티*Daily Variety*〉, 1996년 10월 30일.

23. 버 스나이더Burr Snider, "토이 스토리 이야기The Toy Story Story", 〈와이어드*Wired*〉, 1995년 12월, p.146.

24. 빌 패니퍼Bill Pannifer, "3D에서의 미세 조정Fine Tooning in 3D", 〈인디펜던트*Independent*〉, 1991년 12월 6일, p.15.

25. 밥 스웨인Bob Swain, "애니메이션에 새 생명을 불어넣다Breathing New Life into Animation", 〈가디언*Guardian*〉, 1991년 11월 14일.

26. 메리 훈Mary Huhn, "배터리와 복서가 경쟁을 KO시키다Batteries and Boxer KO the Competition", 〈애드위크*Adweek*〉, 1990년 11월 12일.

27. 1996년 7월 8일에 픽사는 광고 제작 부서를 폐지하고 여기에 속해 있던 인력들을 영화와 쌍방향 제품으로 돌린다고 발표했다.

28. 로렌스 M, 피셔Lawrence M. Fisher, "그래픽스 분야 혁신을 위한 시련기Hard Times for Innovator in Graphics", 〈뉴욕 타임스*New York Times*〉, 1991년 4월, p.D-5.

06 스토리를 창조하라

1. 스튜어트Stewart(2005년), p.165.

2. 〈토이 스토리〉 제작노트, 1995년 10월 23일, p.23.

3. 마이클 스라고우Michael Sragow, "토이 스토리 이야기:기술에 의존해 컴퓨터 애니메이션의 캐릭터를 생생하게 살아 움직이게 하다The Toy Story Story: Computer Animation Draw on Technology to Make Their Characters Come Alive", 〈선-센티널*Sun-Sentinel*〉, 1995년 11월 25일, p.1-D.

4. 짐 코자크Jim Kozak, "이제는 고요함이다!Serenity Now!", 〈인 포커스*In Focus*〉, 2005년 8~9월.

5. 〈토이 스토리〉 제작노트, 1995년 10월 23일, p.24.

6. Ibid.

7. 〈토이 스토리〉 제작 중단 기간 동안에, 100퍼센트 컴퓨터 애니메이션으로 만든 상업용 작품을 시카고에 있던 작은 회사 빅 아이디어 프로덕션스Big Idea Productions가 냈다. 처음에 크리스티안 서점 체인을 통해서 팔리던 30분짜리 비디오 〈내가 깜짝 놀랐을 때 신은 어디에 있는가?*Where's God When I'm S-Scared?*〉는 성서의 주제들을 바탕으로 한 여러 개의 이야기를 담고 있었으며, 여기에 등장하는 캐릭터들은 말을 하고 노래를 하는 채소들이었다.

8. 래스터와 데일리Lasseter and Daly(1995년), p.47.

9. Ibid.

10. Ibid., p.48.

11. 로렌 바젤과의 인터뷰; 래스터와 데일리Lasseter and Daly(1995년), pp.42~43; 〈토이 스토리〉 제작노트, 1995년 10월 23일, pp.36~40; 포터와 서스먼Porter and Susman(2000년); 픽사 애니메이션 스튜디오 안내서, 1995년 11월 29일, pp.35~36.

12. 〈토이 스토리〉 제작노트, 1995년 10월 23일, pp.29~30.

13. 포터와 서스먼Porter and Susman(2000년), p.28.

14. 아포다카와 그리츠Apodaca and Gritz(2000년), pp.338, 383~409.

15. 래스터와 데일리Lasseter and Daly(1995년), p.72.

07 최초가 되라

1. 파멜라 커윈과의 인터뷰; 앨비 레이 스미스와의 인터뷰; 네이선 미어볼드와의 인터뷰.

2. 마이크로소프트가 사용권을 받은 특허권은 미국 특허번호 4,897,806, 5,239,624 그리고 그들의 전 세계 해당부분이다. 픽사-마이크로소프트 특허실시권 협약, 1995년 6월 21일.

3. 랠프 구겐하임과의 인터뷰; 팸 커윈과의 인터뷰; 존 데베렐John Deverell, "영원을 향하여! 세계가 작은 인형업체를 공격한다To Infinity and Beyond! World Besieging Local Toy Maker", 〈토론토 스타*Toronto Star*〉, 1996년 11월 23일, p.E1.

4. 에드 캣멀 고용 계약서, 1991년 8월 1일; 존 래스터 고용 계약서, 1991년 8월 1일.

5. 재자본화 합의서, 스케줄 A, 1995년 4월 28일; 픽사 애니메이션 스튜디오 안내서, 1995년 11월 29일, p.52.

6. 픽사 현금 수익 배분 계획, 1993년 2월 22일.

7. 래리 손시니와의 인터뷰; "래리 손시니 66Larry Sonsini 66", 〈볼트 홀 트랜스크립트Boalt Hall Transcript〉, 1995년 봄, p.48; 카트리나 M. 듀이Katrina M. Dewey, "밸리의 왕King of the Valley", 〈샌프란시스코 데일리 저널*San Francisco Daily Journal*〉, 1993년 10월 11일; 윌리엄 W. 혼William W. Horne, "독불장군, 성숙하다A Maverick Matures", 〈아메리칸 로이어*The American Lawyer*〉, 1995년 9월.

8. Ibid.

9. 팸 커윈과의 인터뷰.

10. 제프 젠센Jeff Jensen, "디즈니가 새로운 브랜드의 '토이(장난감)' 포장을 풀다 Disney Unwraps Brand-New 'Toy'; BK, Frito-Lay Join $145M Push", 〈애드버타이징 에이지*Advertising Age*〉, 1995년 11월 6일, p.1.

11. 엘캐피탄 극장 옆에 마련된 〈토이 스토리〉 체험관에는 "완전 토이 스토리Totally Toy Story"라는 이름이 붙었고, 1995년 11월 22일부터 1996년 1월 1일까지 문을 열었다. 이 가운데 일부는 1996년에 디즈니랜드에서 다시 문을 열었다.

12. 재닛 매슬린Janet Maslin, "새로운 장난감이 나타났다!There's a New Toy in the House. Uh-Oh", 〈뉴욕 타임스*New York Times*〉, 1995년 11월 22일, p.C-3; 리처드 콜리스Richard Corliss, "인물들이 살아 있다!They're Alive!", 〈타임*Time*〉, 1995년 11월 27일, p.96; 데이비드 앤센David Ansen, "디즈니의 디지털 환희Disney's Digital Delight", 〈뉴스위크*Newsweek*〉, 1995년 11월 27일, p.89; 오웬 글라이버먼Owen Gleiberman, "인공 판타지Plastic Fantastic", 〈엔터테인먼트 위클리*Entertainment Weekly*〉, 1995년 11월 24일, p.74; 케빈 맥너스Kevin McManus, "토이: 애니메이션의 대사건Toy: Animation Sensation", 〈워싱턴 포스트*Washing Post*〉, 1995년 11월 24일, p.N-54; 마크 캐로Mark Caro, "장난감 세계로 떠나는 황홀한 여행A Mesmerizing Trip into Toyland", 〈시카고 트리뷴*Chicago Tribune*〉, 1995년 11월 22일, p.1.

13. 팸 커윈과의 인터뷰.

14. 테크놀러지 오디세이Oddysseys in Technology(2005년).

15. 랠프 구겐하임의 개인적인 통신.

08 최고의 퀄리티를 찾아라

1. 월트 디즈니 장편 애니메이션의 스티브 거스가 '지프렌, 브리튼엄, 브랜카

앤 피셔'의 새무얼 피셔에게 보낸 편지, 1995년 7월 7일.

2. 랠프 구겐하임과의 인터뷰;

BZ 페트로프와의 인터뷰.

3. 로넨 바젤 개인적인 통신.

4. BZ 페트로프와의 인터뷰.

5. 〈벅스 라이프〉 제작노트, 1998년 10월 10일, p.14.

6. 월트 디즈니 픽처스 앤 텔레비전과 픽사가 맺은 공동제작협약서, 1997년 2월 24일.

7. 린즈마이어Linzmayer(1999년), pp.230, 237~38; 피터 버로우즈Peter Burrows, "스티브 잡스를 노린 내부자의 공격An Insider's Take on Steve Jobs", 〈비즈니스 위크 온라인*Business Week Online*〉, 2006년 1월 30일.

8. 조셉 E. 매글리타Joseph E. Maglitta, "나의 억센 운:애플에서 해고된 지 1년, 질 아멜리오가 솔직하게 밝힌다My Tough Luck: A Year After Being Fired at Apple, Gil Amelio Talks Candidly", 〈컴퓨터월드*Computerworld*〉, 1998년 7월 27일.

9. 마이크 후버와의 인터뷰; 미국 연방교통안전위원회(NTSB) 사실 보고서, 항공기 번호 SEA94FA096; 미국 연방교통안전위원회의 마이클 데이비드 후버와의 인터뷰, 1994년 4월 3일; 트립 가브리엘, "생존자Survivor", 〈아웃사이드*Outside*〉, 1996년 2월; 마이클 후버가 벨 206 소유자들에게 보낸 편지, 1997년 9월 12일.

10. 스튜어트Stewart(2005년), pp.139, 158~64.

11. Ibid., pp.163~64. .

12. 커크 하니커트Kirk Honeycutt, "할리우드의 드림팀Hollywood's 'Dream Team", 〈할리우드 리포터*Hollywood Reporter*〉, 1994년 10월 13일.

13. 샐리 호프마이스터Sallie Hofmeister, "할리우드가 맞이한 애니메이션의어려움Hollywood Falls Hard for Animation", 〈뉴욕 타임스*New York Times*〉, 1994년 10월 17일, p.D-1.

14. 피터 버로우즈Peter Burrows, "개미 대 벅스Antz vs. Bugs", 〈비즈니스 위크 온라인*Business Week Online*〉, 1998년 11월 23일.

15. 팸 커윈과의 인터뷰.

16. 드로즈와 카스 그리고 트룽DeRose, Kass, and Truong(1998년); 아포다카와 그리츠(2000년), pp.109~11.

17. 에이미 월리스Amy Wallace, "아야! 벌침이다!Ouch! That Stings!", 〈로스앤젤레스 타임스*Los Angeles Times*〉, 1998년 9월 21일, p.F-1.

18. 로렌스 프렌치Lawrence French, "존 래스터와의 인터뷰An Interview with John Lasseter", www.fortunecity.com/skyscraper/pointone/581.

19. 랠프 구겐하임과의 인터뷰; 플로이드 노먼과의 인터뷰.

20. 제프리 대니얼스Jeffrey Daniels, "디즈니에게 테마파크는 잔돈 장사일 뿐Theme Parks Put Disney in Third-Quarter Coinland", 〈할리우드 리포터*Hollywood Reporter*〉, 1995년 7월 27일.

21. 카렌 잭슨과의 인터뷰.

22. 카렌 잭슨과의 인터뷰.

23. 스티브 잡스가 주주들에게 보낸 편지, 1998년 6월.

24. 랠프 구겐하임과의 인터뷰.

25. 엄격하게 말해서 〈토이 스토리 2〉에서 콜린 브래디는 네 번째 공동감독이었다. 그는 〈토이 스토리〉 때 애니메이터였는데, 그는 한동안 브래넌과 합류해서 공동감독으로서 비디오테이프로 만드는 작업을 했다.

26. "협력적인 스토리텔링 판넬Collaborative Storytelling Panel", 스크린라이팅 엑스포Screenwriting Expo, 2006년 10월 21일.

27. 마크 오프트댈과의 인터뷰.

28. 플로이드 노먼과의 인터뷰.

29. 랠프 구겐하임과의 인터뷰; 카렌 잭슨과의 인터뷰; 플로이드 노먼과의

인터뷰.

30. 〈벅스 라이프〉 제작노트, 1999년 10월 29일, p.24.

31. Ibid.

32. "협력적인 스토리텔링 판넬Collaborative Storytelling Panel", 스크린라이팅 엑스포Screenwriting Expo, 2006년 10월 21일.

33. 안젤라 M. 르미어Angela M. Lemire, "창의력 군단:칼아츠에서 '토이' 특별개봉Creative Force: CalArts Gets 'Toy' Preview", 〈데일리 뉴스 오브 로스앤젤레스*Daily News of Los Angeles*〉, 1999년 11월 20일.

34. 커크 하니커트Kirk Honeycutt, "토이 스토리 2Toy Story 2", 〈할리우드 리포터*Hollywood Reporter*〉, 1999년 11월 18일; 토드 매카시Todd McCarthy, "토이 스토리 2Toy Story 2", 〈데일리 버라이어티*Daily Variety*〉, 1999년 11월 18일, p.1.

09 위기를 뛰어넘어

1. 로리 마드리드 소송에 대한 내용은 다음 법정 자료를 근거로 삼았다. Madrid v. Chronicle Books, et al., U.S. District Court for the District of Wyoming, case no. 01-cv-185, field Oct. 24, 2001. 약식재판을 허용하는 브리머스 판사의 판결 내용은 다음 책으로 공개되었다. 《*West's Federal Supplement*》 at 209 F. Supp. 2d 1227(D. Wyo. 2002)

2. 209 F. Supp. 2d at 1243.

3. 〈몬스터 주식회사〉의 스토리 수정 및 발전에 대한 내용은 다음 법정 자료를 근거로 삼았다. 주-1의 Madird v. Chronicle Books op. cit. 그리고 Miller v. Pixar Animation Studios, et al., U.S District Court for the Northern District of California, case no. 02-04747, filed Oct. 1, 2002.

4. 〈몬스터 주식회사〉 제작노트, 2001년 10월 16일, p.31.

5. 래스터Lasseter(2004년), p.48.

6. Ibid.

7. 로코빅과 비치Lokovic and Veach(2000년); 로버트슨(2001년), pp.24, 26.

8. 톰 로코빅 개인적인 통신.

9. 배래프Baraff 외.(2003년); 로버트슨(2001년), pp.24~25

10. 로버트슨(2001년), p.22; 포터와 서스먼Porter and Susman(2000년), p.26.

11. 제프리 코언Jeffrey Cohen, "외눈박이 괴물에 대해서On One Eyed Monsters", 2006년 2월 1일, jjCohen.blogspot.com/2006/02/on-one-eyed-monsters.html.

10 아는 만큼 창조한다

1. 〈니모를 찾아서〉 제작노트, 2003년 4월 29일, p.14.

2. 앤드류 스탠튼Andrew Stanton, "스토리의 이해Understanding Story", 각본 엑스포, 2006년 10월 21일.

3. 믿을 수 있는 정보통과의 인터뷰.

4. 피터 N. 추모 주니어Peter N. Chumo II, "니모를 찾아서Finding Nemo", 〈크리에이티브 스크린라이팅*Creative Screenwriting*〉, 2004년 1~2월, p.58.

5. 이 인터뷰는 기독교 영화 및 텔레비전 위원회Christian Films & Television Commission의 직원 한 명이 2005년에 낼 책《그렇다면 당신은 영화에 나오길 바라는가? *So You Want to Be in Pictures?*》에 담을 내용을 구하려고 2004년 4월에 했다. 하지만 책에 담을 분량이 너무 많아서 이 내용은 책에서 빠졌고, 대신 다음 웹페이지에 실렸다. www.mediawisefamily.com/syw/i-station.htlm. 테드 배어 개인적인 통신.

6. 데소위츠Desowitz(2003년); 코언Cohen(2003년).

7 애덤 서머스와의 인터뷰.

8. 코언Cohen(2003년), p.60.

9. 애덤 서머스와의 인터뷰.

10. 〈니모를 찾아서〉의 흥행 수익은 국내 수익이 3억 3,970억 달러이고 해외 수익이 8억 6,690억 달러이다. 1994년의 〈라이온 킹〉의 국내 수익과 해외 수익은 각각 3억 1,280억 달러와 7억 6,800억 달러였다. 하지만 미국 소비자물가지수 자료를 근거로 하면, 1994년부터 2003년까지의 기간 동안 인플레이션율은 연평균 약 1.23퍼센트가 되고, 이를 기준으로 〈라이온 킹〉의 흥행 수익을 다시 산정하면 국내 수익과 해외 수익은 각각 3억 8,470억 달러와 9억 4,460억 달러가 된다. 이는 그때까지 역대 애니메이션 영화가 기록한 흥행 수익으로는 최고 기록이다.

11. 케네스 투란Kenneth Turan, "후크, 라인 앤 싱커Hook, Line and Sinker", 〈로스앤젤레스 타임스*Los Angeles Times*〉, 달력, 2003년 5월 30일, p.1.

12. 크리스 술렌트롭스Chris Suellentrops, "'니모를 찾아서' 뒤에 있는 천재들은 차기 디즈니 작품이다The Geniuses Behind Finding Nemo Are the Next Disney. Uh Oh", 〈슬레이트 매거진*Slate Magazine*〉, 2003년 6월 5일.

13. 스즈키Suzuki(2003년).

14. 데이브 가데타Dave Gardetta, "미스터 인크레더블Mr. Indelible", 〈로스앤젤레스*Los Angeles*〉, 2005년 2월, p.82.

15. "인크레더블The Incredibles", 〈코믹 콘*Comic-Con*〉 2004, 2004년 7월 23일(패널).

16. 브래드 버드가 보낸 편지, 〈타임*Time*〉, 1993년 7월 12일, p.5.

17. 버드Bird(1998년), p.21.

18. 마크 그레이서Marc Graser, "픽사, 버드를 잡아채다Pixar Plucks Bird, Roth", 〈데일리 버라이어티*Daily Variety*〉, 2000년 5월 5일, p.1.

19. 샘 첸Sam Chen, "인크레더블에 나타난 브래드 버드의 초절정 통찰력Brad Bird's Super-Insights on The Incredibles", www.animationtrip.com/item.php?id=257.

20. 〈인크레더블〉 제작노트, 2004년, pp.16~17.

21. 바스Vaz(2004년), p.125.

22. 데소위츠Desowitz(2004년), p.31.

23. 〈인크레더블〉 제작노트, 2004년, p.21.

24. 데이브 가데타Dave Gardetta, "미스터 인크레더블Mr. Indelible", 〈로스앤젤레스*Los Angeles*〉, 2005년 2월, p.80.

11 디즈니로의 화려한 귀환

1. 플로이드 노먼과의 인터뷰.

2. 랠프 구겐하임과의 인터뷰.

3. 브룩스 볼리에크Brooks Boliek, "아이스너Eisner: 저작권 해적질의 킬러 앱* Piracy 'Killer App' for Computer Profiteers", 〈할리우드 리포터*Hollywood Reporter*〉, 2002년 3월 1일; 스튜어트Stewart(2005년), pp.382~84.

* 새로운 테크놀로지의 보급에 결정적 계기가 되는 응용 프로그램.

4. 스튜어트Stewart(2005년), p.383.

5. Ibid., p.2.

6. Ibid., P.395.

7. 리처드 베리어와 클라우디아 엘러Richard Verrier and Claudia Eller, "디즈니와 픽사의 결별 책임은 최고경영자들의 충돌 때문이라고 비난A Clash of CEO Egos Gets Blame in Disney-Pixar Split", 〈로스앤젤레스 타임스*Los Angeles Times*〉, 2004년 2월 2일, p.A-1; 스튜어트Stewart(2005년), p.408.

8. 로라 홀슨Laura Holson, "디즈니와의 협력 체계가 깨진 픽사는 홀로서기를 해야한다Pixar to Find Its Own Way as Disney Partnership Ends", 〈뉴욕 타임스*New York*

Times〉, 2004년 1월 31일, p.C-1; 픽사 애니메이션 스튜디오스 4분기 실적 발표, 2004년 2월 4일.

9. 로라 홀슨Laura Holson, "픽사의 경영진은 디즈니만을 위해서 다른 것을 모두 버릴 준비가 전혀 되어 있지 않다Pixar Executive Not Quite Ready to Forsake Others for Disney Alone", 〈뉴욕 타임스*New York Times*〉, 2003년 5월 12일, p.C-1.

10. 쉴렌더Schlender(2006년), p.140.

11. 클라우디아 엘러와 리처드 베리어Claudia Eller and Richard Verrier, "디즈니와 픽사의 분화에 고어가 카메오로 출연Gore Had Cameo in Disney, Pixar Rift", 〈로스앤젤레스 타임스*Los Angeles Times*〉, 2003년 10월 10일, p.C-1.

12. 스튜어트Stewart(2005년), pp.2~3, 465.

13. 브루스 오월Bruce Orwall, "디즈니가 픽사 이후에서 애니메이션을 지배할 수 있을까?Can Disney Still Rule Animation After Pixar?", 〈월스트리트 저널*Wall Street Journal*〉, 2004년 2월 2일, p.B-1.

14. 스튜어트Stewart(2005년), p.480.

15. 픽사 애니메이션 스튜디오스 4분기 실적 발표, 2004년 2월 4일.

16. 도미닉 존스Dominic Jones, "웹을 중심으로 지지를 호소한다 WebBased Campaigns a Walk-Up Call for Corporations", 〈IR 웹 리포트*IR Web Report*〉, 2004년 3월 12일.

17. 스튜어트Stewart(2005년), p.513.

18. 샌퍼드 번스타인Sanford C. Bernstein&Co(미국의 리서치 업체)의 전략결정회의, 2004년 6월 2일.

19. 클라우디아 엘러Claudia Eller, "Disney Closes Unit Devoted to Pixar Sequels", 〈로스앤젤레스 타임스*Los Angeles Times*〉, 2006년 3월 21일, p.C-2; 클라우디아 엘러와 리처드 베리어Claudia Eller and Richard Verrier, "디즈니가 속편으로 픽사 이후의 삶을 계획한다Disney Plans Life After Pixar with Sequel Unit", 〈로스앤젤레스 타임스〉, 2005년 3월 16일, p.C-1.

20. 에릭 서먼Erik Sherman, "애플의 디자인 승리 속에서Inside the Apple Design Triumph", 〈일렉트로닉스 디자인 체인*Electronics Design Chain*〉, 2002년 여름, p.12. 애플이 증권거래위원회(SEC)에 제출한 2005년 연차보고서에 따르면, 2005월 9월 24에 끝나는 회계연도 기간 동안에 애플은 아이팟 매출액 대략 45억 달러, 아이팟 음악 및 부속장치 매출액 8억 9,900만 달러를 기록했다. 이것은 애플의 전체 순매출의 39퍼센트를 차지했다.
21. 존 마코프와 로라 홀슨John Markoff and Laura Holson, "애플이 새로운 아이팟으로 비디오 스타가 되려 한다With New iPod, Apple Aims to Be a Video Star", 〈뉴욕 타임스*New York Times*〉, 2005년 10월 13일, p.C-2.
22. 킴 크리스텐센과 테릴 예 존스Kim Christensen and Terril Yue Jones, "비디오 아이팟의 발매가 잡스와 디즈니 드라마를 밝게 비춘다Launch of Video iPod Shines Light on Jobs, Disney Drama", 〈로스앤젤레스 타임스*Los Angeles Times*〉, 2005년 10월 13일, p.C-1.
23. 〈카〉 제작노트, 2006년 5월 15일, p.31.
24. Ibid., p.32.
25. 앤 잡Ann Job, "조명, 카메라, 부르릉!Light, Camera, Vroom!", 〈디트로이트 뉴스*Detroit News*〉, 2006년 4월 17일, p.I-A, 〈비즈니스 와이어*Business Wire*〉, 2006년 6월 5일.
26. 로버트슨(2006년), pp.11~12.
27. 크리스텐센Christensen 외(2006년). 당시 벨 연구소에 있던 터너 휘티드가 맨 처음 1980년 논문에서 광선 추적법에 대해서 묘사했다. 참조, 터너 휘티드Turner Whitted, "음영 구현을 위한 개서된 조명 모델An Improved Illumination Model for Shaded Display", 미국계산기학회의 통신지Communications of the ACM, no.6(1980년 6월): pp. 343~49.
28. 미국계산기학회ACM 시그래프, 〈패널 프로시딩스*Panel Proceedings*〉(1990년 8월), p.5-2.

29. 잔 핀카바 개인적인 통신.

30. 앤 톰슨Anne Thompson, "니모를 잃다Losing Nemo", 〈뉴욕 매거진*New York Magazine*〉, 2003년 9월 15일, p.24.

31. 앤드류 배리Andrew Bary, "코이 스토리Coy Story", 〈배런스*Barron's*〉, 2003년 10월 13일, p.21.

32. 밥 아이거가 베어 스턴스Bear Sterns&Co의 연차미디어 총회에서 한 연설, 2006년 2월 27일.

33. Ibid.

34. 월트 디즈니 컴퍼니의 합병 관련 등록서류(form S-4), 2006년 2월 17일.

35. 데이브 프루익스마Dave Pruiksma, "해피엔딩이 임박했다!A Happy Ending Seems Eminet!", 2006년 2월.

36. 밥 아이거의 인터뷰, "마이클 아이스너와의 대화Conversations with Michael Eisner", CNBC, 2006년 5월 25일.

37. 스티븐 피Steven Pea, "픽사의 '카'는 '핫 로드' 애니메이션 판이 아니다Pixar's 'Cars' Is No Animated Hot Rod", 〈필라델피아 인콰이어러*Philaelphia Inquirer*〉, 2006년 6월 9일, p.W-3; 브루스 뉴먼Bruce Newman, "부릉! 픽사의 '카'는 시골길을 달린다. 하지만 속도를 늦추고 마음껏 드라이빙을 즐겨라Vroom! Pixar's 'Cars' Takes the Back Road, But Be Sure to Slow Down and Enjoy the Ride", 〈산호세 머큐리 뉴스*San Jose Mercury News*〉, 2006년 6월 7일.

38. 앨런 더치먼Alan Deutschman, "픽사의 공격Attack of the Pixar", 〈패스트 컴퍼니*Fast Company*〉, 2005년 12월, p.61.

에필로그

1. 조 모겐스턴Joe Morgenstern, "픽사는 '라따뚜이'에서 재미와 즐거움을

요리한다Pixar Cooks with Joy, Inventiveness in 'Ratatouille'", 〈월스트리트 저널*Wall Street Journal*〉, 2007년 6월 29일, p.W1.

2. "최대 연봉자들Big Paychecks", 〈포브스*Forbes*〉, 2007년5월 21일, p.112.
3. Uphold Our Heritage v. Town of Woodside(캘리포니아 고등법원, 산 마테오 카운티, 사건번호 444270, 2006년 1월 27일); Uphold Our Heritage v. Town of Woodside, (캘리포니아 항소법원, 1차 항소 지구, 사건번호 A113376, 2007년 1월 10일), 재심리 청구 기각, 2007 Cal. LEXIS 4228(캘리포니아 대법원, 사건번호 S150771, 2007년 4월 25일) 안드레아 게멧Andrea Gemmet, "스티브 잡스가 우드사이드 하우스를 없애버리려는 싸움에서 이기다Steve Jobs Wins Fight to Tear Down Woodside House", 〈알마낙*Almanac*〉, 2004년 12월 22일.

참고문헌

순서는 가나다 순이다.

- 개리 데모스Gary Demos. "컴퓨터 그래픽스 초기 탐구 시기의 내 개인적인 역사My Personal History in the Early Explorations of Computer Graphics". 〈비주얼 컴퓨터*Visual Computer*〉 21, no.12(2005년 12월): 961~78.
- 국립연구회의National Research Council. 《혁명에 대한 예산 지원: 컴퓨터 연구에 대한 정부의 지원*Funding a Revolution: Government Support for Computing Research*》. Washington, D.C.: National Academy Press, 1999년.
- 데이비드 배래프 외David Baraff, et al. "언탱글링 클로드Untangling Cloth". 〈그래픽스에 관한 미국계산기학회ACM 보고서*ACM Transactions on Graphics*〉 22, no.3(2003년 7월): 862~70.
- 디디에 게츠 편Didier Ghez ed. 《월트 디즈니의 사람들: 그를 아는 예술가들과 함께 디즈니를 이야기한다*Walt's People: Talking Disney with the Artists Who Knew Him*》. 5 vols. Philadephia: Xlibris, 2005~2007년.
- 레베카 솔닛Rebecca Solnit. 《그림자들의 강: 에드워드 머이브리지와 기술적인 황야의 서부*River of Shadows: Eadweard Muybridge and the Technological Wild West*》. New York: Viking Penguin, 2003년.
- 로버트 리블린Robert Rivlin. 《알고리듬 이미지: 컴퓨터 시대의 그래픽 풍경*The Algorithmic Image: Graphic Visions of the Computer Age*》. Redmond, Wash.: Microsoft Press, 1986년.
- "루카스필름에서의 컴퓨터 연구 개발Computer Research & Development at Lucasfilm." 〈아메리칸 시네마토그래퍼*American Cinematographer*〉(1982년 8월): 773.
- 리처드 숍Richard Shoup. "슈퍼페인트: 초기 프레임 버퍼 그래픽스 시스템SuperPaint: An Early Frame Buffer Graphics System".

〈미국전기전자통신학회(Pain)의 컴퓨터 역사 연보 *PaintAnnals of the History of Computing*〉 23, no.2(2001년 4월~6월): 32~37.

- 마이클 루빈Michael Rubin. 〈드로이드 메이커: 조지 루카스와 디지털 혁명*Droidmaker: George Lucas and the Digital Revolution*〉, Fla. Gainesville: Triad Publishing, 2006년.
- 마이클 모리츠Moritz, Michael. 《작은 왕국: 애플 컴퓨터의 사적인 이야기*The Little Kingdom: The Private Story of Apple Computer*》. New York: William Morrow, 1984년.
- 마이클 배리어Michael Barreir. 《할리우드의 카툰: 황금시대의 미국 애니메이션*Hollywood Cartoons: American Animation in Its Golden Age*》. Oxford, U.K.: Oxford University Press, 1999년.
- 마크 코타 바스Mark Cotta Vaz. 《믿을 수 없는 것을 가능하게 하는 기술 *The Art of The Incredibles*》. San Francisco: Chronicle Books, 2004.
- 바바라 로버트슨Barbara Robertson. "픽사, 새로운 시장으로 상업적으로 진출하다: 이미지 프로세서 매출 125,000달러Pixar Goes Commercial in a New Market: Selling the $125,000 Image Processor". 〈컴퓨터 그래픽스 월드*Computer Graphics World*〉(1986년 6월): 61.
- —. "디즈니가 CAPS를 공개하다Disney Lets CAPS Out of the Bag". 〈컴퓨터 그래픽스 월드*Computer Graphics World*〉(1994년 7월): 58.
- —. "몬스터 매쉬Monster Mash". 〈컴퓨터 그래픽스 월드*Computer Graphics World*〉(2001년 10월): 20.
- —. "카 토크Car Talk". 〈컴퓨터 그래픽스 월드*Computer Graphics World*〉(2006년 6월): 10.
- 발리에르 리처드 오젠Valliere Richard Auzenne. 《영상화를 위한 탐색: 컴퓨터 애니메이션의 역사 *The Visualization Quest: A Histroy of Computer Animation*》. Madison, N.j.: Fairleigh Dickinson University Press, 1994년.

- 밥 토머스Bob Thomas. 《아트 오브 애니메이션*The Art of Animation*》. New York: Simon&Schuster, 1958년.
- 브래드 버드Brad Bird. "감독과 애프터이펙트: '아이언 자이언트'의 스토리보드 작업과 혁신Director and After Effect: Storyboarding and Innovations on The Iron Giant". 〈애니메이션 월드*Animation World*〉 3, no.8(1998년 11월): 20~22.
- 브렌트 쉴렌더Brent Schlender. "픽사의 매직 맨Pixar's Magic Man". 〈포춘*Fortune*〉(2006년 5월 29일): 139. 인터뷰.
- 빌 데소위츠Bill Desowitz. "깊이의 지각Depth Perception". 〈컴퓨터 그래픽스 월드*Computer Graphics World*〉. (2003년 5월): 14.
- —. "브래드 버드와 픽사가 진정한 슈퍼히어로와 같은 CG 인간들을 다룬다Brad Bird & Pixar Tackle CG Humans Like True Superheroes". 〈애니메이션 월드*Animation World*〉 9, no.8(2004년 11월): 29~33.
- 스티브 업스틸Steve Upstill. 《렌더맨: 사실적인 컴퓨터 그래픽스를 추구하는 프로그래머의 동반자*The RenderMan Companion: A Programmer's Guide to Realistic Computer Graphics*》. Boston: Addison-Wesley, 1990년.
- 스티븐 워즈니악Stephen Wozniak. 스티븐 디틀리가 편집한 〈디지털 델리*Digital Deli Homebrew and How the Apple Came to Be . Steven Ditlea*〉. New York: Workman, 1984년. pp. 74~76.
- 스티븐 잡스Steven Jobs. 구술 역사. 컴퓨터월드의 Honors Program, 1995년 4월 20일.
- 애덤 레빈탈Adam Levinthal과 토머스 포터Thomas Porter. "SIMD 그래픽스 프로세서Chap-A SIMD Graphics Processor". 〈컴퓨터 그래픽스와 쌍방향 기법에 대한 시그래프 11차 연차 총회 회의록 18 *Proceedings of the 11th Annual Conference on Computer Graphics and Interactive Techniques 18*〉, no.3(1984년 7월): 77~82.
- 앤디 허츠펠드Andy Hertzfeld. 《실리콘밸리의 혁명: 맥이 만들어지기까지의 위대한 이야기*Revolution in the Valley: The Insanely Great Story of How the Mac Was Made*》.

Sebastopol, Calif.: O'Reilly, 2005년.

- 앤서니 A. 아포다카Anthony A. Apodaca와 래리 그리츠Larry Gritz. 《업그레이드한 렌더맨: 움직이를 영상을 위한 CGI 작업 *Advanced RenderMan: Creating CGI for Motion Pictures*》. San Francisco: Morgan Kaufman, 2000년.
- 앨런 룬델Alan Lundell과 제닌 마리 하우겐Geneen Marie Haugen. "마이크로컴퓨팅의 유쾌한 개구쟁이들The Merry Pranksters of Microcomputing". 스티븐 디틀리Steven Ditlea가 편집한 〈디지털 델리*Digital Deli*〉. New York: Workman, 1984년, pp.57~60.
- 앨리 레이 스미스Alvy Ray Smith. "'스타트렉 2'의 특수효과: 제네시스 데모Special Effects for Star Trek Ⅱ: The Genesis Demo". 〈아메리칸 시네마토그래퍼*American Cinematographer*〉(1982년 10월): 1038.
- ―. "'백열등 안드레와 월리 꿀벌의 모험' 제작 과정The Making of André & Wally B" 미발표 원고, 1984년 8월 14일.
- ―. "디지털 페인트 시스템: 연대기적이고 역사적인 개관Digital Paint Systems: An Anecdotal and Historical Overview". 〈미국전기전자통신학회(IEEE)의 컴퓨터 역사 연보 *IEEE Annals of the History of Computing*〉 23, no.2 (2001년 4~6월): 4~30
- 에드윈 캣멀Edwin Catmull. "컴퓨터를 기반으로 영화를 만드는 시스템A System for Computer Generated Movies". 〈ACM 연차 총회 회의록 1 *Proceedings of the ACM Annual Conference 1*〉(1972년 8월): 422~31.
- ―. "곡면 구현을 위한 컴퓨터 알고리듬 분할A Subdivision Algorithm for Computer Display of Curved Surfaces", 유타 대학교 박사학위 논문, 1974년.
- ―. "컴퓨터 지원 애니메이션의 여러 가지 문제들The Problems of Computer-Assisted Animation". 〈컴퓨터 그래픽스와 쌍방향 기법에 대한 시그래프 5차 연차 총회 회의록*Proceeding of the 5th Annual Conference on Computer Graphics and Interactive Techniques(SIGGRAPH)*〉 12, no.3(1978년 8월): 348~53.
- 오웬 W. 린즈마이어Owen W. Linzmayer. 《애플 컴퓨터의 은밀한 속이야기*Apple*

Confidential: The Real Story of Apple Computer, Inc.》. San Francisco: No Starch Press, 1999년.

- 윌리엄 T. 리브스William T. Reeves. "입자 시스템, 보풀이 있는 물체를 모델링하기 위한 하나의 방법Particle Systems-A Technique for Modeling a Class of Fuzzy Objects". 〈ACM의 그래픽스에 대한 회의록*ACM Transactions on Graphics*〉 2, no.2 (April 1983): 91~108.
- 이반 에드워드 서덜랜드Ivan Edward Sutherland. "스케치패드: 사람과 기계의 그래픽 소통 시스템Sketchpad: A Man-Machine Graphical Communication System". MIT 박사 학위 논문, 1963년.
- 제임스 B. 스튜어트James B. Stewart. 《디즈니전쟁*Disney War*》. New York: Simon & Schuster, 2005년.
- 존 래스터John Lasseter. "3D 컴퓨터 애니메이션에 적용된 전통적인 애니메이션 원칙들". 컴퓨터 그래픽스와 쌍방향 기법에 대한 시그래프 25차 연차 총회 회의록Principles of Traditional Animation Applied to 3D Computer Animation, np.4(1987년 8월): 35~44.
- ―. "컴퓨터로 캐릭터의 사실감을 조작하다Tricks to Animating Characters with a Computer". 〈컴퓨터 그래픽스Computer Graphics〉 35, no.2(2001년 5월): 45~47.
- ―. "토머스 프랭크에게 바치는 찬사A Tribute to Frank Thomas". 〈애니메이션 월드*Animation World*〉 9, no.8(2004년 11월): 46~48.
- 존 래스터 외John Lasseter, et al. "시그래프 상영 영화들에 나타나는 실수들과 영화 장면들 그리고 공포 이야기들Bloopers, Outtakes, and Horror Stories of SIGGRAPH Films". 〈ACM 시그래프 컴퓨터 그래픽스*ACM SIGGRAPH Computer Graphics*〉 23, no.5(1989년 7월): 223~39.
- 존 래스터와 스티브 데일리John Lasseter and Steve Daly. 《토이 스토리: 그림 및 제작 과정*Toy Story: The Art and Making of the Animated Film*》. New York: Hyperion, 1995년.

- 쥴스 블루멘탈Jules Bloomenthal. “그래픽스에 얽힌 추억Graphics Remembrances”. 〈미국전기전자통신학회(IEEE)의 컴퓨터 역사 연보*IEEE Annals of the History of Computing*〉 20, no.2 (1998년 4~6월): 35~51.
- 짐 블린Jim Blinn, “내가 1976년 여름방학을 보낸 방법How I Spent My Summer Vacation, 1976”. 《짐 블린의 코너: 더티 픽셀 *Jim Blinn's Corner: Dirty Pixels*》. San Francisco: Morgan Kaufmann, 1998년.
- —. “미국 계산기학회 시그래프 기조 연설SIGGRAPH 1998 Keynote Address”. 〈계산기학회 시그래프 컴퓨터 그래픽스*ACM SIGGRAPH Computer Graphics*〉 33, no.1 (1999년 2월): 43~47.
- 칼 F. 코언Karl F. Cohen. “존 래스터와의 인터뷰An Interview with John Lasseter”. 〈애니메이토!*Animato!*〉(1995년 가을): 22.
- —. “‘니모’에서 올바른 CG 물과 물고기를 찾아서Finding the Right CG Water and Fish in Nemo”. 〈애니메이션 월드*Animation World*〉 8, no.3(2003년 6월): 58~63.
- 킴 매스터스Kim Masters. 《왕국의 문을 여는 열쇠: 마이클 아이스너의 번영과 나머지 모든 사람의 몰락*The Keys to the Kingdom: The Rise of Michael Eisner and the Fall of Everybody Else*》, 2판. New York: HarperCollins, 2001년.
- 테렌스 매슨Terrence Masson. 《CG 101: 컴퓨터그래픽스 산업 편람*CG101: A Computer Graphics Industry Reference*》. Indianapolis: New Riders Publishing, 1999년.
- 《테크놀로지 오디세이: 컴퓨터 애니메이션의 인간적인 이야기*Odysseys in Technology: A Human Story of Computer Animation.*》. Mountain View, Calif.: 컴퓨터역사박물관Computer History Museum, 2005년 5월 16일. Panel; transcript on file with author.
- 테클라 S. 페리Tekla S. Perry. “아카데미상을 받을 주체는…And the Oscar Goes To…”. 〈IEEE 스펙트럼*IEEE Spectrum*〉 38, no.4(2001년 4월): 42~49.
- 토니 드로즈Tony DeRose, 마이클 카스Michael Kass 그리고 티엔 트룽Tien Truong.

"캐릭터 애니메이션의 분할 표면Subdivision Surfaces in Character Animation". 〈컴퓨터 그래픽스와 쌍방향 기법에 대한 시그래프 25차 연차 총회 회의록*Proceeding of the 25th Annual Conference on Computer Graphics and Interactive Techniques*〉, n.v.(1998년 7월): 85~94.

- 토시오 스즈키 감독Toshio Suzuki, dir. 〈고맙습니다 래스터 씨*Thank You, Lasseter-san*〉. 다큐멘터리. 일본의 코가네이: 지브리 스튜디오, 2003.
- 톰 로코빅Tom Lokovic과 에릭 비치Eric Veach. "딥 섀도우 맵Deep Shadow Maps". 〈컴퓨터 그래픽스와 쌍방향 기법에 대한 시그래프 27차 연차 총회 회의록*Proceedings of the 27th Annual Conference on Computer Graphics and Interactive Techniques*〉, n.v.(July 2000): 385~92.
- 톰 시토Tom Sito. "디즈니의 '토드와 코퍼': 차세대의 등장Disney's The Fox and the Hound: The Coming of the Next Generation". 〈애니메이션 월드*Animation World*〉 3, no.8 (1998년 11월): 12~15.
- 톰 포터Tom Porter와 갤린 서스맨Galyn Susman. "픽사 영화들의 살아있는 캐릭터 창조Creating Lifelike Characters in Pixar Movies". 〈ACM의 회의자료*Communications of the ACM*〉 43, no.1(2000년 1월): 25~29.
- 팀 버튼Tim Burton과 마크 솔즈베리Mark Salisbury. 《버튼 온 버튼 *Burton on Burton*》(개정판). London: Faber&Faber, 2000년.
- 퍼 H. 크리스텐센 외Per H. Christensen, et al. "영화 '카'를 위한 광선 추적법Ray Tracing for the Movie 'Cars'". 쌍방향 광선 추적법을 주제로 한 미국전기전자통신학회IEEE 심포지엄 1(2006년 9월): 1~6.
- 폴 프라이버거와 마이클 스웨인Paul Freiberger and Michael Swaine. 《실리콘밸리에 난 불: 개인용 컴퓨터를 만들다*Fire in the Valley: The Making of the Personal Computer*》. Berkeley, Calif.: Osborne/McGraw-Hill, 1984년.
- 프랭크 토머스와 올리 존스턴Frank Thomas and Ollie Johnston. 《디즈니 애니메이션: 삶의 환상*Disney Animation: The Illusion of Life*》. New York:

Abbeville Press, 1981년.

- 프랭크 토머스Frank Thomas. "고전적인 디즈니 애니메이션이 컴퓨터에 복제될 수 있을까?Can Classic Disney Animation Be Duplicated on the computer?". 〈컴퓨터 픽처스*Computer Pictures*〉(1984년 7~8월): 20.
- 프레더릭 I. 파크Frederick I. Parke. "컴퓨터로 만들어낸 애니메이션 얼굴Computer Generated Animation of Faces". 〈ACM 연차 총회 회의록 1*Proceedings of the ACM Annual Conference 1*〉. (1972년 8월): 451~57.
- 해리 맥크래켄Harry McCracken. "룩소 주니어: 존 래스터와의 인터뷰Luxo Sr.: An Interview with John Lasseter". 〈애니메이토!*Animato!*〉(1990년 겨울): 10.

시대를 뒤흔든 창조산업의 산실,
픽사의 끝없는 도전과 성공

픽사 이야기

초판 1쇄 발행 2010년 7월 14일
초판 4쇄 발행 2015년 9월 17일

지은이 데이비드 A. 프라이스
옮긴이 이경식
펴낸이 유정연

기획편집 김세원 최창욱 김소영 최일규
디자인 신묘정 이승은
마케팅 이유섭 최현준
제작부 임정호
경영지원 박승남

펴낸곳 흐름출판
출판등록 제313-2003-199호(2003년 5월 28일)
주소 서울시 마포구 홍익로 5길 59, 남성빌딩 2층(서교동 370-15)
전화 (02)325-4944 팩스 (02)325-4945
이메일 book@hbooks.co.kr
홈페이지 http://www.nwmedia.co.kr 블로그 blog.naver.com/nextwave7
인쇄·제본 (주)현문

ISBN 978-89-90872-94-4 03320

살아가는 힘이 되는 책 흐름출판은 막히지 않고 두루 소통하는 삶의 이치를 책 속에 담겠습니다.

• 파손된 책은 구입하신 서점에서 교환해드리며 책값은 뒤표지에 있습니다.
• 흐름출판은 독자 여러분의 원고 투고를 기다리고 있습니다. 원고가 있으신 분은 book@hbooks.co.kr로 간단한 개요와 취지, 연락처 등을 보내주세요. 머뭇거리지 말고 문을 두드리세요.